Religiosität im Alter

Religiosität im Alter

Herausgegeben
von Helmut Bachmaier
und Bernd Seeberger

WALLSTEIN VERLAG

Die Herausgeber danken für die Förderung der Publikation:
Viventis-Stiftung Zürich
Otto und Stilla Schüller, Herrieden
AFI: Akademie für Informatik (Prof. Schneider), Nürnberg

Bibliografische Information der Deutschen Nationalbibliothek
Die Deutsche Nationalbibliothek verzeichnet diese Publikation in der
Deutschen Nationalbibliografie; detaillierte bibliografische Daten
sind im Internet über http://dnb.d-nb.de abrufbar.

© Wallstein Verlag, Göttingen 2022
www.wallstein-verlag.de
Vom Verlag gesetzt aus der Stempel Garamond
Umschlaggestaltung: Marion Wiebel, Wallstein Verlag
Druck: Hubert & Co, Göttingen
gedruckt auf säure- und chlorfreiem, alterungsbeständigem Papier
ISBN 978-3-8353-5137-0

Inhalt

Religion und Demenz

Glaube und Wissenschaften

HELMUT BACHMAIER / BERND SEEBERGER

Einleitung

Religion betrifft die ersten und die letzten Fragen, die nicht immer in einer eindeutigen Sprache ausgedrückt werden können, weil Wissen und Reflexion an ihre Grenzen kommen. Erste Fragen beziehen sich auf den Anfang unserer Existenz oder auf den Ursprung des Kosmos, und die letzten Fragen gelten dem individuellen Tod oder dem Ende der Geschichte oder apokalyptischem Geschehen. Uns selbst sind der eigene Anfang und das eigene Ende entzogen, d. h., erst aus Erzählungen der Anderen (etwa der Eltern) erfahren wir etwas über unseren Eintritt in die Zeit und ins Leben, und das Ende unseres letzten Tages und das Ereignis unserer Todesstunde wird auch nicht von uns erzählt, sondern wiederum von Anderen (Familie, Freunde), oft am Grab, bei der Bestattung. Es sind stets die Erzählungen Dritter, in denen der Anfang und das Ende eines Lebens aufgehen. Der eigene Anfang wie das eigene Ende können also keine Gegebenheiten für Erinnerungen sein wie Erlebnisse im Lebenslauf. Deshalb vollendet sich ein Leben nicht in sich selbst, sondern im Gedächtnis der Anderen (manche sagen: in Gott).[1]

Andenken

Diese Lage wird in der »Antigone« des Sophokles in die Weltliteratur eingeführt. Die Schwester muss den Bruder bestatten und ihm ein Andenken stiften, da Kreon, der Vertreter der Staatsmacht in der Polis, dieses Begräbnis verweigert. Er hält den Bruder der Antigone für einen Hochverräter. Hier treffen die individuellen-familialen und die staatlichen-machtpolitischen Ansprüche aufeinander. Zuletzt müssen beide Exponenten, Antigone und Kreon, als Vertreter einseitiger Ansprüche untergehen, so dass sich in ihrer Negation im tragischen Finale der sittliche Geist, der beiden Ansprüchen genügen muss, hervortritt. Es ist

---

1 Da Anfang und Ende für uns uneinholbar sind, hat Hans Blumenberg in seiner Theorie der Unbegrifflichkeit in Mythen und Metaphern nach Aufschlüssen über Anfang und Ende in Höhlenmetaphern und entsprechenden Narrativen gesucht. Vgl. Hans Blumenberg: Höhlenausgänge. Frankfurt a. M. 1996 (etwa Körperhöhle/Mutterleib und Grab; Höhlengleichnis bei Platon).

demnach die klassische Aufgabe von Familie – nicht biologisch, sondern kulturell betrachtet –, für das Andenken Verstorbener zu sorgen, um nach dem physischen Tod ihre Auslöschung aus dem Gedächtnis zu verhindern. Dieser Deutung der Tragödie hat Hegel in seiner »Ästhetik« und indirekt in der »Phänomenologie des Geistes« gute Gründe geliefert.

Man kann sich auf die Zeit zwischen Anfang und Ende, den Lebensprozess, konzentrieren und dessen Sinnhaftigkeit durch Religion oder andere Deutungssysteme zu verstehen versuchen. »Die religiöse Sinndeutung ist [...] eine mögliche Deutungspraxis für die eigene Lebensführung, wobei damit bereits gesagt ist, dass Religion als Sinndeutungssystem für die je eigene Lebensführung, als Deutungspraxis menschlicher Existenz verstanden werden kann.«[2]

Sinn-Fragen und Sinn-Deutungen sind wiederum problematisch, wie Einreden aus verschiedenen Disziplinen geltend gemacht haben.[3] Denn die Sinn-Frage schließt noch nicht den Sinn dieser Frage überhaupt ein. Bevor aber nicht sicher ist, dass die Sinn-Frage Sinn macht, können alle Antworten auf diese Frage sinnlos sein. Oder man unterstellt, dass es einen Sinn gibt oder geben müsste, dann ist es bei einer solchen Präsupposition überflüssig, die Sinn-Frage überhaupt noch zu stellen. Die Sinn-Frage ist unter diesen Voraussetzungen sinn-los.[4]

Begründungsbegründungen bzw. Letztbegründungen

Wenn nach dem Sinn der Sinn-Frage gefragt wird, dann kann diese Frage auch wieder befragt werden usw. Man gerät damit in eine Iteration oder einen Zirkel oder muss einfach den Fragereigen abbrechen (oder etwas als Gesetztes annehmen). Und genau dies ist das Münchhausen-Trilemma, das der Kritische Rationalismus gegen alle Begründungsbegründungen oder Letztbegründungen geltend macht.[5]

---

2 Saskia Wendel: Religionsphilosophie. Stuttgart 2010, S. 8.

3 So Paul Watzlawick: Münchhausens Zopf oder Psychotherapie und »Wirklichkeit«. Bern 1988, bes. Kap. 10, S. 135-155.

4 Watzlawick, ebda., S. 154: »Was uns das Phänomen der Rückbezüglichkeit meines Erachtens lehrt, ist, daß die Welt weder einen Sinn noch keinen Sinn hat – daß die Sinnfrage sinnlos ist. Was die Welt nicht enthält, kann sie auch nicht vorenthalten.«

5 Hans Albert: Plädoyer für kritischen Rationalismus. München 1971, S. 20 ff. – Hier kann auch an die Penrose-Treppe, an die Möbius-Schleife oder an M. C. Eschers Bildwelt erinnert werden: an Unmöglichkeiten, Zirkuläres, nicht Orientierbares ...

Möglicherweise kann das Trilemma fürs Erste umgangen werden, wenn die Situation von Entscheidungen (für die eine oder andere Religion) in den Reflexionsprozess einbezogen wird.[6] Allerdings können Begründungen für eine Entscheidung wieder in den Erklärungsnotstand münden. Deshalb wird eine Apriorität bei Religiosität verschiedentlich angenommen (Georg Simmel, William James).

Einige Religionsauffassungen

In der Religionsphilosophie gibt es verschiedene Ansätze, Religion zu begründen und ihre individuellen, gemeinschaftsbildenden und zeremoniellen Auswirkungen zu erhellen.

Bei der *substantiellen* Religionsauffassung stehen konkrete Glaubensinhalte im Zentrum: die Beziehung auf ein Unendliches und das Gefühl »schlechthinniger Abhängigkeit« (Schleiermacher); die Erfahrung des Numinosen als ambivalente Form des Heiligen (Otto) oder eines Unbedingten, das uns betrifft (Tillich). Transzendenz und Immanenz, das Absolute und das Kontingente (Kontingenzbewältigung) werden hier analysiert.

Der *funktionale* Religionsbegriff definiert Religion mit Blick auf ihre Aufgaben für den Einzelnen und für die Gemeinschaft. Die Integrationsfähigkeit einer Gesellschaft wird durch Religion gefördert. Durch ein solidarisches System von Werten, Überzeugungen und Praktiken, die sich auf heilige Überlieferungen als leitende Normen stützen und in einer moralischen Gemeinschaft, der Kirche, von all ihren Mitgliedern praktiziert werden, wird die Integration als soziale Aufgabe verwirklicht. (Durkheim). Dieses Verständnis hat besondere Bedeutung für das Gemeindeleben.[7]

Präreflexives Bewusstsein und Verdanktheit

Schließlich sei noch die Verortung der Religion in Dieter Henrichs Bewusstseinstheorie erwähnt. Sie hat folgende Voraussetzung: Religiosität

---

6 Vgl. Charles Taylor: Die Formen des Religiösen in der Gegenwart. Frankfurt a. M. 2002.

7 Wir folgen der Taxonomie und den beiden genannten Religionsauffassungen in der Darstellung von Saskia Wendel: Religionsphilosophie, a. a. O., S. 10-18. Zum strukturalen Religionsbegriff vgl. ebda., S. 19-22.

hat ihren Grund in der Transzendierung des Selbstbewusstseins. Das Selbstbewusstsein als selbstreferenzieller Akt oder als absolute Setzung in der Philosophie des Deutschen Idealismus führt in die Schwierigkeit, die *Einheit* des Selbstbewusstseins (Ich = Ich) und im reflexiven Akt die *Trennung* von Subjekt und Objekt (Ich ≠ Ich) zusammen zu denken. Hierbei wird für den reflexiven Akt die Einheit des Selbstbewusstseins vorausgesetzt. Oder aus der Differenz entsteht die Entzweiung des Subjekts.[8] Um diese gleichsam aporetische Lage zu umgehen, hat Dieter Henrich Selbstbewusstsein als eine präreflexive Vertrautheit mit sich selbst bestimmt.[9]

Selbstbewusstheit und Selbstgewissheit gründen demnach nicht in einem reflexiven Akt, sondern liegen jenseits davon in einem *vorgängigen* Bewusstsein, das unmittelbar gegeben und einem vertraut ist. Der Ursprung dieses Bewusstseins ist und bleibt dem Denken entzogen, so dass ein opaker Rest zurückbleiben muss. Das bedeutet, dass wir keine adäquate Erkenntnis dafür besitzen, was wir als bewusste oder selbstbewusste Subjekte sind. Eine Folge dieser Annahme ist, dass wir einer elementaren Kontingenzerfahrung ausgesetzt sind. Da Herkunft (und Zukunft) des Selbstbewusstseins verborgen bleiben, wird eine Grenze des Verstehens gesetzt. Uns ist es trotzdem aufgegeben, unser Dasein zu deuten und unserem Leben einen Zweck zu geben.

Unsere Selbstgewissheit ist ein stabiles Wissen infolge einer unmittelbaren Selbstvertrautheit, ohne den Grund – wie bereits ausgeführt – dafür genau zu kennen. Deshalb kommt es zu einer Selbsttranszendierung des Daseins auf einen Grund hin, durch den ein Selbstbewusstsein überhaupt erst gegeben ist: Das Selbstbewusstsein verdankt sich also einem Grund, der ihm transzendent ist. Es kommt zu einem Gefühl der Dankbarkeit für das eigene Dasein, für alles, für Andere, auch für die Verdanktheit selbst. So dass die Frage, »saget, wie bringe ich den Dank?« (Hölderlin), sich auf das bezieht, was der Grund von allem ist.

---

8 Vgl. Ulrich Pothast: Über einige Fragen der Selbstbeziehung. Frankfurt a. M. 1971. – Helmut Bachmaier: Theoretische Aporie und tragische Negativität, in: Bachmaier/Horst/Reisinger: Hölderlin. Transzendentale Reflexion der Poesie. Stuttgart 1979, bes. S. 85-113.

9 Dieter Henrich: Fichtes ursprüngliche Einsicht. Frankfurt a. M. 1967. Neuerdings ders.: Dies Ich, das viel besagt. Fichtes Einsicht nachdenken. Frankfurt a. M. 2019. In seiner Autobiographie »Ins Denken ziehen«. München 2021, wird das Motiv des Dankens und Verdankens wieder aufgegriffen. Oder: Ders.: Bewußtes Leben. Untersuchungen zum Verhältnis von Subjektivität und Metaphysik. Stuttgart 1999, S. 152-193. Auch Wendel: Religionsphilosophie, a. a. O., S. 32-38.

Gerontologische Perspektiven

In West-Europa sprechen wir von einer systematischen Gerontologie seit den beginnenden 70er Jahren des letzten Jahrhunderts. Die Alternsforschung ist jedoch immer noch ein Neuland. Zugleich gibt es kaum ein Forschungsfeld, das von so vielen Einzeldisziplinen bearbeitet wird. Um das Altern in seiner Multidimensionalität (Gesundheit, Kognition, Interessen etc.) und Multidirektionalität (verschiedene Verfahrenswege im Alterungsprozess) aufzuzeigen, unterscheiden wir heute folgende Disziplinen: eine biomedizinische Alternsforschung, die Psycho-Gerontologie, die Sozial- und Wirtschaftsgerontologie, die Geriatrie, das Feld der Alternsmedizin, die Geragogik, also die Lehre von den Lernprozessen bei älteren Menschen; neuerdings sprechen wir von einer Kulturgerontologie.[10] Die Bedeutung von Kultur und kulturellen Gegebenheiten für den Alterungsverlauf ist von der Gerontologie bisher wenig erforscht. Es bedarf einer multi- und interdisziplinären Betrachtung, um auf die Fragen des Alterns eine umfassende Antwort zu geben, die der Lebensgestaltung des Menschen entspricht.

Die Gerontologie versteht sich demnach als ein interdisziplinäres Forschungsfeld. Dazu hat sie verschiedene Theorieansätze entwickelt, die sich teilweise überschneiden. Das Aktivitätsmodell: möglichst lange aktiv, tätig bleiben bei freier Wahl der Aufgaben, keinen »Ruhestand« (ein Unwort für Gerontologen). Das Chancenmodell: die Möglichkeiten des Alters erkunden, sich danach entscheiden. Das Kompetenzmodell: dem Alter angepasste, zusätzliche Kompetenzen erwerben. Das Ressourcenmodell: Erhaltung und Förderung der körperlichen und geistigen Ressourcen. Diese positiv ausgerichteten Modelle orientieren sich an den Entwicklungsmöglichkeiten des alten Menschen.[11]

Die Verbindungen zwischen Gerontologie und Theologie oder Religionssoziologie wurden bislang selten intensiv behandelt, und wissenschaftliche Aussagen dazu sind zumeist rudimentär, so auch die Fragen zur Bedeutung des Glaubens für ältere Menschen oder die Hinwendung zum Religiösen oder Spirituellen mit steigendem Lebensalter. Die Herausgeber wollen mit ihrer interreligiösen und interdisziplinären Themenstellung einen Beitrag leisten zur Überwindung dieses Desiderats.

---

10 Vgl. Zurücktreten aus der Erscheinung. Gedichte über das Alter. Hrsg. v. Helmut Bachmaier. Göttingen 2021 (Nachwort S. 211-239, bes. S. 214 f.).

11 Helmut Bachmaier, Lektionen des Alters. Kulturhistorische Betrachtungen. Göttingen 2015, S. 33.

Der Mensch scheint das einzige Lebewesen zu sein, das sich mit dem Phänomen der Vergänglichkeit, mit seiner Endlichkeit auseinandersetzt. Kann der Mensch deshalb ohne Glauben und Religion leben? Dazu werden in den verschiedenen Beiträgen Antworten unterschiedlichster Art gegeben.

»Man muss sich sein ganzes Leben lang um sich selbst kümmern, vor allem aber in dem entscheidend wichtigen Alter der Reife. Das Alter, das vor allem die Sorge um sich selbst erfordert, ist also nicht mehr die ausgehende Adoleszenz, sondern das reife Alter. [...] Es bereitet die Vollendung des Lebens in jenem Alter vor, in dem das Leben selbst zu Ende geht und sich gleichsam in der Schwebe befindet, nämlich im hohen Alter. Die Sorge um sich als Vorbereitung auf das Alter unterscheidet sich hier ganz klar von der Sorge um sich als Ersatz für die Erziehung, als pädagogische Ergänzung zur Vorbereitung auf das Leben.«[12]

Die Kunst des Lebens hat nach Odo Marquard zum Ziel, die eigenen Möglichkeiten zu entdecken und diese maßvoll zu nutzen. Dabei ist die Endlichkeit anzuerkennen und die Lebensführung darauf auszurichten. Vor allem sieht Marquard im Alter die Befreiung von Illusionen übers Dasein, was zur richtigen Schau der Dinge befähigt: zur Theoriefähigkeit des Alters. Und darauf kommt es an: »Es zeugt wohl von Altersklugheit, wenn man seine Erwartungen an seine kurze Zukunft anzupassen weiß.«[13]

Neue Alterskultur

Neben einer Jugendkultur bedarf es einer eigenen Alterskultur, die dem demographischen Wandel Rechnung trägt. Alter kann nicht allein unter medizinischen oder sozialen Gesichtspunkten gesehen werden, denn Bewertung und Wertschätzung des Alters sind erheblich von kulturellen Zuschreibungen und Urteilen abhängig. »Der Kern einer modernen Alterskultur bedeutet [...]: die Entwicklung der Persönlichkeit eines Menschen lebenslang zu fördern.«[14]

»Alterskultur« bezeichnet in verschiedenen Altersphasen (autonomes, fragiles und kuratives Alter) jeweils etwas anderes. Die unterschiedlichen Alterskulturen tragen – jede für sich – Wertvolles zur Lebensgestaltung der späteren Jahre bei. Heute orientiert man sich am Grad der Selbstän-

12 Michel Foucault, Hermeneutik des Subjekts. Frankfurt a. M. 2019, S. 10.
13 Odo Marquard, Endlichkeitsphilosophisches. Stuttgart 2013, S. 80.
14 Bachmaier, Lektionen des Alters, a. a. O., S. 32.

digkeit des Einzelnen und an seinen sozialen Beziehungen. Es kann nicht nur eine Alterskultur geben, sondern mindestens drei Arten, damit auch verschiedene Formen von Religiosität. Das Ziel der Praxis einer heutigen Alterskultur kann so zusammengefasst werden: »Selbständigkeitsförderung durch Prävention und Bildung.«[15]

Wer verunsichert ist, wünscht sich mehr Sicherheit. Freiheit war bisher ein hoher Wert. Wichtiger und wertvoller erscheint derzeit oft Sicherheit (Sicherheit als eine Art Religionsersatz). Ein weiterer Grund für die Bedeutung von Religiosität im Alter ist die Angst vor dem Tod, weshalb die Menschen der Moderne und besonders auch Ältere ihre Erlebnisdichte steigern. Ganz nach dem Motto: Wenn die Lebenswege kürzer werden, dann sollte man sie vertiefen.

Semantische Differenzierungen

In den Beiträgen dieses Buches werden die Begriffe Religion, Religiosität, Frömmigkeit und Spiritualität jeweils anders semantisch profiliert. Dazu eine minimalistische Übersicht der Terminologie:

Religion: ein System von Glaubenssätzen, bezogen auf eine göttliche Instanz oder Gottheit, gesichert durch eine Institution oder Norm (Kirche, Dogma). Auch als Zeichen-, Symbol- und Sinndeutungssystem verstanden.[16]

Religiosität: eine Einstellung und Praxis, abgeleitet aus religiösen Glaubenssätzen, mit oder ohne Bezugnahme auf eine Institution. Eine Verschiebung vom objektiven Bestand an Glaubenssätzen in die subjektive Perspektive des handelnden Gläubigen.

Frömmigkeit: eine hybride Form aus religiösen Glaubenssätzen, wie sie die Institution vorschreibt, *und* aus individuellen Grundsätzen, die oft durch die kulturelle Tradition (Brauchtum) geprägt werden.

Spiritualität: Ausdruck einer individuellen Daseinsorientierung und Lebenspraxis, ohne Bezug auf eine Institution oder göttliche Instanz, manches Mal bezogen auf ein transzendentes Prinzip.[17]

---

15 Ebda., S. 35.

16 Vgl. Wendel: Religionsphilosophie, a. a. O., S. 8.

17 Klassiker der Theologie. 2 Bände (Bd. 1: Von Irenäus bis Martin Luther; Bd. 2: Von Richard Simon bis Dietrich Bonhoeffer), hrsg. v. Heinrich Fries u. Georg Kretschmar. München 1981 u. 1983, der weite Horizont unseres Themas.

Über die Beiträge

Peter Gross geht in seinem Essay der Frage nach, ob mit der Wiederkehr der Religion die genuine Erlösungsvorstellung des Christentums gemeint ist, oder ob es das ist, was alle Religionen kennen: die Feststellung der Unverfügbarkeit und die Botschaft des Trostes. Nach christlicher Auffassung ist der Mensch verstrickt in Schuld, ohne sich daraus alleine befreien zu können. Deshalb bedarf er eines Erlösers, der die Sühne für Verfehlungen und die Leiden der Welt auf sich nimmt, der erlöst durch seinen Kreuzestod. Durch eine säkularisierte Heilsbotschaft wird heutzutage aus Theologie aber Teleologie, veranlasst durch Fortschrittsideen. Der Perfektionswahn greift heilsgeschichtliche Momente auf, und der Verkündigungsengel wird zum Markt. Der Mensch nimmt seine Erlösung selbst in die Hand, alles soll verfügbar werden, sogar der eigene Tod. Viele spirituelle und therapeutische Angebote sind lediglich Travestien religiöser Heilsvorstellungen.

Christus soll nicht als Triumphator eines mirakulösen Welttheaters dramatisiert, sondern als Mensch wahrgenommen werden: vor, im und nach dem Tod, der seine Wundmale und damit seine Unvollkommenheit zeigt. Diese Unvollkommenheit ist Offenheit, in der alle Möglichkeiten latent vorhanden sind und Kultur und Religionen entstehen. Erst das Unvollkommene veranlasst, die Welt erträglich zu machen. Im Schwanken zwischen Wirklichkeit und Möglichkeit greift der Mensch zur Religion. Wenn aber die Mortalität die Finalität besiegt, dann verschwindet die Hoffnung auf ein gutes Ende im Jenseits.

Thomas Rentsch behandelt die Unverfügbarkeiten und Entzogenheit aller Anfänge sowohl des eigenen Lebens wie der Welt, die existentielle Negativität als Leiderfahrung und die vorgängigen Sinnhorizonte, ohne die menschliches Leben keinen Sinn hätte. Dabei werden neben philosophischen (Kant, Heidegger) auch psychoanalytische (Freud) Argumente in die systematische Behandlung einbezogen. Es wird gezeigt, dass Unverfügbarkeit, Negativität und Sinnhorizonte in der religiösen Praxis wie in vernunft-kritischen Diskursen und Handlungsweisen als fundamentale Kategorien dienen. Für ältere Personen ist die Auseinandersetzung damit für ein gutes Alter unverzichtbar. Der Titel »Transzendenz in der Immanenz« markiert diesen Sachverhalt präzise.

Helmut Bachmaier geht aus von Georg Simmels erkenntnistheoretischen Überlegungen zur Religion. Danach ist Religion eine fundamentale, formale Kategorie, näherhin die *Beziehung* eines Bewusstseins auf ein ihm entzogenes Transzendentes. Es ist eine reine Beziehung, vergleichbar dem Denkprozess, der von seinem Inhalt verschieden ist. Diese

Relation muss tätig hergestellt werden und ist dann offen für verschiedene kulturelle Besetzungen. Religiosität ist wesentlich eine innere Bestimmtheit des Subjekts; verschiedene Religionen sind jeweils verschiedene innere Verfassungen von Menschen.

»Beziehung« ist in Simmels Philosophie ein zentraler Begriff, da sich sein Relationalismus gegen jegliches ontologische Substanzdenken richtet. Außer »Beziehung« ist die »Wechselwirkung« (als metaphysisches Prinzip) und für den in Rede stehenden Zusammenhang die Kategorie der »Grenze«, final oder dialektisch als Schranke oder Übergang, einschlägig. In seiner späteren Metaphysik der »Lebensanschauung« werden Grenzen und ihre Transgressionen zu prominenten Denkfiguren.

Leben hat (logisch gesehen) eine antinomische Struktur aus der Kontinuität der Lebensdynamik und ihrer Sistierung durch geformte Individualitäten: Das Leben gestaltet sich durch Grenzen und die daraus resultierenden Formen. Im Hinausgehen des Lebens über diese begrenzende Formierung, im Akt der Selbsttranszendenz, überschreitet es Grenzen, so dass Grenze in diesem Akt präsent wird. Leben ist die reale Einheit (damit Überwindung der logischen Antinomie) von Transgression und Limitation und Transgression ad infinitum.

Für das Leben ist das »Hinausgehen des Lebens über sich selbst« fundamental, so dass ihm »die Transzendenz immanent« ist. Dadurch erhält die Religion (ebenso etwa die Kunst) einen Ort direkt im Lebensprozess. Das Diktum von der »Transzendenz in der Immanenz« liefert bei Georg Simmel den Anlass, Religion als eine Form des Lebens selbst zu verstehen.

ESFANDIAR TABARI entwirft eine agnostische Ethik, die als eine Ethik der Bescheidenheit in dreifacher Ausformung, als negative, positive und kooperative Bescheidenheitsregel, konkretisiert wird. Er leitet aus dem Agnostizismus eine kognitive, praktische und moralische Selbstlimitierung ab. Dabei sind Grenzerfahrungen in theoretischer und praktischer Hinsicht die Basis seines Entwurfs, die in Verbindung mit Sorge und Begierde im Rahmen des höheren Alters diskutiert werden. Die agnostische Ethik versteht sich dabei als eine kritische Ethik der Grenzerfahrungen des Menschen.

DOROTHEE VÖGELI folgt den Spuren von Ludwig Feuerbachs vernunfts- und religionskritischem Denkweg. Bei ihm wird der Grund der Religion in den Menschen verlegt. Vorstellungen von Gott sind Projektionen des Menschen; Gott ist das vergöttlichte Wesen des Menschen selbst: Gottesbilder sind Selbstbilder. Wegen dieser Identität kann es keine transzendente Welt geben. Diese Positionen wurden als Projektionstheorie und Religion in diesem Sinne als Anthropologie rezipiert. Eine andere Funktion von Religion – mit theistischem bzw. pantheistischem Einschlag – wird mit der sinnlichen Präsenz Gottes in der Natur (und als Urheber der Welt) erklärt. Mit seinem Sensualismus, einer neuerlichen Emanzipation der Sinnlichkeit, stellt er sich gegen Hegels intellektuelle Begriffswelt und wird dadurch zu einem Wegbereiter des Materialismus im 19. Jahrhundert. Viele religiöse Ansichten, besonders der Jenseitsglauben, sind für Feuerbach lediglich Trostphilosophien angesichts des Leidens in der Welt. Einen eigenen Stellenwert besitzen Feuerbachs Thanatologie und seine Liebesphilosophie. Am Ende seines Denkweges steht die Versöhnung mit der Endlichkeit, die keiner Erlösung mehr bedarf.

HEINZ RÜEGGER verknüpft in seinem Beitrag über das Alter aus christlicher Sicht theologische und gerontologische Argumente. Ausgangspunkt für seine Überlegungen ist die im Glauben begründete Annahme, dass das Dasein des Menschen eine Gabe Gottes ist, die nehmend angenommen wird, um sich selbst und andere annehmen zu können. Da der Mensch als homo viator lebenslang unterwegs ist, hat er darauf zu achten, was Gott ihm zur eigenen Entfaltung mitgegeben hat. Eine Abhängigkeit im Alter oder ein undurchschaubares Schicksal können im Vertrauen auf Gott als ein individuelles Geschick empfunden werden: Man muss zulassen, was mit einem geschieht. Das Ziel eines Christenmenschen ist »lebenssatt« zu werden, also sich zu entwickeln, ohne sein Leben, das Fragment bleibt, vollenden zu können. Diese Vollendung wird Gott überlassen. Das glaubende Vertrauen schenkt ein Gefühl von Geborgenheit und die Sicherheit, nicht verloren, sondern in einen umfassenden Lebens-, Sinn- und Erfahrungszusammenhang eingebettet zu sein. Erfüllt kann ein Leben im Alter sein, wenn sich dieses Gefühl einstellt und der alte Mensch inter- oder intragenerativ wirksam bleiben kann. Dann kann er im wahrsten Sinne in Ruhe »abdanken«. Die Gabe Gottes ist offen für jede Entwicklung in jedem Alter und mit der verliehenen Freiheit kann die Grenze des Lebens selbst bestimmt werden, so, wenn es darauf ankommt, in der letzten Phase mit der Grenze des Todes verantwortlich umzugehen.

MICHAEL BOLLAG legt in seinem Beitrag den Schwerpunkt auf das Menschenbild im Judentum und auf die älteren Menschen. Es ist ein Menschenbild, das die Nichtigkeit wie die Größe des Menschen kennt. Die Bedeutung der Heiligkeit des Lebens und der Generationenfolge wird ebenso einlässlich behandelt wie die komplexe Präsens Gottes im Menschen. Aus verschiedenen zitierten Stellen leitet er ein Altersbild und eine entsprechende Ethik und Praxis ab. Insbesondere dem Respekt einem alten Menschen gegenüber wird ein hoher Wert zugeschrieben. Außerdem wird auf die Bedeutung und die Rituale der Endlichkeit im jüdischen Glauben verwiesen. Über schöpferische Gestaltungskraft, Gottesebenbildlichkeit und über Barmherzigkeit sowie über das »göttliche Erbarmen« (Tora) wird gehandelt. Und die Maxime: Wer eine Person tötet, der vernichtet die ganze Welt, ganz ähnlich im Koran, dokumentiert den Humanismus der Religion.

RIFA'AT LENZIN beschreibt das Menschenbild im Koran. Abgeleitet von dem islamischen Glaubensbekenntnis (Shahada), stellt sie die Frage nach der Zweckbestimmung des Menschen. Dieser kann Nachfolger von früheren Geschöpfen sein, jedoch nicht Gottes Nachfolge antreten. Geburt, Sterben und Tod, aber auch Krankheit und Leiden, sind Ausdruck des göttlichen Willens. Die Einstellung zum Alter wird im Koran in Anweisungen zum Umgang mit den altgewordenen Eltern veranschaulicht.

Es kann noch erwähnt werden, dass die fünf Säulen des Islams als Pflichten des islamischen Glaubens zu sehen sind. Diese sind: das Glaubensbekenntnis, das rituelle Gebet, die Armenspende, die Wallfahrt nach Mekka und das Fasten im Monat Ramadan. Die 114 Suren im Koran sind aufgeteilt nach der Offenbarung in der mekkanischen (in Mekka) und in der medinischen (in Medina) Dekade. Bis heute spricht Gott mit den Menschen und erläutert seinen Willen durch den Koran. Nur Gott ist im Koran heilig, sonst niemand. Die Muslime rezitieren 99 Namen, der hundertste Name *Allah* gilt als der schönste. Im Islam wird von Rechtleitung (»rechtes Geleit«) in Sure 1 gesprochen.[18] Dies hat nichts mit dem Rechtssystem der Scharia zu tun. Vielmehr ist die Rechtleitung ein zentraler Begriff der islamischen Lebensführung. An vielen Stellen im Koran wird auf die Rechtleitung Bezug genommen. Dies wird auch an der Alltagskultur orientalischer Länder deutlich, die mit vielen islamischen Regeln durchdrungen ist.

Ein bedeutender Punkt der islamischen Verkündigung wird in Sure 21 benannt: Mohammed wurde von Gott ausschließlich als Botschafter der Barmherzigkeit für alle Welten entsandt.[19] Weit über hundert Mal kommt das Wort Barmherzigkeit im Koran vor. Barmherzigkeit (arabisch: Rahma) ist das Einzige, worauf sich Gott im Koran (Sure 6) verpflichtet hat. Das Fundament der Barmherzigkeit beruht auf Vergebung und Gerechtigkeit. Gott tritt im Koran nicht als Bestrafender auf, sondern als Verzeihender und Barmherziger, als ein Gott, der auf Beziehung ausgerichtet ist. Von daher ist die Gott-Mensch-Beziehung im religiösen Sinne eine Liebesbeziehung.[20] Gerade dieser verzeihende Gott ist für

---

18 Hartmut Bobzin, Der Koran. Die wichtigsten Texte. München 2015, S. 131.
19 Mouhanad Khorchide, Islam ist Barmherzigkeit. Freiburg 2012.
20 Ebda., S. 83.

ältere Muslime, die z. B. in Europa als Gastarbeiter begonnen haben und sich mit zunehmendem Alter wieder ihrem Glauben zuwenden, bedeutsam. Oftmals haben sie in jüngeren Jahren gegen Glaubensgrundsätze oder Speisevorschriften verstoßen und können bei Gott Gnade und Verzeihung erlangen. Denn im Islam gibt es nicht die Beichte wie in der christlichen Glaubenspraxis. Der islamische Theologe Khorchide (Universität Münster) fordert, dass das Konzept der Barmherzigkeit in drei Dimensionen zu entfalten sei: in einer theologischen, in einer zwischenmenschlichen und in einer politischen. Ein Beispiel für die politische Dimension: Gott ist auf den Menschen zugegangen und hatte ihm von seinem Geiste eingehaucht. Von daher darf die »Würde nicht angetastet werden, sie ist eine göttliche Auszeichnung«.[21] In der Sure 17 heißt es dazu: »Wir haben den Kindern Adams Würde verliehen.«

Noch einige Hinweise zu den Jenseitsvorstellungen, denn sie nehmen einen großen Teil in der Verkündigung Mohammeds ein. Weite Passagen des Korans beschäftigen sich mit Fragen um das Jüngste Gericht, auch Endgericht genannt. Die Glaubensvorstellung ist geprägt von der Furcht vor dem Gericht, denn der Mensch muss vor Gott Rechenschaft über seinen Glauben, seine guten und bösen Taten ablegen. Durch den Tod trennt sich der Körper von der Seele. Die Seele stirbt nicht, sondern sie lebt ewiglich. Die Schilderungen im Koran von Paradies und Hölle (die brennende Hölle, die einem Transformationsprozess gleichkommt) sind symbolisch zu verstehen. Jedoch gehören die Wiederauferstehung – oftmals auch als Rückkehr bezeichnet – und das Endgericht zu den Glaubensgrundsätzen des Islams.[22] (B. S.)

Ralph Kunz bezieht sich in seiner poimenischen Studie »Spirituelle und religiöse Begleitung im Alter« auf einen umstrittenen Sachverhalt: Der schwedische Psychologe Lars Tornstam prägte den Begriff der »Gerotranszendenz« und verstand darunter eine mit dem Alter gesteigerte Sensibilität für das Transzendente. Ob es tatsächlich eine Art »Wiederkehr des Religiösen« im Lebenszyklus gibt, ist jedoch umstritten. Vielleicht wäre es zutreffender – so der Vorschlag –, von einer Rückkehr des Spirituellen zu sprechen.

Religiosität ist für Kunz die individuelle Bedeutung einer praktizierten Religion im Sinne eines geschichtlich manifesten, kulturellen Symbolsystems. Spiritualität ist dagegen weiter und viel offener. Sie lässt sich nicht an ein bestimmtes Zeichen- oder Symbolsystem anbinden und

---

21 Ebda., S. 87.
22 Ebda., S. 53.

über Inhalte – wie die Gottesidee – definieren. Sie ist eine radikal individualisierte Form von Religiosität.

Die religiöse Begleitung soll möglichst Sache der christlichen Seelsorger und Seelsorgerinnen sein, und Seelsorge ist ein Auftrag der Kirche, nämlich das Evangelium von Jesus Christus auszurichten. Entsprechend versucht die seelsorgliche Begleitung eine Begegnung mit Gott zu stiften. Die strikte Ausrichtung auf das Göttliche kann als spirituelle Dimension der christlichen Religiosität bezeichnet werden. Die allgemeine Spiritualität hingegen sichert nur die radikale Ungebundenheit und ist zwar nicht inhaltsleer, aber inhaltsfrei. Beide Formen der Spiritualität sind in der Seelsorge zu beachten, um den richtigen Zugang zu älteren Menschen in ihrer kulturellen und lebenspraktischen Verschiedenheit zu finden.

BERND SEEBERGER und MARTIN PALLAUF stellen Daten und Ergebnisse einer eigens für diese Veröffentlichung durchgeführten empirischen Studie vor, die verschiedene Formen der Einstellung zur Religiosität und ihrer Praxis in der Gegenwart dokumentiert. Dafür wurden ein Mixed-method-Design entwickelt und ein qualitativer Kategorienansatz gewählt: Ergebnisse der Untersuchung wurden geordnet nach Kategorien und Subkategorien und mit Ankerbeispielen plausibilisiert. Einige der Kategorien sind: Bedeutung der Bergpredigt, Frequenz der Gottesdienstbesuche, Rolle des Elternhauses, Lebensstile, Glaubens- und Alltagspraktiken, spirituelle Aktivitäten, Skandale der kirchlichen Institutionen. Ein historischer Rückblick auf einstige öffentliche und private Rituale stellt die Privatisierung von Religion kritisch dar.

GERD SCHUSTER untersucht die hybriden Formen des neuen Gemeindelebens als eine Art Mischung aus traditioneller Religiosität mit ihren Imperativen *und* sozial überkommen, profanen Solidaritätsveranstaltungen. Diese neue Rolle des Pfarramtes im Gemeindeleben nimmt diesem die ursprüngliche Wort-Gottes-Hermeneutik zugunsten einer alltagspraktischen Seelsorge. Die historische Semantik »Gemeinde« ist eine wichtige kulturelle Erinnerung in diesem Zusammenhang. Für ältere Personen sind Themen wie Aktivierung, Trauerarbeit und Trost im Rahmen der Seelsorge vordringlich. Toleranz und Anerkennung des Anderen als Person war immer ein religiöser und kultureller Auftrag der Kirchengemeinden.

Die Zürcher Gefängnispfarrer FRANK STÜFEN und CHRISTOPH ROTTLER behandeln ein wenig traktiertes Problemfeld: Religiosität bei älteren Strafgefangenen. Sie verbinden dabei allgemeine Fragen des Strafvollzugs mit seelsorgerischen Aufgaben. Sie bilanzieren aus ihrer Perspektive Religion und damit auch Seelsorge als »selbstbeschützende, impulskontrollierende, empathiefördernde und friedenssichernde Funktion in einem prekären sozialen Umfeld«.

RALPH KUNZ befasst sich in »Erinnerungen des Stofflichen im Land des Vergessens« mit der spirituellen Substanz von Menschen mit Demenz. Er plädiert für eine Verschränkung des Demenz- mit dem Behinderten-Diskurs. Seine Leitthese: An Demenz erkrankte Menschen sind wie Menschen mit einer Behinderung zu betrachten. Und: Behinderung ist keine Krankheit. Statt »Behandlung« ist gerade im Gottesdienst und im Gemeindeleben auf »Begegnung« zu setzen. Dem stehen oft Abwehr und Ausgrenzung als Stigmatisierung entgegen. Christliche Spiritualität betont dagegen die Verbundenheit und die Mitmenschlichkeit als kulturelles Erbe des Christentums.

Dieser Stoff des Glaubens bedarf einer besonderen Präsentation in Zeichen bzw. Symbolen (auch akustisch als Gesang, Musik) angesichts des Erinnerungsverlustes bei Demenz und weil die Sprache als religiöse Kommunikation nicht mehr oder nur noch eingeschränkt zur Verfügung steht. Begegnung wird erlebt bei gemeinsamen Feiern, wo etwas erfasst, berührt, bewegt – und damit erinnert wird, wie bei der sinnlichen Präsenz der Weihnacht. Sakramente sind eine Brücke zwischen der materiellen und der geistigen Welt, und Symbole wie Wasser, Brot, Wein oder Licht erinnern an den Glaubensinhalt. Wichtig ist der Zugang zum Innern des Menschen, zu seiner Seele. Die Bedürftigkeit im seelischen Erleben kann das Sehnen nach Gotteserfahrung auslösen.

Die biblische Spiritualität erfordert Inklusion, und das Heilige zeigt sich in der Anerkennung des Anderen, dass er Mitglied der Familie Gottes ist. Dies ist auch eine Erinnerung an den Austausch zwischen Gott und den Menschen, dass in der praktischen Humanität alle in die heilige Gemeinschaft einbezogen sind. Somit ist auch der Gottesdienst nicht bloßes Ritual, sondern eine gelebte, heilige Gemeinschaft aller, die besonders die Schwachen mit einschließt. Inklusion ist eine heilige Sache. Auch das ist Teil des kulturellen Gedächtnisses der christlichen Religion.

Spirituelle Wahrheit wird also nicht argumentativ, nicht verbal-begrifflich vermittelt, sondern handelnd emotional-sinnlich erlebbar gemacht. Dies ist der Kern ritueller Kommunikation. Das Stoffliche (Zeichen, Symbole) erweckt die Erinnerung an den Stoff der christlichen Erzählung, die Botschaft der Mitmenschlichkeit.

CHRISTIAN MÜLLER-HERGL stellt in seiner wissenschaftshistorischen Übersicht zur Bedeutung der Spiritualität bei dementiell erkrankten Menschen fest, dass in klinischen und pflegerischen Versorgungssettings religiöse und spirituelle Bedürfnisse wenig Beachtung gefunden hätten. Ein Muster ist die Orientierung am Rückgriff auf infantiles Bindungsverhalten, um Geborgenheit und Vertrauen sicherzustellen. Dieses Bindungsverhalten wird dann auf einer anderen existentiellen Ebene als spirituelle oder religiöse Form gedeutet. Wachsenden Bindungsbedürfnissen infolge von Dissoziation und Diskonnektivität bzw. wegen der fragmentierten Horizonte von Ich, Welt und Wertordnung kann durch transzendente Konstruktionen entsprochen werden.

Religiöse Bewältigungsstrategien (Coping) haben einen positiven Einfluss auf viele Aspekte der Gesundheit. 72 % aller Studien, die sich mit dieser Fragestellung beschäftigt haben, zeigen eine positive Wirkung beim Ausmaß an psychischen Erkrankungen.

Mit zunehmendem Alter stellen spirituelle Reminiszenzen eine Art Programm dar, um bei Krankheit, Depression oder Demenz so etwas wie eine entlastende Biographie zu entwickeln durch einen übergreifenden Verstehens- und Deutungshorizont, der durch Religion geliefert wird. Menschen, die vor ihrer Erkrankung nur ein geringes Interesse an Religion hatten, widmen sich in der Frühzeit der Demenz oft spirituellen Fragen. Einige finden Trost darin, dass ihr Schicksal Ausdruck göttlichen Willens sei. Umdeutungen der Demenz als Herausforderung oder Fügung sind nicht selten.

Es wird empfohlen, so etwas wie »Zeitkapseln« rechtzeitig zusammenzustellen, in denen für die Person wichtige Informationen, ihre Lebenserfahrung und Überzeugungen dokumentiert sind, die dann später Anhaltspunkte für die Kommunikation und Interaktion bilden. Die Spiritualität der Patienten ist zurückgebunden an die Spiritualität der begleitenden Person. Dieser ist es deshalb aufgegeben, ihre eigenen existentiellen Fragen zu klären.

Zu MÜLLER-HERGLS Essay: Demenz als Herausforderung der Theologie. Christlicher Glaube bezieht sich auf die Geschichte Gottes mit den Menschen und auf deren Aufgabe, sich dessen zu erinnern. Beide müssen einander eingedenk sein. Diese wechselseitige, dialogische Beziehung wird in Geschichten erzählt. Kann aber jemand mit Demenz und seinem Gedächtnisverlust überhaupt noch mit Gott in Beziehung treten?

Einmal ist es die religiöse Gemeinschaft, in der die Erinnerung aufrechterhalten wird, und dann ist es vor allem die Erinnerung Gottes an die Menschen, die bleibt und in der ein an Demenz Leidender aufgehoben ist. Gott bewahrt die Identität eines jeden Menschen, auch wenn jemand diese für sich selbst verloren hat. Die besondere Beziehung zwischen Gott und Mensch wird erst in einem christologischen Ansatz deutlich: In Christus erscheint Gott in seiner »bedingungslosen Zuwendung« zu allen Menschen. Und Gott schafft in sich einen Raum für alles Leid. Christus am Kreuz ist auch der Christus mit Demenz. Ein Mensch soll nie in seiner Gebunden- oder Begrenztheit, sondern in dem zu sehen sein, was er war und was er sein könnte. Er soll also in seinen Möglichkeiten bzw. in seiner Vollendungsperspektive gesehen werden. Dazu gibt der Glauben Anlass und Trost für alle Leidenden.

In ihrem Beitrag referiert BRIGITTE STEMMER verschiedene Studien zu Hirnaktivitäten, einschließlich Stimulationen, und Hirnstrukturen bei gesunden und kranken Probanden angesichts ihrer religiösen Einstellung und Praxis. Dabei werden die zuweilen unklaren Fragestellungen und die z. T. methodischen Mängel kritisiert. Es scheint so zu sein, dass die Neurowissenschaften beim Thema Religion und Religiosität nur zu quantitativen Ergebnissen kommen, die auch bei verschiedenen andersartigen sozialen Handlungen messbar wären. Vielfach werden nur einige Korrelationen notiert, aber keine Kausalitäten gefunden, so dass die Untersuchungen sehr vage bleiben.

ERNST PETER FISCHER gibt einen wissenschaftshistorischen Überblick über das Spannungsverhältnis von Wissenschaft und Glauben anhand von religiösen Einstellungen bedeutender Naturwissenschaftler (Darwin, Planck, Einstein, Bohr, Pauli, Hawking und Dawkins). Der Reigen reicht von traditionellem, positivem Gottesglauben bis zu dessen forcierter Negation.

Im September 2021

Peter Gross

Wiederkehr der Religion?

Verlängerte Lebenszeit – Verlust der Ewigkeit

I.

Nicht ohne Grund wird von einer Wiederkehr der Religion im dritten Jahrtausend geredet. In schneller Folge werden Symposien veranstaltet, Buchreihen gegründet und interreligiöse Dialoge angestoßen. Religion füllt ganze Abteilungen in den Buchhandlungen, der emeritierte Papst Benedikt schreibt Bestseller, der Dalai Lama ziert Frontseiten. Und der Islam, der noch vor wenigen Jahrzehnten ein orientalisches Märchen war, ist buchstäblich unter uns gekommen.

Die Rede von einer Wiederkehr hat etwas Tröstliches. Etwas lange Zeit Verdrängtes und Überwundenes scheint den Platz wieder zu besetzen, den ein überforderter Mensch selber einzunehmen gewillt war. Gleichwohl ist die Rede von einer Wiederkunft seltsam ungenau. Was ist damit gemeint? Genügt es, von einer Wiederkehr zu reden, wenn der Papst Hunderttausende begeistert? Reicht es, wenn an überirdische Kräfte und kosmische Energien geglaubt wird und die naive Standardfrage der religionswissenschaftlichen Untersuchungen, ob es höhere Wesen gibt, von einer Mehrheit mit Ja beantwortet wird? Sind die Kreuzlein an den Hälsen der Popstars und Fussballer Ausdruck einer neuen Religiosität? Oder ist die Frage nach einer Wiederkehr nicht ernser, nüchterner und radikaler die Frage nach einer Wiederkehr jener Religion, die Europa 2000 Jahre lang geprägt hat, nach einer Wiederkehr der Inhalte und der Fundamente des Christentums? Und zwar bei uns, im alten Europa? Und scheint nicht, mit dem Älterwerden der Bevölkerung und dem Wegsterben jener Altersgruppen, die noch im streng religiösen, im christlichen Milieu groß geworden sind, die überkommene Religion, das Christentum, zu verblassen?

II.

Im Zentrum der christlichen Religion steht die Erlösungsvorstellung. Die nicht enden wollenden Versuche, die Weltreligionen an einen Tisch zu bringen, sind Ausdruck von schwer zu vereinbarenden Eigenheiten der religiösen Bekenntnisse. Alle Religionen bearbeiten das dem Menschen Unverfügbare, insbesondere das Sterben und den Tod, und versehen es mit Trost. Vergegenwärtigen wir die christliche Heilsbotschaft, leuchtet in ihrer Mitte die Erlösungsvorstellung. Sie ist etwas ebenso Einzigartiges wie Eigentümliches. Sie ist, wie es Hans Urs von Balthasar genannt hat, das Blutzentrum der christlichen Botschaft. Ihr zufolge sind die Menschen in Schuld verstrickt und kämpfen mit ihrem am Ursprung der Menschheit selbsterzeugten Leid, ohne sich aus eigener Kraft davon befreien zu können. Sie brauchen einen Messias, der ihre Sünden sühnt, einen Erlöser, der ihnen hilft. Gott sendet seinen Sohn Jesus in die Welt, der stellvertretend die Leiden der Menschen auf sich nimmt und den Menschen durch seinen Kreuzestod erlöst. Das Kreuz, das hing noch in meiner Schulzeit in der Mitte des letzten Jahrhunderts in allen Schulstuben und war selbstverständlicher Bestandteil der Wohnkultur und Symbol der Erlösung.

Mit der Erlösungsvorstellung verknüpft waren im Kinderkopf auch angstmachende Implikate. Die Eschatologie, wie sie im letzten Buch der Bibel, in der Offenbarung des Johannes, aufgeschlagen wird, offenbart eine furchterregende letzte Zeit. Mit der Verfinsterung der Sonne und dem Untergang der Welt, mit sieben Siegeln und sieben Plagen und einem zum letzten Kampf im blutroten Gewand heranschreitenden Christkönig, der richtet und die Menschen errettet oder verwirft. Dieses alles Bisherige korrigierende und rächende Finale und das Schicksal der Menschen in ihm ist unverfügbar, endgültig, unbedingt, ohne Rekursmöglichkeit. Die Weltgeschichte spitzt sich auf diesen Moment hin zu. Sie bäumt sich gewissermaßen ein letztes Mal auf, entlässt die auferstehenden Menschen aus ihren Gräbern und unterwirft sie dem Richtspruch Gottes. Die Seele geht nach dem Einzelgericht ein in den Himmel, in die Hölle oder ins Fegefeuer, wo sie nach der Abrechnung ihres Lebens die endzeitliche Auferstehung erwartet. Eine Szene, die im Beichtstuhl gleichsam geübt worden ist mit der Aufzählung der Sünden, mit der Bitte um Vergebung und dem Empfang der Buße.

Kehrt Christus als Erlöser mit seiner Heilsbotschaft wieder? Das ist doch die Frage, die gestellt werden muss. Oder ist die heilsgeschichtliche Substanz des Christentums dem modernen Menschen fremd geworden? Stirbt sie aus mit den älter werdenden und von der Bühne des Lebens abtretenden Kirchgängern? Kein Geringerer als Joseph Ratzinger hat vor Jahrzehnten schon kritisch gefragt, ob Erlösung mehr als eine Phrase sei, wenn es selbst den Gläubigen schwerfalle, dahinter noch eine Wirklichkeit zu entdecken. Der Heilsglaube lässt sich schwer wiederbeleben. Die Erlösungsvorstellung ist so stumpf geworden, dass die Religionsforscher sich schwertun, Fragen dazu zu formulieren. Vieles gäbe es übrigens zur Erlösungsvorstellung zu sagen. Auch Gutes. Ein Gelassenwerden in einer Welt, der die Erlösungsvorstellung wie der Stachel im Fleisch gezogen ist! Der Mensch in seiner auf Gnade angewiesenen Ohnmächtigkeit! Und die dennoch gegenüber jeder tragischen Weltauffassung bleibende Hoffnung auf Erlösung.

III.

In der modernen Welt lebt die christliche Heilsbotschaft in verweltlichter Form weiter. Wie immer die vom Apostel Johannes niedergeschriebene Offenbarung, das letzte Buch der Bibel, heute gedeutet wird, sie prägt die säkularisierte Moderne zutiefst. Aus Theologie wird Teleologie, und die Zukunft besetzt jenen Platz, der im christlichen Glauben dem Himmel vorbehalten war. Der moderne Vervollkommnungs- und Perfektionierungswahn, überhaupt die Fortschrittsvorstellung, zehrt vom Ferment einer christlichen Heilsgeschichte. Der westliche Progressismus, dessen Verkündigungsengel Markt und Demokratie sind, ist die strenge Fortführung des heilsgeschichtlichen Programms auf Erden. Die ungeheuren Energien, die in den letzten Jahrhunderten im westlichen Kulturkreis freigesetzt wurden, und das gewaltige, aber auch angstmachende Schauspiel der westlichen Zivilisation sind Resultat eines christlich geprägten Futurismus. Mit dem Unterschied allerdings, dass nun ein Jenseits im Diesseits in Aussicht genommen und die Menschen im Zeichen der in der Aufklärung gewonnenen Autonomie ihre Erlösung selber bewerkstelligen müssen. Jeder hat sein eigener Heiland zu sein. Der Mensch nimmt, wie Robert Musil den »Mann ohne Eigenschaften« zeichnet, den Ausbau seiner Persönlichkeit selber in die Hand. Wer in den Himmel will, will lebendigen Leibes in den Himmel. Alles Unverfügbare, das die Weltreligionen bearbeiten, will verfügbar gemacht werden.

Die Vorstellung eines Endes der Geschichte, eines Welt-Finales und die Hoffnung auf eine künftige irdische Weltgemeinschaft, in der alle ein Herz und eine Seele sind, ist nicht erloschen. Die Weltorganisationen legen Zeugnis davon ab. Die Welt will verbessert werden. Der Mensch nimmt sich selber in Angriff, will sich vervollkommnen, selbst erlösen und letztendlich den Tod überwinden. Er strebt eine irdische, ewige Seligkeit an. Die weltliche Unsterblichkeitshoffnung wird medizinisch genährt und spekulativ befeuert. Schon werden die ersten Toten eingefroren und für ein künftiges ewiges Leben auf dieser Welt vorbereitet. In der weltlich werdenden Heilsvorstellung erkennt man aber deren grausame Züge. Die erdrückende Überforderung der Menschen, den Perfektionierungswahn, die Zurichtungsprogramme, die genetischen Träume, den Transhumanismus. Die Fluchten in toxische und andere Selbsterregungspraktiken. Die gewaltsamen und kriegerischen Praktiken, die eigne Freiheit um jeden Preis durchzusetzen …

Die ins Weltliche abgesunkene Heilsvorstellung ist desavouiert durch die politischen Erweckungsbewegungen. In ihnen pervertiert die Erlösung zur Endlösung. »Die Leute glauben nicht mehr an Prinzipien, werden aber periodisch an Erlöser glauben«, so Jakob Burckhardt lange vor dem Nationalsozialismus, der die christliche Symbolik und Terminologie für seine Weltmachtsträume einsetzte. Weltliche Heilsbewegungen haben mit dem Ziel der Erlösung vor Augen im letzten Jahrhundert die Hölle auf Erden bereitet. Sie ersetzten Erlösung durch Endlösung. Wieder und wieder treten weltliche Messiasse auf, die das Blaue vom Himmel versprechen. Während die weltliche Heilsbotschaft der Geschichte noch Richtung und Ziel verleiht, ist die christliche Heilsbotschaft, wie sie sich verdichtet im Vater Unser und im Glaubensbekenntnis findet, erkaltet. Sie ruht tief in den Heiligen Büchern.

An ihrer Stelle breiten sich diesseitige Spiritualitäten aus. Insofern erleben wir eine Redivinisierung, eine Wiederverzauberung und Vergöttlichung von Welt und Natur. Religiosität kehrt nicht wieder als christliche Heilsbotschaft von Tod und Auferstehung, sondern als religiöse Travestie, als Wellness für die dem Christentum verlorengegangene Seele. Die Titel in den Buchhandlungen, die unter Esoterik und Lebenshilfe firmieren, demonstrieren das ganze Spektrum und umfassen die alternative Heilkunde gleichermaßen wie den achtfachen Pfad im Buddhismus.

IV.

Zweifellos befördert auch das Nachlassen der körperlichen Kräfte das Hervortreten einer wie immer gearteten Spiritualität. Nie gab es eine Zeit, so weit wir in die Geschichte zurückschauen, in der so viele Menschen so gut alt werden konnten. Innerhalb eines Jahrhunderts hat sich die Lebenserwartung mehr als verdoppelt und sind fast dreißig Jahre an Lebenszeit zugewonnen worden. Mehr als in den zehntausend Jahren vorher. Gleichzeitig hat sich freilich mit der Immanentisierung der Heilsgeschichte, der Entchristlichung und Erschöpfung des Jenseitsglaubens die Gesamtlebenszeit drastisch verkürzt. Die gewonnenen Jahre sind, wie der Sozialhistoriker Arthur E. Imhof anmerkt, gegen eine nie endende Ewigkeit eingetauscht worden. Damit wird, ein nicht zu unterschät-

zender Vorgang, das Altern und die letzte Phase des Lebens seiner Sinn-
gebung beraubt. Eines Sinnes, der darin bestand, sich auf ein jenseitiges
Leben vorzubereiten und in dessen Mitte die Rituale für den Übergang
und den Eintritt ins ewige Leben standen. Ein angekündigter Tod mit
dem Empfang der Sterbesakramente, letzter Ölung, Buße, Kommunion
und dem Abschied von den Familienangehörigen war ein guter Tod.

Noch vor einem halben Jahrhundert hatten gläubige Katholiken Ver-
sehgarnituren und das Versehkreuzlein aus Metall in der Nachttisch-
schublade. Heute sind es Tempo-Taschentücher und anderes. Und noch
in den 60er und 70er Jahren konnte man auf dem Land den Versehgang
sehen und hören, auf dem der Pfarrer oder der Kaplan mit Ministranten
und dem Bimmeln einer Messglocke unterwegs zu einem Sterbenden
waren. Wenn heute oft nur noch die Totenglocke als letztes Relikt einer
alten Trauerkultur verbleibt, ansonsten aber meist nicht mehr zu Hause
gestorben wird, der Sarg geschlossen bleibt und die Trauerzeremonie
in zehn Minuten vorbei ist, dann sind das eigentlich Zeichen der oben
geschilderten Zeit eines Verschwindens der jenseitigen Ewigkeit, eines
Verblassens der überkommenen Vorstellungen vom Tod als einem Übergang in eine andere Welt. Die Frage ist, inwiefern der moderne Mensch
mit einem Tod ohne Jenseits, ohne Übergang fertig wird und ob ihm die
gewonnenen Jahre dazu verhelfen.

Dennoch: Die gewonnenen Jahre sind vermutlich ein Glücksfall nicht
nur für das Altern, sondern auch für das Sterben. Empirische Studien
dazu fehlen. Denn in der christlichen Vormoderne war der zu frühe
Tod von der Säuglings- und Kindersterblichkeit bis zum frühen Tod
der Eltern und Geschwister ein Problem, heute ist es nicht selten der zu
späte. Das lange Leben birgt häufig auch ein langes Leiden in sich, ein
Leiden, dem die Vorstellungen auf ein Recht der Selbstbestimmung über
das eigene Ende zu genügen versuchen. Die gewonnenen Jahre bieten
aber auch neue Möglichkeiten, in einer Art Lebensmoratorium über
Vergangenheit und Zukunft nachzudenken. Damit verbunden ist eine
Abkehr von Zukunftsillusionen und auch eine Annahme der Relativität
und Endlichkeit. »Zum Alter – der Lebensperiode des Zukunftsschwun-
des – gehört, dass es uns – aus zunehmendem Mangel an Zukunft
– immer schwerer fällt, Zukunftsillusionen zu entwickeln und aufrechtzuerhalten« (Odo Marquard). In der im Gleichschritt mit der Zunahme
der Lebenserwartung anschwellenden Ratgeberliteratur enden die guten
Ratschläge für ein gutes Altern regelmäßig in der Aufforderung, dieses
zu akzeptieren und anzunehmen. In einer Welt- und Todesanschauung,
in der der Tod der Sünde Sold ist, wie im Christentum (Röm. 6,23),
und in der der Mensch erst nach dem leidvollen diesseitigen Leben einer

ewigen Glückseligkeit teilhaftig wird (sofern er nicht dem ewigen Unheil verfällt), war das alles andere als einfach. Endlichkeit und Tod konnten nicht in dieser Weise angenommen werden. Der Tod war ein Todfeind, dem die christliche Feindesliebe verwehrt blieb.

Auch die postmoderne Pulverisierung der Jenseitsvorstellungen trägt wohl zu einem eher angstfreien Tod bei. Hatte doch die christliche Erlösungskonzeption Bestandteile, die, wie Hölle, Jüngstes Gericht oder die Plagen der Endzeit, dem Kind mehr Angst als Zuversicht bereiteten. Eine ungewisse Zukunft stimmt vermutlich tröstlicher als eine gewisse. Besonders, wenn diese zwar ein Jenseits vorsieht, das nicht nur Heil, sondern auch Unheil enthält. Inwiefern das Sterben, das sich immer noch ein Großteil der Bevölkerung aus Angst vor Schmerz und Leid als ein schnelles und unerwartetes wünscht, durch die segensreiche Tätigkeit der Hospizbewegung und der Palliativmedizin gelassener gesehen werden kann, wird sich weisen. Noch herrscht der paradoxe Widerspruch in der modernen Gesellschaft, dass die Menschen möglichst lang leben, aber möglichst schnell sterben wollen. Ob Alzheimer, wie es David Shenk in seinem Buch »The Forgetting« glaubt, den Sinn in der Verlangsamung des Sterbens und Abschiednehmens findet, bleibe dahingestellt. Alles hat, wie es der Prediger Kohelet formuliert, seine Stunde, und es gibt eine Zeit für jegliche Sache unter der Sonne: »Eine Zeit für die Geburt und eine Zeit für das Sterben, eine Zeit zu pflanzen und eine Zeit, das Gepflanzte auszureissen« (Prediger 3, 1,2). Heute haben wir mehr Zeit für das Leben. Und eigentlich auch für das Sterben.

V.

Die sittliche Bewältigung des Lebens verlangt immer die Annahme der jeweiligen Phase, so der katholische Theologe Romano Guardini in seiner Schrift »Die menschlichen Lebensalter«. Der Mensch muss, so Guardini, wenn er noch in der Weisheitsreife des Alters steht, »den kommenden Tod annehmen, muss auf ihn zu leben und das, was ihm jeweils an Zeit, Kraft und Leistung gewährt ist, als Geschenk verstehen«. Gegenüber der Todfeindschaft der überkommenen christlichen Lehre ist diese Auffassung schon entschieden modern, ein Resultat einer bislang unvorstellbaren Alterung, einer Alterung, in der man in einer Art Moratorium Zeit findet, über die Jugendsünden nachzudenken. Der durch die christliche Heilsauffassung befeuerte Vollendungs- und Vervollkommnungsdrang, die Vorstellung einer jenseitigen Erfüllung der Geschichte, eine Vorstellung, die auch auf den Lebenslauf abgefärbt hat, ermattet.

Die Mortalität besiegt die Finalität, so auch der Philosoph Odo Marquard. Wer altert, muss angesichts seiner eigenen Person der Zukunftsillusion entsagen, wird illusionsresistent und beginnt, die Wirklichkeit so zu nehmen, wie sie ist, und nicht, wie sie sein müsste oder sein könnte. Man könnte vielleicht auch sagen, die überkommene jenseitsorientierte Religion war ein Trost für die Zumutung eines frühen und plötzlichen Todes, für den es keine irdische Entschuldigung zu geben schien, während dem Tod in der Moderne, der spät kommt und der, man wagt es kaum zu sagen, häufig erwartet und herbeigebetet wird, eher ein Freund ist, den man nicht besiegen, sondern höflich empfangen muss.

Das bedeutet keineswegs das Ende des Christentums. Sondern nur das Ende einer nicht mehr in den Herzen der Menschen verankerbaren Auslegung. Die Auferstehung lässt sich anders deuten. Auch die Bibel lässt Auslegungsspielräume zu. Christus nicht als übermächtiger Triumphator eines mirakulösen Weltgeschehens. Sondern Mensch vor, im und nach dem Tod. Wenn nicht der Karfreitag, sondern Ostern, nicht die Passion, sondern die Auferstehung in den Vordergrund gerückt wird, wird das auferstehende Leid gezeigt. Auf der 15., in den Stationswegen häufig unterschlagenen Tafel aufersteht Christus mit seinen Wundmalen. Er zeigt seine Verletzungen. Seine Stigmata und damit seine Unvollkommenheit.

Was, wenn der Mensch seine Unvollkommenheit, seine Endlichkeit akzeptieren würde, ohne fortwährende Endlosigkeits- und Erlösungsträume? Ist denn die Unvollkommenheit als Mangel an Gewissheiten nicht zugleich seine ihn aus dem Reich der Natur heraushebende Weltoffenheit? Und ist diese Weltoffenheit nicht ein Geschenk und keine Strafe? Und wäre Endgültigkeit und Vollkommenheit, ewiges Leben und Erlöstheit nicht Gleichgültigkeit? Ganz zu schweigen von den realen Folgen für die Weltbevölkerung. Die grandiose Vielfalt der Kulturen und Techniken, auch die Vielfalt der religiösen Bekenntnisse, ist Resultat der Unfertigkeit und der Unvollkommenheit der Menschen. Es gäbe keine Bach-Kantaten, keine Skulpturen Michelangelos, keine Bilder von Giotto, keine moderne Kunst. Es gäbe kein Leid und keine Freud. In einer erlösten, in einer vollkommenen Welt würde nicht geübt, geprobt, nicht versucht, das Unmögliche möglich zu machen. Es gäbe keine Geschichte nicht enden wollender Versuche, die Welt erträglich zu machen. Es gibt kein Glück ohne Leid, kein Leben ohne Tod, keine Geburt ohne Schmerz. Auch die Religionen sind Seufzer des Menschen.

VI.

Wir alle müssen sterben. Der Tod ist ein Ende, das alle trifft. Deshalb verlangt er wie keine andere Lebenstatsache nach einem Sinn. Dieser war in der christlichen Heilsbotschaft die entscheidende Zeit des Übergangs vom Diesseits ins Jenseits. Die Todesanschauung mit ihren Symbolen ist am Erlöschen. Der moderne Mensch lebt länger und verliert die Zukunftsillusionen. Nicht, wenn er seine Endlichkeit demütig als Geschenk Gottes deutet und annimmt, nicht als Strafe, und die eigene Schuldigkeit nicht in urvordenkliche Zeiten abschiebt. Für den, der das Imperfekte akzeptiert und das Totalitäre von Erlösungsträumen fürchtet, wird auch sein Verhältnis zum Tod ein anderes. Die Menschen, wie man es in radikaler Verkürzung sagen könnte, werden durch die Säkularisierung und das lange Leben gewissermaßen erlöst von der Erlösungsvorstellung. Der Mensch ist in den Mittelpunkt gerückt, der, seit es ihn gibt, mit seiner Fehlbarkeit und Vorläufigkeit ringt, ohne aufzugeben. Und ohne das Perfekte, Vollkommene und Endgültige zu träumen.

Das bedeutete keineswegs Weltabwendung und Weltaufgabe. Und, wie gesagt, keineswegs ein Ende christlicher Werte. Überall stellt die Gesellschaft Fragen, die wir zu beantworten haben. Überall gibt es Not und Leid. Aber die Antworten sind in einem christlichen Sinne vorläufig, bescheiden, demütig, nie endgültig und auch nie endgültig richtig. Dass wir unerlöst oszillieren zwischen Wirklichkeit und Möglichkeit ist unser Vorteil. Und auch der Ursprung aller Religiosität. Wäre doch Erlösung von allem Übel das Ende einer Welt, wie wir sie kennen und in ihrer Unerschöpflichkeit, ihren Unterschieden und ihren Herausforderungen auch lieben.

Der Mensch der Vormoderne wurde vom Tod überrascht und unsanft ergriffen. Der Tod holt sich seine Opfer ohne Rücksicht auf Rang und Namen. Wie in den mittelalterlichen Darstellungen von Totentänzen greift er sich unschuldige Kinder, Arme und Reiche, Bettler und Könige gleichermaßen aus der Mitte des Lebens. In der Moderne mit ihrer unerhörten Steigerung der Lebenserwartung wird der Tod nicht mehr oder nicht mehr nur als Todfeind, als Strafe für eine urvordenkliche Sünde gesehen. Sondern nicht selten als Gast und als Erlöser. Die Dehnung des Alterns lässt den modernen Menschen ein anderes Verhältnis zum Sterben und zum Tod gewinnen. Der Tod steht irgendwie selbstverständlich am Ende eines heute meist, verglichen mit früher, langen oder sehr langen Lebens, er ist nicht mehr ein Feind, den es zu besiegen gilt, sondern ein, angesichts der eigenen Verfassung und – vielleicht auch – des Zustandes der Welt, Erlöser von unlösbaren Problemen.

Dass so viele Menschen in der modernen Gesellschaft so gut alt werden können, befördert somit eine gelassenere Einstellung zum Sterben, und eine neue Religiosität, die die Endlichkeit nicht zu überwinden sucht, sondern sie annimmt, trägt ebenfalls dazu bei. Diese auch aus der demographischen Entwicklung herrührende Umdeutung des Sterbens und der Endlichkeit bleibt gewiss nicht ohne Folgen für die Substanz der christlichen Religion, für ihre Welt- und Todesanschauung. Jedenfalls in den säkularisierten Ländern des Westens. Denn der Großteil der christlichen Gläubigen befindet sich noch am Anfang einer demographischen Evolution, die von Bevölkerungen mit hohen Geburtenraten und niedriger Lebenserwartung zu solchen mit niedrigen Geburtenraten und hoher Lebenserwartung führt. Für die Bewohner der Moderne gilt der eigentümlich moderne, freilich mittelalterliche Sinnspruch »Ich komm, weiss nit woher; ich geh, weiss nit wohin, mich wundert, dass ich fröhlich bin«. Denn je freiheitlicher und ungebundener Menschen handeln, und je mehr die überkommenen Gewissheiten im Säurebad der Moderne schmelzen, desto ungewisser wird die Zukunft. Das ist, was das Sterben und den Tod betrifft, auch tröstlich.

Literatur

Balthasar, Hans Urs von: Das Herz der Welt. Zürich 1949.

Birkenstock, Eva: Angst vor dem Altern? Zwischen Schicksal und Verantwortung. München 2008.

Burckhardt, Jacob: Die Kultur der Renaissance in Italien. Leipzig: Kröner 1919.

Graf, Friedrich Wilhelm: Vom eigenen Glück des Alters. In: Ders. (Hg.): Über Glück und Unglück des Alters. München 2008.

Grey, Aubrey de: Ending Aging: The Rejuvenation Breakthroughs that Could Reverse Human Aging in Our Lifetime. New York 2007.

Gross, Peter: Endlich. Der Stachel des Todes. In: Robertson von Trotha (Hg.): Tod und Sterben in der Gegenwartsgesellschaft. Baden-Baden 2008, S. 253-263.

Gross, Peter: Jenseits der Erlösung. Die Wiederkehr der Religion und die Zukunft des Christentums. Bielefeld (2. Aufl.) 2008.

Gross, Peter, Fagetti, Karin: Glücksfall Alter. Alte Menschen sind gefährlich, weil sie keine Angst vor der Zukunft haben. Freiburg i. Br. (3. Aufl.) 2009.

Gross, Peter: Wir werden älter. Vielen Dank. Aber wozu? Freiburg i. Br. 2013.

Gross, Peter: Ich muss sterben. Im Leid die Liebe neu erfahren. Freiburg i. Br. (2. Aufl.) 2017.

Imhof, Arthur E.: Reife des Lebens. Gedanken eines Historikers zum längeren Dasein. München 1988.

Kuonen, Roland: Gott in Leuk. Von der Wiege bis ins Grab – die kirchlichen Übergangsrituale im 20. Jahrhundert. Freiburg i. Br. 2000.

Löwith, Karl: Weltgeschichte und Heilsgeschehen. Die theologischen Voraussetzungen der Geschichtsphilosophie. Stuttgart 1953.

Marquard, Odo: Theoriefähigkeit des Alters. In: Ders.: Philosophie des Stattdessen. Stuttgart 2000, S. 134-140.

Musil, Robert: Der Mann ohne Eigenschaften. Hamburg 1952.

Ratzinger, Josef: Erlösung – mehr als eine Phrase? o. O. 1977.

Saramago, José: Eine Zeit ohne Tod. Reinbek 2007.

Shenk, David: The Forgetting. Alzheimer's: Portrait of an Epidemie. New York 2003.

Philosophische Perspektiven

Thomas Rentsch

Transzendenz in der Immanenz

Vernunftaspekte religiöser Praxis im Alter aus philosophischer Sicht

Im Folgenden will ich aus philosophischer und vernunftkritischer Sicht nicht die Lehren und Praxen spezifischer Religionen, des katholischen und evangelischen Christentums, des Islams, des Judentums, des Buddhismus, des Taoismus, oder die der großen mystischen Traditionen im einzelnen thematisieren, sondern es sollen Grundformen religiöser Praxen ohne spezifische traditionelle Bezüge freigelegt und in ihrer sinnvollen, für das Altern tragfähigen Bedeutung und Funktion analysiert werden.

1. Die Unverfügbarkeit unseres Lebens

Im Kern der religiösen Traditionen lässt sich ein Bewusstsein der *Endlichkeit* unseres natürlichen Lebens, seiner Kürze und Zeitlichkeit und der *Unverfügbarkeit* aller seiner Sinnbedingungen freilegen. Wir sind ohne unser Zutun auf diese Welt gekommen. Weder konnten wir entscheiden, wo dies geschah, noch, wann und unter welchen Umständen. Weder konnten wir uns Mutter und Vater aussuchen noch all die Lebensumstände, mit denen wir dann von Anfang an jeden Tag konfrontiert sind und bleiben. Und dennoch gilt bereits für den Anfang unseres Lebens, was in allen Religionen auf vielfältige Weise kulturell, sprachlich, kultisch, musikalisch und zeremoniell vergegenwärtigt wird: Dieses unverfügbare Geschehen ist Basis, Grundlage, Fundament, Voraussetzung schlechthin für alles, was wir später sinnlich erfahren, erleben, fühlen, begreifen und denken können. Ohne das – religiös gesprochen – Wunder unserer eigenen, individuellen Existenz gäbe es – für uns – schlechthin nichts. Unsere uns vorgängig selbst ermöglichende Existenz ist die fundamentale Basis für alles, was wir dann erleben, erfahren und tun können. Wir können daher aus philosophischer Sicht den berühmten Satz des Descartes, »ich denke, also bin ich« (»Cogito, ergo sum.«) umkehren: Sum, ergo cogito, ich bin, also denke ich. Meine Existenz ist die Voraussetzung schlechthin für alles, was ich dann denke, erfahre, fühle und erlebe. In den Religionen ist daher zu Recht und nachvollziehbar von der *Schöpfung*, ja von der

Schöpfung aus dem Nichts – *creatio ex nihilo* – wiederum auf vielfältige Weise die Rede: in Sprachen der Verkündigung, des Lobens und des Preisens des Wunders der Schöpfung als Geschenk, ja als Gnade.

Doch damit keineswegs genug: Indem wir geboren werden, kommen wir ja, jeder von uns als ein einmaliges, einzigartiges Individuum – wohin? Ja, auf die *Welt*. Und hier setzen die großen religiösen Traditionen wiederum an mit der Akzentuierung des allem anderen vorgängigen, unableitbaren Wunders des Seins, mit Heidegger formuliert: des Seins des Seienden. Denn das Wunder der Schöpfung, das Urphänomen, *dass überhaupt etwas ist*, lässt sich nicht erklären, ableiten oder durch welche Forschungen auch immer herausfinden. Wir wissen nicht, *woher* das All, das Universum mit all seinen Galaxien kommt, wir wissen nicht, *wann* es entstanden ist, oder ob es überhaupt nicht entstanden ist, sondern *immer schon* da war. Unerklärlich bleibt schlechthin, dass überhaupt etwas ist und nicht nichts, das Sein des Seienden (Heidegger). Dieses Unableitbare ist und bleibt auch die Voraussetzung für all unser Denken und Handeln, für alles, was immer auch geschehen mag.

Nun lässt sich, auch aus vernunftkritischer Perspektive, diese unableitbare Dimension zwar nicht bezweifeln, jedoch lässt sie sich ignorieren. Wir vollziehen, durchaus sinnvoll, unsere menschliche Lebenspraxis, ohne uns auf diese unerklärliche Dimension überhaupt zu beziehen. Wenn wir jedoch auf irgendeine Weise in einer der religiösen Sinntraditionen leben und denken, dann vermögen wir es, uns zu dieser Dimension bewusst und explizit zu verhalten, existentiell-praktisch, kulturell, sprachlich, auch in und durch Formen der Kunst. Denn dann können wir danken, *dass* wir geboren wurden, *dass* es uns gibt, wir können der Freude Ausdruck geben, *dass* wir leben und handeln können, wir können im Stillen oder im gemeinschaftlichen Gebet dieses Glück der Schöpfung preisen, ja wir vermögen es in unseren großen kulturellen Traditionen, diese unableitbare Sinndimension in der bildenden Kunst zu vergegenwärtigen und in den selbst so eindrücklichen Gestaltungen der Musik, des Gesangs zum Erklingen zu bringen. Auch diese Modi finden wir in allen Hochkulturen der Geschichte, ebenso wie die vielen Formen der meditativen Praxis, die der Vergegenwärtigung des uns unverfügbaren und doch stets gegenwärtigen Sinns des Seins dienen. Religionen lassen sich als Aufklärungsversuche über das Unverfügbare in allen Lebensbereichen charakterisieren.

In diesem Kontext sei darauf hingewiesen, dass diese religiösen Sinndimensionen durchaus auch eine Nähe zur Philosophie und insbesondere zu ihren Ursprüngen im antiken Griechenland aufweisen. Ihre Ursprünge liegen im Staunen über die Welt, den Kosmos mit seinen unfassbar komplexen Formen und insbesondere bei ihrem Urvater Sokrates im Nichtwissen und im Nichtwissenkönnen. Sein legendärerer Grundsatz »Ich weiß, dass ich nichts weiß« bezeugt dies. Es ist dieser Ort des Nichtwissens über die Grundlagen unseres Seins wie auch des Alls des Seienden, des Kosmos, an dem die philosophische Reflexion beginnt. Und dieser Ort prägt eindeutig auch das gesamte philosophische Denken und seine Grundlagenreflexion von Sokrates bis zu Heidegger und Derrida in der Moderne.

2. Der Prozess des Alterns

Die in den religiösen Traditionen gegenwärtigen, in ihrem Zentrum stehenden Sinndimensionen reichen noch erheblich weiter als bisher skizziert. Indem wir auf diese Welt kommen, beginnt mit unserer Lebenszeit ebenso unmittelbar auch der Prozess unseres Alterns, die Zeitlichkeit und Endlichkeit unserer Existenz, die allem, was wir je tun oder lassen, stets als Basis, als Grundlage unseres Seins vorausgeht. Mit zunehmendem Alter setzen daher jeweils als Potentiale unserer zeitlich-endlichen Entwicklung Phasen der Bewusstwerdung, des Selbstbewusstseins, Phasen der Reifung und der Einsicht ein. In der Reifung zum Alter verstärken und intensivieren sich diese Potentiale prinzipiell für jeden einsichtsfähigen Menschen, ganz gleich, ob wir diese wahrnehmen, begreifen und nutzen oder nicht.

Man kann aus praktisch-philosophischer Sicht auch gegenwartskritisch akzentuieren: Während in der Kindheit und frühen Jugend die Notwendigkeit der Bildung und Erziehung und z. B. der Sexualaufklärung völlig unumstritten ist, gibt es keine entsprechende Aufklärung, Bildung und Erziehung zum Älterwerden und zum Altsein. Auch hier finden sich wesentliche Ansätze in allen großen traditionellen Religionen. Auch in den Vernunfttraditionen der Philosophie seit der griechischen Antike finden wir zunächst grundlegende Einsichten im Blick auf die Mitmenschlichkeit, die moralischen Grundlagen unseres Zusammenlebens und auf das Gute und auf das Glück in den Ethiken und politischen Schriften von Sokrates, Platon und Aristoteles, ebenso wie z. B. in der christlichen Ethik der Nächstenliebe in der Botschaft Jesu.

Eine spezifische Fokussierung auf den Alterungsprozess und das höhere Alter jedoch findet sich nicht sehr bewusst und explizit in den uns bekannten großen Traditionen. Gerade weil wir in unserer Gegenwart eine erhebliche Steigerung unserer durchschnittlichen Lebenszeit erfahren, die häufig mit dem einfachen Satz: »Immer mehr Menschen werden immer älter« charakterisiert wird, benötigen wir in unserer Zeit ein neues, modifiziertes Aufklärungsprojekt über die sinnvollen Potentiale eines gelingenden Lebens im Alter sowie auch über die Gefahren, Irrtümer, Einschränkungen und die Ideologien und Illusionen, die diese Potentiale bedrohen. Religiöse Sinntraditionen können in diesem Aufklärungsprojekt durchaus wichtige Perspektiven eröffnen und erneut freisetzen.

3. Die Verdrängung des Alterns

Zunächst sei sozial- und kulturkritisch festgestellt, dass unsere modernen, ja mittlerweile »postmodernen« Fortschrittsgesellschaften der spätkapitalistischen Produktion und des Konsumierens einer weitverbreiteten Ideologie unterliegen, die dem soeben festgestellten Alterungsprozess geradezu entgegensteht: Alles funktioniert demnach immer schneller, immer höher, immer weiter, immer besser, immer effizienter, und all dies lässt sich auch quantitativ erfassen und messen. Wir wissen mittlerweile, und dies gelangt zunehmend auch ins öffentliche Bewusstsein, dass dem leider keineswegs so ist, sondern dass wir auf allen Ebenen der gesellschaftlichen Praxis gegenwärtig mit gravierenden Fehlentwicklungen konfrontiert sind, die schon seit langem im Wissen der Umweltschutzbewegungen präsent waren, ebenso in den großen Ansätzen der Philosophie des 20. Jahrhunderts, so in Heideggers Technikkritik und in den sozialkritischen Verdinglichungsanalysen von Adorno und Horkheimer. Aber erst in unserer Gegenwart wird, leider oft schon zu spät, sowohl wissenschaftlich wie politisch unmissverständlich klar, dass die Menschheit seit langem an der Zerstörung ihrer Lebensgrundlagen arbeitet, ja an der Zerstörung ihres Planeten, des einzigen, den wir haben. Es wird bewusst, wenn wir nicht innehalten und gravierend umsteuern, stehen uns extreme Fehlentwicklungen bevor.

Hinzu kommt, dass die Menschheit trotz der bereits ganz sichtbaren und wirksamen Fehlentwicklungen der Zerstörung immer weiter wächst. Als ich geboren wurde, gab es etwas mehr als eine Milliarde Menschen auf der Welt, mittlerweile, nach nur sechs Jahrzehnten, steuert die Bevölkerungszahl auf die zehn Milliarden zu. Dieser Steigerungsprozess geht, wie wir alle seit langem wissen, mit der Umweltzerstörung, aber auch mit Hungersnot, Flucht, Vertreibung von vielen Millionen Menschen und mit schrecklichen Kriegsführungen einher.

Diese weltgeschichtliche und planetarische, dramatische Fehlentwicklung könnte aus religiöser Sicht etwa mit der Kurzkritik: »Der Mensch will sich an die Stelle Gottes setzen« versehen werden. Dieser Befund lässt sich noch dadurch weiter bestätigen, da es verbreitete wissenschaftliche Bestrebungen und Zielsetzungen gibt, die durch Computertechnologien und Digitalisierungen zu immer weiteren Lebenszeitsteigerungen gelangen wollen, ja die gar die technisch ermöglichte Überwindung des Todes, die menschliche Unsterblichkeit erreichen wollen. Ich will diese extremen technologischen Ideologien nicht weiter behandeln und kritisieren. Für unseren Kontext jedoch gilt ganz zentral: Entgegen den ganz starken Tendenzen der Beschönigung bzw. der Verdrängung oder gar der Abschaffung des Alterns, der menschlichen Endlichkeit und Vergänglichkeit, ja des Sterbens und des Todes gilt es, aus aufgeklärter religiöser und aus philosophisch-vernunftkritischer Sicht, die Erinnerung an diese Grundbedingungen der menschlichen Existenz ganz intensiv zu praktizieren und zu gestalten. Bereits in der Psychoanalyse war ja lange schon bewusst, dass der Mensch ganz natürlich zur Verdrängung der Endlichkeit, des Sterbens und des Todes tendiert. Es ist alltagspraktisch und insbesondere bei Menschen mit guter Gesundheit, Kraft und Lebensfreude völlig normal und verständlich, dass sie sich nicht besonders gerne und intensiv mit ihrer Endlichkeit und mit Altern, Sterben und Tod befassen. Hinzu kommt, dies sei kulturphilosophisch im Blick auf unsere Lebenspraxis bemerkt, dass insbesondere der Tod in der von vielen Millionen Menschen genutzten Medienwelt der Unterhaltungsindustrie, z. B. in den Kriminalfilmen, ständig durch Mord und Totschlag gezeigt wird. Diese Präsentation dient aber eben der Spannungserzeugung für den gemütlichen Fernsehabend. Es gilt also, aus praktisch-philosophischer, vernunftkritischer Sicht auf jeden Fall, das Bewusstsein des Alterns und der eigenen Endlichkeit wieder wachzurufen und sinnvoll zu vermitteln. Wie kann das geschehen? Und: Inwiefern und wie können hierzu Ansätze der religiösen Sinntraditionen fruchtbar einbezogen werden?

4. Sinnvolle Perspektiven

Wie gelingt es uns, den Alterungsprozess wieder aktiv und sinnvoll in unser gemeinsames Leben und in unsere soziale und individuelle Praxis zu integrieren und produktiv mit ihm umzugehen? Durch die gesellschaftlichen Ausdifferenzierungsprozesse der Gegenwart herrscht die Tendenz zu einer immer stärkeren Aufspaltung der Generationen und ihrer Lebensformen. Wer mitten im Berufsleben steht, hat schlicht keine Zeit, sich um die Alten und sehr Alten intensiver zu kümmern. Drastisch gesprochen: Die Alten werden »ins Heim abgeschoben« und ab und zu besucht. Aus praktisch-philosophischer und ebenso aus religiös-ethischer

Perspektive ist die intergenerationelle Kommunikation ganz wesentlich für ein gelingendes soziales Miteinander. Allein die Weitergabe von in vielen Jahren erworbenen Lebenserfahrungen an die jüngere Generation besitzt eine Kostbarkeit, die durch nichts zu ersetzen ist. Ebenso sind die vielen Formen der intergenerationellen Gemeinsamkeit als Hilfe, als Zuhören, als Anteilnahme, als Rücksichtnehmen ganz besondere Lebensformen von hohem Wert. Hier gelten keine Kriterien der ökonomischen Effizienz, sondern Kriterien der Ethik und der Moral, im religiösen Kontext Kriterien der Nächstenliebe, zu denen es für unser Leben keine tragfähigen Alternativen gibt. Durch die Ausdifferenzierungsprozesse der Gegenwart drohen diese Sinnpotentiale verloren zu gehen. Die Zeit der Großfamilien, in denen die Enkelkinder inmitten zweier älterer Generationen aufwuchsen, ist aus viele Gründen in heutigen gesellschaftlichen Organisationsformen weitgehend vorüber. Dabei ist es, auch aus philosophischer Sicht, gerade angesichts der gesellschaftlichen Ausdifferenzierungen und Aufspaltungstendenzen und auch der rapiden Veränderungen besonders wichtig, wesentliche Erfahrungen und Kenntnisse früherer Zeiten weiter in Erinnerung und im gegenwärtigen und zukünftigen Bewusstsein zu behalten und zu kultivieren. Denn: Wer kann z. B. die persönlichen Lebenserfahrungen der Großeltern, die sie den Enkeln erzählen, durch irgendetwas anderes ersetzen? Auch dazu gehört wieder ganz zentral das Bewusstsein der Endlichkeit und der Einmaligkeit, der unableitbaren Individualität unserer Existenz, die eben für alle Menschen, für jeden einzelnen gilt. Auch dieses Bewusstsein droht verloren zu gehen, wenn wir nur noch in Kategorien der Effizienzökonomie und ihrer Steigerungsprozesse zu denken beginnen.

Die sinnvollen Perspektiven, die in der postmodernen Beschleunigungsgesellschaft verloren zu gehen drohen, lassen sich ethisch, moralisch und religiös gerade mit Bezug auf das Altern genauer erfassen. Das wechselseitige Verstehen (und auch zunächst das Nicht-Verstehen), die Freude an gemeinsamen Erfahrungen, Werten und Lebensformen, Formen der wechselseitigen Hilfe und Anteilnahme, all diese Perspektiven sind und bleiben unersetzlich. Es gilt dabei, zu lernen, sich selbst zurückzunehmen, zu lernen, dass weniger oft mehr sein kann, dass der Nächste, der Andere, der Mitmensch kostbar und unersetzlich ist. Und wiederum gilt: Während unsere Angewiesenheit auf die Hilfe unserer Eltern und Betreuer als Baby und Kleinkind, als Heranwachsende völlig evident und im allgemeinen Bewusstsein als selbstverständlich verankert ist, werden die Beeinträchtigungen und Hilfsbedürftigkeiten vieler Menschen im höheren und hohen Alter tatsächlich oft als lästige Defizite wahrgenommen. Der Wert des Weiterlebens scheint in Frage zu stehen, so auch bei

Alzheimer und Demenz. Dass die hochaltrigen, die Hilfe und die Pflege benötigenden Mitmenschen auch noch ganz konkret viel Sinn erfahren können, gerät dabei in Vergessenheit. Es ist die Gefahr abzuwehren, dass quantifizierbare Berechnungsgrundlagen für den noch erreichbaren Lebenssinn geschädigter und kranker alter Menschen gesucht werden. Es gilt auch hier das ethische Prinzip: Diese beeinträchtigte Person, die könnte später ich selbst sein. Wie soll dann über meinen Lebenssinn geurteilt und gerichtet werden?

5. Die existentiellen Aspekte der Negativität

Im Blick auf den für alle Menschen notwendigen und unvermeidlichen Alterungsprozess tritt ein weiterer Aspekt unseres Lebens in den Fokus, der sowohl in allen Religionen wie auch in den philosophischen Traditionen mit von zentraler Bedeutung ist: Es ist die tiefgreifende Perspektive der Leidbedrohtheit unseres Lebens, philosophisch gesprochen unserer existentiellen Negativität. Wir erfahren vom Beginn unseres Lebens an, während seiner Dauer und bis zu seinem Ende, wie gefährdet wir auf allen Ebenen unseres Seins sind. Körperlich natürlich durch Krankheit und Schmerz, im Kontext unserer Ziele und Bestrebungen durch Möglichkeiten des Versagens oder des Scheiterns auf allen Ebenen, aber auch durch soziale, politische, auch z. B. durch religiöse Fehlentwicklungen. Sei es, dass wir bestimmte berufliche Ziele nicht erreichen, sei es, dass wir finanziell belastet sind oder gar arm sind oder werden, sei es, dass wir gravierende Probleme im Bereich der Partnerschaft und der Familie zu bewältigen haben oder mit dem Verlust von Angehörigen durch Krankheit und Tod zurechtkommen müssen. Ebenso kann es, gerade aus ethischer, moralischer Sicht, in allen Lebensbereichen zu Verfehlungen, zu Versagen, zum Scheitern kommen. Wiederum zeigt sich: *Dass* wir mit all diesen existentiellen Aspekten der Negativität in unserem ganzen Leben immer wieder konfrontiert sind und sie auf jeden Fall irgendwie bewältigen müssen, ist völlig klar, ob wir dies nun aus philosophisch-vernunftkritischer oder aus religiöser Perspektive erleben. Und ferner zeigt sich im Blick auf unsere Thematik: Im Prozess des Älter- und Altwerdens lässt sich wieder eine Verstärkung, ja eine Radikalisierung und Zuspitzung dieser Problematik im Bewusstsein vieler Menschen feststellen: Welchen Sinn hatte und hat mein Leben? Was habe ich richtig, was falsch gemacht? Was gilt es zu bereuen, worauf gilt es zu verzichten, und was sollte ich, wenn möglich, noch zu erreichen versuchen, wenn es auch schwierig und belastend ist? Wir können sagen: Ohne diese existentiell-praktische

Perspektive auf unseren Lebensweg lässt sich kein anspruchsvolles, tragfähiges Lebensverständnis gewinnen, gerade aus Sicht der praktischen Vernunft und bereits ohne religiöse Bezüge. Handlungstheoretisch lässt sich ganz formal und grundlegend feststellen, dass ohne die Kontexte der Negativität unsere gesamte Handlungs- und Lebenspraxis völlig unverständlich wäre. Nur, wenn und weil wir wissen, wo die Mängel, die Fehler, die negativen Aspekte unserer Lebenswelt jeweils bereits angelegt sind, können wir uns überhaupt in der Wirklichkeit der Welt zurechtfinden und orientieren.

An dieser Stelle lässt sich eine weitere Entsprechung zwischen Vernunftphilosophie und den religiösen Dimensionen ausmachen: Die Negativität, die Begrenztheit unserer Erkenntnis und Selbsterkenntnis, sie reicht weit und tief in uns hinein. Wiederum gilt es, das fundamentale Nichtwissen des Sokrates, des Urvaters der okzidentalen philosophischen Rationalität, zu begreifen. Seine Grundeinsicht reicht bis zu Kants Denken, dessen Basis die Einsicht in die *Grenzen* unserer Vernunft ist, schließlich bis zu Wittgenstein, der im 20. Jahrhundert die Grenzen unserer sprachlichen Möglichkeiten ins Zentrum seiner revolutionären Analysen rückte. Insbesondere ist auch unsere Selbsterkenntnis begrenzt. Was letztlich die Grundlage unseres Handelns ist, die Basis unserer Motivationen, unserer gesamten Praxis unter Einschluss von Freundschaft, Liebe, sittlichen Leistungen, all dies können wir nicht letztlich durchschauen. Auch die Psychoanalyse zeigt diese uns bleibend entzogene *Tiefendimension* unseres Lebens. So lässt sich z. B. denken, dass wir sehr viel Gutes tun, aber im Wesentlichen, um uns selbst besonders gut zu präsentieren, letztlich aus Eitelkeit und Egoismus. Das jedoch wäre, auch bereits in der Sicht vieler Religionen, kein wahres Gutes vor Gottes Urteil. Auch für Kant – jetzt in vernunftkritischer, nicht mehr in theologischer, religiöser Sicht – ist der zentrale Imperativ der Ethik des guten Handelns ein *kategorischer*, ein unbedingter Aufruf zum guten Handeln. Ohne jeglichen egoistischen Nutzen soll ich unbedingt meinen Mitmenschen helfen, sie pflegen oder trösten, ihnen wieder Mut machen und Kraft geben. Und: Was geschieht, wenn ich ethisch versagt habe, Schuld auf mich geladen habe, bewusst getäuscht und gelogen habe, nur an mich gedacht habe, nicht an den Partner, den Freund, den Angehörigen?

Auch mit diesen, oft tiefreichenden Dimensionen unserer existentiellen Negativität gilt es, auf eine möglichst sinnvolle Weise zurechtzukommen. Und dies in aller Alltäglichkeit in unserer Lebenspraxis, auch ohne jegliche religiöse Tradition. Daher sind die Dimensionen der Religionen, die wir z. B. im Christentum als Sünde und Schuld, als Vergebung und die Hoffnung auf Gottes Hilfe und Gnade bezeichnen, weiter gegenwärtig, und zwar auch und gerade in der modernen, säkularisierten Welt in aller Alltäglichkeit. Die Tiefendimensionen unseres Lebens, unserer Existenz gerade in ethischer, moralischer Perspektive gilt es, weiter zu begreifen, zu bewältigen und sinnvoll zu gestalten.

Transzendenz in der Immanenz

Es ließ sich bisher zeigen, dass die in den Religionen bewusst gegenwärtigen Tiefendimensionen wesentlich sind, sowohl was die Endlichkeit und Unverfügbarkeit unseres Lebens als auch was die Unbedingtheit lebenssinnkonstitutiver Orientierungen anbetrifft. Aus philosophischer Sicht lässt sich die zentrale Struktur dieser Tiefendimensionen als *Transzendenz* inmitten der lebensweltlich-lebenspraktischen *Immanenz* identifizieren. Ich selbst bin mir in meiner unverfügbaren Individualität, in meinem Leben, Denken und Handeln vorgängig, transzendent in der Immanenz dieses Lebens. Ebenso ist die Welt als Ganzes, das All, der Kosmos mir und uns allen völlig unverfügbar vorgängig mitsamt allen natürlichen Voraussetzungen unseres Lebens: unsere Luft zum Atmen, unser Wasser, die Erde zum Anbau unserer Nahrung, unsere Pflanzen- und Tierwelt. Ebenso gehen mir meine Mitmenschen, zunächst meine Eltern *schlechthin unverfügbar* voraus, ebenso alle kulturellen Sinnbedingungen, die ich schon vorfinde und in die ich hineingeboren wurde. Wesentliche Aspekte meines Lebens aus philosophischer Sicht: die *Einmaligkeit*, die *Individualität* meiner Existenz, meine *Handlungsfreiheit*, die überhaupt erst mein ethisches und moralisches Selbstbewusstsein ermöglicht, all diese mir transzendenten, mich aber überhaupt erst ermöglichenden Sinnbedingungen sind inmitten der Immanenz meines Lebens stets gegenwärtig. Ohne nun explizit eine der großen religiösen Traditionen aufzunehmen, ist es gerade im Blick auf den ständig fortschreitenden, zeitlich-endlichen, insofern unverfügbaren, aber gerade so unbedingt sinnkonstitutiven Lebens- und Alterungsprozess nicht nur möglich und philosophisch-ethisch und aus Vernunftgründen nicht nur angeraten und empfehlenswert, sondern unbedingt wichtig und unverzichtbar, dieser Transzendenz in der Immanenz intensiv bewusst zu werden und dieses Bewusstsein zu kultivieren. Und das betrifft, das sei nochmals unterstrichen, alle Ebenen unserer Lebenspraxis. In großen Traditionen wird dieses existentielle Urphänomen zu erfassen gesucht. Es ist vom sehr oft vergessenen Sinnhorizont unseres Lebens die Rede. Dieser Sinnhorizont wird oft und tendenziell fast ständig deshalb vergessen, weil er uns näher ist, als wir uns selbst nahe sind. Er ist das Nächste des Nahen, wird deshalb übersehen und geht in unserer alltäglichen Welt und Praxis gleichsam unter. Durch die Prozesse der Säkularisierung, der Auflösung und des Schwundes der religiösen Traditionen und ihrer weitreichenden Einsichten und kulturellen, institutionellen Formen der Vergegenwärtigung des unverfügbaren Sinnhorizonts wird dieses Übersehen und Vergessen gerade in den modernen, den spätmodernen und postmodernen Gesellschaften noch weiter verstärkt und befördert. Wir hatten schon mit Bezug gerade auch auf die Verdrängung des Alterns zu zeigen versucht, dass diese Tendenz einhergeht mit dominierenden Wachstums- und Steigerungsideologien des »immer mehr, immer besser, immer schneller etc.«.

Hier bedarf es aus philosophisch-vernunftkritischer Sicht einer normativen Gegenbewegung, die ökonomisch, ökologisch, sozial, politisch bereits in vielen Ansätzen der Gegenwart ganz konkret praktiziert wird, so z. B. in der Umweltbewegung und angesichts des Klimawandels, in denen es explizit um die »Rettung des Planeten« und damit der Menschheit geht. Das traditionelle religiöse Bewusstsein des Geschaffenseins und des Geschenkcharakters der Welt wird so erneut und ganz säkular wiederbelebt. Die im wahrsten Sinne des Wortes notwendige Einsicht in die unverfügbaren natürlichen Sinnbedingungen unserer Existenz ist auf allen genannten Ebenen mittlerweile hochaktuell.

Das jedoch gilt gerade auch im Blick auf den Prozess des Alterns und somit auch hinsichtlich der individuellen Existenz unserer selbst und damit aller unserer Mitmenschen. Um ein normatives, existentiell relevantes und tragfähiges, sinnvolles Verständnis unseres Lebens zu erreichen, zu vertiefen und intensiv aufrechtzuerhalten, ist das Bewusstsein unserer dauerhaften Angewiesenheit auf die unverfügbaren Sinnbedingungen unseres Lebens unverzichtbar. Es bedarf dazu eines konkreten Aufklärungsprojektes über, philosophisch gesprochen, die uns ermöglichenden Formen der Transzendenz in der Immanenz. Wie dieses Projekt in Erziehung und Bildung, in Schulen und Texten und z. B. in Altenheimen und Pflegeeinrichtungen umgesetzt werden kann, das ist eine sehr große Problemstellung und ein sehr komplexer Aufgabenbereich, auf die ich hier nur hinweisen kann.

Zunächst geht es aus philosophisch-praktischer und existentieller Sicht um die Einsicht in die irreduzible *Einheit und Ganzheit* des Lebens jedes Einzelnen. Damit verbunden ist ganz wesentlich die Einsicht in die eigene *Einmaligkeit* und *Einzigartigkeit,* unsere *Individualität.* Man kann bereits hier anfügen, dass diese Aspekte sich im Alterungs- und Lebensprozess gewissermaßen immer mehr stärken und intensivieren. Denn nur ich kann ich selbst sein, in all meinen konkreten Handlungen und Lebensentscheidungen, die mich dann unweigerlich in und durch meinen gesamten endlichen Lebensprozess, wie lang auch immer er sein wird, zu dem oder der machen, der oder die ich dann in diesem Selbstwerdungsprozess geworden bin.

Auch die zentralen Aspekte der Ethik und Moral sind nur in diesem Kontext begreifbar. Sie sind überhaupt nicht nur möglich, sondern auch nur dadurch *wirklich*, dass wir uns als frei handelnde, selbständige und verantwortungsfähige Personen verstehen können, natürlich nur, wenn wir an keinen uns in diesem Bereich gravierend beeinträchtigenden Belastungen physisch oder psychisch zu leiden haben. Die uns immer begleitenden, oft wenig bewussten Aspekte der Negativität, der Eingeschränktheit und Begrenztheit unserer Selbsterkenntnis und unserer Freiheit habe ich bereits skizziert. Da sie letztlich nicht überwindbar sind, bleiben wir auch ohne die explizit religiösen Bezüge dauerhaft an die praktischen, existentiellen Dimensionen der Hoffnung, des Selbstvertrauens sowie auch der Angewiesenheit auf Verzeihung, Vergebung und die Bewältigung unserer Fehler gebunden.

Die religiösen Traditionen haben es unternommen, diese Dimensionen der Unbedingtheit inmitten unseres endlichen, zeitlichen Lebens- und Alterungsprozesses mit den Perspektiven eines Lebens nach dem Tode zu artikulieren. So geht es wiederum z. B. im Christentum um das göttliche Gericht, die Unsterblichkeit und das ewige Leben im Jenseits, im Himmel oder, beim Versagen, im Leid der Hölle. Mögen uns diese traditionellen, mythischen Vorstellungen auch völlig fernliegen, so lassen sich dennoch wiederum die damit versuchsweise artikulierten Lebenssinndimensionen auch vernunftkritisch, praktisch, ethisch und moralisch aufzeigen und begreifen. Denn: Trotz aller unserer Einschränkungen und Begrenztheiten geht es für uns letztlich auch aus Sicht der praktischen Vernunft darum, ein *gutes*, ein *sinnvolles* Leben zu führen, in unserer gesamten bewussten, selbständigen Lebenszeit, und schließlich auch im Rückblick auf unser ganzes Leben. Dieser praktische Sinnanspruch *ist* und *bleibt* geltend, und dies auch in einer völlig säkularen Welt ohne jegliche Jenseitsvorstellungen. Unser Leben wird zwar nicht ewig, aber ohne unbedingte Sinnansprüche, die uns inmitten der Endlichkeit, inmitten unserer Vergänglichkeit und Sterblichkeit tragen und orientieren, ist unser Leben vernünftig nicht möglich. Praktisch begriffene Transzendenz gerade inmitten der Immanenz, inmitten gerade unserer ganz alltäglichen Welt und Wirklichkeit, auf sie kommt es in unserer Lebenspraxis an, soll sie denn einen tragfähigen, vernünftigen Sinn haben. Und: Dieses Hoffnungsprojekt bleibt, auch ohne religiöse Bezüge. Wir benötigen Kraft und Mut, um in Hilfe und Pflege tätig zu sein, aber auch bei der Bewältigung unserer Fehler und unserer Leiden, die sich im Alternsprozess, wie wir wissen, sehr oft steigern. Religiöse Praktiken wie die Meditation, das Bewusstsein der eigenen Existenz im Innehalten, in der Ruhe, im Atmen, auch diese Praktiken können ganz innerweltlich und säkular eingeübt werden. Das Bewusstwerden und Bewussthalten der Transzendenz in der Immanenz ist eben keinesfalls irrational, sondern *transrational*, weil die unverfügbaren Sinnbedingungen unseres gesamten Lebens und des gesamten Alterungsprozesses die Bedingungen der Möglichkeit unserer vernünftigen Existenz sind und bleiben.

Fazit

1. Es gilt, die *Unverfügbarkeit* unserer gesamten Existenz und ihrer Sinnbedingungen unter Einschluss der Vernunft praktisch zu begreifen.

2. Dazu gehört ganz wesentlich das *Bewusstsein des Prozesses unseres Älter- und Altwerdens.* Über diesen Prozess gilt es, erneut intensiv aufzuklären, auf allen Ebenen der Lebenspraxis.

3. Denn es droht, insbesondere in den postmodernen Hochgeschwindigkeits- und Leistungsgesellschaften, dass sich die im Menschen immer schon angelegte Tendenz, das Altern und die eigene Endlichkeit *zu vergessen* und möglichst *zu verdrängen*, sich nochmals steigert und radikalisiert. Sie geht einher mit den *unser Leben gefährdenden Fehlentwicklungen* des Vergessens unserer natürlichen Lebensgrundlagen.

4. *Sinnvolle Perspektiven* angesichts dieser grundlegenden Problematik lassen sich nur entwickeln, wenn das Alter und die Alten selbst wieder viel intensiver und praktischer in unser gemeinsames Leben einbezogen werden. Denn: dies werden wir bald, später selbst sein.

5. Daher gilt es, gerade aus philosophischer Sicht, die bereits in den Religionen stets sehr präsenten Dimensionen der *existentiellen Negativität*, unserer Leiderfahrungen, unserer Fehler und unserer Schuldhaftigkeit ethisch, moralisch und praktisch begreiflich zu machen.

6. Das Bewusstwerden der *Transzendenz* inmitten unseres alltäglichen Lebens, in der *Immanenz*, im Blick auf unsere Individualität und Freiheit, auf die Einheit, die Ganzheit und die Einmaligkeit unserer Existenz, dieses Bewusstwerden ist konstitutiv und tragend für ein gutes und sinnvolles Leben. Dies gilt bereits aus philosophischer, vernünftiger Sicht und ohne religiöse Bezüge.

Literatur

Kruse, Andreas/Zimmermann, Harm-Peer/Rentsch, Thomas (Hg.): Gutes Leben im hohen Alter. Das Alter in seinen Entwicklungsmöglichkeiten und Entwicklungsgrenzen verstehen, Heidelberg 2012.

Rentsch, Thomas: Altern als Werden zu sich selbst. Philosophische Anthropologie und Ethik der späten Lebenszeit, in: ders.: Negativität und praktische Vernunft, Frankfurt am Main 2000, 151-179.

Rentsch, Thomas: Gott, Berlin/New York 2005.

Rentsch, Thomas: Transzendenz und Negativität. Religionsphilosophische und ästhetische Studien, Berlin/New York 2011.

Rentsch, Thomas/Vollmann, Morris (Hg.): Gutes Leben im Alter. Die philosophischen Grundlagen, Stuttgart 2017.

Zimmermann, Harm-Peer/Kruse, Andreas/Rentsch, Thomas: Kulturen des Alterns. Plädoyers für ein gutes Leben bis ins hohe Alter, Frankfurt am Main/New York 2016.

Helmut Bachmaier

Die Transzendenz des Lebens

Ein Rekurs auf Georg Simmel

Leben ist immer mehr als Leben.

Georg Simmel

Am Eingang seines Essays »Beiträge zur Erkenntnistheorie der Religion« (zuerst 1902) stellt Simmel kategorisch fest: »Man braucht die Gültigkeit der religiösen Behauptungen, die Inspiration ihrer Gründer, die Wirklichkeit ihrer Gegenstände und des Verkehrs mit Gott keineswegs in Abrede zu stellen und muß dennoch daran festhalten, daß Religion als solche ein Vorgang im menschlichen Bewußtsein und weiter nichts ist.«[1]

Insofern Religion ihren Ort im Bewusstsein hat, wird zu klären sein, welche Form und welcher Sachgehalt dem Bewusstsein dabei zukommen. Zunächst lässt sich Religion bei Simmel als formale Kategorie und als innere Selbstbestimmung, der Glaube als das Ganze einer inneren Wirklichkeit beschreiben. Es geht demnach jeweils um eine innere Bestimmung, um (psychologisierend) einen »Zustand oder Ereignis in unserer Seele«.[2]

Das Vertrags- bzw. Kindschaftsverhältnis zwischen Gott und dem Menschen im AT oder NT ist eine *wechselseitige* Beziehung, »ein metaphysisches Geschehen«,[3] das Religion begründen kann, aber nicht die Religion selbst *ist*. Diese umfasst als subjektives Element nicht die Einheit der beiden Pole Gott – Mensch, denn Religion bezeichnet »nur das subjektive Verhalten des Menschen«, in dem er seine Beziehung zu einem Gott ausdrückt. Glaubensinhalte sind spezielle Besetzungen dieser Beziehung, aber nicht die Beziehung selbst. Der religiöse Inhalt als objektiver Bestand ist also vom subjektiven Prozess ebenso zu trennen wie Inhalte eines Denkprozesses vom Denkprozess selbst. Es kommt damit auf die besondere Form dieser Relation an.

---

1 Zit. nach: Georg Simmel: Brücke und Tür. Essays des Philosophen zur Geschichte, Religion, Kunst und Gesellschaft. Im Verein mit Margarete Susman hrsg. v. Michael Landmann. Stuttgart 1957, S. 105-116, hier: S. 105. Nachfolgend als Sigle: B/T.

2 B/T, S. 106.

3 B/T, S. 105.

Religiosität als formale Kategorie

Religiosität als Konkretisierung von Religion ist für Simmel eine eigenständige, fundamentale, darum rein formale Kategorie, eine wesentliche innere Form und Bestimmtheit des Subjekts. Von einem individuellen Standpunkt aus wird das gesamte Sein erfasst, und es kann die Fülle der Wirklichkeit in sich ausgenommen bzw. die Beziehung mit verschiedenen Inhalten besetzt werden. Religiosität selbst aber ist eine »apriorische Grundform unseres inneren Wesens«,[4] abgelöst von allen »dogmatischen Einzelinhalten«. Er nennt sie einmal eine »einheitliche und fundamentale Verfassung der Seele«.[5] In ihr können zwar »begriffliche Inhalte« vergegenwärtigt werden, ohne dass dafür aber eine logische Notwendigkeit bestehen muss. Religiosität kennt auch keine zwingende Bindung an bestimmte »transzendente Gegenstände«. Es gibt jedoch werthaltige, ambivalente Verhältnisse in der Realität, die religiös aufgeladen und entsprechend behandelt werden. »Es gibt eine Unzahl von Gefühlsbeziehungen zu sehr irdischen Objekten, Menschen wie Dingen, die man nur als religiös bezeichnen kann. Wie sich der ästhetisch angelegte Mensch oft zu dem anschaulich Schönen verhält, der Arbeiter zu seiner sich emporringenden Klasse oder der adelsstolze Feudale zu seinem Stand; die pietätvolle Seele zu Traditionen und tradierten Gegenständen; der Patriot zu seinem Vaterland oder der Enthusiast zu den Ideen von Freiheit, Brüderlichkeit, Gerechtigkeit – all diese Verhältnisse haben, bei der unendlichen Verschiedenheit ihres Inhalts, einen psychologischen Ton gemeinsam, den man als religiös bezeichnen muß, da man ihn in jenes eigentümliche Ineinander von Erstreben und Genießen, Geben und Nehmen, Demut und Erhöhung, Verschmelzung und Distanzierung analysieren und dennoch in seiner spezifischen Einheit nicht daraus zusammensetzen kann.«[6] Aus solchen empirischen Gegebenheiten kann Religion entstehen als gleichsam sublimierte, idealisierte, verabsolutierte Form. Sie muss sich dann lösen von diversen Einzelinhalten. Verschiedene Ursachen wie Angst oder Verzweiflung können zum Glauben führen, begründen aber noch nicht, was Glauben ist.

4 B/T, S. 110.
5 B/T, S. 108.
6 B/T, S. 109.

Der religiöse Glauben als eine Art des inneren Daseins

Simmel unterscheidet zwischen dem »religiösen« Glauben als innerer
Bestimmtheit des Subjekts und einem »intellektualen« Glauben, der das
Ergebnis der Reflexion des inneren Zustands des Gläubigen und seines
Daseins ist.

Der religiöse Glauben ist nach ihm ein unmittelbarer Zustand der
Seele, eine »*Tatsächlichkeit*«, keineswegs nur ein Spiegelbild dieser Faktizität, weshalb eine theoretische Begründung des Glaubens unmöglich
ist.[7] Der Unterschied zwischen einem Gläubigen und einem Nicht- oder
Andersgläubigen bezieht sich nicht auf die Fragen des religiösen Inhalts,
der unserem Denken gegeben ist, sondern auf einen jeweils anderen
inneren Zustand der Seele. So wird der Glaube an Gott »eine Art des
inneren Daseins«. Dagegen ist das Wissen von und um Gott nur ein
bestimmter Vorstellungsinhalt. Es kommt im religiösen Glauben auf die
»Tatsache der Vereinigung« mit Gott an, die aus Hingabe an ihn und
Empfänglichkeit für ihn, als *realer* Vorgang und als Wechselwirkung, besteht. Der Glaube an einen anderen Gott wäre also nicht nur ein anderer
Glaube, sondern ein anderes Sein des Gläubigen.[8] Der Glaube betrifft
stets das Sein eines Menschen als subjektiven Vorgang, in dem ihm eine
eigene innere Wirklichkeit entsteht: Glaube als die »unmittelbare Be-
schaffenheit des inneren Seins«.[9]

Die beiden möglichen religiösen Zustände führen oftmals in einen
Zirkel. Der »intellektuale« Glaube mit seinen theoretischen Vorstellungen kann durchaus schon als Empfindung im Gefühl vorhanden sein –
und der »religiöse« Glaube, der im Gemüt gründet, kann auch von theoretischen Vorstellungen angetrieben sein. Der Glaube ist jedenfalls nach
Georg Simmel keine theoretische Annahme oder ein bloßes Fürwahrhal-

---

7 B/T, S. 113. Simmel kritisiert in diesem Zusammenhang den ontologischen
Gottesbeweis, der die Existenz Gottes als Schlussfolgerung aus dem Gott-Denken
beweisen will. – Für Kants »praktischen Glauben« ist das Gottes- bzw. Unsterb-
lichkeitspostulat systematisch notwendig, wenn das Streben nach den höchsten
Gütern der Tugend oder nach Gerechtigkeit sinnvoll und unbedingt zweckmäßig
sein soll und nur durch transzendente Mächte wie Gott garantiert werden kann.
Diese theoretische Annahme ist für Kant allerdings kein Gottesbeweis, für Simmel
nur ein psychologisches Bedürfnis ohne absolute Notwendigkeit. Vgl. B/T, S. 111.

8 Die Ableitung der Moral aus der Religion ist für Simmel problematisch, gar verwerflich, wenn damit das innere Sein eines Anders-Gläubigen negiert wird. B/T,
S. 111.

9 B/T, S. 116. Dort heißt es auch: Glaube »kann nur eine unmittelbare innere Be-
schaffenheit bedeuten«.

ten, sondern selbst ein Sein, nämlich die Bestimmtheit des Wesens des Menschen.

Religion lässt sich bei Simmel also zunächst als eine rein formale Beziehung, als gerichtete Beziehung auf etwas Transzendentes beschreiben. Diese ist inhaltslos, gleichsam abstrakt und entsteht in der Perspektive des Subjekts, gegründet im Gefühl. Notwendig ist die Faktizität, der Vollzug dieser Beziehung. Und dem Subjekt entsteht im Glauben eine eigene innere Welt. Da es sich um eine elementare Beziehung handelt, fügt sich diese Kategorie in einen umfassenderen Kontext von Simmels Philosophie.[10]

Philosophie der Beziehung

Georg Simmel (1858-1918) war als Theoretiker der Moderne, als Begründer der formalen Soziologie und als Philosoph regionaler Apriorität wegen seines prinzipiellen Relationalismus ein Gegner jeglichen ontologischen Substanzdenkens. Die Großstadt als Mythos der Moderne faszinierte durch die gleich- und gegenläufigen Bewegungsströme der Menschen und die in verschiedene Richtungen ausstrahlenden und einander kreuzenden Lichter der Nacht. Geld war ihm eine Metapher verschiedener gesellschaftlicher Beziehungen und eine universale Ware, auf die alles eingetauscht werden kann. Gesellschaftliche Prozesse definierte er als Wechselwirkungen zwischen isolierten Individuen. Und der darwinistische Selektionstheoretiker trat später als Metaphysiker der Lebensanschauungen hervor. Nicht zu vergessen: Als Hochschullehrer hatte er in Berlin eine große und faszinierte Zuhörerschaft, der er an

---

10 William James hat gleichzeitig wie Georg Simmel in »The Varieties of Religious Experience« (1902) die religiöse Erfahrung psychologisch als innere Empfindung beschrieben, jenseits von theologischen Konstruktionen, Akten und Zeichen. Solche Gefühle lassen Menschen annehmen, dass sie in direkter Beziehung zu Gott stehen, wobei es graduelle Steigerungen von der menschlichen zur göttlichen Sphäre gibt. Durch diese direkte Verbundenheit verlieren Gemeinschaft und Institutionen an Bedeutung. – Simmel und James kommen darin überein, dass sie die Struktur des religiösen Gefühls als eine direkte *Beziehung* auf ein Transzendentes – bei Simmel philosophisch-systematisch, bei James empirisch-psychologisch – interpretieren, wobei sich bei James die Bedeutung und Bewertung der Religiosität erst in der konkreten Praxis erschließt. Charles Taylor hat in »The varieties of religion today« (dt. 2002) noch darauf aufmerksam gemacht, dass Entscheidungsfreiheit, diese oder jene Religion zu wählen, mit zu einem modernen Religionsverständnis gehöre.

kleinen Kostbarkeiten, etwa eines Porzellans, die großen Themen seiner Philosophie verdeutlichte.

Lebensbewegungen und Fixierungen eines flüchtigen Moments, Liquidität als Dynamik des Lebens und Erstarrung als statisch wirkender Lebensmoment waren die Ambivalenzen, die sein Denken beschäftigten. Aus diesen Gegensätzen folgerte er, dass die Kategorie der *Wechselwirkung* das umfassende (metaphysische) Prinzip sei. Er forderte die Auflösung alles Substantiellen in die historische Wandelbarkeit und dass substantiell feste Werte in die lebendige Wechselwirkung von Elementen zu setzen seien.[11] Relationalität war ihm der neue »Festigkeitsbegriff«.

Außer »Wechselwirkung« und »Relation« war für Simmel »Grenze« eine elementare Denkfigur. So ist in seiner Thanatologie, die Heidegger beeinflusst hat, der Tod die eigentliche *Form* des Lebens, weil er das Leben begrenzt. Die Grenze des Todes ist das Individuierende, denn ohne diese Zäsur wäre Leben ein dauernder irrer und wirrer Strom von Erlebnissen. Wichtig ist also, dass der Tod durch seine Begrenzung einem Leben erst eine bestimmte, eben individuelle Form gibt. Über die formgebende Bedeutung des Todes schreibt Simmel in »Zur Metaphysik des Todes«: »Er begrenzt, d. h. er formt unser Leben nicht erst in der Todesstunde, sondern er ist ein formales Moment unseres Lebens, das alle seine Inhalte färbt: die Begrenztheit des Lebensganzen durch den Tod wirkt auf jeden seiner Inhalte und Augenblicke vor; die Qualität und Form eines jede wäre eine andere, wenn er sich über diese immanente Grenze hinaus erstrecken könnte.«[12] Und wenig vorher stellt er fest: »Das Geheimnis der Form liegt darin, daß sie Grenze ist; sie ist das Ding selbst und zugleich das Aufhören des Dinges, der Bezirk, in dem das Sein und das Nichtmehrsein des Dinges Eines sind.«[13]

---

11 Helmut Bachmaier/Thomas Rentsch: Georg Simmel, in: Metzler Philosophen Lexikon, hrsg. v. Bernd Lutz. Stuttgart, Weimar 1995 (2. Aufl.), S. 830-833. Ein entsprechendes Zitat aus Simmels »Anfang einer unvollendeten Selbstdarstellung«, ebda., S. 830. – Die Kategorie der Wechselwirkung bei Hegel in: Enzyklopädie der philosophischen Wissenschaften im Grundrisse, § 155-159. § 156: »Wechselwirkung ist selbst dies, jede der gesetzten Bestimmungen auch wieder aufzuheben und in die entgegengesetzte zu verkehren, also jene Nichtigkeit der Momente zu setzen, die an sich ist. In die Ursprünglichkeit wird eine Wirkung gesetzt, d. h. die Ursprünglichkeit wird aufgehoben; die Aktion einer Ursache wird zur Reaktion usf.« (Hegel: Werke, Bd. 8. Frankfurt a. M. 1979, S. 300).

12 B/T, S. 31.

13 B/T, S. 29.

Als formales Moment schreibt sich der Tod in alle Lebensereignisse gleichsam rückwirkend ein, will sagen: Erst vom Ende her bekommt jeder Lebensinhalt seinen Rang und seine Bedeutung zugewiesen – und die Begrenztheit des Daseins gibt von vornherein, geradezu antizipierend und paradox, jedem Leben aus dem Ende heraus eine eigene Gestalt. Die immanente Grenze des Lebens als Tod ist der Ort, an dem ein Ende oder ein (neuer) Anfang aus dem Ende, aus oder nach der Grenze, als Limitation oder Transgression, denkbar sind.

Ein vorherrschendes Thema in Simmels erstem Kapitel »Die Transzendenz des Lebens« in seinem Spätwerk »Lebensanschauung«[14] ist ebenfalls die Grenze und ihre Bedeutung im Lebensprozess. Dort wird das Ausgreifen auf etwas, das hinter, vor, über oder nach dem Leben liegt, zur eigentlichen Kennzeichnung eines solchen Prozesses. Denn jedes Leben kennt im Lebensprozess dieses Drängen nach einem befreienden Anderen. Das geschieht durch die Geistesbeschäftigung der Erinnerung oder durch begriffliche Konstruktionen, wenn es nicht Ausdruck einer metaphysischen Sehnsucht ist.

Bevor das Kapitel »Die Transzendenz des Lebens« eingehender betrachtet wird, kann ein schmaler Exkurs zur historischen Semantik von »Grenze« die Individualsemantik Simmels verdeutlichen. Dabei werden einige literarische, wissenschaftliche, philosophische und psychologische Verwendungen herangezogen.

Grenze und Grenzgänger

Zuerst eine Szene aus einer Erzählung: Ein armer und einsamer Künstler zieht einen dicken Kreidestrich auf dem Boden des Zimmers, in dem er zusammen mit unordentlichen Handwerksburschen wohnt, um seine geordnete Welt von ihrer Sphäre zu trennen. Und noch eine andere Grenze ist für diesen Künstler – als Mann – notwendig: Einmal erotisch außer sich geraten, küsst er das geliebte Mädchen durch eine Glasscheibe. Der Künstler ist Jakob, ein Straßenmusikant, der die höchsten Begriffe von Kunst hat. Mit seiner musikalischen Andacht will er den lieben Gott spielen, denn »den lieben Gott spielt keiner«. Jedoch erfährt er bei seinem Spiel nur Ablehnung; seine Musik wird vom Publikum als »Ohrenfolter« empfunden. Seine männliche Insuffizienz erfordert eine trennende Glasscheibe, um nicht von Emotionen überwältigt oder überschwemmt zu

---

14 Georg Simmel: Lebensanschauung. Vier metaphysische Kapitel. München, Leipzig 1918, S. 1-27.

werden.[15] Im Kontrast zu den markanten Grenzziehungen kommt in dieser Künstlergeschichte auch die Entgrenzung bzw. Grenzüberschreitung, die Transgression, durch die Überschwemmung der Donau am Ende der Erzählung, zur Sprache. Franz Grillparzers Erzählung »Der arme Spielmann« und sein seltsamer Held Jakob zählten zu Franz Kafkas Lieblingslektüren.[16]

Schranke oder Übergang[17]

Grenzen sind paradox. Sie trennen und verbinden, lassen eine Innen- und eine Außenwelt entstehen und schaffen zugleich einen Übergang vom Einen zum Anderen. Grenze kann als abschließende Schranke, als Ende einer Ausdehnung empfunden oder wahrgenommen werden oder aber als Übergang, als Zeichen eines direkten Anfangs im Ende. Im ersten Fall ist Grenze eine finale, im anderen eine dialektische Gestalt. Personifiziert wird die Dialektik der Grenze durch den Grenzgänger. In ihm wird aktiv, was Grenzen überflüssig macht.[18]

Um die beiden Pole Limitation und Transgression drehen sich Entwürfe über das Leben und über Komik. Bei Nietzsche ist es in der »Geburt der Tragödie« die Polarität der beiden Kunsttriebe der Natur: des Apollinischen als umrissener Bildwelt und Individuationsprinzip und des Dionysischen als rauschhafter Entgrenzung des Lebens. Jede Art von Komik ist eine Grenzerfahrung: Das Gelächter der Vernunft angesichts der begrenzenden Perspektiven von Ansichten oder mit Blick auf verkehrte Weltverhältnisse ist davon Ausdruck.[19]

Die Humanitätsidee entstand historisch aus einer Grenzvorstellung, nämlich aus dem »Erkenne dich selbst!« über dem Eingang des Delphischen Orakels, das dem, der dieses Heiligtum betrat, verkündete, sich

---

15 Franz Grillparzer: Der arme Spielmann. Stuttgart 1979 u. ö., S. 16 (Motiv des Kreidestriches) u. S. 25 (musikalische Andacht).

16 Vgl. Franz Grillparzer. Materialien, hrsg. v. Helmut Bachmaier. Frankfurt a. M. 1991, S. 392 (= suhrkamp taschenbuch materialien 2078).

17 Hier verwende ich Elemente einer sehr gekürzten Fassung meines Kommentares in: Franz Grillparzer. Werke in sechs Bänden, Bd. 2, Dramen 1817-1828, hrsg. von Helmut Bachmaier. Frankfurt a. M. 1986, S. 618-634. Und einzelne Formulierungen aus: Helmut Bachmaier: Lektionen des Alters. Kulturhistorische Betrachtungen. Göttingen 2015, S. 28-31.

18 Vgl. Alfred Racek: Philosophie der Grenze. Wien u. a. 1983.

19 Vgl. Texte zur Theorie der Komik, hrsg. v. Helmut Bachmaier. Stuttgart 2020, S. 121-134.

als endliches, hinfälliges und begrenztes Wesen (eben nicht als höheres Wesen) zu erkennen.[20] Grenzvorstellungen haben sich machtpolitisch verfestigt in der Fixierung von Gebiets-, Einfluss- und Staatsgrenzen. Wo Tiere Duftmarken setzen, um ihr Revier zu markieren, haben die Menschen Grenzpfähle gesetzt, um ihr Territorium abzugrenzen. Die Vorstellung vom Staatskörper hat selbst die Immunologie Virchows beeinflusst, denn die Krankheitserreger wurden mit feindlichen Eindringlichen verglichen, gegen die alle Abwehrkräfte zu mobilisieren sind.

Ein alltägliches Beispiel von Grenze ist unsere Haut, die die Grenzen des Körpers umschließt und zudem Innenwelt und Außenwelt verbindet. Die Haut ist eine kulturelle und soziale Projektionsfläche. Hautschmuck, Tattoos oder ein Piercing sind dafür die Haut-Schriften und Haut-Zeichen. Ein Piercing verbindet beim Durchstechen der Haut das Außen und das Innen oder Oben und Unten miteinander. Dabei stellen etwa asiatische Hautzeichnungen mit kosmischen Figuren symbolisch den Zusammenhang zwischen Universum und der einzelnen Person dar.[21] Außerdem dient die Haut als Stratifikationsmodell, um verschiedene andere Schichten (soziale, geologische, ontologische Schichtungen bei Nicolai Hartmann etc.) am Beispiel der Hautschichten, ihrer Grenzen und Wechselwirkungen, einfach darzustellen.

Es gibt schließlich die Grenzen der Erkenntnis, exemplarisch in den Kritiken Kants gezogen; Horizonte unserer Erfahrung und Wahrnehmung, thematisiert in der Hermeneutik und Phänomenologie; Grenzen unserer Sprache als Grenzen unserer Welt, bei Wittgenstein; die »Grenzsituation« i. S. Jaspers' oder die Grenzen jeder menschlichen Praxis, den Tod.[22]

---

20 Vgl. Wolfgang Schadewaldt: Der Gott von Delphi und die Humanitätsidee. Frankfurt a. M. 1975.

21 Claudia Benthien: Haut. Literaturgeschichte – Körperbilder – Grenzdiskurse. Reinbek 2001, bes. S. 25-48 (Grenzmetaphern). – Didier Anzieu: Das Haut-Ich. Frankfurt a. M. 1991, S. 60 ff.

22 Grenze bei Hegel: Wissenschaft der Logik. Erster Teil. 1. Buch, 2. Kap., Das Dasein. Hrsg. v. Georg Lasson, Hamburg 1967 (Phil. Bibl. Bd. 56), S. 110-116. »Insofern nun Etwas in seiner Grenze *ist* und *nicht ist*, und diese Momente ein unmittelbarer, qualitativer Unterschied sind, so fällt das Nichtdasein und das Dasein des Etwas *außer* einander. Etwas hat sein Dasein *außer* (oder wie man es sich auch vorstellt, *innerhalb*) seiner Grenze; ebenso ist auch das Andre, weil etwas ist, außerhalb derselben. Sie ist die *Mitte zwischen* beiden, in der sie aufhören. Sie haben das *Dasein jenseits* voneinander und *von ihrer Grenze*; die Grenze als das Nichtsein eines jeden ist das Andre von beiden.« (Ebda., S. 114).

Transgressionen

Auch die Transgression kennt viele Modalitäten. Es kann sich um einen Tabubruch, um die Verletzung einer sittlichen oder rechtlichen Verbotsbestimmung, um ein ozeanisches Gefühl der Ich-Dissoziation, um einen Rauschzustand oder um sexuelle Ekstase, orgiastische Ausschüttungen oder Verschmelzungen handeln. Metaphern der Überschwemmung oder Überflutung zeigen dies an. Freud hat in »Das Unbehagen in der Kultur« das religiöse Gefühl als »unbegrenzt«, »schrankenlos« und »ozeanisch« bezeichnet.[23] Eine andere Form ist die der Öffnung, die Durchsicht und den Durchblick auf das Andere jenseits der Grenze ermöglicht. Grenzöffnungen lösen zudem Stau und Andrang auf.

Als formale Grenzen in der Kunst fungieren der Rahmen eines Bildes, die Rampe beim Theater oder der Anfang und das Ende eines Textes. Der erste Satz eines Textes muss aber nicht unbedingt dessen Anfang sein, er kann auch öffnen auf einen Horizont, auf das Textuniversum der Literaturgeschichte. Oder die Fortsetzungen in anderen Texten lassen das Ende wieder offen: Intertextuelle Referenzen überspielen die Grenzen des Textkörpers. In der ästhetischen Theorie der Klassik sind deren Ideale an den Konzepten »Kontur«, »Plastizität«, »Individualität« – im Gegensatz zur progressiven Universalpoesie der Romantik und der Gattungsmischungen als Entgrenzungen – abzulesen.

Taxonomien ziehen mit ihren Einteilungen Grenzen (z. B. Öffentlich – Privat; Jung – Alt; Diesseits – Jenseits), die einem im Laufe des Lebens immer wieder bewusst werden und Lebenszielen entgegenstehen können. Einige dieser Grenzen gilt es zu respektieren, andere müssen negiert werden, wenn sie die Verwirklichung von Lebensentwürfen verhindern. Ein gewisses Grenzgängertum gehört unbedingt zu einem erfolgreichen Alter.

Grenzen sind also existentielle Bedingungen unseres Daseins und Kategorien oder Konzepte der Deutung unserer kulturellen Wirklichkeit.

Grenze bei Simmel

Wie entwickelt Simmel die Grenze und ihre Funktion im Leben in »Die Transzendenz des Lebens«? Am Anfang des Textes stehen verschiedene Gradualisierungen von Richtungen des Lebensinhaltes, ausgedrückt im Komparativ von »mehr« oder »minder/weniger« von etwas.

---

23 Sigmund Freud: Das Unbehagen in der Kultur. Frankfurt a. M. 1953, S. 91.

Dies betrifft verschiedene Daseinsbereiche: etwa Sittlichkeit, Wissen, Besitz oder Bewegung. Die Richtungen, in die sich Leben mit einer bestimmten Intensität äußert, sind ontologisch vorgegeben und können subjektiv verändert werden. Beide Richtungsarten bilden ein »Koordinatensystem«, durch das jeder Inhalt eines Lebens festgelegt wird.(2)[24] Bei den Gradualisierungen gibt es Begrenzungen, und wir wählen Ausschnitte aus der Wirklichkeit für die Praxis. Die Spreizung der Grade folgt entsprechend der jeweiligen Lebenssituation.

Das *konkrete, unmittelbare* Leben richtet sich ein in einem Bezirk, in einer Sphäre zwischen einer oberen und einer unteren Grenze. Das Bewusstsein macht Leben aber weiter reichend als die genannten Einschränkungen. Das Leben wird dann *abstrakt*, die Grenze wird hinausgeschoben, an der das Leben gleichwohl festhält. Damit stellt sich Leben *diesseits* der Grenze – und im selben Akt jedoch auch *jenseits* der Grenze (infolge der Transzendierung durch das Bewusstsein), so dass die Grenze von innen und von außen wahrgenommen wird. Die verschiedenen Richtungsbewegungen des Lebens bedürfen als Ausgangs- oder Referenzgröße eines Limits, von dem aus das Maß der Graduierung festgestellt und bewertet werden kann.

Die formale Struktur des Daseins ist, dass der Mensch sich stets mindestens zwischen zwei Grenzen (eine nach oben, eine nach unten) befindet, zwischen denen wechselnde Inhalte möglich sind. Da jedoch »wir immer und überall Grenzen *haben, sind* wir auch Grenzen.« (1) Der Grenzcharakter unserer Existenz legt Grenzen außerdem doppelt (und paradox) fest: a) als *unbedingte* und notwendige Grenze und b) dass *keine Grenze unbedingt* ist, weil jede verändert, verschoben oder durchbrochen werden kann. Beide Festlegungen sind die Differenz in einem *einheitlichen* Lebensakt. (2) *Grenze und Transgression sind also die paradoxe oder dialektische Form des Lebens.* Ein bewusstes Leben ist paradoxerweise hier und dort, zugleich diesseits und jenseits der Grenze: »… und wie die Grenze selbst an dem Diesseits und Jenseits ihrer teil hat, so schließt der einheitliche Akt des Lebens das Begrenztsein und das Überschreiten der Grenze ein.« (4) Grenzverschiebungen führen zu neuen Grenzen, die wiederum in einem transitorischen Akt verschoben werden können etc. Im geistigen Leben wäre beispielsweise die Idee, etwas zu denken, das nicht wirklich gedacht werden kann, eine Grenze setzende Selbsttranszendierung des Geistes.

---

24 Ziffern in Klammern beziehen sich jeweils auf die Seitenzahlen von »Die Transzendenz des Leben«, vgl. Simmel: Lebensanschauung (FN 14).

Über das sich selbst wissende Wissen heißt es bei Simmel: »Daß wir unser Wissen und Nichtwissen selbst wissen und auch dieses umgreifende Wissen wiederum wissen und so fort in das potentiell Endlose – dies ist die eigentliche Unendlichkeit der Lebensbewegung auf der Stufe des Geistes. Hiermit ist jede Schranke überschritten, aber freilich nur dadurch, daß sie gesetzt ist, daß also etwas zu überschreiten da ist. Mit dieser Bewegung in der Transzendenz seiner selbst erst zeigt sich der Geist als das schlechthin Lebendige.« (7) Wir setzen unserem Wissen durch das Nicht-Wissen eine Schranke, und indem wir davon ein umfassendes Wissen haben, übersteigt der Geist die Begrenzung und damit die Endlichkeit usf. Dies ist seine (im Sinne Hegels »schlechte«, wenn es nur linear gedacht wäre) Unendlichkeit.

Zeit

Die Gegenwart als »absolute Unausgedehntheit eines Momentes« ist »so wenig Zeit, wie der Punkt Raum ist«. (8) Vergangenheit und Zukunft treffen in der Gegenwart aufeinander, da aber das eine nicht mehr und das andere noch nicht ist, so ist die Realität an die Gegenwart verwiesen, wobei Gegenwart aber nichts Zeitliches sein kann. Zeit ist nicht in der Wirklichkeit u. u. Trotzdem empfindet das subjektive Leben sich real in der zeitlichen Ausdehnung und erfährt durch das Gedächtnis, dass wir über den aktuellen Augenblick hinaus, uns in die Vergangenheit hineinleben, womit Gegenwart nicht mehr punktuell ist und das Leben gleichsam sich rückwärts ausdehnt. (8 f.) Es ist dann besonders der Wille oder das Denken und ihr direktes Hineinwirken in das Leben, das Zukunft als Transzendierung der Gegenwart bedeutet. »Das Leben *ist* wirklich Vergangenheit und Zukunft«, beide sind also keine Attribute des Lebens, »[n]ur für das Leben ist die Zeit real« (11), eine unmittelbare Konkretheit. Das Leben transzendiert jeden zeitfreien Gegenwartsmoment, in dem das Einst der Vergangenheit und das Einst der Zukunft zusammenfallen, und generiert damit die Zeitdehnung und die Zeit selbst.

Hinausgreifen über sich selbst

Das Wesentliche des Lebens ist »ein fortwährendes Hinausgreifen über sich selbst als gegenwärtiges. Dieses Hinausgreifen des aktuellen Lebens in dasjenige, was nicht seine Aktualität ist, so aber, daß dieses Hinausgreifen dennoch seine Aktualität ausmacht – ist also nichts, was zum

Leben erst hinzukäme, sondern dieses [...] ist das Wesen des Lebens selbst.« (12) Das »Hinausgreifen über sich selbst« ist die Existenzart des Lebens (12) Diese gründet in einem antinomischen Verhältnis, das darin besteht, dass es »grenzenlose Kontinuität« und zugleich »grenzbestimmte« Individualitäten gibt. (12) Der Lebensstrom wird durch diese Individualitäten gestaut, stillgestellt und nimmt ähnlich einer Kristallisation eine feste Form an. Das Leben gestaltet sich somit durch seine Grenzen. Aus diesen begrenzenden Formen löst sich das Leben, befreit sich gleichsam, und setzt seinen Lauf fort.

Die Kategorie »Hinausgreifen des Lebens über sich selbst« ist die Form des konkreten Lebens, dessen Eigenheit es ist: *»daß ihm die Transzendenz immanent ist«* [Hervorh. H. B.]. (14)

Leben ist Bewegung. Durch seine Dynamik überwindet es Grenzen, deren es bedarf – wie oben ausgeführt –, um eine Gestalt zu generieren und nicht bloß zu verströmen. Die Gestalt muss sich wieder im Lebensstrom auflösen – Identität und Auflösung sind wie das Sein und der Tod des Individuums. Grenze ist also dem Leben immanent, ebenso das Hinausgreifen über diese. Das Bewusstsein kann diese fundamentale Struktur des Lebens als Dialektik rezipieren und aufheben in einer neuen Bewusstseinsgestalt, jedoch bleibt für das Leben das antinomische Verhältnis als Einheit und als sein Wesensgrund unhintergehbar.[25]

Selbstbewusstsein

Ein Selbstbewusstsein, das sich objektiviert, um sich selbst weiß und die Einheit von Subjekt und Objekt denkt, überschreitet sich mehrfach »und verbleibt doch in sich selbst«, weil Subjekt und Objekt identisch sind. (14) Identität – so Simmel – bedeutet im geistigen Lebensprozess ein »Sich-Selbst-Wissen« (14), was zu Iterationen führt, indem dieses Wissen wiederum gewusst werden kann usf. Die Reflexion über sich selbst hat einen besonderen Stellenwert: »Mit dem jeweilig höchsten, uns selbst überschreitenden Bewußtsein sind wir das Absolute über unserer Relativität. Indem aber das Weiterschreiten dieses Prozesses jenes Absolute wieder relativiert, zeigt sich die Lebenstranszendenz als die wahre

---

25 Dagegen wird im Existentialismus die Grundlosigkeit von allem infolge von Kontingenz als Ekel beschrieben: »Das Wesentliche ist die Kontingenz. [...] [D]ie Kontingenz ist kein Trug, kein Schein, den man vertreiben kann; sie ist das Absolute, folglich die vollkommene Grundlosigkeit. Alles ist grundlos, [...] das ist der Ekel.« (Jean-Paul Sartre: Der Ekel. Dt. v. Uli Aumüller. Reinbek 1982, S. 149)

Absolutheit, in der der Gegensatz des Absoluten und des Relativen aufgehoben ist.«	(14)

Also, so meine Interpretation, das uns selbst überschreitende Selbstbewusstsein ist etwas Absolutes, weil es die Einheit und die Differenz von Subjekt und Objekt umfasst. Im Prozess des Denkens wird das Absolute wieder relativiert, weil es bei der Reflexion in die Subjekt-Objekt-Differenz gerät. Die Lebenstranszendenz ist dann die eigentliche Absolutheit, da in ihr der Gegensatz von Absolutem (Einheit und Differenz von Subjekt und Objekt) und Relativität (Subjekt-Objekt-Differenz) aufgehoben ist, eben weil dem Leben die Transzendenz immanent ist. Leben ist die Totalität aller Beziehungen.

Kontinuität und Form

Simmel stellt der Kontinuität des Lebens die begrenzende Form gegenüber. Diese Kontinuität betrifft das stetige, ununterbrochene Strömen des Lebens, den Kampf gegen Prägungen und formale Erstarrungen des Individuellen. Und Form ist die Abgrenzung gegen das Nächste, sie festigt gegen Auflösungen: »Form [... ist Individualität«. (17) Die vitale Strömung wie die individuelle Formierung bildet das Leben in einem Akt als *Einheit* ab.

Mehr-Leben und Mehr-als-Leben

Zwei zusätzliche Definitionen von Leben werden von Simmel als Weiterungen vorgetragen: Leben ist »Mehr-Leben«, und es ist »Mehr-als-Leben«. (20)

»Mehr-Leben« umfasst alle Lebensbewegungen, die alles in sich einschließen, indem sie es sich anverwandeln. Das Leben, um sich zu erhalten, muss ständig Lebendiges erzeugen als das Eigentliche seiner selbst. Aber es hat sich auch auf den Tod auszurichten. Es ist also ein Akt, der das (eingangs schon erwähnte) Mehr oder Minder der Realität ausmacht. Wenn das Leben »es selbst« und zugleich »mehr als es selbst« ist (21), dann wird der Satz der Identität angesichts der Inkongruenz zum Thema. Jedoch der prinzipielle Einheitscharakter des unmittelbaren Lebens soll alles in sich zusammenfassen und logische Argumente überspielen, geradezu überfluten durch noch Elementareres.

Das Leben braucht Form, braucht aber mehr als Form, denn das Leben als »rastloses Weiterströmen« (22) muss jede Form zerbrechen, obwohl diese aus dem Leben selbst gestaltet wurde. Das gilt dementsprechend für jeden fixen Lebensmoment, der durch seine Auflösung etwas Offenes erhält, was ins Neue (als wieder Anderes) und in die Zukunft hinausführt. (22) Wenn Leben auf die selbständige Form als das Andere trifft, ist dies keine Selbstentfremdung des Lebens, da die kontinuierliche Bewegung an jedem Punkt eine Einheit bildet. Das Andere ist – als Bedingung der Möglichkeit des Lebens – notwendig. Will sagen: Der Dualismus ist die Art, wie die Einheit des Lebens existiert.

Am Beispiel eines Gebetes, an der Invokation »Herr, Dein Wille geschehe …«, wird der Dualismus von Simmel eigens erklärt (25): Ich will etwas, wovon ich im gleichen Akt will, dass es nicht geschehe, nämlich mein Wille, und dieser verneint wird durch die Akzeptanz des Willens des Anderen, des »Herrn«. Der Widerspruch kann dadurch aufgelöst werden, dass ich den Willen des Anderen als den eigenen weiß, weil jedes Andere durch das eigene Leben entsteht, in einem transzendenten Prozess. Gebet und Religion sind Bestimmungen des eigenen Bewusstseins.[26]

In Simmels Philosophie wird vom Subjekt kein Jenseits anerkannt, alles Jenseitige wird »in die Grenzen der subjektiven Unmittelbarkeit« (26) zurückgeholt und alles Ansich-Seiende für Illusion erklärt. Damit wird Leben als »absolute Immanenz« gefasst und bleibt an das Subjekt gebunden, aber nur, um die Individualform wieder zu annullieren.[27]

Geistige Stufe des Lebens – Religion

Das Leben bildet auf seiner geistigen Stufe bestimmte Vorstellungen aus, die dann ein eigenes Format erhalten. Dem Leben ist auf dieser Stufe »das Erzeugen eines selbständig sinnvollen Inhaltes immanent«. (24) So sind Religion oder Kunst Ergebnisse des Lebenskontinuums infolge seiner Selbsttranszendenz, seines Hinausgehens über sich selbst. Selbsttranszendenz des Lebens ist einmal das »Mehr-Leben« als kontinuierliche Fortsetzung von Lebensprozessen und ein anderes Mal das »Mehr-als-Leben«, wenn ein Lebensinhalt in eine individuelle Form aufgenommen wird. Werte und Urteile entstehen aus der individuellen Schöpferkraft des Lebens, haben jedoch eine selbständige Bedeutung. Auch Religion ist

---

26 Vgl. Georg Simmel: Die Persönlichkeit Gottes, in: G. S.: Philosophische Kultur. Mit einem Vorwort von Jürgen Habermas. Berlin 1983, S. 166-180.
27 Hegel spricht in der »Wissenschaft der Logik«, a. a. O., S. 132, vom »Unendlichen als Hinausgehen über das Endliche«, was sich gegenseitig relational bedinge.

ein schöpferischer Akt, der einen eigenen Inhalt und Sinn hat, Gültiges ausdrückt und sich unabhängig vom Lebensgrund behaupten kann.

Fazit

Die Transzendenz in der Immanenz gibt der Religion einen Ort direkt im Leben. Das Hinausgreifen über sich lässt Religion als eine zwangsläufige Richtung und als ein Ziel des Lebensprozesses selbst erscheinen. Lebensphilosophisch ist Religion eine Form der Selbsttranszendenz des Lebens. Eine andere Form kann in der Kunst gesehen werden, wenn diese nicht einer ästhetischen Abbild-Theorie folgt: Kunst stellt das Menschenmögliche überhaupt dar. Der Möglichkeitssinn ist – so gesehen – der Sinn, der allen Richtungen, Bewegungen und Grenzen des Lebens zum Ausdruck verhilft.

Religion als Lebensziel unterscheidet sich von der Annahme Freuds, dass es sich dabei um einen Sublimierungsprozess (Gott als idealer Vater; Vater unser ... bzw. Natur als ideale Mutter) oder um eine Projektion des inneren Ideals eines Menschen, um das eigene Selbstbild als Gottesbild (Feuerbach) handelt oder, dass – linguistisch – der Gottesgedanke durch unsere Sprache unvermeidbar ist: Wenn wir sprechen, formulieren wir das am einfachsten in der Subjekt-Prädikat-(Objekt)-Abfolge. Da ein Subjekt (aktiv/passiv) immer von uns dabei mitgedacht werden muss, denken wir auch ein Subjekt der Welt, also Gott (Whorf u. a.).

Viel näher mag es da scheinen, wenn wir – gerade im Alter – im Rahmen einer Metaphysik des Lebens annehmen dürfen, dass uns das Leben selbst direkt die Religion aufgegeben hat – positiv als Glauben, negativ als dessen Negation im Agnostizismus oder Atheismus. Religiosität ist ein Hinausgreifen auf eine Form des Lebens, die *Beziehung* auf ein Transzendentes, die im bewussten Leben ihren Grund und ihre Realität hat.

Literatur

Luise Schramm: Das Verhältnis von Religion und Individualität bei Georg Simmel. Leipzig 2006.

Horst Jürgen Helle: Georg Simmel: Introduction to his Theory and Method/ Georg Simmel: Einführung in seine Theorie und Methode. München 2001.

Klaus Lichtblau: Georg Simmel. Frankfurt a. M. 1997.

Hans-Peter Müller, Tilman Reitz (Hrsg.): Simmel-Handbuch. Begriffe, Hauptwerke, Aktualität. Berlin 2018.

Esfandiar Tabari

Entwurf einer agnostischen Ethik

Bei Agnostizismus steht die Gottesfrage nicht im Zentrum, sondern eine Haltung und Weltanschauung, die weitreichende Folgen, wie den Entwurf einer agnostischen Ethik, haben kann. Der Kern des Agnostizismus ist eine kluge und rationale Bescheidenheit angesichts dessen, was man nicht weiß oder nicht kann. Davon ausgehend, wird eine agnostische Ethik auf dem Prinzip der Bescheidenheit gegründet.

1. Begriff und geschichtliche Entwicklung

Agnostik bedeutet »ohne Wissen«. Damit ist gemeint, dass man das, was zu wissen nicht möglich ist, nicht wissen kann und auch nicht zu wissen versuchen sollte, also besteht eine erkenntnistheoretische Limitation.

Thomas H. Huxley, britischer Biologe und Arzt und bekannt als Hauptvertreter des Agnostizismus, schrieb 1907: »Agnostizismus ist in der Tat kein Glaubensbekenntnis, sondern eine Methode, deren Kern in der rigorosen Anwendung eines einzigen Prinzips liegt. Dieses Prinzip ist sehr alt: Es ist so alt wie Sokrates; so alt wie der Schriftsteller, der sagte: ›Versuche alles, halte an dem fest, was gut ist‹; es ist das Fundament der Reformation, das lediglich das Axiom illustrierte, dass jeder Mensch in der Lage sein sollte, einen Grund für den Glauben an ihn anzugeben; es ist das große Prinzip von Descartes; es ist das grundlegende Axiom der modernen Wissenschaft. Positiv kann das Prinzip ausgedrückt werden: Folgen Sie in Fragen des Intellekts Ihre Vernunft so weit wie möglich, ohne Rücksicht auf andere Überlegungen. Und negativ: Geben Sie in Fragen des Intellekts nicht vor, dass Schlussfolgerungen sicher sind, die nicht bewiesen oder beweisbar sind.«[1]

Dieses Zitat enthält vier wichtige Punkte: die Methode, ein Prinzip, das Gute und die Vernunft. Agnostizismus ist eine Methode und kein Glaubensbekenntnis. Diese Methode hat das Prinzip, am Guten festzuhalten. Dieses Prinzip geschieht in positiver Form, indem man die Vernunft befolgt, und in negativer Form, indem man absolute Sicherheit vermeidet.

1 Huxley, 2020, CXLII. S. 22.

Ein Agnostiker ist eine moralische Person, denn er hält am Guten fest. Ethik basiert auf dem Guten. Gutes Denken, gutes Handeln und gutes Reden sind z. B. die Grundprinzipien der zoroastrischen Denkweise als einer der ältesten Religionen der Welt. Was aber ist gut? Wenn ich etwas gut oder richtig finde, ist es dann wirklich gut oder richtig? Wenn man diese zweite Frage mit Ja beantworten könnte, dann würde es im Grunde möglich sein, eine einheitliche und gültige Definition für das Gute zu liefern. Aber es ist klar, dass es nicht nur eine Wirklichkeit gibt, sondern viele Wirklichkeiten. Daher gibt es auch viele Konzepte des Guten, in denen ›gut‹ unterschiedlich definiert wird. Wenn etwas gut für mich ist, kann es für die Gesellschaft als Ganzes nicht gut sein. Wenn etwas für die Mehrheit der Gesellschaft gut ist, muss es für mich nicht unbedingt gut sein. Und daher kann eine Antwort auf die Frage nach einer Definition gar nicht so leicht sein, denn eine eindeutige Definition von gut, in der ›das Gute‹ selbst nicht vorkommt, ist gar nicht möglich. Man kann das Gute nicht definieren, aber man hat trotzdem eine Vorstellung davon. Man kann diese Undefinierbarkeit wiederum als etwas Gutes sehen, denn nur so kann das Gute als »Leerstelle« mit den Dingen der Welt gefüllt werden.

Es gibt eine voluntaristische Idee des Guten. Demnach ist nur Gottes Wille gut. Was Gott will, ist gut, und was er nicht will, ist schlecht. Gott bestimmt, was gut ist. Voluntarismus kann dazu führen, dass man auch schlechte Handlungen als gut bewerten kann. Wenn Gott will, darf man töten, lügen, einschüchtern usw. Es gibt heute ein breites Spektrum religiöser Extremisten, die sich darauf beziehen. Hier stellt sich aber die Frage, wer den Willen Gottes bestimmt. Gottes Wille kann in diesem Kontext nur zu Willkür in der Definition des Guten führen. Nach Platon will Gott das Gute, weil das Gute gut und vernünftig ist, aber nicht, weil die Götter das wollen. Das Gute ist nicht deswegen gut, weil die Götter das wollen oder Gott das will, sondern das Gute ist an sich gut. Das Gute hat eine innere Harmonie zwischen verschiedenen Teilen der Seele. Während es für Platon eine einzige Idee des Guten gibt, die alle Menschen vereint, existieren für Aristoteles viele verschiedene Ideen des Guten, weil Aristoteles die Idee des Guten mit Handeln verbindet und Handeln immer mit dem Einzelnen und Konkreten zu tun hat. Daher ist für Aristoteles allein das Wissen über das Gute im Allgemeinen für das Handeln nicht ausreichend. Bei ihm ist deshalb Klugheit sehr wichtig, um im Handeln und im Einzelfall das Gute zu erreichen.[2]

---

2 Aristoteles, 1141b, Niko III.

Speziell geht es bei Agnostik um die Frage nach Gottes Existenz oder Erkenntnis und ganz allgemein darum, dass man sich von jeglichen absoluten und endgültigen Definitionen distanziert. Daher erteilt die agnostische Sicht der platonischen Idee des absoluten Guten eine Absage, auf die sich auch Religionen berufen. Man kann keine Kenntnisse darüber haben, ob Gott existiert oder nicht. Man braucht auch keine Definition vom absolut Guten. Alle Versuche, Gott zu beweisen oder, umgekehrt, seine Existenz zu widerlegen, sind zum Scheitern verurteilt, denn diese können nicht auf einem soliden Wissen beruhen.

Heute kann man den Begriff Agnostizismus darüber hinaus für Bereiche verwenden, die unser Erkenntnisvermögen übersteigen. Dieses Übersteigen kann einen temporären Charakter haben. Im 19. Jahrhundert glaubte man z.B. lange Zeit an die Lorenzsche Äther-Theorie. Sie besagte, dass sich Lichtwellen analog zu Wasser- und Schallwellen in einem Medium ausbreiten müssen. Dieses unbekannte und unbegründbare Medium nannte man Äther. Daraufhin versuchte man nicht mehr, danach zu forschen, was dieser Äther eigentlich sei, und konzentrierte sich erfolgreich darauf, die Physik des Lichts zu verstehen, bis die Äthertheorie von Einsteins Relativitätstheorie widerlegt wurde. Wissenschaftler hatten damals eine agnostische Haltung zur Äthertheorie, und da sie nichts über den Äther wissen konnten, nahmen sie einfach seine hypothetische Existenz für weitere Forschungsarbeiten an. Ein anders Beispiel aus der Wissenschaft ist die Urknall-Theorie. Dass die Welt seit dem Big Bang expandiert und von überall Teilchen auf die Erde treffen, ist wissenschaftlich ein nachvollziehbares Modell in unseren kosmologischen Theorien aus Quantenmechanik und Relativitätstheorie. Dies bedeutet, dass man im Rahmen dieses Modells sicher sein kann, dass etwa vor 14 Milliarden Jahren der Urknall geschehen ist. Es handelt sich daher um eine relative Wahrheit in Bezug auf die Theorien und aktuellen Kenntnisse und Experimente – und nicht um eine absolute Wahrheit. Man kann selbst an der Existenz von Elektronen, deren Masse und Ladung uns bekannt sind, zweifeln, wenn man den Rahmen der angenommenen Theorien verlässt oder durch eine neue Physik in der Zukunft ersetzt. Das alles spielt aber keine Rolle. Man geht agnostisch vor, indem man die Frage nach wirklicher oder wahrer Existenz und absoluten Kenntnissen ausklammert. Man hält sich gegenüber solchen absoluten Fragen zurück und bleibt bescheiden.

Agnostizismus ist in diesem Sinne eine Art überlegte und vernünftige Bescheidenheit und Zurückhaltung und hat in der Geschichte in China, Indien, Persien und natürlich auch in Griechenland uralte Tradition. Im antiken Griechenland ist Protagoras einer der ältesten und bekanntesten Agnostiker. Der Homo-Mensura-Satz soll von ihm stammen: Der Mensch ist das Maß aller Dinge.[3] Es gibt unterschiedliche Interpretationen dazu, ob hier der Mensch allgemein oder der Mensch als Einzelner gemeint ist. Sokrates weist im Dialog mit Theodoros darauf hin, dass hier der einzelne Mensch gemeint ist. Immanuel Kant interpretiert den Begriff Mensch als Gattung. In welchem Kontext wir auch immer den Begriff Mensch interpretieren, es geht um subjektive Wahrnehmung oder als Gattung um eine allgemeine Einschätzung. In beiden Fällen sind endliche Wesen Maß der Dinge. Der Mensch als Einzelner oder als Gattung ist mit seinen Ängsten, Begierden, Sorgen und seiner Furcht in der Welt allein – und mystisch negativ ausgedrückt – wie ein Sisyphos zu Leben und Tod zugleich verurteilt. Mit dem Satz »Der Mensch ist das Maß der Dinge« kann man Protagoras als ersten Agnostiker überhaupt bezeichnen: Denn alles, was wir von den Dingen der Welt und von der Welt erfahren, setzt voraus, dass wir als ein Mensch im Zentrum stehen und nicht die Dinge in Zentrum sind. Durch das, was wir glauben, was wir denken, was wir fühlen, wie wir interagieren, verformen wir die Dinge der Welt und machen sie, wie sie für uns sein sollen, und nicht, wie sie in ihrem Wesen sind. Kant leitet daraus das »Ding an sich« ab. Unsere Sinne haben keinen Zugang zu den Dingen an sich, sondern wir können lediglich eine Vorstellung von Dingen in der Welt haben. So scheint zwar die Idee von Gott etwas Übersinnliches zu sein, aber die Ursache für diese Idee liegt in unserer Alltagserfahrung, die so verformt wird, dass etwas Übersinnliches angenommen wird. Der Verstand ist aber in der Lage, die beschränkte Welt der Sinnlichkeit zu verlassen, und darüber hinaus die Prinzipien der Wirklichkeit mit Regeln der Vernunft aufzustellen.

Die Empiristen wie John Locke und David Hume und später die Positivisten wie August Comte versuchten aber den umgekehrten Weg, indem allein die Sinnlichkeit den Verstand bestimmen kann. Die Folge ist die Absage an Metaphysik und jede normative Begründung der Ethik. Das »Ding an sich« setzt einen Grenzwert in unserer Erkenntnis. Wir können die Dinge innerhalb dieser Grenzen erkennen, und die Dinge außerhalb dieser Grenzen sind unerkennbar. Das bedeutet, dass wir weder Positives noch Negatives über diese unerkennbaren Dinge sagen können. Die agnostische Haltung sieht sich daher verwandt mit Kants »Ding an sich«.[4] Diesen Aspekt des Grenzwertes bestätigt auch unsere perspektivistische Haltung gegenüber den Dingen in der Welt. Das Leben eines alten, kranken Mannes mag von außen als sinnlos und qualvoll betrachtet

---

3 Platon, 170 St.1 A.
4 Schelte, 1979, 11-30.

werden. Albert Camus lehrt uns, dass selbst ein Sisyphos noch in jeder kurzen Pause nach dem Abstieg vom Berg glücklich sein kann. Die indifferente Haltung ist eine *bescheidene* Haltung, und die Bescheidenheit ist eine ethische Kategorie. Mit der Bescheidenheit ist in diesem Kontext nicht etwa die eines »Glaubens« an die Unwissenheit gemeint, wie Nikolaus von Kues es in seinem »De Docta Ignorantia« formuliert. Eine solche Bescheidenheit endet nämlich in Skeptizismus oder Dogmatismus. Bescheidenheit als ethisches Prinzip für eine agnostische Ethik bedeutet vor allem, *Grenzen zu erkennen*. Eine agnostische Bescheidenheitsethik ist anders als Arthur Schopenhauers Mitleidsethik oder Adam Smith' Sympathieethik: eine Ethik, die das eigene Verhalten nicht so sehr in seinen Auswirkungen auf die Mitmenschen bewertet, sondern in einer ständigen Beziehung zu den eigenen Veränderungen. Das bedeutet aber nicht, dass man in einer libidinösen Haltung zu sich selbst verhaftet ist. Auf die Grenzen wird man unter anderen aufmerksam, wenn man die Endlichkeit des Lebens zum Beispiel anhand des Todes der nächsten Verwandten sieht. Der Tod ist die radikalste Form der Endlichkeit. Endlichkeit kann als *Grenze* zwischen Sein und Nicht-Sein, aber auch zwischen Sein und Jenseits betrachtet werden. In beiden Fällen bedeutet sie den Verfall des Körpers und ein Ende des diesseitigen Lebens. Gegen die Endlichkeit des Lebens rebellierte der Mensch schon immer. Der Glaube an das absolut Unendliche führt zum Glauben an ein Jenseits und ein Leben nach dem Tod. Man kann aber, wie Goethe einmal schrieb, die Unendlichkeit diesseitig betrachten: »Willst du ins Unendliche schreiten, geh im Endlichen nach allen Seiten«. Ob das aber eine gute Strategie ist, nach allen endlichen Seiten hinzuwandern, um das Unendliche zu erreichen, bleibt fraglich. Der Verfall des Körpers ist ein Faktum. Egal, ob man es agnostisch oder religiös betrachtet oder ob man im Tod einen Mangel oder eine Ergänzung zum Leben sieht, ändert das nichts an diesem Verfall. Die agnostische Frage ist die nach den Auswirkungen des Todes auf unser Leben und nicht, wie man die Endlichkeit überwinden kann.

2. Drei Konzepte der agnostischen Bescheidenheit

Sokrates erwähnte in Dialogen mit seinen Schülern, wie wenig er wisse. Vor allem durch Cicero bekannt geworden ist der Satz *Ich weiß, dass ich nichts weiß*. Sokrates formulierte es zwar nicht genau so, er betonte aber tatsächlich immer wieder seine Unwissenheit.[5] Eine solche Formu-

5 Platon, 1856, 21.St.1 A.

lierung trägt einen Widerspruch in sich, wenn man das Nichtwissen als das einzig sichere Wissen voraussetzt. Sokrates war angeblich selbst davon überzeugt, wenig zu wissen, und wunderte sich, dass er von seinen Schülern als Wissender geschätzt wurde. Umso überzeugender ist so eine Bescheidenheit, wenn sie aus einer Selbstüberzeugung stammt.

Erstens muss man klarstellen, dass es sich nicht um technisches Wissen handelt. Ob man etwas kann, das ist technisch relativ gut einzuschätzen. Man weiß, wie gut das eigene handwerkliche Wissen in der Medizin oder Technik ist. Schwer kann man einschätzen, wie viel man über das Gute weiß. Auch wenn man an ein absolut wahres Gutes glaubt, kann niemand behaupten, alles darüber zu wissen. Der Glaube an etwas Absolutes scheint für viele Menschen ein starkes Instrument als Quelle des Wissens zu sein. Jeder Glaube hat aber seine Wurzel im Nichtwissen. Es gibt eine Anekdote, dass der Physiker Niels Bohr auf die Verwunderung eines Freundes, warum er als Naturwissenschaftler in seinem Zimmer ein Hufeisen aufgehängt habe, geantwortet haben soll, es wirke, wenn man auch nicht daran glaubt. Es mag sein, dass seine Antwort etwas positivistisch klingt, aber es steckt etwas Wahres drin: Der Glaube kann mich glücklich und zufrieden machen, sodass er wirkt, weil ich nicht weiß, wie er wirkt. Bohr weiß nicht als Physiker, wie ein Hufeisen Glück bringen kann, er will sich selbst aber die Hoffnung nicht verderben lassen, dass es vielleicht doch auf diese Weise mit dem Glück funktionieren könnte. Er verhält sich in seinem Wissen bescheiden, aber nicht im Glauben. Er bleibt trotzdem ein Agnostiker, denn er fängt nicht damit an, mit unnötigem und unwahrem Wissen seinen Glauben unter Beweis zu stellen. Sein Glaube hat nicht den geringsten Einfluss auf seine Forschung. Bescheidenheit im Wissen bedeutet, die Grenzen zwischen Wissen und Nichtwissen einschätzen zu können. Sie zielt nicht gegen den Glauben. Man kann glauben, was man will, aber seinen Glauben als letzte Wahrheit anzusehen, das ist nichts anderes als Dogmatismus. Dagegen kann es nur zu Skeptizismus führen, wenn man sich mit dem Argument des Nichtwissens gegen jegliches Wissen richtet. Weder Dogmatismus noch Skeptizismus haben mit Bescheidenheit im Wissen und Glauben etwas zu tun. Bescheidenheit im Wissen bedeutet, die Grenze zum Nichtwissen zu erkennen und sie zu respektieren. Das hat nichts mit Skeptizismus zu tun. Bescheidenheit im Glauben bedeutet, sich vom Absoluten zu distanzieren. Agnostizismus ist sozusagen etwas zwischen diesen beiden Extremen. Agnostizismus ist jedoch keine Tugend, und man kann sie somit nicht als aristotelische Mesotes bezeichnen. Mesotes bedeutet Mitte und wurde als Maß zur Bestimmung der Tugend verwendet. Man kann aber die Bescheidenheit zum Prinzip des Agnostizismus erklären und daraus eine Ethik ableiten. Denn Bescheidenheit, als Abgrenzung zu den Extremen, Skeptizismus und Dogmatismus, kann zweifellos als eine ethische Haltung bezeichnet werden. Man kann hier die beiden ethischen und ästhetischen Komponenten ineinanderfließen lassen: Der bescheidene Mensch wird respektiert. Sokrates hatte nicht nur mit seinem Wissen, sondern sogar viel mehr durch seine bescheidene Art viel Respekt von seinen Schülern genossen. Er hatte eine ästhetische Ausstrahlung. Sören Kierkegaard sieht in »Entweder – Oder«[6] den Sprung von der ästhetischen zur ethischen Existenz als eine Entscheidung für eine rationale Moral. Umgekehrt gilt dies auch für den Sprung vom Ethischen zum Ästhetischen. Der bescheidene Mensch ist mit sich selbst zufrieden und fühlt sich damit glücklich. Das führt in ihm zu einer ästhetischen Haltung zur Welt. Wie wir sehen werden, ändern sich die Verhältnisse zwischen Begierde, Angst und Sorgen mit zunehmendem Alter zugunsten der Bescheidenheit. Das gilt sowohl für materielle als auch für geistige Phänomene. Von außen betrachtet, wirkt das ästhetisch angenehm und bringt älteren Menschen Respekt ein. Sicher fühlt man sich als alter Mensch so auch wohler.

Wenn nun eine agnostische Ethik die Bescheidenheit als ihr Prinzip hat, unter welchen Bedingungen und nach welchen Regeln ist dieses Prinzip überhaupt zu erreichen? Für Antworten auf diese Fragen ist es notwendig, die verschiedenen Bedeutungen der Bescheidenheit zu differenzieren. Bescheidenheit kann in drei Formen auftreten: als negative, positive und kooperative Bescheidenheit. Alle drei Formen sind eng miteinander verbunden. Es geht bei allen diesen Formen um das Kennen und Anerkennen von Grenzen. Grenzen zwischen Können und Nichtkönnen, Wissen und Nichtwissen. Das Anerkennen des Nichtkönnens oder Nichtwissens verlangt aber eine Kehrseite: die Pflicht des Wissens und des Könnens.[7] Dieses Anerkennen ist damit ein Teil der agnostischen Ethik und soll zu mehr Wissen und Können motivieren. Nachfolgend werden die drei benannten Formen vorgestellt.

2.1 Negative Bescheidenheit

Ludwig Wittgenstein beendet seinen »Tractatus« mit diesem Satz: »Wovon man nicht sprechen kann, darüber muss man schweigen.«[8] Man kann diese Aussage in eine generelle Form bringen: Das was man nicht

6 Kierkegaard, 1885.
7 Jonas, 1984, S. 28.
8 Wittgenstein, 1984, S. 85, §7.

kann, muss man nicht tun. Das klingt zumindest auf einfacher Ebene plausibel. Wenn ich keine Ahnung von Chemie habe, werde ich darüber keinen Vortrag halten. Das tue ich sicher nicht aus Bescheidenheit, sondern aus klarem Wissen, dass ich keine Chemiekenntnisse habe. Oder in praktischen Dingen, wenn ich z. B. nicht schwimmen kann, werde ich nicht schwimmen, höchstens im Rahmen von Schwimmunterricht. Das bedeutet, dass ich bei technischen und praktischen Dingen klare Grenze ziehen kann zwischen dem, was ich kann, und dem, was ich nicht kann. Die negative Bescheidenheit, so negativ und unglücklich sie auch klingt, kann den Menschen Wohlbefinden und Glück bringen. Das ist in der Sozialpsychologie bekannt als sogenanntes Wohlbefindens- oder Zufriedenheitsparadoxon. Die Menschen sind fähig, sich in den schlimmsten Situationen so anzupassen und sich vor potenziellen Gefahren so zurückzuziehen, dass sie sich doch zufrieden und wohl fühlen können. Es geht um die dynamische Wechselwirkung zwischen inneren Fähigkeiten und äußeren Umständen. Langfristige Zufriedenheit ist nur möglich, wenn zwischen den inneren und äußeren Faktoren ein Gleichgewicht besteht. Wenn man gesund ist, erlaubt man sich viel mehr, als wenn man krank ist. Wenn man alt ist, sind die äußeren Faktoren anders als in jüngeren Jahren. Wenn man die Grenze nicht kennt oder nicht wahrhaben will, wird man unglücklich. Die eigenen Fähigkeiten und Ressourcen zu erkennen ist nicht schwierig, wenn man die Vergleiche mit anderen vermeidet. Durch Vergleich mit anderen entsteht Neid, was man als das Gegenteil von Bescheidenheit bezeichnen kann. Der neidische Mensch weiß genau, was ihn bewegt; der Eifersüchtige befindet sich aber oft im Zweifel, gegen wen er sich zu wehren hat: »gegen einen Rivalen auf gleicher Ebene oder gegen einen Neider.«[9]

Um die Grenzen und seine eigenen Ressourcen besser zu erkennen und damit Neid und Vergleiche zu vermeiden und mithin in negativem Kontext bescheiden zu bleiben, ist das Gedankenexperiment des unparteiischen Beobachters von Smith nützlich. Bescheidenheit verursacht nicht (wie Sympathie bei Smith) ein direktes, wechselseitiges Gefühl, weil man sich für die Bescheidenheit nicht in der Lage des anderen versetzen muss. Im Gegenteil sollte man sich im Fall der negativen Bescheidenheit in gewisser Distanz zu anderen befinden, um auf eigene Fähigkeiten und Ressourcen aufmerksam zu werden. Der unparteiische Beobachter soll in diesem Zusammenhang die Distanz auf Gedankenebene ermöglichen.[10] Das heißt, der unparteiische Beobachter hat hier

9 Schoeck, 1996, S. 25.
10 Tabari, 2017, S. 105 ff.

nicht die Rolle, die er in Smith' Moralphilosophie spielt. Bescheidenheit ist anders als Sympathie eben kein reflektierter Affekt, der zwei Personen unmittelbar miteinander verbindet. Hier ist der Einzelne bescheiden, und in diesem Punkt bleibt er allein. Um bescheiden zu sein, muss ich mich nicht in die Lage der anderen Person versetzen. Dafür reicht es, dass ich zu mir und zu der ganzes Situation Distanz habe. Der Beobachter hat nicht die Aufgabe, sich in die Lage der anderen Person zu versetzen, sondern nur aus der Distanz heraus die Lage richtig einzuschätzen.

2.2 Positive Bescheidenheit

Eine Bescheidenheitskritik geht über den Aspekt des Negativen hinaus und stellt nicht nur unser Können, sondern auch unser Tun in Frage: Was wir zu können glauben – dürfen und sollen wir trotzdem nicht immer tun! Günter Anders kritisiert, dass sich der Mensch mit Technik alles erlaube und sich keine Grenzen setze.[11] Dieser Glaube ist heute charakteristisch für unser technisches Zeitalter und bezieht sich auf die Macht der Technik. Die Technik ist wie eine neue Religion und stellt das Gute dar. Alles, was technisch machbar ist, dient dem Fortschritt, auch dem Wachstum und Wohlstand, und es soll daher ohne Wenn und Aber realisiert werden. Man denkt dabei, dass es unbedingt notwendig sei, der technologischen Machbarkeit zu folgen. Das nennt Anders negative Intentionalität.[12] Diese Intention ist negativ, da sie fatalistisch vorgeht und jegliche rationale Anstrengung über die Folgen aussetzt. Eine Bescheidenheitsethik soll dagegen wirken und auf die Verantwortung für die Folgen unseres Tuns setzen. Verantwortung bezieht sich auf ein Gegenüber, vor dem sich diese Verantwortung vollzieht. Legt man dieses Modell zugrunde, so hat Verantwortung eine Referenzinstanz. Die Referenzinstanz liegt in einer zukünftigen Menschheit, aber man kann den Wertewandel und die Einstellungsveränderungen nicht außer Acht lassen, die sich im Verlauf des geschichtlichen Prozesses vollziehen können und werden. Folglich wird auch nicht die Orientierung an einer anderen, vielleicht besseren Welt, sondern die Furcht vor den möglichen negativen Folgen von Veränderungen zum methodischen Leitfaden. Programmatisch gegen Ernst Blochs »Prinzip Hoffnung« gerichtet, wird das Prinzip Verantwortung von Hans Jonas zum Reflex von Zukunftsängsten.[13] Mit

---

11 Anders, 2018, Bd. I, S. 7.
12 Ebda. 67 f.
13 Jonas, 1979, S. 193 u. 426.

der Verantwortung findet agnostische positive Bescheidenheitsethik eine wichtige Dimension.

In der technischen Welt finden wir viele Beispiele, die gegen eine positive Bescheidenheit sprechen. Die Entwicklung der Atombombe ist ein Extrembeispiel für das, was die Menschen können. Auch andere Erfindungen, die langfristig gegen die Umwelt gerichtet sind, zählen dazu.

Auch die Digitalisierung bietet den Menschen in jedem Alter enorme Möglichkeiten. Sie wurde vor allem durch Netzwerkdienste und das Internet vorangetrieben. Das Besondere daran ist ihre Omnipräsenz, weshalb sie sich mit großen Erfindungen wie der Dampfmaschine vergleichen lässt. Es gibt in der Geschichte Erfindungen, die sich konkurrenzlos fortentwickeln und durchsetzen. Bei der Dampfmaschine war das der Fall, bei der Entwicklung der Elektrizität oder des Autos aber verhielt es sich anders. Der amerikanische Schriftsteller Graham Moor erzählt in seinem Buch über den erbitterten Kampf zwischen Thomas Edison und George Westinghouse im Zusammenhang mit der Elektrifizierung Amerikas.[14] Es ging im Wesentlichen um zwei Erfindungen: Gleichstrom und Wechselstrom. Beim Wechselstrom, unterstützt von Westinghouse, wechseln durch die magnetischen Felder die elektrischen Pole Plus und Minus ständig. Das führt dazu, dass die abgebaute Spannung wieder neu aufgebaut wird und sich auf diese Weise Strom mit hoher Spannung verlustfrei transportieren lässt. Man kann sich dabei in Analogie zum Gleichstrom einen Wasserfall vorstellen: Wenn das Wasser einmal gefallen ist, dann ist die Spannung abgebaut. Findet man nun, das ist die Entsprechung zum Wechselstrom, eine Möglichkeit, das Wasser wieder hochzutragen, baut man die ursprüngliche Spannung wieder auf und kann durch Fallen wieder Energie erzeugen. Praktisch kann man sich das für einen Wasserfall schwer vorstellen, aber bei elektrischem Strom ist das durch ein Magnetfeld mit wenig Aufwand möglich. Edison war gegen den Wechselstrom, da er die hohe Spannung in privaten Haushalten für sehr gefährlich hielt. Der erbitterte Kampf zwischen den beiden endete am Ende mit dem Sieg des Wechselstroms. Ohne Wechselstrom wäre das Zeitalter der Digitalisierung undenkbar.

Die Digitalisierung revolutioniert die menschliche Kommunikation und gewinnt wegen ihrer Omnipotenz und fast Alternativlosigkeit die Macht über die Menschen. Ganz anders als im Beispiel mit dem Strom, gibt es hier keine Alternative. Daher glaubt man stark an die Einzigartigkeit der Digitalisierung. Der Technikglaube entwickelt sich wie der Religionsglaube zu einer Intention und Kultur der Gewohnheit. Ob

14 Moor, 2018.

Quantencomputer, Bitcoin, Nano- oder 5G -Technologie, alles was neu ist und die Wirtschaft vorantreibt, soll erlaubt sein und realisiert werden. Hier kann eine agnostische Ethik im Sinne der Bescheidenheit gegenüber unserem Können und unserem Tun und schließlich unserem Glauben an die Technik vielversprechend sein. Die Technik scheint vieles realisieren zu können, was die Religionen fürs Jenseits versprechen. Selbst ein Leben nach dem Tod, aber nicht im Jenseits, sondern im diesseitigen Leben, soll möglich sein. Man kann verstorbene Menschen anhand ihrer Daten und durch Hologramme wiederbeleben. Der Körper ist zu einer Summe von Daten geworden und erlangt dadurch Zeitlosigkeit. Der Körper als Datum hat keine Gegenwart, Zukunft oder Vergangenheit. Der Leib dagegen ist nur ein Stück Erinnerung. Das individuelle Ich liegt irgendwo zwischen Körper und Leib. Das, was die Technik jedoch realisiert und die Technikgläubigen versprechen, ist bis heute nichts anderes als die Darstellung der Erfolge in einer materiellen Daten-Welt. Denn bis heute ist es nicht gelungen, die Kluft zwischen analog und digital zu überwinden. Der Übergang von der analogen zur digitalen Welt ist immer mit Verlusten an Information verbunden. Die älteste Form der Digitalisierung ist vielleicht die Sprache. Die Kunst eines Schriftstellers liegt darin, dass er in der Lage ist, seine analogen, begriffsfreien Gefühle und Vorstellungen in Wörter als digitale Form niederzuschreiben. Je besser das gelingt, umso erfolgreicher ist der Schriftsteller und umso zufriedener und glücklicher fühlen sich die Leser. Auch das Denken ist digital, weil es schließlich mit Begriffen arbeitet. Aus diesem Grund bleibt der Mensch immer in einer gewissen Distanz zur digitalen Welt. Die Distanz reizt und macht neugierig. Sie bezaubert und verspricht eine heile Welt mit Glück, Wohlstand und einem Horizont der Unendlichkeit. Der Mensch fühlt sich in dieser unübersichtlichen und unendlichen Welt aber auch verloren. Der Glaube an Religion wurde ersetzt durch die Macht und den Glauben an Technik.

Die Entfremdung findet auf einer fundamentalen Ebene statt: Was ist der Mensch mit seinem Körper? Wo beginnt und wo endet er? Wir brauchen bis zu einer Zehntelsekunde, bis wir uns dessen, was wir tun, bewusst werden. Weniger als diese Zeit brauchen wir für digitale Transaktionen. Unser Bewusstsein bleibt also hinter unseren digitalen Aktionen etwa bis zu einer Zehntelsekunde zurück. Andererseits ist der Mensch als Datenobjekt verkäuflich und kontrollierbar. Nicht alles, was wir mit Technik machen können, kann unser Körper mitmachen. Neben einer Zukunftsethik kann man hier auch Bescheidenheit üben und sich nicht so sehr überfordern von allem, was technisch machbar ist.

2.3 Kooperative Bescheidenheit

Für eine Ethik der Bescheidenheit reichen aber die Rahmenbedingungen der negativen und positiven Bescheidenheit nicht aus, denn es gibt Situationen, in denen allein eine Bescheidenheit aufgrund der individuell gesetzten Grenzen in positivem sowie in negativem Kontext nicht ethisch vertretbar ist. In solchen Situationen sollte man unabhängig von inneren Fähigkeiten auf die Gemeinschaft setzen und handeln. Die negative Bescheidenheit deutet eine Passivität an, indem man annimmt, dass man nicht tun sollte, was man nicht kann und nicht weiß. Die agnostische Haltung zum Nichtwissen in der Gegenwart bedeutet nicht, dass man in der Zukunft nicht wissen kann. Auch jedes Unwissen ist eine Möglichkeit für zukünftiges Wissen. Dem Umgang mit diesen Möglichkeiten und deren pragmatische Differenzierung kommt enorme Bedeutung zu. Man kann zwischen realen, hypothetischen und Meta-Möglichkeiten unterscheiden können. Die realen Möglichkeiten treten im Rahmen der bekannten Definitionsbereiche auf. Die hypothetischen Möglichkeiten sind nicht in vollständig bekannten Definitionsbereichen. Die Metamöglichkeiten sind neu und begründen neue Definitionsbereiche.[15]

Die kooperative Bescheidenheit ist die Bescheidenheit der Massen und Institutionen. Hier geht es nicht nur um individuelle Fähigkeiten und Grenzen, sondern darum, wozu eine Gesellschaft fähig ist und wie alle eine Entscheidung im ethischen Sinne mittragen können. Besonders in Zeiten der Krise zeigt sich, wie wichtig es ist, als Gesellschaft in einer Kooperation mit der Regierung zu handeln. Die Demokratie hat hier ihre Stärke in Transparenz und Vertrauen im Vergleich zu anderen, nicht-demokratischen politischen Systemen.

Heute fühlen wir uns mit der Technik und dem Fortschritt sehr mächtig. Wir sind zunehmend besorgt, wie wir unsere Fähigkeiten anpassen können. Wir haben die Angst verloren. Dabei gilt die Angst vor der Endlichkeit als Fundament einer agnostischen Ethik und Weltsicht. Günter Anders kritisierte, dass die Menschen im technischen Zeitalter viel zu mutig geworden sind und sich wie Gott fühlten. Er begründet seine These damit, dass Angst heute zu einer Ware geworden und von sich selbst entfremdet ist. Alle reden »über« Angst, aber nur wenige sprechen aus Angst. Angst ist sehr abstrakt geworden, und ihre Realität ist fast verschwunden. Die Leute schreiben und reden über Angst und tragen die Auffassungen von Kierkegaard und Martin Heidegger vor. Der Mensch ist froh, viel darüber zu wissen und etwas darüber zu sagen.

---

15 Hubig, 1993, S. 180 & 192.

Aber aus Angst zu handeln scheint absurd. Nach Anders sind wir unfähig dazu. Die technische Revolution nach dem Zweiten Weltkrieg hat uns so mächtig gegen die Natur gemacht, dass wir nicht einmal wissen, was wir fürchten sollen. Er nennt unser Zeitalter: das »Zeitalter der Unfähigkeit zu fürchten«.

Die technische Revolution hat uns Mut gemacht, und laut Anders sind wir zu produktiven Menschen geworden, ohne Verantwortung für unsere eigene Produktion übernehmen zu wollen. Eine solche Revolution raubte uns bewusst die Angst und machte uns zu Konsumenten ihrer Produkte. In diesem Kreislauf von Konsum und Produktion und auf dem Höhepunkt dieser Selbstermächtigung verbreitet das COVID-19-Virus spürbare Angst unter den Menschen. Vielleicht ist es eine neue Grenzsituation i.S. Karl Jaspers', die zu Veränderungen in den Gesellschaften führen kann.

Menschen, die in ihren Labors elektronische Chips mit einem Durchmesser von 5 Nanometern herstellen und unzählige kleinere elektronische Komponenten darauf montieren können, zeigen heute ihre Unfähigkeit gegenüber einem 100-Nanometer-Corona-Virus. Die Natur zeigt ihre Macht. Die Menschen müssen sich zurücknehmen und der Natur gegenüber bescheiden bleiben. Der Mensch ist allein angesichts der Natur und kann sich nicht auf einen Mythos oder eine göttliche Kraft verlassen. Wenn die Pestepidemien im 14. und 15. Jahrhundert zur Renaissance, zur Entmythologisierung und zum Wachstum der Aufklärung beigetragen hat, könnte die aktuelle Corona-Krise zum Beginn einer dezentralen Solidarität und Kooperation auf der Weltbühne führen.

Der Prozess der Globalisierung der Wirtschaft und des unkontrollierbaren Wachstums des freien Marktes war ein eindimensionaler Prozess ohne Grenzen und ohne Berücksichtigung der natürlichen Ressourcen und der Umwelt. Es ist heute klar, dass Volkswirtschaften mit einer stärkeren sozialen Basis wie Deutschland oder die skandinavischen Länder viel bessere Möglichkeiten haben, diese Krise zu bewältigen. Die Stärkung des Solidaritätsprozesses wird bedeuten, dass die Natur zusammen mit der Industrie und dem digitalen Wachstum in diesen Prozess einbezogen werden müssen. Wir werden dann vielleicht einerseits eine neue Industrielle Revolution und andererseits eine soziale und kulturelle Revolution bei der Veränderung des menschlichen Verhaltens erleben: eine Entwicklung mit Bescheidenheit und Rücksicht auf die Natur und auf die Menschen selbst.

Walter Benjamin schrieb über die richtige Beziehung zur Natur, dass eine solche Beziehung nicht die Herrschaft des Menschen über die Natur ist, sondern die Herrschaft über die *Beziehung* des Menschen zur Natur.

Das Streben nach menschlicher Herrschaft über die Natur durch die Industrie ist Teil der Kultur der politischen Macht, die uns der Neoliberalismus nähergebracht hat. Ein solcher Versuch ist sehr widersprüchlich, weil er manchmal erfolgreich ist und manchmal fehlschlägt und oft unglückliche Ergebnisse hat. Ein solches Unterfangen betrachtet die Natur aus einer wirtschaftlichen Perspektive, die immer dem Menschen dient. Die Corona-Krise ist Ausdruck der Krise der Idee der Herrschaft des Menschen über die Natur, des wahllosen und übermäßigen Gebrauchs der Natur, ohne moralische Maßstäbe.

Der Begriff *Solidarität* wird in verschiedenen Bedeutungen verwendet, von denen zwei wichtig sind. Erstens in einem *deskriptiven* Konzept, in dem die Verkörperung des inneren Zusammenhalts einer Gruppe, Gesellschaft oder Gesellschaft als Ganzes eine entscheidende Rolle spielt. In diesem Sinne führt das Gefühl der gegenseitigen Abhängigkeit der Mitglieder einer Gesellschaft angesichts der Krise oder der Akzeptanz von Einschränkungen zu sozialer Solidarität. Zweitens in einem *normativen* Konzept, das die Mitglieder der Gesellschaft verpflichtet, sich gegenseitig zu helfen. Solidarität hat insbesondere in diesem Sinne eine universelle Anwendung, die im Kontext einer globalen Krise zu globalen moralischen und normativen Aufgaben führen kann. Die Realität ist jedoch, dass der soziale und wirtschaftliche Druck in den Gesellschaften so groß ist, dass das normative Solidaritätsprinzip auf nationale und lokale Funktionen beschränkt ist. Zu Beginn des Digitalisierungsprozesses bestand die ursprüngliche Idee darin, dass sich die Globalisierung im normativen Sinne zu Solidarität ausweiten würde. Diese Solidarität unter den Völkern der Welt nimmt tatsächlich in bestimmten Fällen zu, wie zum Beispiel beim Schutz der Umwelt oder bei der Konfrontation mit dem Widerstand gegen Diktatoren.

3. Eine agnostische Deutung von Begierde und Sorge

Die Bescheidenheit bezieht sich oft auf unsere Begierde. Eine Ethik der Bescheidenheit ist daher eng verbunden damit, wie wir mit unseren Begierden umgehen. Auch im Hinblick auf die Endlichkeit und den Tod ist es sinnvoll, das Verhältnis zwischen unseren Begierden und unseren Ängsten und Sorgen unter die Lupe zu nehmen. Bei Hegel ist die Begierde eine monologische Form, die nicht zu einem symmetrischen Akt der Anerkennung zweier Selbstbewusstseine führen kann.[16] Das Bewusstsein

---

16 Hegel, 2006, S. 104.

kann seine Befriedigung nur in einem anderen Selbstbewusstsein erreichen und so die Einheit seiner selbst in seinem Anderssein finden.[17] Für Heidegger ist die Sorge ein Grundphänomen des Daseins. Ähnlich wie Begierde kann auch Sorge nicht aus theoretischen, praktischen oder emotionalen Bestandteilen zusammengesetzt werden. Sorge um das eigene Sein und das eigene Selbst ist nach Heidegger grundlegend, da dieses Sein vom Tode gezeichnet ist. Die Sorge ist damit für ihn die Grundstruktur des menschlichen Daseins.[18] Die Sorge und die Flucht vor ihr charakterisieren das gesamte Seinsverständnis. Das Dasein hat damit die Tendenz zum Wegsein. Als Begründung bezieht sich Heidegger auf das Phänomen der Angst. Angst ist nach Kierkegaard als Grundbefindlichkeit des Menschen zu verstehen, die etwa durch die Sorge um das eigene Leben verursacht und von Furcht unterschieden wird. Kierkegaard muss »darauf aufmerksam machen, dass er [der Begriff Angst] von Furcht und ähnlichen Begriffen ganz und gar verschieden ist, dass sie [die Furcht] sich auf etwas Bestimmtes« beziehe, »während die Angst die Wirklichkeit der Freiheit als Möglichkeit für die Möglichkeit ist.«[19]

Die Sorge kann nicht aus Phänomenen wie Wille, Wunsch, Hang und Drang abgeleitet werden, weil diese selbst in ihr fundiert sind. Die Strukturmomente der Sorge werden in Projektion des zeitlichen Verlaufs bestimmt. Interpretiert man nun diese Strukturmomente nicht wie bei Heidegger im ontologischen Sinn, sondern im Kontext des konkreten Menschen, so kann die Struktur der Sorge in einem Menschen wie folgt beschrieben werden: Ganz anderes als bei Heidegger hängt der Mensch mit seiner Sorge nicht in der Vergangenheit, sondern in der Zukunft. Nicht die Gewesenheit, wie Heidegger formuliert, sondern die Zukunft der Verwirklichung der Begierden ist ihm eine Sorge. Dann ist es vorstellbar, dass mit zunehmendem Alter diese Sorge sinkt. Der alte Mensch lebt bescheidener als der junge Mensch. Er lebt vielmehr mit der Angst vor dem Verfall, der mit dem Tod endet. Diese Angst erschließt ihm die Unbedeutsamkeit der Welt. Der Mensch lebt trotz dieser alltäglichen Angst vor dem Verfall mit anderen Menschen zusammen. Dieses Zusammensein ist eine Sorgestruktur, nicht nur, weil man zusammen mit anderen sich einschränken muss, sondern, weil auch hier der Verfall existiert. Die unkonkrete Angst macht das Leben unheimlich. Der Mensch mit seinen Illusionen lebt aber auch mit der Sorge, ob die Zukunft so verwirklicht sein kann, wie er sie sich wünscht. Je älter man wird, umso größer

17 Pippin: 2009. S. 148.
18 Heidegger, §§ 39-44.
19 Kierkegaard, 2005, §5, S. 42.

ist die unheimliche Angst vor dem natürlichen Tod. Die unbestimmte Angst vor Verfall und Nicht-Verwirklichung der Wünsche existiert als Sorge.

Das Warum der Angst ist ein Ausdruck des ›Möglichseins‹. Das Dasein kann sich die Möglichkeit des eigenen Todes nicht aussuchen, und dieser erschließt sich ihm in der Angst, als Angst um das eigenste Sein-Können. Angst vor dem Tod ist in diesem Sinne die Flucht des Daseins vor der Gewissheit des Verfallens. Der Mensch erlebt den Verfall und nicht den Tod selbst. Damit hinterlässt die Angst vor dem Tod als Angst vor dem ›Nirgends‹ die Furcht vor dem Verfallen als etwas Bestimmtes.

Unsere Sorgen sind alltäglich und können selbstreferenziell oder von Fremden bestimmt sein, und sie können auch auf uns oder auf Fremde gerichtet sein. Wir haben aber ständig neue Wünsche und wollen immer etwas Neues erreichen. Diese sind unsere Begierden. Es gibt keinen Menschen ohne Begierde. Sobald wir Begierden haben und sobald unsere Begierden nicht leere Wünsche sind, sind wir ›besorgt‹, wie und ob wir sie erreichen können. Selbst die von Kant erwähnte Begierde nach Sorgenfreiheit bereitet uns neue Sorgen, wie das verwirklicht werden könnte. Damit kommt die Verbindung zwischen Begierde und Sorge im Alltag zum Vorschein: Mit jeder Begierde ist eine Sorge verbunden, die aus der Begierde entsteht. Aber auch die Sorge kann uns zu neuen Begierden führen. Es gibt jedoch eine Art Ur-Angst, auf der alle unsere Sorgen und Begierden basieren: die Angst vor dem Verfall. Diese Angst ist latent in uns vorhanden. Diese Angst entfaltet sich im Alter als Angst vor dem natürlichen Tod. Die Angst vor dem Verfall ist in diesem Sinne eine Angst, die uns bewahren kann, im Alter durch den Tod verängstigt zu werden. Begierde und Sorge im Zeitmodus der Zukunft bedeuten, wie sich das Verhältnis der beiden in uns angesichts unserer Ängste und Kräfte verändern. Da im Alter die Kraft, die Objekte der Begierde zu erreichen, reduziert ist, reduziert sich unser Begehren dieser Objekte und damit die mit ihr verbundene Sorge. Im höheren Alter vermindert sich das Begehren nach langfristigen Wünschen, da die latente Angst vor der Endlichkeit immer mehr in den Vordergrund tritt. Man macht sich weniger Illusionen. Man wird bescheidener. Die Angst vor dem Tod und die damit verbundene Sorge ist ein ethisches Phänomen, denn die Angst vor dem Tod ist verknüpft mit der Erwartung, dass die Welt im Ganzen sich einem entziehen werde, das Recht auf Welt einem bewusst oder unbewusst abgesprochen wird. So entsteht auf eine natürliche Weise eine agnostische und bescheidene Haltung zu Welt.

Zusammenfassung

Die Differenzierung in negative, positive und kooperative Bescheidenheit diente dazu, die praktischen Regeln für das Prinzip der Bescheidenheit zu ermitteln. Wir sollen in allen drei Kontexten bescheiden sein. *Negativ* bedeutet, wenn wir etwas nicht können, sollten wir es auch nicht tun. Menschen sollen ihre Fähigkeiten besser einschätzen lernen. Gerade bei älteren Menschen führt dies zum Wohlbefinden, wenn sie ihre Fähigkeiten und Ressourcen und damit sich diesbezüglich bescheiden und zurückhaltend verhalten. *Positiv* ist Bescheidenheit, wenn wir etwas können und uns trotzdem bescheiden verhalten und uns von Möglichem abwenden. Hier geht es überwiegend um die Auswirkungen des Handelns auf verschiedenen Ebenen. Oft kann man die Auswirkungen gar nicht einschätzen. Der einzelne Mensch kann in der positiven wie in der negativen Bescheidenheit selbst etwas für sich gewinnen. Die *kooperative* Bescheidenheit ist die agnostische Bescheidenheit der Gesellschaft und ihrer Institutionen und stellt das kollektive Interesse in den Mittelpunkt. Beide Elemente, das der positiven und das der negativen Bescheidenheit, kommen hier vor. Die Auswirkungen der Entscheidungen und Handlungen können kurzfristig und gegenwärtig oder langfristig und generationenübergreifend sein.

Ein anderer Aspekt der agnostischen Bescheidenheit liefert das Phänomen der Endlichkeit. Am Beispiel der älteren Menschen wurde gezeigt, dass die latente Angst vor der Endlichkeit zu mehr Bescheidenheit im Leben und der Begierden und Sorgen führt.

Weiterhin wecken Grenzsituationen wie der Ausbruch einer Krankheit oder einer Pandemie die Aufmerksamkeit auf die Endlichkeit des Lebens. In Zeiten der Pandemie erleben wir, wie bescheiden die Menschen werden können. Sogar verzichtet man vorübergehend auf bestimmte Grundrechte. Sicher zielt eine agnostische Ethik nicht auf solche Grundrechte. Vielmehr kann sie als eine *kritische Ethik* der Grenzen des Menschen verstanden werden. Hier geht es nicht nur um den Tod. Menschen wollen oft mit all ihrer Macht die Grenzen im Leben überschreiten. Grenzüberschreitungen sind ein wichtiges Pathos zur Veränderung und zum Fortschritt. Pathos braucht jedoch eine Haltung mit Ethos und muss sich selbst Grenzen setzen. Eine Ethik der Bescheidenheit soll diese Grenzen sichtbar machen. Bescheidenheit soll Grenzüberschreitungen auf vernünftige Verhältnisse mit Verantwortung und Respekt vor Mitmenschen und vor der Natur reduzieren.

Literatur

Anders G. (2018). Die Antiquiertheit des Menschen. München.

Aristoteles (1995). Nikomachische Ethik. Hamburg.

Hegel G. W. F. (2006). Phänomenologie des Geistes. Leipzig.

Heidegger M. (2006). Sein und Zeit. Tübingen.

Hubig Ch. (1993). Technik- und Wissenschaftsethik, ein Leitfaden. Berlin.

Huxley T. H. (2020). Aphorisms and Reflections. London.

Jonas H. (1984). Das Prinzip Verantwortung. Frankfurt a. M.

Kierkegaard S. (2005). Der Begriff Angst. Hamburg.

Kierkegaard S. (1885). Entweder-Oder. Ein Lebensfragment. Leipzig.

Moor G. (2018). Die letzten Tage der Nacht. Köln.

Pippin, R. B. (2009). Zu Hegels Behauptung, Selbstbewusstsein sei »Begierde überhaupt«. In »Sozialphilosophie und Kritik«. Hrsg. Forst R. Frankfurt a. M.

Platon (1856). Platons Werke. Zweiten Teiles erster Band. Übersetzung von Friedrich E. D. Schleiermacher. Berlin.

Schelte, H. R. (1979). Der moderne Agnostizismus. Düsseldorf.

Schoeck, H. (1996). Der Neid. Freiburg i. Br.

Smith A. (1976). The Theory of Moral Sentiments. Oxford.

Tabari E. (2016). Autonomie und Konformität. Nordhausen.

Tabari E. (2017). Gerechtigkeit und Unparteilichkeit. Nordhausen.

Wittgenstein L. (1984). Tractatus. Werkausgabe Band 1. Frankfurt a. M.

Dorothee Vögeli

Ludwig Feuerbachs Atheismus
Kritik am Christentum als Grundlage für ein neues Verständnis von Religion

Anstelle einer Einleitung die Geschichte einer Pfarrfrau, die im Alter nicht mehr in die Kirche ging:

> Meine Mutter war eine selbstbewusste Frau. Ihr Vorfahre war der Schriftsteller, Pädagoge und Politiker Heinrich Zschokke (1771-1848). Dessen »Stunden der Andacht« hatten im Bücherregal ihrer Eltern einen Ehrenplatz gleich neben dem Dichter Gottfried Keller. Zschokkes Erbauungsbuch zur »Beförderung wahren Christentums und häuslicher Gottesverehrung« war im 19. Jahrhundert äußerst populär. Auch Ludwig Feuerbach (1804-1872) war damit aufgewachsen. Die darin eingeforderte gefühlsbetonte Frömmigkeit begeisterte ihn so sehr, dass er seiner Mutter und seinen Schwestern das Buch zur Lektüre empfahl.
>
> Feuerbach war damals 17-jährig, neun Jahre später rechnete er in seiner Erstlingsschrift »Gedanken über Tod und Unsterblichkeit« mit dem damaligen pietistischen Zeitgeist aufs Schärfste ab und legte den Grundstein für seine fundamentale Kritik am christlichen Glauben. Solche Auflehnung war im Leben meiner Mutter nie ein Thema. Aufgewachsen ist sie während des Zweiten Weltkriegs in einer Schweizer Kleinstadt. Die Dankbarkeit, verschont worden zu sein, prägt das Lebensgefühl ihrer Generation.
>
> Mit 20 Jahren heiratet sie einen Pfarrer und engagiert sich fortan in vielerlei Ämtern. Sonntag für Sonntag lauscht sie seinen Predigten. Sie liebt den Kirchengesang über alles. Die in den Requien vertonte Verheissung auf ein ewiges Leben gehört zum christlichen Fundament, auf dem sie steht. Sie ist 74-jährig, als ihr Gatte stirbt. In dieser Zeit beginnt sie, sich Schritt um Schritt aus dem kirchlichen Leben zurückzuziehen. Gottesdienste besucht sie nur noch aus gesellschaftlichen Gründen, wenn zum Beispiel jemand aus ihrem Bekanntenkreis beerdigt wird. Aber sie bleibt politisch interessiert und kulturell aktiv.
>
> Als die körperlichen Kräfte zu schwinden beginnen, sagt sie: »Es ist nicht schön, alt zu werden.« Reden wir über den Klimawandel, über

Diktaturen und Menschenrechte, kehrt ein Satz immer wieder: »Wir leben nicht mehr im Paradies.« Eines Tages sprechen wir über das Sterben. Zum ersten Mal bringt meine Mutter ihre Haltung klar und deutlich zum Ausdruck: »Es gibt kein Leben nach dem Tod.«

Mit 87 Jahren zieht sie ins Altersheim. Sie genießt den Blick in die Berge, auf denen sie in jungen Jahren war, und beobachtet die Vögel vor ihrem Fenster. Sitzt sie draußen im Rollstuhl und schaut übers Land, sagt sie jeweils: »Es ist wie im Bilderbuch.« In ihrem Zimmer entdecke ich ein Stück Papier, auf das sie mit zitteriger Schrift das Wort »Pantheismus« notiert hat.

Meine Mutter hatte die Philosophie stets anderen überlassen. Deshalb war ihr nicht bewusst, dass sie im Alter Feuerbachianerin geworden war. Wie der junge Feuerbach hatte auch sie sich vom christlichen Glauben an einen persönlichen Gott verabschiedet. Für das Göttliche blieb sie aber offen. Sie fand es in der Natur, in großartigen, von Menschenhand geschaffenen Werken. Es gab kein Jenseits für sie, sondern nur die eine Wirklichkeit, in der wir Menschen werden und vergehen. Wenige Tage vor ihrem Tod sagte sie: »Es ist nicht einfach, endgültig Abschied von der Welt nehmen zu müssen.« Aber sie stellte sich tapfer dem Unabänderlichen. Ihr größter Trost war die Gewissheit, ein erfülltes, ein beziehungsreiches Leben gehabt zu haben.

1. Feuerbachs neue Optik

Ludwig Feuerbach (1804-1872) gilt als »Atheist«. Dieses Etikett haftet ihm seit Erscheinen seiner berühmten Schrift »Das Wesen des Christentums« (1841) an. Allerdings leugnet er darin weder Gott noch Religion. Doch nimmt er eine Weichenstellung vor, deren Radikalität die damalige gesellschaftliche Elite gleichermaßen begeistert wie empört hat: Der Mensch und nicht Gott ist der Ursprung der Religion. Die Bilder und Vorstellungen von Gott, die christlichen Lehren und Glaubenssätze sind Produkte des menschlichen Gemüts und der menschlichen Phantasie; wer Gott sucht, findet sich selbst, Gotteserkenntnis ist im Grunde Selbsterkenntnis. Gott ist das »offenbare Innere, das ausgesprochene Selbst des Menschen«, sagt Feuerbach. (WCh 46) Jedes göttliche Wesen, das sich der Mensch in der Religion »gegenübersetzt«, ist sein eigenes Wesen.

Wenn Gott und Mensch eins sind, muss der Mensch nicht eine von ihm unterschiedene göttliche Sphäre oder Person annehmen. Es gibt nur eine Wirklichkeit, und diese ist gemäß Feuerbach die allen gemeinsame, aber zugleich individuell erfahrbare Lebenswelt. Diese kann der Mensch als mangelhaft und beengend empfinden, weil er ein tätiges Gattungswesen ist und seine Endlichkeit, Partikularität zu überschreiten bestrebt ist. Alle Sehnsüchte und Hoffnungen des Menschen, seine Ängste und Abhängigkeitsgefühle zeugen von seinem genuinen Bemühen, seinem Dasein eine unbeschränkte Existenz zu verleihen. Der Wunsch nach Überwindung der Beschränkungen und Nöte ist Ausdruck des Gattungsbewusstseins im Menschen.

Hinter diesem bahnbrechenden Emanzipationsschritt steht die Absicht des Aufklärers Feuerbach, »das dunkle Wesen der Religion mit der Fackel der Vernunft zu beleuchten, damit der Mensch endlich aufhöre, eine Beute, ein Spielball aller jener menschenfeindlichen Mächte zu sein, die sich noch heute des Dunkels der Religion zur Unterdrückung der Menschen bedienen«. Er will zeigen, dass die Mächte, vor denen sich der Mensch fürchtet und denen er sogar blutige Menschenopfer darbringt, um sie sich geneigt zu machen, nur »Geschöpfe seines eigenen unfreien, furchtsamen Gemütes und unwissenden, ungebildeten Verstandes sind«. Der Mensch, »da er doch unbewusst immer nur von seinem eigenen Wesen beherrscht und bestimmt wird«, soll Ziel und Maßstab seiner Moral und Politik werden. (VWR 30)

Den Gedanken, dass Theologie eigentlich Anthropologie ist, entnimmt Feuerbach dem Christentum, das er religionsphilosophisch interpretiert: »Nicht ich, sondern die Religion selbst verleugnet und verneint den Gott, der nicht Mensch ist, und macht nun diesen menschlich gestaltenden, menschlich fühlenden und gesinnten Gott zum Gegenstande ihrer Anbetung und Verehrung. Ich habe nur das Geheimnis der christlichen Religion verraten. [...] Wenn daher meine Schrift atheistisch ist, so bedenke man, dass der Atheismus – im Sinne dieser Schrift wenigstens – das Geheimnis der Religion selbst ist.« (WCh 22)

Dank einem dem Christentum immanenten Atheismus lässt sich der Offenbarungsglauben auf das fühlende, mitleidende menschliche Individuum zurückführen. Denn in der Menschwerdung Gottes zeigt sich das besondere Wesen der Religion: Indem sie die übernatürlichen Mysterien in ihre sinnlich-menschlichen Dimensionen übersetzt, wird offenbar, dass die Vorstellungen eines übernatürlichen Gottes im Grunde menschliche Wurzeln haben. Insofern bedeutet der von Feuerbach gemeinte Atheismus nicht Abwendung von der Religion, sondern Konzentration auf ihren genetischen Ursprung. Das unterscheidet Feuerbach von Zeitgenossen wie Bruno Bauer, dessen Atheismus die Religion negiert.

Der Begriff des Atheismus taucht auch in seinem zweiten religionskritischen Werk mit dem Titel »Das Wesen der Religion« (1845) auf. Im Unterschied zum »Wesen des Christentums«, wo Gott als das »vergötterte und geistige Wesen des Menschen« im Zentrum steht, geht es im »Wesen der Religion« um die sinnliche Präsenz von Gott in der Natur, um Gott als den physischen Urheber der Welt, wie er in den menschlich-subjektiven Gottesvorstellungen der vorchristlichen Naturreligionen zum Ausdruck kommt. (VWR 28 f.) Hier fasst Feuerbach Theologie oder »Theismus« als Gegenbegriff zum »Atheismus«. Der monotheistische Schöpfer (»Theos«) sei ein bloßer Name für etwas, unter dem alles Mögliche verstanden werden könne; der Inhalt von Gott sei denn auch so verschieden, wie die Zeiten und Menschen es seien. Allen Formen des Theismus sei jedoch gemeinsam, dass sie den Glauben an ein von der Natur und dem Menschen unterschiedenes Wesen lehrten. (VWR 31)

Die Differenz von Gott und Natur ist ein zentraler Punkt von Feuerbachs Religionskritik: Die Theologie habe den Menschen aus seinem ursprünglichen Zusammenhang mit der sinnlichen Natur herausgerissen, beklagt er. Gleichzeitig hat sie ein weiteres wesentliches Merkmal des menschlichen Individuums, nämlich sich selber als Teil eines gemeinschaftlichen Ganzen zu verstehen, umgeformt: Die Theologie lehrt die Abhängigkeit des individuellen und gesellschaftlichen Seins von einem transzendenten Gott. In dessen Sphäre kann der Mensch erst nach dem natürlichen Tod vollends eintreten, die Vereinigung mit dem in der Welt wirkenden Gott ist erst im Jenseits möglich. Entsprechend mangelhaft empfindet der Mensch das diesseitige Leben und entsprechend groß ist seine Sehnsucht nach göttlicher Transzendenz. Der Wunsch nach Transzendenz widerspiegelt eine von der Theologie begründete, zutiefst menschliche Strategie: Das Individuum versucht, seine eigenen Unvollkommenheiten, seinen Existenzkampf, sein Leiden an den persönlichen, sozialen und politischen Gegebenheiten auszuhalten, indem es ihnen einen höheren Sinn gibt. Eine solche theistisch fundierte Trosttheorie lässt sich aber in einer modern ausgerichteten Zeit nicht mehr aufrechterhalten.

Zu dieser Erkenntnis gelangt Feuerbach über die damaligen intensiven philosophischen Auseinandersetzungen mit der Theologie, die vor allem von den rationalistischen Philosophen Kant und Hegel sowie dem der Gefühlsphilosophie nahestehenden Schleiermacher geprägt sind. Es geht ihm darum, die Religion als eine die Lebenswelt durchtränkende Kraft zu etablieren: Wer den Mut hat, im Hier und Jetzt das Wirken der unbeschränkten menschlichen Gattung im Einklang mit der Natur zu erkennen, wird den Glauben an ein außer- und übernatürliches Wesen, wie er in der Theologie zum Ausdruck kommt, ablegen und sich den brennenden politischen und gesellschaftlichen Fragen stellen, lautet sein Fazit.

Eine solche anthropologische Position ist die Bedingung der Möglichkeit, in den Tiefen des eigenen Ich, in den Beziehungen zur Welt, zur Natur und zu anderen Menschen Unbeschränktheit, Göttlichkeit aufzuspüren. Sie ermöglicht freie Selbstentfaltung und Weltgestaltung. Zugleich resultiert daraus bedingungslose Selbstverantwortung: Wir sind aufgerufen, den Weltlauf in die eigenen Hände zu nehmen, die persönlichen und gesellschaftlichen Geschicke aktiv zu gestalten, Unrecht auszumerzen, statt in Fatalismus zu versinken. Oder wie Feuerbach am Schluss seiner Heidelberger Vorlesungen sagt: »Ich wünsche nur, dass ich die mir in diesen Vorlesungen gestellte Aufgabe nicht verfehlt habe, die Aufgabe nämlich, Sie aus Gottesfreunden zu Menschenfreunden, aus Gläubigen zu Denkern, aus Betern zu Arbeitern, aus Kandidaten des Jenseits zu Studenten des Diesseits, aus Christen […] zu ganzen Menschen zu machen.« (VWR 320) Welche Einzelpositionen hinter diesem Anspruch stehen, soll nach einem biografischen Abriss gezeigt werden.

2. Biografische Wegmarken: Von der Theologie zur Philosophie

1804 in Landshut geboren, wächst Ludwig Feuerbach in einem pietistischen Umfeld auf. Sein Vater, Paul Johann Anselm von Feuerbach, war ein bedeutender Strafrechtler, der sich in Bayern erfolgreich für die Abschaffung der Folter eingesetzt hat (1813). Auch auf dessen Druck hin entscheidet sich Sohn Ludwig für das Theologiestudium, das ihm das sichere Einkommen eines Pfarrers garantiert hätte. Doch es kommt anders: Auf Hegel aufmerksam geworden, bricht er das Theologiestudium in Heidelberg ab und wechselt 1824 nach Berlin, wo er sich gegen den Widerstand seines Vaters an der philosophischen Fakultät einschreibt.

Zwei Jahre hört er sämtliche Vorlesungen, die Hegel in dieser Zeit in Berlin gehalten hat – die »Logik« sogar zweimal. 1828 promoviert er an der Universität Erlangen in Philosophie. Die Dissertation mit dem Titel »Über die eine, allgemeine, unendliche Vernunft« schickt er mit einem Begleitbrief an Hegel. (BrH) Zwar bejaht er darin den spekulativen Ansatz seines Lehrers, der Gegensätze wie Sinnlichkeit und Denken, Besonderes und Allgemeines dialektisch im Begriff auflöst. Gleichzeitig setzt er Fragezeichen hinter Hegels Anspruch, die gesellschaftliche Wirklichkeit als Resultat eines philosophischen Denkprozesses zu verstehen, der in der Gegenwart seinen Höhepunkt erreicht hat. Vielmehr will er Hegels Denksystem als Anfang einer neuen »Weltperiode« fassen, in der sich die Vernunft erst noch in der Lebenswirklichkeit realisieren muss. Es geht nun um die »Verwirklichung und Verweltlichung der Idee«, um die

»Inkarnation des reinen Logos«. (BrH 354) Diese Intention teilt er mit anderen Vertretern des nachhegelschen Diskurses wie Arnold Ruge oder Bruno Bauer.

In seinem Brief an Hegel legt Feuerbach den Akzent bereits auf die sinnliche Lebenswelt, die er später ins Zentrum seiner Philosophie rücken wird. Gleichzeitig ist die Grundkritik an Hegels absolutem Idealismus angetönt, die er elf Jahre später formulieren wird: Wenn sinnliches Dasein und natürliche Welt nur in ihren begrifflichen Formen von Interesse sind, bleibt ein großer, im Begriff nicht wirklich aufgehender Rest. Dieser umfasst die Körperlichkeit wie die Gefühlsebene des menschlichen Daseins. Doch machen erst diese Dimensionen den »ganzen Menschen« aus, und deshalb muss der Erkenntnisprozess im sinnlichen Dasein selbst und nicht im Begriff beginnen.

Mit dem geforderten Primat der Sinnlichkeit vor dem Begriff wird Feuerbach Hegels Philosophie vom Kopf auf die Füße stellen oder die von Marx weiterentwickelte Umkehr vom Idealismus zum Materialismus begründen. Diese Umkehr ist im Begleitbrief bereits angedeutet: Hegel habe in ihm das Bewusstsein geweckt, so schreibt Feuerbach, dass »sich die Ideen nicht über dem Sinnlichen halten, sondern schaffend in mir fortwirken und sozusagen aus dem Himmel ihrer farblosen Reinheit [...] sich heruntersenken«. (BrH 354)

3. »Diese Schrift wird Dir nie verziehen«

Nach der Habilitation ist Feuerbach als Privatdozent an der Universität Erlangen tätig. Doch verbaut er sich seine weitere akademische Karriere mit der Erstlingsschrift »Gedanken über Tod und Unsterblichkeit«. Sie erscheint 1830 anonym – unmittelbar nach der Pariser Julirevolution, in deren Folge auch Deutschland von Unruhen erschüttert wird. In seinem Buch präsentiert Feuerbach einen Angriff auf das christliche Unsterblichkeitsdogma. Er entlarvt es als naive Trosttheorie und verspottet insbesondere in den angehängten Versen (Xenien) die Vertreter der christlichen Glaubenslehre auf derbe Art und Weise. So heißt es zum Beispiel: »Wie doch selbst Pietisten können Kinder erzeugen? Ach, der Heilige Geist schwängert bei ihnen das Weib.« Obwohl die Schrift kaum beachtet wird, provoziert der von der bayrischen Regierung gewitterte Radikalismus die vorübergehende Konfiskation der »Gedanken über Tod und Unsterblichkeit« und die polizeiliche Ermittlung gegen den bis dahin unbekannten Autor. Die negativen Reaktionen prägen Feuerbachs Laufbahn als Philosoph. Die Universität Erlangen weist alle Gesuche des jungen Privatdozenten für eine Professur ab; die in einem Brief gemachte Prophezeiung von Ludwig Feuerbachs Vater, »diese Schrift wird Dir nie verziehen, nie bekommst Du eine Anstellung«, wird bittere Realität.

1836 verabschiedet sich Ludwig Feuerbach definitiv vom universitären Lehrbetrieb, ein Jahr später heiratet er seine Geliebte Bertha Löw, die Mitinhaberin einer Porzellanmanufaktur in Bruckberg bei Ansbach ist. Das einfache, aber insgesamt sorglose Leben in einem ehemaligen Jagdschloss gibt ihm Raum für seine schriftstellerische Tätigkeit.

4. Die Kritik an Hegels Bruch mit der sinnlichen Welt

1839 bringt Feuerbach in seinem Aufsatz »Zur Kritik der Hegelschen Philosophie« (KHPh) seine Haupteinwände gegen seinen ehemaligen Lehrer auf den Punkt. Er will den Erkenntnisprozess nicht mehr wie Hegel als einen reinen, sich selbst erzeugenden Denkakt verstehen. Denn ein solches Identitätsdenken vereinnahmt das Gegenüber, das »wirklich Andere«. (KHPh 41) In der Identitätsphilosophie macht sich das denkende Subjekt die Natur, das sinnliche Sein, den anderen Menschen zum Objekt. Es vollzieht eine geistige Transformation, aber, so wendet Feuerbach ein, das Objekt wird nicht wirklich aufgehoben. Das spezifische Sein bleibt bestehen, auch wenn es als ein geistig vermitteltes Allgemeines gedacht wird. Feuerbach kritisiert denn auch explizit Hegels Identität von Geist und Natur, von Denken und Sein. Insbesondere stört er sich an der Vorrangstellung des (logischen) Denkens vor der sinnlich naturhaften Wirklichkeit. Hegel gestehe der sinnlichen Anschauung des menschlichen Individuums kein wirkliches Sein zu, sondern lasse sie nur als eine Stufe des denkenden Geistes gelten, bemängelt Feuerbach. Diesen Einwand wird er später in seiner Aufsehen erregenden Schrift »Vorläufige Thesen zur Reformation der Philosophie« (1842, erschienen 1843) weiterentwickeln: Das Fundament des Geistes ist die sinnliche Welt und nicht umgekehrt, wie es dort in Abgrenzung zu seinem einstigen Lehrer heißt.

Ein weiterer Einwand gegen Hegel betrifft dessen Gleichsetzung von Philosophie und Christentum beziehungsweise dessen Anspruch, das christliche Ursprungsgeschehen gedanklich erfassen zu können. Wer aber Religion – wie die anfangs des 19. Jahrhunderts vorherrschende idealistische Philosophie – als primär geistiges Geschehen fasst, gibt gemäß Feuerbach ihr wesentlichstes Merkmal, ihren originären sinnlichen Weltbezug preis. Ursprünglich drückt nämlich Religion das Gefühl des Menschen von seinem »Zusammenhang, seinem Einssein mit der Natur oder Welt aus«. (VWR 43) Deshalb sind Sätze wie »Es ist ein Gott« oder »Es ist kein Gott« unbrauchbar. Solchen logischen Begriffsverknüpfungen fehlt ein adäquater Inhalt. Diesen versucht der Anthropologe Feuerbach mit einer phänomenologischen Methode zu ergründen: Religion versinnlicht sich in mannigfaltigen Gestalten, sie manifestiert sich im Lauf der Geschichte auf unterschiedliche Weise. Ihre Entstehungsgeschichte lässt sich mit einem wissenschaftlichen Begriffsinstrumentarium nur beschränkt erfassen. Religion entsteht aus einem Gefühl. Sie ist die Folge der Sehnsucht des Menschen, sein eigenes Wesen zu ergründen, frei zu werden von den Schranken und Mängeln seiner eigenen Individualität, wie Feuerbach in seinem zwei Jahre später erscheinenden Hauptwerk »Das Wesen des Christentums« (1841) festhalten wird.

Diese Schrift macht ihn schlagartig berühmt. Insbesondere Vertreter aus dem oppositionellen Lager im »Vormärz«, zu denen Karl Marx gehört, empfinden seine Religionskritik und die daraus entwickelte Umformung der Philosophie in Anthropologie als befreiend. Feuerbach selber beteiligt sich allerdings nicht aktiv am politischen Geschehen, avanciert aber als Vordenker einer emanzipierten Gesellschaft an die Spitze des Linkshegelianismus. Nach dem Ausbruch der März-Revolution lädt ihn 1848 eine studentische Delegation für Vorlesungen nach Heidelberg ein. Weil sich die Universität weigert, die Aula zur Verfügung zu stellen, hält er seine Vorlesungen über das Wesen der Religion – sein zweites bedeutendes religionsphilosophisches Werk – im Rathaus. Im Publikum sitzt Gottfried Keller, der später seine »Bekehrung« durch Feuerbach im »Grünen Heinrich« verarbeiten wird. In den folgenden beiden Jahrzehnten, in denen er sich weiterhin mit Religionsphilosophie befasst, schwindet das öffentliche Interesse an Feuerbach. Sein 1854 verfasstes drittes religionsphilosophisches Werk »Die Theogonie« findet kaum Beachtung. Nach dem Konkurs der Manufaktur zieht er nach Nürnberg und wird Mitglied der sozialdemokratischen Partei. 1872 stirbt er.

5. Die Grundkonzeption Gott, Tod, Liebe

Für seine Religionsphilosophie zentrale Überlegungen formuliert Feuerbach bereits in seiner Erstlingsschrift »Gedanken über Tod und Unsterblichkeit«. (GTU) Deshalb sollen sie anhand dieses poetischen Werks dargestellt werden.

Im Zentrum der Frühschrift steht die Sehnsucht nach Gott. In leidenschaftlichem Ton stellt der 26-Jährige die Frage nach wahrer Gotteserkenntnis. Vehement distanziert er sich von der protestantischen Gefühlstheologie und setzt dieser einen unorthodoxen Zugang zu Gott entgegen.

Von Hegel inspiriert, geht es dem jungen Feuerbach um eine mythisch unverstellte Gotteserkenntnis, um eine »denkende und bewusste Versenkung« in Gott. (GTU 206) Die biblische Trinitätslehre fasst er als ein historisches Phänomen, das es kritisch zu beleuchten gilt.

Ein Hauptmotiv für die »Anschauung Gottes« findet Feuerbach in Hegels mystisch-pantheistisch gedeuteter Religionsphilosophie. Gemäß dieser ist die Selbstaufgabe des Individuums die Voraussetzung der Vereinigung mit Gott. Daraus ergibt sich der besondere Stellenwert des Todes: Im endgültigen Tod des Individuums offenbart sich Gott. Würde der endliche Mensch weiterleben, gäbe es keine Ewigkeit.

Ein wiederkehrendes Thema ist die Liebe: Sie soll an die Stelle der traditionellen Religion treten. Bereits in seiner Frühschrift charakterisiert Feuerbach die Liebe in ihren menschlichen Ausprägungen. Sie manifestiert sich in der Beziehung zwischen einem Ich und einem Du, aber auch im Verhalten des Individuums zur Gemeinschaft, in die es sich eingebettet weiß.

Erkenntnistheoretisch knüpft der junge Feuerbach an die rationalistische Grundkonzeption des Menschen an, die seit der Antike die abendländische Philosophie bewegt: Der Mensch ist ein sinnliches Einzelwesen, eine Kreatur, die in der Endlichkeit lebt. Gedanklich kann er aber seine sinnliche Daseinsweise überschreiten und sich in eine allgemeine, alle Einzelwesen einschließende Sphäre erheben. Durch dieses geistige Vermögen wird die menschliche Existenz nicht nur als eine kreatürliche Entität, sondern als ein in der göttlichen Unendlichkeit Aufgehobenes begreifbar.

Feuerbach vertritt eine pantheistische Position, das heißt, Gott ist für ihn ein in der Welt tätiges Einheitsprinzip. Gott als Einheit von Natur und Geist ist auch der Grund für die Erfahrung des Spannungsverhältnisses zwischen Endlichkeit und Unendlichkeit. Er ermöglicht schließlich die »Erhebung« des sinnlich-triebhaften, in der Natur verankerten Individuums in das Reich der geistigen Freiheit, das in diesem Selbsterhebungsakt den allgegenwärtigen göttlichen Willen erkennt. Die Erhebung ist eigentlich eine Versenkung in Gott, insofern ist sie Ausdruck einer mystischen Sehnsucht des Menschen nach Vereinigung mit Gott. Voraussetzung ist allerdings, dass »der Mensch den Tod als einen wahrhaften, wirklichen und vollständigen Tod anerkennt, der vollständig das Leben des Individuums schließt«. (199 f.) Wer dies einsieht, wird das »dringende Bedürfnis empfinden«, die Unendlichkeit als Hauptinhalt seiner Geistestätigkeit zu betrachten.

Solche »wahre Demut, solche vollständige Versenkung in Gott« hätten die damaligen modernen Mystiker verunmöglicht. Denn die moderne Theologie habe die Beziehung des Individuums zu einem persönlichen

Gott etabliert. Dadurch reduzierte sie das ursprünglich vom Individuum unabhängige, aber in ihm tätige göttliche Bewusstsein auf eine bloß subjektive Vorstellung von Gott. »Das Individuum taucht nur unter in Gott, um unversehrt wieder aufzutauchen und erfrischt und neu belebt an seiner eigenen Herrlichkeit sich zu sonnen, es senkt sich nur hinunter, um die Perle seines kostbaren Selbsts aus Gott wieder herauszufischen.« In der modernen mystischen Theologie, dem Pietismus, sei Gott nur die Peripherie, der Mittelpunkt seien die Individuen selbst, denen es allein um ihre eigene Erlösung gehe.

Der beschränkten Vorstellung des Absoluten ist ein davon unabhängiges göttliches Prinzip entgegengesetzt worden. Die zeitgenössische Theologie unterliegt dem Zwang, die diesseitige beschränkte Welt des Menschen mit idealer Wirklichkeit zu konfrontieren, in der er faktisch nicht lebt, aber moralisch leben soll. Der gläubige Christ bezieht sich auf ein Jenseits, das er in seiner realen Lebenswelt nicht erreichen kann. Auf der fatalen Trennung einer menschlichen und göttlichen Sphäre fußt also der christliche Jenseitsgedanke. Im Unsterblichkeitsdogma zeigt sich Feuerbach die Welt- und Gottesferne des Protestantismus besonders deutlich. Die Entfremdung des modernen Individuums von seinem göttlichen Ursprung hat negative Auswirkungen auf dessen Befindlichkeit: Es lebt isoliert von jeglichen sozialen Bindungen, in Erwartung der Erlösung.

6. Das Feuer der Liebe

Feuerbachs Kritik am Protestantismus impliziert zugleich die positive Forderung nach einem überindividuellen Tätigkeitsprinzip, das die Synthese zwischen realer und idealer Welt leistet. Die einigende Kraft, welche die ursprüngliche Einheit von endlicher und unendlicher Wirklichkeit, von menschlichem und göttlichem, von individuellem und gemeinschaftlichem Leben wieder herzustellen vermag, findet er in der Liebe, einer »lauteren Tätigkeit«, »einem Feuer«, »verzehrend, opfernd, brennend«, wie er am Anfang der »Gedanken über Tod und Unsterblichkeit« schreibt (203). In der Liebe gründen alle Handlungen, Erfahrungen und Emotionen des Menschen (335 f.). Feuerbach setzt Liebe auch mit dem »allgemeinen Geisteswillen« gleich, dem »Band, das Mittel und die Mitte zwischen dir und dem andern«. Gott manifestiert sich in den gefühlsmäßigen Verbindungen der Menschen untereinander, im leidenschaftlichen Bezogensein auf einen geliebten Menschen.

In der Beziehung zu einem geliebten Menschen überwindet das Individuum seine Isolation. Es überschreitet die Grenzen seines bloß naturhaften Einzeldaseins. Indem es sich in einen anderen hineinversetzt, erlebt es »inhaltsvolle Verbindung«; Sein wird gemeinschaftliches Sein. Je leidenschaftlicher die Liebe empfunden wird, umso größer der Wunsch, sich dem Geliebten vollumfänglich hinzugeben. In diesem Bedürfnis nach Selbstaufgabe, nach absoluter Hingabe drückt sich für Feuerbach das sittliche Wesen des Menschen aus: »Denn lieben kann man nicht, ohne sich selbst aufzugeben; denn liebend lebe ich mich in ein andres hinein, [...]; ich binde mein Sein an das Sein eines andern; [...]. das sittliche, das Menschenwesen des Menschen ist eben, sein bloßes natürliches Selbstsein aufzugeben, [...] in dem Sein eines andern den Grund seines Seins zu haben. [...] Alle Liebe, alle Liebesarten haben dies gemeinschaftlich, dass sie Selbstaufgebung, Selbstopferung sind; der Liebhaber verbrennt sein dürres, trocknes Selbst und Eigensein wie Schwefelholz im Feuer der Liebe.« (338)

Auch der sinnliche Tod ist Ausdruck des allgegenwärtigen Liebesfeuers. Es entzündet im Menschen den sittlichen Willen nach Selbstaufgabe und ist zugleich Ursache des natürlichen Todes. Im Unterschied zur Freiheit des Menschen, sich aufzuopfern, existiert der Tod in der Natur allerdings als Notwendigkeit. Der geistigen Aufgabe des Selbst entspricht die natürliche, leibliche Selbstaufgabe. Ja, so spitzt Feuerbach seinen Gedanken zu: »Der natürliche Tod ist die letzte Bewährung der Liebe. Denn »der Tod hat seinen Mittelpunkt im Geiste selber«; »der Denkende und tiefer Schauende überwindet den Tod, denn er erkennt den Tod als das, was er ist, als eine mit der sittlichen Freiheit unmittelbar verbundene Handlung«. (343)

Angetrieben durch die unabweisbare Faktizität von Tod und Endlichkeit, gibt sich das Individuum nicht nur geliebten Menschen hin, sondern erhebt sich auf die Ebene von Erinnerung und Reflexion. Der junge Feuerbach fasst das Leben des einzelnen Menschen wie auch die menschliche Geschichte als einen permanenten Erinnerungsprozess auf: »Die Geschichte ist, wie das Leben des einzelnen, ein ununterbrochener Erinnerungsprozess [...]. Ohne Tod ist daher keine Geschichte und keine Geschichte ohne Tod. Die Geschichte ist das Bewusstsein, der Geist, das Wesen selbst als Prozess, in der Handlung, oder das Bewusstsein als Erinnerung.« (346).

Wer das Leben als einen »Vergeistigungsprozess« zu erfahren vermag, erkennt im Sprachvermögen das Walten des Geistes. Dank der Sprache, so sagt Feuerbach, lassen sich die Grenzen zwischen den Individuen überwinden. Wer sich mitteilt, gibt zugleich sein bloßes Einzeldasein auf. »Deine Persönlichkeit, für die du zu ihrer bequemen Existenz eine eigne Welt, das Jenseits, erbaust, geht mit jedem Worte, das aus dir kommt, in den Wind«, schreibt Feuerbach. (336) Und: »Das letzte Wort, das du sprichst, ist der Tod, [...] er ist der letzte Akt der Mitteilung. Du lebst nur so lange, als du etwas mitzuteilen hast, als noch etwas Unmitgeteiltes in dir ist und also noch eine Grenze zwischen dir und andern aufzuheben ist; hast du alles mitgeteilt, ist nichts mehr übrig als die letzte trockne Hülle deiner Persönlichkeit, so gibst du dich selbst hin. Diese Hingebung ist der Tod.«

Gleichzeitig ist der unabwendbare Tod des Individuums für den jungen Feuerbach Ausdruck des pantheistischen Einheitsprinzips: »Das, dem nichts Göttliches innewohnte, könnte nicht sterben. [...] Der Tod kommt selbst her aus einer inneren Sehnsucht der Natur, das, was sie ist, ihr Verzehrt- und Aufgelöstsein in Gott zu offenbaren [...]. Die Last des endlichen Daseins, die Fülle des göttlichen Seins lässt den Schrein deines eigenen Seins, welcher er in sich fasst, zerbersten. Vor dem Tode und über ihm liegt die Ewigkeit.« (205)

Die Vergänglichkeit ist der Hinweis auf die Omnipräsenz der göttlichen Wirklichkeit. Weil sich der Mensch seiner Endlichkeit bewusst ist, erfährt er geistige Unendlichkeit. Trotz des Konzeptes der geistigen Bewältigung des Todes, das der junge Feuerbach noch ganz im Sinne seines Lehrers Hegel entwirft, wird die Härte des sinnlichen Todes nicht bagatellisiert. Darin liegt die Kraft dieser Erstlingsschrift, die allerdings eine Negation der Besonderheit des Individuums fordert. Ein Trost besteht für Feuerbach darin, dass der Einzelne in der Existenz und im Angedenken anderer weiterlebt.

7. Bildung und Politik statt Religion

18 Jahre nach Erscheinen der »Gedanken über Tod und Unsterblichkeit« sagt Feuerbach seinen Zuhörern im Rathaus von Heidelberg: »Wenn der Mensch nicht stürbe, wenn er ewig lebte, wenn also kein Tod wäre, so wäre auch keine Religion.« (VWR 41) Aber jetzt interpretiert Feuerbach Religion ganz klar als menschliches Verhalten. Gerade im Umgang mit dem Tod bringt der Mensch seine religiöse Konditionierung zum Ausdruck: Unabhängig von der Vorstellung eines Gottes vergegenwärtigt er sich im Gedanken, sterben zu müssen, seine eigene Endlichkeit. Das Bewusstsein, endlich zu sein, ist der Ursprung der Religion. Darin gründet der religiöse Wunsch nach Unsterblichkeit. Doch wer sich mit der Natur oder der Welt innigst verbunden fühlt, erwartet keine Erlösung. Der wahrhaft religiöse Mensch ist mit seiner Endlichkeit vollkommen versöhnt. (VWR 43)

Für den älteren Feuerbach hat Religion vor allem einen praktischen Zweck: Sie will den Menschen aus seiner Abhängigkeit von der Natur befreien. Gleichzeitig arbeitet jedoch auch der Zivilisationsprozess an der Emanzipation des Menschen. Durch Bildung und Kultur versucht der Mensch ein »schönes, glückliches, von den Rohheiten und blinden Zufälligkeiten der Natur geschütztes Dasein« zu erreichen. (VWR 232) Doch hemmen die Religionen mit ihren Wundergeschichten und Heilsversprechen die Entwicklung der Menschheit. Sie ignorieren, dass mit zunehmender Bildung die Gebote von Moral und Menschenliebe unabhängig von einem strafenden Gott wirksam sind. Feuerbach fordert konsequent in seinen Heidelberger Vorlesungen: »Nicht die Menschen religiös zu machen, sondern zu bilden, Bildung durch alle Klassen und Stände zu verbreiten, das ist daher jetzt die Aufgabe der Zeit.« (VWR 241) Religion sollte nach Feuerbach Politik werden.

Literatur/Siglen

Ludwig Feuerbach, Gesammelte Werke (GW), herausgegeben von Werner Schuffenhauer, Berlin 1981 ff.

GTU: Gedanken über Tod und Unsterblichkeit, GW 1, S. 175-515.

KHPh: Zur Kritik der Hegelschen Philosophie, GW 9, S. 16-62.

WCh: Das Wesen des Christentums, GW 5.

VWR: Vorlesungen über das Wesen der Religion, GW 6.

BrH: Brief an Hegel, Ludwig Feuerbach, Werke in sechs Bänden, Theorie Werkausgabe, Frankfurt a. M. 1975, Bd. 1, S. 353-358.

Altersbilder in Religionen

Heinz Rüegger

Alter in christlicher Perspektive

Alter ist traditionellerweise kein zentrales Thema christlicher Anthropologie. Bis in die jüngste Vergangenheit hinein lässt sich ein gewisses Defizit an anthropologischer Reflexion auf das Alter feststellen, in der Philosophie wie in der Theologie.[1] Erst in neuerer Zeit, insbesondere seit dem Aufkommen einer interdisziplinären Gerontologie rückt das Thema des Alterns und des Alters verstärkt in den Fokus theologischer Reflexion. Es ist zwar nicht zu übersehen, dass die christliche Kirche sich im Verlauf ihrer Geschichte immer wieder um alte, bedürftige Menschen als Objekte wohltätig-diakonischen Handelns gekümmert hat. Eine Auseinandersetzung mit der Bedeutung des Alternsprozesses und der Lebensphase des Alters im Kontext einer menschlichen Biographie hingegen fand kaum statt. Gründe für diesen Umstand sind vielfältig. Über Jahrhunderte hinweg war ein hohes Alter angesichts einer allgemein niedrigen Lebenserwartung ein eher seltenes Phänomen, das kaum einer speziellen theologischen Reflexion wert war. Zudem zeichnet sich das Neue Testament als normatives Grunddokument christlichen Glaubens durch eine ausgeprägte Altersindifferenz aus: Alter ist schlicht kein relevantes Thema.[2] Angesichts einer weit verbreiteten Naherwartung des Weltendes und einer ausgeprägten Jenseitshoffnung waren ein langes Leben und ein hohes Alter kein erstrebenswertes Gut. Demgegenüber vermochten auch anders akzentuierte alttestamentliche Aspekte wenig zu bewirken.

Biblische Impulse

Alter kommt jedoch im Alten Testament – ganz im Gegensatz zum Neuen Testament – durchaus recht vielfältig zur Sprache,[3] ohne dass aber so

---

1 Coors 2014, S. 254 f.; Feeser-Lichterfeld, S. 277; Rieger 2008, S. 39.50. Speziell im Bereich der theologischen Dogmatik kann das Thema Alter »als unterentwickelt, wenn nicht gar als ausser Acht gelassen gelten« (Thomas/Thomas, S. 135 f.).
2 Gordon, S. 122. Der Sechste Bericht zur Lage der älteren Generation in der Bundesrepublik Deutschland hält fest: »Der christliche Glaube ist prinzipiell altersindifferent« (S. 116). In demselben Sinn vermerkt Alfons Auer, dass biblische Hinweise auf die Sinnwerte des Alters sehr spärlich und recht dürftig sind (S. 85).
3 Zum Folgenden vgl. Rüegger 2016, S. 59-64.

etwas wie ein einheitliches, systematisches Verständnis des Alters entfaltet würde.[4] Dabei ist das Reden vom Alter in der hebräischen Bibel von einer durchgängigen Ambivalenz geprägt.[5] Nur wenige Menschen dürften im Alten Israel älter als 30 bis 50 Jahre geworden sein.[6] Als alt galt man wohl ab 50 oder 60 Jahren,[7] nach Harris J. Gordon möglicherweise schon ab einem Alter von 30 bis 40 Jahren.[8] Nach Ps 90,10 und 2Sam 19,33 gelten 80 Jahre jedenfalls als hohes Alter.[9] Alter kann positiv, als etwas Erstrebenswertes, aber auch negativ, als etwas Belastendes, dargestellt werden.[10]

Die positive Sicht kommt insbesondere in der weisheitlichen Tradition zur Sprache, die im Sinne des sog. Tun-Ergehen-Zusammenhangs davon ausgeht, dass eine gottesfürchtige Lebensführung von Gott mit langem Leben belohnt wird. Nach Spr 10,27 »vermehrt die Furcht des Herrn die Lebenstage, die Jahre der Frevler aber werden vermindert«; und nach Spr 3,16 hält die Weisheit für die, die ihr folgen, langes Leben in ihrer Hand. Ps 91,16 wiederum versichert, dass Gott den, der ihm vertraut, mit langem Leben sättigt. Ja, der Gerechte wird auch im Alter noch sprießen wie eine Palme, wird Frucht tragen und saftig und frisch bleiben (Ps 92,13-15). So gesehen ist ein hohes Alter Zeichen von Gottes Segen und deshalb erwünscht. Stephanie Ernst sieht darin »das am breitesten belegte [...] Altersbild des Alten Israel«.[11] Charakteristisch für diese Idealvorstellung des Alters sind Redewendungen wie die, dass jemand »alt und lebenssatt« gestorben sei[12] oder dass er »in schönem

---

4   Werren, S. 3. Die Verfasserin macht deutlich: »Obwohl alte und sehr alte Menschen eine Ausnahmeerscheinung darstellten, wird das Thema Alter im Alten Testament im Verhältnis zu seinem tatsächlichen Vorkommen in der Gesellschaft reichlich thematisiert« (S. 86).

5   Martin A. Klopfenstein weist auf durchaus widersprüchliche Erfahrungen und Wertungen des Alten Testaments im Blick auf das Alter hin, die sich nicht einfach auf einen gemeinsamen Nenner bringen lassen (S. 261).

6   Ernst, S. 32.

7   Ebd., S. 215.

8   Gordon, S. 58.

9   Jer 6,11 kennt fünf Altersstufen: Kleinkindalter – Jugend – Erwachsenenalter – Alter – hohes Alter. Die Lebensphase des Alters wird also – wie in der heutigen Gerontologie – in zwei Phasen unterteilt.

10 Zum Nebeneinander von Alterslob und Altersklage im Alten Testament vgl. Rieger 2013.

11 Ernst, S. 234.

12 Dies wird im Alten Testament allerdings nur von fünf vorbildhaften Personen erzählt: von Abraham (Gen 15,15; 25,8), von Isaak (Gen 35,29), von David (1Chr 23,1; 29,28), von Hiob (Hiob 42,17) und von Jojada (2Chr 24,15).

Alter« sein Leben beenden konnte.[13] Der Sinn eines hohen Alters liegt also gerade darin, Lebenshunger zu stillen und durch das lange Leben und seine vielfältigen Segnungen gesättigt zu werden wie durch ein köstliches Mahl in der Abfolge seiner verschiedenen Gänge. Allerdings weist das alttestamentliche Predigerbuch (Kohelet) darauf hin, dass ein langes Leben sinnlos ist, wenn es einem nicht gelingt, das Gute, das einem im Leben zuteilwird, auszukosten und Wohltuendes wirklich zu genießen: »Wenn ein Mann hundert Kinder zeugte und viele Jahre lebte und ein hohes Alter erreichte, sich aber nicht sättigen könnte von seinem Gut […], sage ich: Die Fehlgeburt hat es besser als er. […] Und wenn einer zweimal tausend Jahre gelebt, aber nicht Gutes genossen hätte – gehen nicht alle an denselben Ort?« (Koh 6,3.6) Die Fähigkeit, das Gute im Leben auszukosten, wird also zum Kriterium der Sinnhaftigkeit eines langen Lebens.[14]

Mit langem Leben und hohem Alter assoziiert das Alte Testament auch Reife, Lebenserfahrung und Weisheit. Nach Hiob 12,12 gilt in Israel die Regel, dass bei Greisen Weisheit zu finden ist und dass ein langes Leben Einsicht bringt, eine Regel, die Hiob allerdings bestreitet. Weil alten Menschen Weisheit und Urteilskraft zugestanden wird, hat auch das Ältestenamt Gewicht, und Lev 19,32 schärft generell Respekt vor alten Menschen ein.

Langlebigkeit bzw. hohes Alter als Zeichen von Gottes Segen kommt in der hebräischen Bibel auch in legendarisch-mythischen Aussagen über die heilvollen Anfänge der Menschheitsgeschichte einerseits und über eine erhoffte endzeitliche Heilszeit auf einer neuen Erde anderseits zur Sprache. Erstere konzentrieren sich auf die beiden genealogischen Kapitel Gen 5 und 11, in denen den Urvätern extrem hohe Lebensalter zugeschrieben werden: von den 148 Jahren eines Nahor (Gen 11,24) bis zu den 969 Jahren eines Metuschelach (Gen 5,27), der im Deutschen als Methusalem zum sprichwörtlichen Repräsentanten eines extrem hochaltrigen Menschen mit einem ›biblischen Alter‹ geworden ist.[15] Letztere werden v. a. in der jesajanischen Ankündigung einer kommenden Heils-

---

13 So etwa bei Abraham (Gen 25,8).

14 Nach Thomas Staubli und Silvia Schroer war ein lebenssatter Tod in der Antike allerdings ein rares Gut (S. 533).

15 Es ist allerdings auffallend, dass sich diese biblischen Angaben zu hohem Lebensalter geradezu bescheiden ausnehmen, wenn man sie etwa mit der sumerischen Königsliste vergleicht, die frühen babylonischen Königen Regierungszeiten von bis zu 36'000 (Variante: 72'000) Jahren zuschreibt (Edzard, S. 38-42)! Dabei ist der Einfluss dieses mesopotamischen Motivs auf die biblischen Erzväter-Genealogien nicht von der Hand zu weisen.

zeit (Jes 65,20) greifbar, in der es keinen Greis geben soll, dem es nicht vergönnt sein wird, sein Leben in hohem Alter zu vollenden, und in der jeder, der 100-jährig stirbt, als ein bereits in jungen Jahren Verstorbener gelten wird. Diese symbolisch zu deutenden hohen Lebensalter unterstreichen noch einmal, dass langes Leben im Alten Israel grundsätzlich als etwas Gutes, Heilvolles und als Gabe Gottes betrachtet wurde.[16]

Die negative Sicht auf das Alter kommt in manchen erzählenden Texten zur Sprache, in denen eine Vielfalt degenerativer Veränderungen physischer und kognitiver Art als Folge zunehmenden biologischen Alters beschrieben wird.[17] Am eindrücklichsten und ausführlichsten geschieht dies in dem allegorischen Gedicht in Koh 12,1-8, das physiologische und auf die Sinne bezogene Begleiterscheinungen des hohen Alters beschreibt als Kennzeichen einer Lebensphase, die charakterisiert ist durch »schlechte Tage« und »Jahre, von denen du sagen wirst: Sie gefallen mir nicht« (Koh 12,1).[18]

Im Neuen Testament ist, wie bereits angedeutet, Alter kein Thema. Der Fokus ist ganz auf die Möglichkeit einer Umkehr, eines geistlichen Neuanfangs und eines Lebens aus der Kraft des göttlichen Geistes gerichtet, und diese sind, wie etwa die Perikope von Nikodemus in Joh 3,1-8 deutlich macht, an keine äußerlichen Bedingungen gebunden, schon gar nicht an ein bestimmtes Lebensalter.[19] Und bei Paulus meint die Rede vom »alten Menschen« nicht einen Menschen in fortgeschrittenem Alter, sondern die menschliche Existenz vor ihrer Hinwendung zum Glauben, die von der Sünde bestimmt ist und in der Taufe ein für alle Mal überwunden werden soll (Rö 6,6), um einem Leben als neuer Schöpfung im

---

16 »Altwerden ist kein Wert an sich, doch in Würde zu altern, zu sehen, wie die nächste Generation heranwächst, wie die eigene Arbeit Früchte zeigt, durch Erfahrungswissen Klarheit in einigen Dingen zu gewinnen und demütig zu werden angesichts vieler offener Fragen, als alter und vielleicht weiser Mensch anderen eine Freude, Ermutigung oder Hilfe zu sein – das und vieles mehr kann ein Menschenleben vollkommen machen. Aus diesen Gründen wünschte man sich sehr wohl ein hohes Alter« (Staubli/Schroer, S. 532).

17 Vgl. die ausführliche Zusammenstellung in Ernst, S. 216-219.222-225.

18 Vgl. hierzu Werren. Es handelt sich hier um die einzige Stelle in der Bibel, an welcher zusammenhängend eigens über das Alter nachgedacht wird (S. 7). Für die hier zutage tretende pessimistische Sicht auf das Alter gilt: »Das wesentliche Kennzeichen fortschreitenden Alters ist die zunehmende Schwäche« (Wolff, S. 183). Ähnlich ist auch die Stimmungslage von Ps 71, dem einzigen Psalm, der als Klagelied bzw. Bittgebet eines alten Menschen formuliert ist: »Verwirf mich nicht in der Zeit des Alters, wenn meine Kraft schwindet, verlass mich nicht. […] Auch bis ins hohe Alter, Gott, verlass mich nicht« (Ps 71,9.18).

19 Kirchenamt der EKD, S. 38.

Geiste Christi Platz zu machen (2Kor 5,17), was völlig unabhängig von einem bestimmten Lebensalter ist. Denn jedes Lebensalter ist gleichunmittelbar zu Gott – spirituelle Erfahrungen sind nach dieser Sichtweise grundsätzlich altersunabhängig.

Damit ist nicht bestritten, dass im frühen Christentum eine ausgeprägte Hochschätzung alter Menschen feststellbar ist.[20] Aber dem Alter wird nirgends eine eigene Bedeutung beigemessen. Dass angesichts des relativ frühen Todes von Jesus das Alter kein Thema wurde, ist nachvollziehbar, hat aber Kurt Marti zu Recht zur Frage veranlasst: »In welche Richtung hätte sich das Denken und Lehren des Nazareners verändert, wenn er 90 Jahre alt geworden wäre? Müssige Frage, ich weiss.«[21]

Alter und christliches Menschenbild

Heute stehen wir vor einer menschheitsgeschichtlich neuen Situation: Die demografische Entwicklung hat die durchschnittliche Lebenserwartung rasant ansteigen lassen, so dass die Lebensphase des Alters heute meist in zwei unterschiedliche Phasen unterteilt wird: diejenige der jungen, noch rüstigen und aktiven Alten (ungefähr zwischen dem 60. und dem 80. Altersjahr) und die darauf folgende Phase der alten Alten bzw. der durch zunehmende Fragilität gekennzeichneten Hochaltrigkeit.[22] Insgesamt kann das Alter heute gut und gerne ein Drittel der gesamten Lebenszeit einer Person ausmachen.

Damit stellt sich mit neuer Dringlichkeit die Frage, wie das Alter denn aus der Sicht des christlichen Glaubens zu verstehen sei, beziehungsweise was für Grundperspektiven und Grundhaltungen sich aus einer christlichen Spiritualität für die Gestaltung der Lebensphase Alter erschliessen. Dabei ist nicht davon auszugehen, dass es eine ganz eigene, spezifisch auf das Alter bezogene christliche Glaubenshaltung gibt. Vielmehr ist nach christlichen Einsichten und Haltungen zu fragen, die für das menschliche Leben insgesamt von zentraler Bedeutung sind, die im Alter aber eine besondere Zuspitzung erfahren, weil sie Aspekte fokussieren, die das fortschreitende Alter besonders charakterisieren. Dies entspricht der gerontologischen Einsicht des Philosophen Thomas Rentsch, dem zufolge

---

20 Reinmuth, S. 153 f.

21 Marti, S. 20.

22 Diese Unterscheidung wurde von Peter Laslett, Das dritte Alter, in die gerontologische Diskussion eingeführt. Vgl. auch: François Höpflinger, Das vierte Lebensalter.

Leben grundsätzlich altern heisst[23] und Alter so etwas wie »eine Radikalisierung der menschlichen Grundsituation« darstellt.[24]

Leben als Gabe

Christlicher Glaube versteht Leben als Gabe Gottes, die dann auch zur Aufgabe wird. Aber der Gabe-Charakter ist das Primäre. Menschsein heißt, mit Leben beschenkt sein, sich einem anderen als Quelle und Ursprung des eigenen Lebens verdanken. Während die mittlere Lebensphase durch einen starken Akzent auf dem Tun, auf Aktivität und dem Erfüllen von Aufgaben geprägt ist, kann des Alter, insbesondere das hohe Alter, einen stärkeren Zugang zum Geschenkcharakter des Lebens eröffnen, zu all dem, was einem im Leben zuteilwird oder zuteilgeworden ist, ohne dass man es sich selbst erarbeitet hätte. Leben, nicht nur im Alter, ist nach christlicher Sicht in hohem Maße ein *Empfangen*, ist also durch eine *rezeptive* Dynamik bestimmt, und dies sowohl gegenüber Gott als auch gegenüber der Natur und gegenüber anderen Menschen. Der Theologe Eberhard Jüngel hat einmal formuliert: »Gott gegenüber ist der Mensch ein Nehmender, insofern er sich selbst von seinem Gott entgegennimmt ... Nur wer sich selbst von einem anderen empfangen kann, kann sich selbst einem anderen auch hingeben.«[25] Und jemandem, der sich selbst von einem anderen empfangen kann, dürfte es auch leichter fallen, sich selbst und sein eigenes Leben in all seinen verschiedenen Phasen und Facetten anzunehmen und zu bejahen. Andreas Kubik ist zuzustimmen: »Die Fähigkeit, ein Ja zu sich zu sagen oder ... in ein über sich gesprochenes Ja einzustimmen und dies Ja auch über das eigene Ende erstreckt zu wissen, dürfte ein wichtiger, wenn nicht notwendiger Bestandteil von Konstrukten gelingenden Alter(n)s sein.«[26]

Eine Kultur wie die unsere, die nach dem Anti-Aging-Motto »Forever young« (ewig jung bleiben, nur ja nicht alt werden!) primär an Jugendlichkeit orientiert ist, tendiert dazu, Alter als eine Art Schwundstufe vollen Menschseins anzusehen, die es möglichst lange aufzuhalten gilt. ›Gut‹ altert dementsprechend, wer möglichst lange ›jung‹ bleibt und durch sein Äußeres sowie seinen Lebensstil den Eindruck erweckt, dass er oder sie

23 Rentsch, S. 257, 267.
24 Ebd., S. 262.
25 Jüngel, S. 320.
26 Kubik, S. 21.

jünger ist als es seinem oder ihrem kalendarischen Alter entspricht. ›Erfolgreiches Altern‹ (successful aging) zeichnet sich nach dieser populären Perspektive durch Verhinderung möglicher Anzeichen des Alters aus.[27]

Demgegenüber lädt eine christliche Sicht des Lebens dazu ein, das ganze Leben in all seinen unterschiedlichen Phasen, also auch die Lebensphase des Alters, als Gabe Gottes zu würdigen, die es mit ihren spezifischen Potenzialen zu entfalten und deren Herausforderungen es zu meistern gilt. ›Gut‹ altert nach dieser Sichtweise, wer bewusst altert, wer sein Alter als geschenkte Lebensphase bejaht und nicht versucht, möglichst lange in einer jüngeren Lebensphase zu verharren und so mögliche Entwicklungsschritte zu verhindern. Dabei kommt der biblischen Einsicht besondere Bedeutung zu, dass Gott ein Gott ist, der sich auch und gerade dem Schwachen oder dem schwächer Werdenden zuwendet, ihm Würde zuspricht und sein Leben bejaht. Etwas von dieser Sicht kommt zum Ausdruck in dem Vertrauenssatz aus Ps 31,16: Herr, »mein Geschick steht in deinen Händen«. Der deutsche Ausdruck ›Geschick‹ gibt unpräzise wieder, was im Hebräischen wörtlich ›Zeiten‹ heißt: Herr, alle meine Zeiten (oder Lebensphasen) stehen in deinen Händen – und sind als Gabe wert, bejaht und mit ihren spezifischen Möglichkeiten und Herausforderungen, Stärken und Schwächen gelebt und ausgeschöpft zu werden – das Alter nicht minder als die jüngeren Lebensphasen.

Die Würde des Alters

Nach christlichem Verständnis gründet in dem über jedem menschlichen Leben stehenden Ja Gottes als des Schöpfers allen Lebens eine Würde, die jedem Menschen eigen ist. Diese Würde vermittelnde Bejahung durch Gott, die in der christlichen Tradition herkömmlicherweise mit dem Konzept der Gottebenbildlichkeit des Menschen (Gen 1,27) begründet wird, ist unabhängig von irgendwelchen Fähigkeiten oder Leistungen, unabhängig vom Ausmaß, in dem es einem Menschen zum Beispiel im Alter (noch) gelingt, sein Potenzial zu realisieren.[28] Sie ist geschenkte,

---

27 Giovanni Maio stellt kritisch fest, dass weite Teile der heutigen Gesellschaft eine Einstellung zum Alter haben, die impliziert, »dass ein gutes Altern nur das sei kann, das die Signaturen des Altseins, nämlich das Nachlassen, nicht zulässt.« Ziel scheint zu sein, »das Alter früh genug in die eigene Hand zu nehmen, um das Alter selbst zu vermeiden. [...] Das Alter soll vermieden werden. Es soll nicht bewältigt oder gemeistert oder gefüllt, sondern vermieden werden« (S. 11).
28 Sechster Bericht, S. 215.

nicht selbst zu erringende, damit aber auch unverlierbare Würde, die das Menschsein in seiner ganzen Spannbreite von Jugend und Alter, von Kraft und Schwäche, von Potenzial und Verletzlichkeit auszeichnet, die es schützt und mit dem Anspruch versieht, mit Respekt behandelt zu werden. Sie ist insofern keine besondere Auszeichnung des Alters. Wohl aber ist aus christlicher Sicht darauf zu insistieren, dass Menschen auch in Situationen hochaltriger Gebrechlichkeit, wenn etwa eine Demenz oder Multimorbidität ihr Leben bestimmt, diese ihnen von Gott zugesprochene Würde und den damit gegebenen Anspruch auf Respekt nicht verlieren. Insofern hat Eberhard Jüngel recht, wenn er den alten Menschen gerade auch in seiner Vulnerabilität, auch in Situationen, in denen er in mancherlei Hinsicht primär Nehmender, Empfangender ist, als Repräsentant der Menschenwürde versteht,[29] einer Würde, die ihm zugesprochen ist, einfach weil er Mensch ist, Geschöpf Gottes und darum in Liebe wertgeachtet und respektiert, auch wenn seine Kräfte und Fähigkeiten abnehmen sollten.

Neben dieser grundsätzlich allen Menschen gleichermaßen zukommenden normativen Menschenwürde redet christliche Tradition auch von einer spezifischen, kontingenten Würde des Alters,[30] also von einer Würde, die man sich mit zunehmendem Alter – jedenfalls im wünschbaren Fall – erwerben kann als Ehre und Auszeichnung eines langen Lebens. Sie ist Ausdruck von im Prozess des Alterns angeeigneter Lebenskompetenz, die einen Menschen befähigt, mit seinem eigenen Leben und Geschick – gerade angesichts von manchen herausfordernden Erfahrungen des Alters – konstruktiv umzugehen und durch seine Lebenserfahrung andern zum Vorbild zu werden und ihnen gelegentlich einen hilfreichen Rat zu geben. Lebensweisheit im Sinne von Altersweisheit ist seit biblischen Zeiten ein Ziel spiritueller Persönlichkeitsentwicklung, zu dem ermutigt wird. Klassisch dafür ist etwa die alttestamentlich-jüdische Weisheitsliteratur. So lobt etwa Sir 25,6-8: »Wie schön ist's, wenn die grauen Häupter urteilen können und die Alten Rat wissen. Wie schön ist bei Greisen Weisheit und bei Angesehenen Überlegung und Rat. Das ist die Krone der Alten, wenn sie viel erfahren haben; und ihre Ehre ist's, wenn sie Gott fürchten.« Durch solche mit zunehmendem Alter zu gewinnende Reife und Weisheit im Sinne von reflektierter Lebenserfahrung können alte Menschen Generativität entwickeln, also

---

29 Jüngel, S. 320.

30 Zur Unterscheidung zwischen einem normativen, unbedingten und einem kontingenten, an Bedingungen geknüpften Verständnis von Würde vgl. Rüegger 2004, S. 32-36.

Bedeutung gewinnen für jüngere Generationen und ihnen eine Hilfe und Ermutigung auf dem Weg ihrer eigenen Lebensbewältigung sein. Wo Menschen so altern, verdienen sie in besonderem Maße Respekt und wird ihnen eine altersspezifische Würde zuerkannt, die zu achten einer sozialen Gemeinschaft wohl ansteht. In diesem Sinne lässt sich etwa im Blick auf das Alte Testamten sagen: »Das Alter war ein Ausweis von Würde und den Alten war mit Respekt zu begegnen.«[31]

Solche kontingente Würde des Alters impliziert allerdings, dass man sein eigenes Alter und den eigenen Prozess des Alterns bejaht, zu seinem Alter steht und sich darum bemüht, das im Alter sich erschließende Potenzial auf irgendeine Weise zur Entfaltung zu bringen – für sich selbst und zugunsten des größeren Ganzen.[32]

Entfaltung von Ressourcen und Annahme von Abhängigkeit

Christlicher Glaube geht davon aus, dass Gottes Geist Menschen mit mancherlei Fähigkeiten begabt. Paulus hat dies in seiner sog. Charismenlehre (Rö 12; 1Kor 12) eindrücklich im Blick auf das Miteinander der verschiedenen Glieder und ihrer unterschiedlichen Charismen (Gaben, Begabungen, Fähigkeiten) in der Gemeinschaft der Kirche entfaltet. Dieses Motiv kann auch auf die Gesellschaft generell und auf das intergenerationelle Miteinander im Besonderen angewandt werden. Menschen sind Begabte: Sie haben Erfahrungen, Fähigkeiten, Ressourcen, mit denen sie nicht nur ihr eigenes Leben sinnvoll gestalten können, sondern mit denen sie auch einen hilfreichen Beitrag zum Wohl der sozialen Gemeinschaft, an der sie teilhaben, ja der Gesellschaft insgesamt leisten können. Denn nach der theologischen Perspektive der Charismenlehre kommen Begabungen des Einzelnen erst dort voll zur Entfaltung, wo sie als Beitrag zu einem größeren Ganzen ausgelebt werden (1Kor 12,7).[33] Gegen ein einseitig an Defiziten orientiertes Bild des Alters, das Altern nur noch als einen Prozess der Minderung von Fähigkeiten versteht, hält eine christliche Perspektive auf das Alter daran fest, dass Menschen auch

---

31 Staubli/Schroer, S. 533. Zum alttestamentlichen Gebot der Altersehrung vgl. Lev 19,32.

32 Rüegger 2021.

33 Der sechste Bericht zur Lage der älteren Generation in der Bundesrepublik Deutschland weist darauf hin, dass in einer christlichen Perspektive »die konsequente Verwirklichung der eigenen, von Gott geschenkten Gaben und Potenziale geboten ist – im Interesse der eigenen Lebenserhaltung und zugunsten anderer, nicht zuletzt auch im Interesse des Gemeinwohls« (S. 215).

in fortgeschrittenen Jahren Fähigkeiten besitzen und über Ressourcen verfügen, die es einzusetzen gilt und durch die alte Menschen sich als generativ erfahren können, das heißt als für jüngere Menschen bedeutsam. Solche Altersgenerativität muss nicht in großen Leistungen bestehen; sie kann sich in ganz elementaren Akten ausdrücken: in der Dankbarkeit, mit der empfangene Hilfe entgegengenommen wird; im Interesse am Leben und Ergehen Jüngerer, gerade in dem, was diese anders machen als frühere Generationen; in der Selbstbescheidung, die sich nicht selbst zum Maßstab für Andere macht, sondern diese ermutigt, ihren eigenen Weg zu gehen; in der spirituellen Praxis der Fürbitte oder des Segnens;[34] in der Art, wie alte Menschen ihr eigenes Altern so zu meistern versuchen, dass sie Jüngeren Mut machen, zuversichtlich auf ihr eigenes Alter zuzugehen.[35] Eine spirituelle Kunst des Alterns zeichnet sich gerade dadurch aus, dass sie solche Möglichkeiten wahrnimmt und das mit ihnen gegebene Potenzial zu realisieren versucht.[36]

Zur angesprochenen paulinischen Perspektive der Charismenlehre gehört aber auch die Kehrseite: Jede Begabung weist auf Begrenzungen hin. Niemand besitzt umfassende Fähigkeiten, die es erlauben würden, völlig autark das eigene Leben zu meistern. So wie alle über ein gewisses Potenzial verfügen, ihr Leben selbst zu gestalten und zum Wohle anderer beizutragen, so sind alle auch mehr oder weniger auf die Hilfe und Unterstützung anderer angewiesen. Diese gegenseitige Abhängigkeit ist nichts, was es zu vermeiden gilt, sondern sie ist ein fundamentaler Aspekt der *condition humaine*, die den Menschen jeden Alters als soziales Wesen auszeichnet, die aber im höheren Alter oft besonders intensiv erfahren wird.[37] Dies gilt auch für das Miteinander der verschiedenen Generationen in einer Gesellschaft. Alte Menschen sind darum in doppeltem Sinne gefordert: zum einen ihre Fähigkeiten bzw. Ressourcen ernsthaft wahrzunehmen und einzusetzen, zum andern ihren mit zunehmendem Alter oft wachsenden Betreuungs- und Unterstützungsbedarf anzuerkennen und sich entsprechend helfen zu lassen. Die Theologin und Psychotherapeutin Ingrid Riedel spricht diesbezüglich von einer

---

34 Pia Gyger, die christliche Zen-Meisterin, schreibt im Blick auf ihre eigene spirituelle Perspektive des Alterns: »Wenn ich … spazieren gehe, dann blicke ich den Menschen, denen ich begegne, in die Augen und lächle sie mit meinem Herzen an. Ich will im Alter segnende Existenz sein. Auf meinen Spaziergängen trage ich still den buddhistischen Segensgruss in mir und wünsche jedem Menschen, dem ich begegne: ›Mögest du glücklich sein‹« (Brantschen/Gyger, S. 131).

35 Montada.

36 Rüegger 2021.

37 Rieger 2008, S. 115 f.

»Kunst der Abhängigkeit«,[38] die darin besteht, zwischen Abhängigkeiten zu unterscheiden, die durch Aktivierung eigener Ressourcen zu überwinden sind, und solchen, die es nicht zu überwinden, sondern zu akzeptieren gilt, um sich dann von Anderen helfen zu lassen. Nach Riedel ist Abhängigkeit Ausdruck einer zutiefst menschlichen Angewiesenheit auf Andere. Sie vermeiden zu wollen wäre nur um den Preis des Verlustes sozialer Bezogenheit und Mitmenschlichkeit möglich. Die Auseinandersetzung mit der Realität des Alters, insbesondere des hohen Alters, kann dafür sensibilisieren, dass Angewiesenheit so etwas wie eine Grundsignatur allen Menschseins darstellt, ohne die erfülltes, humanes Leben gar nicht denkbar ist, und dass es genuin menschlich ist, auf die Hilfe anderer angewiesen zu sein.[39] In theologischer Hinsicht gibt Gunda Schneider-Flume zu bedenken: »Abhängigkeit erscheint wie eine Kränkung des (primären) Narzissmus ... Im Lichte der Geschichte Gottes kann Abhängigkeit auch anders gedeutet werden. Sie ist die Befreiung davon, sich selbst leisten zu müssen, und die Befreiung dazu, sich annehmen zu lassen, selbst mit schwindenden Kräften.«[40] Darum ist die Einübung einer Kunst der Abhängigkeit ein wesentlicher spiritueller Aspekt eines christlichen Verständnisses des Alters.

Lebenssättigung

Das Alte Testament sieht das Ziel eines gelingenden Lebens und Alterns darin, so zu leben, dass man dereinst »alt und lebenssatt« sterben kann.[41] Diese Redewendung geht davon aus, dass menschliche Existenz durch Lebenshunger geprägt ist, der gestillt werden will. In einer solchen Perspektive zu leben heißt, dafür sensibel werden, was im Leben trägt und nährt, was Sinn stiftet und Anlass gibt zu Freude und Dankbarkeit.[42] So zu leben ist eine Aufgabe in jeder Lebensphase. Denn lebenssatt wird man nicht, wenn man sein Leben erst in der letzten Phase an dem auszurichten beginnt, was in einem fundamentalen Sinn nährend ist. Dennoch steht das Alter mit der Aussicht auf die Beendigung des Lebens

---

38 Riedel. Vgl. auch Rüegger 2020/2021.
39 Der Theologe Fulbert Steffensky formuliert treffend: »Die Bedürftigkeit ist der Grundzug aller Humanität« (2007, S. 18).
40 Schneider-Flume, S. 37.
41 Gen 15,15; 25,8; 35,29; 1Chr 23,1; 2Chr 24,15; 29,28; Hiob 42,17.
42 Alfons Auer spricht diesbezüglich von einem »Wachwerden für das Wesentliche« (S. 176).

nochmals unter einer besonderen Herausforderung und Chance, nicht nur alt, sondern auch lebenssatt zu werden.

Für den Theologen Werner Kramer ist das Lebenssatt-Werden das spirituelle Hauptziel des 3. Lebensalters, also des sog. jungen Alters.[43] Gerade in der heutigen Zeit, in der viele Menschen die Jahre zwischen 60 und 80 befreit von beruflichen und familiären Verpflichtungen, materiell abgesichert und bei guter Gesundheit verbringen können, bestehen vielerlei Möglichkeiten, die Jahre des Alters auszukosten und lebenssatt zu werden. Der Philosoph Wilhelm Schmid weist in seinem Entwurf einer Lebenskunst im Alter auf die Bedeutung der »Lüste des Alters« hin: etwa die Lust des Gesprächs, die Lust der Erinnerung, die Lust der Muße oder die Lust der selbstvergessenen und zweckfreien Hinwendung zu Menschen oder Aktivitäten.[44] All das sind Möglichkeiten der Lebensgestaltung, die bis ins hohe Alter wahrgenommen werden können und die das Leben reich und sinnvoll machen. Dabei geht es nicht primär um ein quantitatives Mehr des bisher schon Möglichen, sondern darum, »den Sinn des eigenen Lebens zusehends in Aspekten dieses Lebens zu finden, die von Kompetenzbewusstsein, Leistung, Erfolg, Genuss und entsprechenden Zukunftsperspektiven unabhängig sind.«[45]

Dabei ist das Lebenssatt-Werden nicht mit einem immer nur leichten und schönen Leben zu verwechseln, dem alles Schwere erspart bleibt. Werner Kramer weist darauf hin, dass »Lebenssatt-Werden nicht auf billiges Glück zielt, sondern etwas zu tun hat mit dem Annehmen seines Lebens mit Höhen und Tiefen, mit Dankbarkeit, mit Bejahung dessen, was war. [...] Dabei ist deutlich: Lebenssatt werden ist wie alles Leben nicht einfach Leistung und Kampf des Menschen, sondern zutiefst Geschenk und Segen Gottes.«[46]

---

43 Kramer, S. 128-130.
44 Schmid, S. 419-421.
45 Müller, S. 178.
46 Kramer, S. 127. Die »Formel für geglücktes Altern« des Ethikers Alfons Auer drückt schön aus, welche Haltung im Leben und ganz besonders im Alter der Lebenssättigung dient: »die Chancen nutzen, die Zumutungen annehmen, die Erfüllungen auskosten« (S. 188, 277). Darauf, dass Lebenssättigung oder gelingendes Leben nicht als eine zu fordernde Leistung missverstanden werden darf, weist aus theologischer Sicht Gunda Schneider-Flume hin (S. 54).

Altern im Zeichen von Minderung

Auch wenn man sich, wie das die Gerontologie seit längerem mit guten Gründen tut, gegen ein rein an Verlusten orientiertes, negatives Altersverständnis verwahrt, bleibt die Tatsache bestehen, dass Altern in mancherlei Hinsicht einen Prozess der Minderung darstellt. Zum hohen Alter gehört die Erfahrung, dass die Kräfte nachlassen und die physische, vielleicht auch die psychische Gesundheit fragil wird. Teilhard de Chardin spricht vom »Erleiden der Minderung« im Unterschied zum »Erleiden des Wachstums«.[47] Beides sind konstitutive Dynamiken menschlichen Lebens. Das eine ist nicht zu haben ohne das andere. Nur gemeinsam stellen sie die Ganzheit der Entwicklung eines Menschenlebens dar, die Thomas Rentsch als »ein Werden zu sich selbst im Vergehen, ein Werden im Vergehen« beschrieben hat.[48]

Von den Mühsalen des Altseins ist im Alten Testament wiederholt die Rede,[49] besonders in dem allegorischen Gedicht in Koh 12,1-8, das die körperlichen Degenerationserscheinungen des hohen Alters beschreibt als Kennzeichen einer Lebensphase, die charakterisiert ist durch »schlechte Tage« und »Jahre, von denen du sagen wirst: Sie gefallen mir nicht« (Koh 12,1). In solchen Erfahrungen äußert sich die vergängliche, sterbliche Natur des Menschen, mit der dieser zurechtkommen muss. Sie macht sich im hohen Alter in der Regel besonders stark bemerkbar. In der christlichen Tradition spricht man seit Gregor dem Großen von der *prolixitas mortis,* von der immer intensiver werdenden Erfahrung der Begrenztheit und Verletzlichkeit menschlicher Existenz sowie der zunehmenden Häufung von auf das Sterben vorausweisenden Phänomenen in der menschlichen Lebensgeschichte.

Nach Werner Kramer besteht das spirituelle Hauptziel des 4. Lebensalters, also des hohen Alters, gerade darin, mit dem Abnehmen leben zu lernen und dabei getrost zu werden.[50] Das ist keine leichte Aufgabe. Sie fordert ein hohes Maß an Resilienz, an seelischer Widerstandskraft. Und doch gilt für eine christliche Lebenskunst des Alters, was der Soziologe Peter Gross einmal formuliert hat: »Ein starkes, selbstgewisses und volles Leben führen heisst, Schwächen zulassen und mit ihnen umgehen können.«[51]

---

47 T. de Chardin, S. 78-96.
48 Rentsch, S. 183.
49 Eine umfangreiche Zusammenstellung findet sich bei Ernst, S. 216-219, 222-225.
50 Kramer, S. 131-135.
51 Gross, S. 149 (ebenso S. 137).

Dafür gibt es keine einfachen Techniken. Aber es gibt in der christ-lich-spirituellen Tradition seelsorgliche Formen der Unterstützung bei der Bewältigung solcher Erfahrungen der Minderung. Etwa die Begleitung durch eine zuhörende Seelsorgerin oder einen zuhörenden Seelsorger, in dessen Gegenwart Erfahrungen des Leidens geäußert und geklagt werden können. Biblische Klagepsalmen oder poetisch-literarische Texte können dabei helfen, Sprache zu finden für das, was stumm zu machen droht. Gesten oder Worte des Segens können Mut vermitteln, eine Salbung als körperlicher Zuspruch von Gottes Zuwendung kann helfen, Schwäche auszuhalten und Leiden zu ertragen. So paradox es tönen mag: Wirklich tragfähige Lebenshilfe und Lebenssinn ergeben sich nicht – wie oberfläch-liche Betrachtungsweise anzunehmen geneigt ist – bloß in der Befriedigung von Lust, »sondern weit mehr in der gemeinsamen wie individuellen Be-wältigung der vielen negativen Aspekte, die unser Dasein prägen [...]. Vor diesem Hintergrund lassen sich Altwerden, Kranksein, Leiden und Sterben als Chance zur Eröffnung spezifischer Sinndimensionen begreifen.«[52]

Bei alledem geht christlicher Glaube davon aus, dass Menschen sich über alles rationale Verstehen hinaus in eine Art spirituelles Urvertrauen bergen können, das davon ausgeht, dass das Leben in allen Situationen in Gottes Händen gehalten und geborgen ist (Ps 31,16), und dass es so über alles Leiden und Sterben hinaus in ein ewiges Leben hinein bewahrt werden wird. Die 90-jährige Theologin Leni Altwegg hat dieses Grund-vertrauen einmal in säkularen Worten so formuliert: »Was immer noch kommt, ich fühle mich eingebettet in einen Sinnzusammenhang – un-durchschaubar, aber letztlich zugewandt. Aus ihm kann ich nicht heraus-fallen, auch wenn es schwierig und dunkel werden sollte. [...] Ich finde es überwältigend, dass es mich überhaupt gibt: ein bewegtes Pünktchen auf dem Erdball, der seinerseits ein Stäubchen ist im Weltall, unendlich unwichtig und doch am Leben. Manchmal habe ich ganz konkret das Gefühl, mich in die Wölbung des Weltalls schmiegen zu können, gebor-gen in einem unerklärlichen Wohlwollen.«[53]

Allerdings ist eine solche Haltung des Vertrauens und der Geborgen-heit in einem größeren Sinnzusammenhang angesichts schmerzhafter Er-fahrungen der Minderung im hohen Alter keineswegs selbstverständlich und kann auch von niemandem als zu erfüllendes ethisches Ideal einge-fordert werden. Christlicher Glaube kann gerade so gut dazu ermutigen, angesichts widriger Lebenserfahrungen, die manchmal eine Sinnkrise heraufbeschwören können, so etwas wie »Mut zur Sinnlosigkeitstoleranz«

---

52 Rentsch 2013, S. 174.
53 Altwegg, S. 90.

(Frank Mathwig)[54] zu entwickeln und sich mit der Hoffnung zu begnügen, dass das eigene Leben auch ohne konkrete Sinnerfahrung in Gottes Hand geborgen ist.

Christlicher Glaube geht nicht davon aus, dass alles, was Menschen widerfährt, direkt von Gott gewollt und geschickt ist. Das Unverfügbare und Unausweichliche, das einem als Schicksal zufällt und zugemutet wird, entzieht sich jeder logischen, auch jeder theologischen Deutung. Aber auch ohne solche rationalen Deutungen können Menschen pathische Fähigkeiten entwickeln: Fähigkeiten, sich mutig dem zu stellen und auf das einzulassen, was ihnen ohne eigenen Willen an Unverfügbarem (als Schicksal) zugemutet wird. Diese kraftvolle Haltung der konstruktiven Auseinandersetzung mit dem, was einem an Herausforderndem widerfährt, wird in der Tradition als *resignatio* bezeichnet. Sie ist eine Art aktive Passivität, die in einer Haltung der Gelassenheit zum Ausdruck kommt, die *zulassen* kann, was auf einen zukommt, ohne alles im Griff haben zu wollen; einer Gelassenheit auch, die sich selbst vertrauensvoll dem *überlassen* kann, was mit einem geschehen mag. Dabei ist zu bedenken, dass sich eine solche Haltung, die im Alter besonders relevant wird, eigentlich für alle Lebensalter empfiehlt. Denn »die wichtigsten Erfahrungen im Leben sind nicht kontrollierbar. Das Wichtigste im Leben ist unverfügbar – nicht nur im Alter. Das gilt für unsere Herkunft, das gilt für das Jetzt, das gilt für unsere Zukunft, das gilt weitgehend für Beziehungen.«[55]

Leben als Werden und Fragment

Christliche Theologie versteht menschliches Leben als ein Werden und Unterwegssein in der Zeit. Prototyp solcher menschlicher Existenz ist die Figur des Patriarchen Abraham, der aus seiner Heimat gerufen wird und sich auf eine Wanderschaft in fremdes Land begibt, die bis zu seinem Tode nicht endet (Gen 12,1-4; Heb 11,8-10). So schreibt Udo Kern in seinen Ausführungen zu anthropologischen Grundlagen des alten Menschen: »Ein *homo viatoris*, ein Wanderer, ist der Mensch als Mensch. Er ist, so lange er ist, stets unterwegs.«[56] Das gilt insbesondere für die biografische Identität eines Menschen, die nach der Orientierungshilfe der EKD zu Fragen des Alters stets als eine zu begreifen ist, die im Werden ist.[57] Altern

---

54 Mathwig, S. 37. Vgl. auch Isolde Karles Plädoyer: Sinnlosigkeit aushalten!
55 Kast, S. 35.
56 Kern, S. 62.
57 Kirchenamt der EKD, S. 36.

heisst so gesehen: werden, sich verändern, sich weiterentwickeln. Nach Thomas Rentsch ist Altern der einzige menschliche Selbstwerdungsprozess, den wir kennen.[58] In ihm vollzieht sich die Entfaltung dessen, was Gott uns mit der Gabe des Lebens an Möglichkeiten mitgegeben hat. Aus dieser göttlichen Gabe ergibt sich die biografische Aufgabe, aus dem vorhandenen Potenzial etwas zu realisieren, in eigenverantwortlicher Freiheit zu der Person zu werden, zu der man unter gegebenen Umständen werden kann. Dabei sind aus einer christlichen Sicht auf das Alter zwei Akzente zu betonen:

Erstens: Alter ist kein abgeschlossener Zustand, auch kein Zustand, der nur noch durch Abbau von Vorhandenem gekennzeichnet ist. Alter heißt fortschreitendes Altern, heisst Veränderung und Weiterentwicklung in eine zwar kürzer werdende, aber immer noch offene Zukunft hinein. »Es gilt, auch die späte Lebenszeit als genuin menschliche Entwicklung zu verstehen und dies nicht nur der Jugend und der Reife zuzuschreiben.«[59] Darin liegt nicht nur eine Herausforderung an alte Menschen selbst, ihr Leben im höheren Alter als noch entwicklungsoffen wahrzunehmen, sondern auch an die Gesellschaft, alten Menschen Entwicklungsmöglichkeiten zu eröffnen.

Zweitens: Unter dem Einfluss des modernen psychologischen Ideals der Ganzheit hat sich die Vorstellung entwickelt, das individuelle Leben müsse idealerweise vor seinem Abschluss ›ganz‹ werden, müsse sich wie ein Kreis abrunden und schliessen. Dieses Ideal kann leicht einen überfordernden Druck erzeugen und übersieht einen wesentlichen anthropologischen Sachverhalt: dass Menschsein immer unvollendet, unabgeschlossen, fragmentarisch bleibt. Der evangelische Theologe und Ethiker Ulrich H. J. Körtner hält fest: »Die Ganzheit unseres Lebens ist weder in jungen Jahren noch im Alter ein biblisch begründetes Ziel.«[60] Und weiter: »Zur Lebensführung im christlichen Sinne gehört das Wissen darum, dass die Vollendung des Lebens, sein ›Gelingen‹, wie man heute gern sagt, die unser Handeln motivierende Hoffnung ist, ohne doch von uns selbst geleistet werden zu können.«[61] Christlicher Glaube ist gerade darin befreiend und entlastend, dass er erlaubt, zu den eigenen Unzulänglichkeiten, Brüchen und Defiziten zu stehen im Wissen darum, dass Gott alleine es ist, der unser Leben ganz und vollkommen machen wird, ohne von uns zu verlangen, dies aus eigenen Kräften und Qualitäten

---

58 Rentsch 2016, S. 267.
59 Ebd., S. 265.
60 Körtner 2010, S. 178.
61 Ebd., S. 169.

zu tun.[62] Das erleichtert die Entwicklung im Alter und setzt sie nicht unter den Druck des Erreichens irgendwelcher hochgesteckter Ziele, die menschlichem Sein und Werden nicht gemäß sind.

Endlichkeit als gnädige Begrenzung

In der Phase des höheren Alters rückt unweigerlich die Tatsache verstärkt ins Bewusstsein, dass das Leben endlich ist und der Zeitpunkt des Sterbens näher rückt. Lässt sich diese Realität in jüngeren Jahren relativ leicht verdrängen – schon gar seit dem vom Demographen Arthur E. Imhof beschriebenen, sich ab ca. 1930 vollziehenden Wandel von der sog. unsicheren zur sog. sicheren Lebenszeit[63] –, so wird mit voranschreitendem Alter deutlicher erkennbar, dass letztlich das ganze Leben ein »Sein zum Tode« ist, wie es Martin Heidegger formuliert hat.[64] Endlichkeit gehört zum Menschsein jeden Alters. »Jeder Mensch wird nicht erst in der Todesstunde zum Sterblichen, sondern ist es von Geburt an schon. Geboren werden heisst: in eine Welt kommen, in der man sich den Tod holen wird. Wohin der Mensch in dieser Welt auch kommt, der Tod ist schon da und erwartet ihn. Daher leben wir nicht erst am Ende des Lebens, sondern zu jeder Zeit in der Nähe des Todes.«[65] Entgegen einer langen theologischen Tradition im Christentum, die v. a. im Gefolge des Apostels Paulus von einem negativen Todesverständnis geprägt war, dem zufolge der Tod eigentlich nicht sein sollte und als Strafe für die Sünde Adams galt (Rö 6,23), hat sich in neuerer Zeit theologisch immer mehr die Einsicht durchgesetzt: »Endlichkeit nach biblischem Verständnis ist gnädige Begrenzung«,[66] nicht göttliche Strafe oder Fluch.

In der christlichen Frömmigkeit gibt es eine lange Tradition des *memento mori*, des Bedenkens der eigenen Sterblichkeit. Sie wurzelt in der Bitte an Gott aus Ps 90,12: »Lehre uns bedenken, dass wir sterben müssen, auf dass wir klug werden.« Ziel solchen Bedenkens ist nicht, das Leben abzuwerten und das Bewusstsein des eigenen Sterben-Müssens

---

62 Henning Luther schreibt: »Das eigentümlich Christliche scheint mir nun darin zu liegen, davor zu bewahren, die prinzipielle Fragmentarität von Ich-Identität zu leugnen oder zu verdrängen. Glauben hiesse dann, als Fragment zu leben und leben zu können« (S. 172). Dem stimmt Gunda Scheider-Flume zu: »Ganzheit ist ein Prädikat, das dem lebendigen Menschen gerade nicht zukommt« (S. 36).

63 Imhof, S. 54-112.

64 Heidegger, S. 255.

65 Höhn, S. 9.

66 Schneider-Flume, S. 14.

wie eine dunkle, deprimierende Wolke über das ganze Leben zu legen, sondern im Gegenteil: Das Bedenken der eigenen Sterblichkeit soll dazu anleiten, die geschenkte Lebenszeit verantwortlich zu nutzen, sein Leben klug zu führen und es mit all seinen Möglichkeiten auszukosten, weil es begrenzt und kostbar ist. Insofern gehört die alte Lebensregel *carpe diem* (pflücke den Tag!) als positive Kehrseite zu jedem Bedenken des Todes. Nach einer jahrhundertelangen philosophischen und spirituellen Erfahrung hilft eine Perspektive vom vorweggenommenen imaginierten Tod aus, klarer zu unterscheiden, was im Leben wesentlich ist und was nicht, was sinnvoll ist und was eines tieferen Sinns entbehrt, was lebenssatt werden lässt und was den Lebenshunger nicht wirklich zu stillen vermag. Darum hat nach christlicher Überzeugung mehr vom Leben, wer seine Endlichkeit anerkennt und in ihrem Licht sein Leben zu führen versucht. Der Psychologin Verena Kast ist zuzustimmen: »Je akzeptierter wir den Tod in das eigene Lebenskonzept einbauen, desto lebendiger vermögen wir das Leben zu leben.«[67]

In der theologischen wie philosophischen Tradition des christlichen Abendlandes hat sich das Bedenken der eigenen Endlichkeit zu einer eigenen *ars moriendi* entwickelt, also zu einer Kunst des Sterbens bzw. des Sich-vertraut-Machens mit der eigenen Sterblichkeit, die derzeit international und interdisziplinär wieder vermehrt diskutiert wird.[68]

In einer christlichen Perspektive motiviert ein Leben im Zeichen der Endlichkeit zu dem, was Verena Kast ein »abschiedliches Leben« nennt.[69] Gemeint ist damit ein Leben, das sich nicht an das klammert, was jemand ist oder hat, sondern das immer wieder loslassen, Altes hinter sich lassen und zu neuen Ufern aufbrechen kann, um sich weiterzuentwickeln in einem unabschließbaren Werden bis zuletzt. Dieses ständige Werden und Sich-Verändern ist ein Prozess des Alterns. Nach Alfons Auer kann es eine freie Annahme des Alterns nur geben, wo jemand seine Endlichkeit bejaht und zu einem Einvernehmen mit der eigenen Sterblichkeit gelangt.[70]

Dieses Einvernehmen ermöglicht es, das eigene Sterben als ein Abdanken zu verstehen: als ein Loslassen des irdischen Lebens in Dankbarkeit für alles, was einem mit dieser kostbaren Gabe des Lebens zuteilgewor-

---

67 Kast, S. 161.
68 Ein neuerer Entwurf einer heutigen Ars moriendi liegt vor in: Rüegger 2006. Vgl. auch die im Franz Steiner Verlag Stuttgart von Andreas Frewer, Christoph Müller-Busch und Daniel Schäfer seit 2010 herausgegebene Buchreihe »Ars moriendi nova. Geschichte – Philosophie – Praxis«.
69 Kast 2010.
70 Auer, S. 167.

den ist, ohne zu meinen, es müsse immer weitergehen oder zur Norm für nachfolgende Generationen werden. Der Theologe Fulbert Steffensky schreibt: »Abdanken ist ein schönes altes Wort. Es heisst, sich mit Dank verabschieden; sich selber und die eigene Weise den anderen nicht als Diktat hinterlassen; nicht erwarten, dass sie uns ähnlich sind. Abdanken, – das heisst, sich nicht in Bitterkeit und Resignation abwenden, sondern mit Schmerz und in Heiterkeit zugeben, dass unsere Kinder und Kindeskinder ihre eigenen Wege gehen, so wie wir sie früher gegangen sind. Unsere Kinder sind nicht dazu da, uns selber fortzusetzen. Abdanken zu können ist ein Stück Gewaltlosigkeit, die uns Alte schöner macht und die bewirkt, dass unsere Nachkommen mit Güte und Zärtlichkeit an uns denken können.«[71] Abdanken kann im Alter, wer so gelebt hat, dass er oder sie lebenssatt geworden ist und Grund hat, für das gelebte Leben mit all seinen Höhen und Tiefen dankbar zu sein. So wird es auch leichter fallen, zur rechten Zeit ins Sterben einzuwilligen.

Durch die Entwicklung der modernen Medizin kann heute der Tod immer weiter hinausgeschoben werden. Das führt dazu, dass Krankheitsverläufe auf das Lebensende hin immer mehr in vielfältige, oft komplexe Entscheidungssituationen führen. Sog. *end-of-life decisions* gehören heute zum Normalfall des Sterbens unter den Bedingungen eines modernen Gesundheitswesens. Das bedeutet, dass heute nicht mehr einfach gestorben wird, sondern dass sterben gelassen werden muss. Sterben wird immer mehr von einem Schicksal zu einem ›Machsal‹ (O. Marquard), von einem ohnmächtigen Sich-Schicken in das Unabwendbare zu einem eigenverantwortlichen Entscheiden des Sterbenden, wann er oder sie bereit ist, das Sterben zuzulassen. Dabei geht es nicht um Phänomene assistierten Suizids, sondern vor allem um Fragen des Umgangs mit lebensverlängernden Massnahmen (sog. passive Sterbehilfe). Selbstbestimmtes Sterben wurde zum neuen Paradigma der Lebensbeendigung.[72]

Damit gilt es auch theologisch Ernst zu machen: Gott hat uns nach christlichem Verständnis die Freiheit gegeben, durch wissenschaftliche Entdeckungen medizinische Möglichkeiten der Lebensverlängerung zu entwickeln und von ihnen nach unserem eigenen Gutdünken Gebrauch zu machen. Nun sollen wir mit dieser Freiheit mündig und verantwortlich umgehen. Ob wir kürzer oder länger leben, ob wir früher ins Sterben einwilligen oder länger dagegen ankämpfen und den Tod hinausschieben, lässt Gott unsere Angelegenheit sein. Das in Freiheit zu entscheiden, mutet er uns selber zu, weil Gott ein Gott ist, der des Menschen Freiheit

71 Steffensky 2006, S. 229 f.
72 Rüegger/Kunz.

will, der in ihm ein mündiges, selbstverantwortliches Gegenüber haben will – auch im Blick auf das Altern und Sterben. Es gilt darum, die Endlichkeit menschlichen Lebens als gnädige Begrenzung anzuerkennen und zu lernen, eigenverantwortlich den Zeitpunkt zu bestimmen, an dem es sinnvoll erscheint, auf weitere Lebensverlängerung zu verzichten und abzudanken. Darin liegt nicht nur eine medizinische und ethische, sondern auch eine spirituelle Aufgabe, die sich heute einer Auseinandersetzung mit dem Alter in christlicher Perspektive stellt.

Alter zwischen nüchternem Realismus und verheißungsvoller Erwartung

Christlicher Glaube versteht Alter grundsätzlich als Gabe Gottes, die Möglichkeiten eröffnet, die es in menschlicher Freiheit wahrzunehmen gilt. Dabei geht es darum, Alter sowohl unter dem Gesichtspunkt von Ressourcen und Potential als auch unter demjenigen von Minderung und Verletzlichkeit zu würdigen. Alter, zumal das junge Alter, kann eine großartige Zeit der späten Freiheit sein, wie sie der Sozialgerontologe Leopold Rosenmayr beschrieb.[73] Es kann aber auch, zumal im hohen Alter, durchaus mühsam sein. Der katholische Theologe Karl Rahner gibt darum nüchtern-realistisch zu bedenken: »Man soll es (das Alter, H. R.) nicht glorifizieren. Mehr als es auszuhalten zu versuchen ist nicht nötig. Wenn man es sein lässt, wie es ist, hat man im Alter getan, was da zu tun ist.«[74] Das mag in manchen Situationen zutreffend sein. In manch anderen Situationen dürfte es jedoch eine zu bescheidene Erwartung darstellen und das gering achten, was als Entwicklungspotential dem Alter eigen ist. Gerade eine christliche Sicht des Alters wird sich darum bemühen, das zu entdecken, was dem Leben als guter Gabe Gottes auch im fortgeschrittenen Alter an Verheissungsvollem innewohnt.

Im einen wie im anderen Fall kann »im Alter die Tragweite dessen, was uns als Geschöpfe auszeichnet, in zunehmender Dichte erfahrbar werden: das Angewiesensein auf ein transzendentes Gegenüber, das unser Dasein begründet; das uns jenseits unserer Leistungsfähigkeit Würde verleiht; das uns mit unserer Schuld leben lässt und das uns seine Gemeinschaft über dem Tod hinaus zusagt.«[75] Darin liegt letztlich das Entscheidende einer christlichen Perspektive auf das Alter.

73 Rosenmayr.
74 Rahner 1979, S. 73.
75 Mulia, S. 122.

Literatur

Altwegg Leni, Ich habe gelebt, und es war gut, in: M. Stocker/K. Seifert (Hg.), Alles hat seine Zeit. Lesebuch zur Hochaltrigkeit, Zürich 2015 (2. Aufl.), S. 87-93.

Auer Alfons, Geglücktes Altern. Eine theologisch-ethische Ermutigung, Freiburg 1995.

Brantschen Niklaus/Gyger Pia, Es geht um die Liebe. Aus dem Leben eines zölibatären Paares. München 2013.

Coors Michael, Zeit und Endlichkeit des alternden Menschen, in: Aufgang. Jahrbuch für Denken, Dichten, Musik, Bd. 11: Alt sein – jung werden, hg. v. J.S. de Murillo/R. Haas/Ch. Rinser, Stuttgart 2014, S. 254-268.

de Chardin Teilhard, Der göttliche Bereich. Ein Entwurf des inneren Lebens, Olten 1962.

Edzard Dietz Otto, Geschichte Mesopotamiens. Von den Sumerern bis zu Alexander dem Grossen, München 2004.

Ernst Stephanie, Segen – Aufgabe – Einsicht. Aspekte und Bilder des Alterns in den Texten des Alten Israel (Arbeiten zu Text und Sprache im Alten Testament, Bd. 93), St. Ottilien 2011.

Failing Wolf-Eckart, Art. »Alter III. Praktisch-theologisch«, in: Religion in Geschichte und Gegenwart. Handwörterbuch für Theologie und Religionswissenschaft. Tübingen 1998 (4. Aufl.), Sp. 364-366.

Feeser-Lichterfeld Ulrich, Lebenszyklus und Lebensverlängerung. Das sich wandelnde Altern und die Herausforderung der Theologie, in: K. Gabriel/W. Jäger/G. M. Hoff (Hg.), Alter und Altern als Herausforderung (Grenzfragen, Bd. 35), Freiburg 2011, S. 265-289.

Gordon Harris J, Biblical Perspectives on Aging. God and the Elderly, New York 2008 (2. Aufl.).

Gross Peter, Wir werden älter. Vielen Dank. Aber wozu? Vier Annäherungen, Freiburg 2013.

Heidegger Martin, Sein und Zeit, Tübingen 2001 (18. Aufl.).

Höhn Hans-Joachim, Thanatodizee? Über ein philosophisches Verhältnis zum Verhältnis von Leben und Tod, in: Ders. (Hg.), Welt ohne Tod? – Hoffnung oder Schreckensvision? (Preisschriften des Forschungsinstituts für Philosophie Hannover, Bd. 2), Göttingen 2004, S. 9-18.

Höpflinger François, Das vierte Lebensalter – gesellschaftliche und individuelle Dimensionen, in: T. Meireis (Hg.), Alter in Würde. Das Konzept der Würde im vierten Lebensalter, Zürich 2013, S. 39-55.

Imhof Arthur E., Die Lebenszeit. Vom aufgeschobenen Tod und von der Kunst des Lebens, München 1988.

Jüngel Eberhard, Der alte Mensch – als Kriterium der Lebensqualität. Bemerkungen zur Menschenwürde der leistungsunfähigen Person, in: Ders., Entsprechungen: Gott – Wahrheit – Mensch (Theologische Erörterungen, Bd. 2), Tübingen 2002 (3. Aufl.), S. 318-321.

Kern Udo, Der Mensch bleibt Mensch. Anthropologische Grundlagen des alten Menschen, in: M. Kumlehn/Th. Klie (Hg.), Aging – Anti-Aging – Pro-Aging. Altersdiskurse in theologischer Deutung, Stuttgart 2009, S. 56-102.

Karle Isolde, Sinnlosigkeit aushalten! Ein Plädoyer gegen die Spiritualisierung von Krankheit, Wege zum Menschen 61 (2009) S. 19-34.

Kast Verena, Abschiedlich existieren – sich einlassen und loslassen, in: E. Frick/R.T. Vogel (Hg.), Den Abschied vom Leben verstehen. Psychoanalyse und Palliative Care. Stuttgart 2010, S. 104-116.

Kast Verena, Altern – immer für eine Überraschung gut. Ostfildern 2017 (3. Aufl.).

Kirchenamt der EKD, Im Alter neu werden können. Evangelische Perspektiven für Individuum, Gesellschaft und Kirche. Eine Orientierungshilfe des Rates der Evangelischen Kirche in Deutschland (EKD), Gütersloh 2009.

Klie Thomas/Kumlehn Martina/Kunz Ralph (Hg.), Praktische Theologie des Alterns (Praktische Theologie im Wissenschaftsdiskurs, Bd. 4), Berlin 2009.

Klopfenstein Martin A., Die Stellung des alten Menschen in der Sicht des Alten Testaments, in: Ders., Leben aus dem Wort. Beiträge zum Alten Testament, Bern 1996, S. 261-273.

Körtner Ulrich H.J., Leib und Leben. Bioethische Erkundungen zur Leiblichkeit des Menschen (Arbeiten zur Pastoraltheologie, Liturgik und Hymnologie, Bd. 61), Göttingen 2010.

Kramer Werner, Was sind die spirituellen Ziele im Alter aus Sicht des Christentums, und wie können sie erreicht werden? In: P. Bäurle et al. (Hg.), Spiritualität und Kreativität in der Psychotherapie mit älteren Menschen, Bern 2005, S. 126-135.

Kubik Andreas, Konstrukte gelingenden Alter(n)s: Einleitung, in: M. Kumlehn/A. Kubik (Hg.), Konstrukte gelingenden Alter(n)s, Stuttgart 2012, S. 9-21.

Kumlehn Martina/Klie Thomas (Hg.), Aging – Anti-Aging – Pro Aging. Altersdiskurse in theologischer Deutung, Stuttgart 2009.

Kumlehn Martina/Kubik Andreas (Hg.), Konstrukte gelingenden Alterns, Stuttgart 2012

Kunz Ralph (Hg.), Religiöse Begleitung im Alter. Religion als Thema der Gerontologie, Zürich 2007.

Laslett Peter, Das dritte Alter: historische Soziologie des Alterns. Weinheim 1995.

Luther Henning, Identität und Fragment. Praktisch-theologische Überlegungen zur Unabschließbarkeit von Bildungsprozessen, in: Ders., Religion und Alltag. Bausteine zu einer Praktischen Theologie des Subjekts, Stuttgart 1992, S. 160-182.

Maio Giovanni, Vom Sinn des Alters. Reflexionen zum Alter jenseits des Fitnessimperativs, in: Ders. (Hg.), Altwerden ohne alt zu sein? Ethische Grenzen der Anti-Aging-Medizin, Freiburg 2011, S. 11-19.

Marti Kurt, Heilige Vergänglichkeit. Spätsätze, Stuttgart 2011 (2. Aufl.).

Mathwig Frank, Worum sorgt sich Spiritual Care? Bemerkungen und Anfragen aus theologisch-ethischer Sicht, in: I. Noth/C. Kohli Reichenbach (Hg.), Palliative und Spiritual Care. Aktuelle Perspektiven in Medizin und Theologie, Zürich 2014, S. 23-41.

Montada Leo, Machen Gebrechlichkeit und chronische Krankheit produktives Altern unmöglich?. In: M. Baltes/L. Montada (Hg.), Produktives Leben im Alter (ADIA-Schriftenreihe, Bd. 3), Frankfurt a.M. 1996, S. 382-392.

Mulia Christian, Altern als Werden zu sich selbst. Philosophische und theologische Anthropologie im Angesicht des Alters, in: M. Kumlehn/Th. Klie (Hg.),

Aging – Anti-Aging – Pro-Aging. Altersdiskurse in theologischer Deutung, Stuttgart 2009, S. 103-127.

Müller Anselm Winfried, Lebensverlängerung durch die Medizin? Ein Beitrag zur Ethik des Alters, in: E. Herrmann-Otto (Hg.), Die Kultur des Alterns von der Antike bis zur Gegenwart, St. Ingbert 2004, S. 161-180.

Oorschot Jürgen van, Das Alter als Spiegel des Lebens – Altern im Horizont der Bibel, in: M. Friedenthal-Haase et al. (Hg.), Alt werden – alt sein. Lebensperspektiven aus verschiedenen Wissenschaften (Studien zur Pädagogik, Andragogik und Gerontagogik, Bd. 50), Frankfurt a. M. 2001, S. 65-78.

Rahner Karl, Vom Alter, in: K. Lehmann/A. Raffelt (Hg.), Rechenschaft des Glaubens. Karl Rahner-Lesebuch, Zürich/Freiburg 1979, S. 72 f.

Rahner Karl, Zum theologischen und anthropologischen Grundverständnis des Alters, in: Ders., Wissenschaft und christlicher Glaube (Schriften zur Theologie, Bd. XV), Zürich 1983, S. 315-325.

Reinmuth Eckart, Die kulturelle Konstruktion des Alters. Neutestamentliche Perspektiven, in: M. Kumlehn/Th. Klie (Hg.), Aging – Anti-Aging – Pro Aging. Altersdiskurse in theologischer Deutung, Stuttgart 2009, S. 144-156.

Rentsch Thomas, Alt werden, alt sein – Philosophische Ethik der späten Lebenszeit, in: Ders./H.-P. Zimmermann/A. Kruse (Hg.), Altern in unserer Zeit. Späte Lebensphasen zwischen Vitalität und Endlichkeit, Frankfurt a. M. 2013, S. 163-187.

Rentsch Thomas, Kultur humanen Alterns. Ethische Perspektiven, in: H.-P. Zimmermann/A. Kruse/Th. Rentsch (Hg.), Kulturen des Alterns. Plädoyer für ein gutes Leben bis ins hohe Alter, Frankfurt a. M. 2016, S. 257-267.

Riedel Ingrid, Die Kunst der Abhängigkeit, in: P. Buchheim/M. Cierpka/T. Seifert (Hg.), Psychotherapie im Wandel: Abhängigkeit (Lindauer Texte). Berlin 1991, S. 197-211.

Rieger Hans-Martin, Altern anerkennen und gestalten. Ein Beitrag zu einer gerontologischen Ethik (Forum Theologische Literaturzeitung, Bd. 22), Leipzig 2008.

Rieger Hans-Martin, Zwischen Alterslob und Altersklage. Typen christlicher Altersdiskurse in der Alterskultur der Gegenwart?. In: K. Baier/F. Winter (Hg.), Altern in den Religionen (Schriftenreihe der Österreichischen Gesellschaft für Religionswissenschaft, Bd. 6), Wien 2013, S. 133-144.

Rohr Richard, Reifes Leben. Eine spirituelle Reise, Freiburg 2013 (2. Aufl.).

Rosenmayr Leopold, Die späte Freiheit. Das Alter – ein Stück bewusst gelebten Lebens, Berlin 1983.

Rüegger Heinz, Sterben in Würde? Nachdenken über ein differenziertes Würdeverständnis, Zürich 2004 (2. Aufl.).

Rüegger Heinz, Das eigene Sterben. Auf der Suche nach einer neuen Lebenskunst, Göttingen 2006.

Rüegger Heinz, Vom Sinn im hohen Alter. Eine theologische und ethische Auseinandersetzung, Zürich 2016.

Rüegger Heinz, Von der anspruchsvollen Kunst der Abhängigkeit, in: Jahrbuch Diakonie Schweiz 4 (2020/2021), S. 233-242. DOI: https://doi.org/10.22018/JDS.2021.16.

Rüegger Heinz, Ars senescendi: Gelingendes Altern als Lebenskunst, Wege zum Menschen 73 (2021), S. 256-264.

Rüegger Heinz/Kunz Roland, Über selbstbestimmtes Sterben. Zwischen Freiheit, Verantwortung und Überforderung, Zürich 2020.

Schmid Wilhelm, Mit sich selbst befreundet sein. Von der Lebenskunst im Umgang mit sich selbst, Frankfurt a. M. 2004.

Schneider-Flume Gunda, Alter – Schicksal oder Gnade? Theologische Überlegungen zum demographischen Wandel und zum Alter(n), Göttingen 2008 (2. Aufl.).

Sechster Bericht zur Lage der älteren Generation in der Bundesrepublik Deutschland: Altersbilder in der Gesellschaft. Berlin 2010.

Staubli Thomas/Schroer Silvia, Menschenbilder der Bibel, Ostfildern 2014.

Steffensky Fulbert, Schwarzbrot-Spiritualität, Stuttgart 2006.

Steffensky Fulbert, Mut zur Endlichkeit. Sterben in einer Gesellschaft der Sieger, Stuttgart 2007.

Thomas Christine/Thomas Günter, Autonomie und Endlichkeit im Alterungsprozess. Gerontologische und systematisch-theologische Beobachtungen, in: M. Kumlehn/Th. Klie (Hg.), Aging – Anti-Aging – Pro Aging. Altersdiskurse in theologischer Deutung, Stuttgart 2009, S. 128-143.

Werren Melanie, »Ehe die Tage des Übels kommen …« Kohelet 11,7-12,8 vor dem Hintergrund von alttestamentlichen Altersvorstellungen (Masterarbeit an der Theologischen Fakultät der Universität Bern), 2012.

Wolff Hans Walter, Anthropologie des Alten Testaments (Kaiser Taschenbücher, Nr. 91), München 1990 (5. Aufl.).

Zimmermann Harm-Peer, Irrelevanz und Relevanz von Alter in großen Religionen, in: Alternde Gesellschaft. Soziale Herausforderungen des längeren Lebens (Jahrbuch Sozialer Protestantismus, Bd. 6), Gütersloh 2013, S. 74-111.

Michel Bollag

Der alte Mensch im Spiegel
des jüdischen Menschenbildes

*»Vor einem grauen Haupte stehe auf und ehre den Alten
und fürchte Dich vor deinem Gott. Ich bin der Ewige.«*

Dieser Satz findet sich im dritten Buch Moses, Kapitel 19, Vers 32, und
kann als Überschrift für die Pflichten gelten, die nach jüdischer Auffassung jeder Mensch, jedes Mitglied der Gesellschaft gegenüber alten
Menschen hat. Dem an der Theorie und Praxis jüdischer Bibelinterpre-
tation geschulten Ohr und Auge fällt in diesem lapidar formulierten Vers
zunächst die Verdoppelung des Gebotes auf, alte Menschen zu ehren.
In zwei Satzteilen wird vermeintlich dasselbe Gebot mit verschiedenen
Wörtern formuliert. Man fragt sich zunächst: Stehen Menschen grauen
Hauptes und der Alte letztendlich nicht für ein und denselben Lebensabschnitt? Und: Ist das Aufstehen nicht ein Ausdruck der Ehrerbietung?
Natürlich darf man den biblischen Vers auch als eine Redeform lesen,
die die Bedeutung dieses Gebotes eindringlich bewusst machen will. Im
rabbinischen Schrifttum hat man als weitere Interpretationsmöglichkeit
auch versucht, die Ausdrücke *seiwa* – graues Haupt und *Sikna* – Alter bestimmten Lebensaltern zuzuordnen. So wurden *Sikna* – Alter auf sechzig
Jahre und *seiwa* auf siebzig Jahre bezogen.

Ein genaues, langsames Lesen macht in diesem Vers zwei Aspekte des
Alters sichtbar. In der Rede vom grauen Haupt wird ein äußeres Merkmal benannt, mit dem wir den biologischen Aspekt des Alterungsprozesses, die körperlichen Veränderungen, sowie die damit verbundenen
Schwächen und gesundheitlichen Gebrechen assoziieren, während mit
dem Wort *saken* alt, Alter, in der Bibel die Weisheit angedeutet ist, die
den älteren Menschen auf Grund seiner Lebenserfahrung charakterisiert.
In der biblischen Gesellschaft, wie in anderen traditionellen Gesellschaften auch, sind die Ältesten, die Weisen, häufig auch diejenigen, die Füh-
rungsfunktionen innehaben. *Saken* weist im Gegensatz zu *seiwa* auf die
geistige, starke Seite des Alters hin, während Letzteres auf die Schwäche,
den zeitlich zwar, wie besonders in modernen Gesellschaften der Fall,
aufschiebbaren, aber dennoch unaufhaltsamen körperlichen Verfall hin-
weist. In unserer Gesellschaft wollen wir alle *Saken* sein, alt und weise,
die Begrenzungen der *Seiwa* zu akzeptieren, sind wir weniger bereit.

Ehre und Respekt gelten als die den aktiv lebenden, »fitten« Menschen gebührende Haltung, auch gegenüber dem von seiner Schwäche gezeichneten alten Menschen, und auch dem Weisen, geistig noch aktiven.

Das Heiligungsgesetz

In der Tora steht der eingangs zitierte Bibelvers im selben Kapitel, das die Nächstenliebe und die Fremdenliebe gebietet. Der Respekt im Umgang mit den Alten ist also ein Bestandteil des Liebesgebotes, welches in den weiteren Kontext des Heiligungsgesetzes gestellt ist, das dem jüdischen Volk gebietet, heilig zu werden, weil Gott heilig ist. Dieses Heiligungsgesetz steht im Mittelpunkt der religiösen Kultur des Judentums.

Dass eine signifikante Zahl ethischer Verpflichtungen, wie der Respekt vor dem alten Menschen, in jenem Teil der Tora vorkommt, in dem von Heiligkeit die Rede ist, wo man also eher ausschließlich rituelle Gebote erwartet hätte, muss aufhorchen lassen. Wir können hier nicht näher auf diese Tatsache eingehen. In unserem Kontext soll es genügen, einfach festzustellen, dass die Ehre, die alten Menschen, und darunter prominent den eigenen Eltern, gebührt, im selben Atemzug wie die so scheinbar genuin religiösen Gebote der Einhaltung des Schabbats vorkommt. Die Aussage dieses Befundes ist in den Augen der rabbinischen Tradition klar: Das religiöse Gewicht von rituellen Geboten und ethischen Geboten ist äquivalent.

Mit einer Fülle von Einzelbestimmungen, die im Talmud debattiert werden und in den Grundlagewerken der Halacha, des jüdischen Religionsgesetzes, eine kodifizierte Form gefunden haben, hat die jüdische Tradition den Bibelvers mit konkreten Inhalten besetzt.

Eine der Einzelbestimmungen, die sich durch meine Sozialisation im Rahmen einer traditionell-jüdischen Familie am tiefsten eingeprägt hat, ist die, in einem öffentlichen Verkehrsmittel vor einem älteren Menschen aufzustehen, um diesem meinen Sitzplatz anzubieten. Nun weiß ich, dass diese Vorschrift schon längst zum Erbe allgemein menschlicher Ethik (und des Anstandes) gehört und dass die Grundhaltung des Christentums und des Islams zu alten Menschen sich in nichts von der jüdischen unterscheidet. Dennoch erwähne ich diese an sich banale biographische Anekdote, weil mich immer die Tatsache erstaunt hat und sie bis heute ein seltsames Unbehagen in mir auslöst, dass diese für mich selbstverständliche Handlung überhaupt nicht mehr selbstverständlich zu sein scheint. Vielen kommt überhaupt nicht in den Sinn, vor älteren Menschen aufzustehen, und sie sehen auch nichts Verwerfliches darin, es nicht zu tun.

Vielleicht noch symptomatischer ist, dass oftmals die ältere Generation sich an die Wertungen der Jüngeren gewöhnt hat. Altsein und Älterwerden empfinden alternde Menschen häufig selbst als mühsam. Zur Last fallen will niemand, das ist die schlimmste aller Vorstellungen. Die Dimension der Abhängigkeit und die Schwäche, der Verlust von körperlichen und geistigen Funktionen, die im biblischen Ausdruck der *Seiwa* angedeutet sind, verdrängt der Zeitgenosse am liebsten.

Das Phänomen des Alterssuizides steht am Ende einer Kette von Überzeugungen, die Menschen bewusst und unbewusst ein Leben lang gelernt haben, Wertvorstellungen, gemäß denen einzig die Leistung des Ichs gilt und denen man, wenn die Kräfte nachlassen oder gar eine unheilbare Krankheit eintritt, nicht mehr entsprechen kann.

Eine bemerkenswerte Feststellung macht man, wenn man sich mit dem Thema Alter aus der Sicht der jüdischen Religion befasst. In der Tora gehören die Alten nicht zu jenem Personenkreis, der seiner Armut wegen besonders zu schützen ist, wie beispielsweise der Fremde, die Waise und die Witwe, die in der antiken Gesellschaft davon bedroht waren, völlig aus dem gemeinschaftlichen Rahmen herauszufallen und auf sich allein gestellt zu bleiben, wenn die Gesellschaft ihnen nicht half. Der alte Mensch ist im Gegensatz dazu aus wirtschaftlicher Sicht zunächst integrierter Bestandteil der Gesellschaft. Ihm gegenüber gilt das Gebot des Respekts, und dieses Gebot ist sowohl ethischer als auch religiöser Natur, insofern religiös, als es in der Tora, die die Lehre Gottes ist, geschrieben, ja unauslöschlich eingemeißelt ist. In einer mehr philosophischen, aber auch vor dem Gebrauch des so oft missbrauchten Wortes »Gott« zurückschreckenden Sprache meine ich mit religiös etwas, das unverfügbar und unantastbar ist, dessen Bedeutung sich nicht im Verstehen, Erfassen und Begreifen erschöpft. Mit Göttlich meine ich vor-gegeben, immer schon vor mir existierend. Der ältere Mensch ist par excellence immer der Mensch, der vor mir da ist und über den ich nicht verfügen kann. Gerade im Antlitz eines Alten, eines greisen Menschen, wird mir das vor mir Dasein des Anderen als unverfügbarer Anderer eindringlich bewusst. Er ist es auch, der mir meine eigene Gebrechlichkeit und Endlichkeit, das Bedingtsein und den Geschenkcharakter meines Lebens bewusst macht.

Die Grundlagen dieser Ehrerbietung, die dem alten Menschen zu zollen ist, sind in einem Menschenbild zu finden, dessen Konturen in den alten, aber durch die ununterbrochene Lektüre des jüdischen Volkes sich stets erneuernden Texten der Bibel, des Talmuds und denen der jüdischen Liturgie zu suchen sind.

Ausgehend von einem Gebet, das sowohl in der täglichen Morgenliturgie als auch in derjenigen, mit der wir den heiligsten Tag im jüdischen Jahr, das Jom-Kippur-Fest, abschließen, Einzug gefunden hat, möchte ich versuchen, die Konturen dieses Menschenbildes nachzuzeichnen.

»Was sind wir, was ist unser Leben, was unsere Gnade, was unsere Gerechtigkeit, was unser Heil, was unsere Kraft, was unsere Stärke, was sollen wir vor dir sprechen, Ewiger, unser Gott und Gott unserer Väter, fürwahr alle Helden sind wie nichts vor dir, berühmte Männer als ob sie nicht gewesen, die Weisen wie ohne Erkenntnis, die Einsichtigen wie ohne Vernunft, denn die Fülle ihrer Werke ist eitel und die Tage ihres Lebens nichtig vor dir und der Vorzug des Menschen vor dem Tiere ist nichts, denn alles ist eitel. Du hast den Menschen von Anbeginn unterschieden und ihn auserwählt, vor dir zu stehen.«

Dieser Gebetstext liest sich als eine Meditation zu folgenden zwei Versen im achten Psalm:

»Was ist der Mensch, dass Du seiner gedenkst, der Menschensohn, dass Du dich seiner annimmst? Und lässt ihn um ein geringes Gott nachstehen, und mit Ehre und Glanz krönest Du ihn.«

Diese beiden Verse erscheinen uns zunächst als zwei sich widersprechende Aussagen. Vorerst wird ein Mensch gezeichnet, der im Angesicht der unermesslichen Größe des von Gott erschaffenen Universums und im Bewusstsein der eigenen Endlichkeit als unbedeutendes, schwaches Wesen erscheint, dessen Errungenschaften nichtig sind. Im nächsten Satz jedoch, fast im selben Atemzug, zeigt uns der Psalmist einen Menschen, der in einer erstaunlichen Nähe zu Gott steht, die den nur oberflächlichen Bibelkenner zunächst überraschen mag. Doch gerade in diesem Menschenbild, das die *Nichtigkeit und die Größe des Menschen* im selben Text anspricht, ist das jüdische Menschenbild enthalten, in dem auch die jüdische Haltung gegenüber dem Alter, dem Älterwerden und den alten Menschen gegründet ist.

Was ist der Mensch, dass Du seiner gedenkst? Aus diesen Worten kann die unmittelbare Erfahrung, die Lebenserfahrung eines im biologischen Sinne alten und zugleich weise gewordenen Menschen gehört werden, dem im Abnehmen der körperlichen Kräfte und im Wissen um den sich unaufhaltsam nähernden eigenen Tod die Nichtigkeit von Stärke, Macht und Ehre, die ein Produkt seiner Ich-Leistungen sind, bewusst geworden ist. Der so vor Gott sprechende Mensch ist sowohl im biologischen Sinn ein Greis als auch alt im geistig-spirituellen Sinn, hat beide Elemente des Alters integriert.

Im zweiten Kapitel der Genesis, im sogenannten zweiten Schöpfungsbericht, vernehmen wir dieselbe Aussage auf einer grundsätzlicheren, theologischen Ebene, in der göttlichen Feststellung, dass der Mensch aus Staub aus dem Erdboden gebildet wurde. Darauf bezieht sich wiederum die Tora, wenn Gott im dritten Kapitel sagt:

»Im Schweiße deines Angesichtes sollst du Brot essen, bis du zu dem Erdboden zurückkehrst, denn von ihm bist du genommen. Denn Staub bist du und zu Staub kehrst du zurück.«

Umso älter der Mensch wird, umso mehr seine Kräfte abnehmen und er sich seiner Endlichkeit bewusst wird, desto empfänglicher kann er für die tiefe Weisheit der Worte des zitierten Gebetes und des ihm zugrunde liegenden Psalmes werden. Desto eher treten sie aus dem Bereich rein intellektueller Spekulationen und gewinnen an existentieller Bedeutung, sprechen ihn unmittelbar auf der emotionalen Ebene an. In der Tat: Welche der Errungenschaften, die sich der Mensch erarbeitet hat, und welche Güter bleiben dem Menschen, wenn er im Alter auf sein irdisches Leben zurückblickt? Wenn er früher oder später wahrnimmt, dass seine physischen und geistigen Kräfte abnehmen? Wenn er feststellt, dass er nicht mehr gebraucht wird, oder wenn er an Krankheiten leidet, die ihn seine Endlichkeit auf eindringliche Weise spüren lassen?

Was ist das Leben dann noch wert, was hat es für einen Sinn, fragt er sich, wenn ihm bewusst wird, dass er alles, was er hatte und wodurch er sich definierte, was seine Identität bestimmte, loslassen muss: Beruf und Ansehen, die für ihn eine wesentliche Quelle des Selbstwertgefühls sind, Selbstständigkeit und Autonomie. Allmählich zunehmende Einsamkeit, ja vielleicht gar Vereinsamung nagen an unserer Lebensfreude, besonders dann, wenn Freunde und Weggenossen diese Welt bereits verlassen haben.

Gewiss, solche Fragen zu stellen gilt in unserer einseitig auf Wachstum programmierten Gesellschaft noch weitgehend als disfunktional. Norm ist der wirtschaftlich produktive, daher gesunde und flexible, autonome Begründer und Verwalter seiner Ich-AG. Der moderne Mensch leidet unter dem, was der deutsche Psychiater und Psychoanalytiker Horst Eberhard Richter einst den Gotteskomplex genannt hatte, dem Gefühl einer göttlichen Allmacht, mit dem er seine eigene Ohnmacht mit nicht geringem Erfolg zu verdrängen versucht.

Doch die anthropologische Relevanz von Religionen und ihre Rückkehr in die öffentliche Debatte in Krisenzeiten hat entscheidend damit zu tun, dass sie je auf ihrem Weg versuchen, die Endlichkeit menschlicher Existenz, diese elementare Gegebenheit der Condition humaine zu deuten, ihr Sinn zu geben und dem Menschen eine Lebensweise, einen Weg aufzuzeigen, auf welchem er diese Endlichkeit überwinden kann, indem sie auf eine Dimension hinweisen, die diese Endlichkeit transzendiert. In der religiösen Symbolsprache nennt man diese Dimension Ewigkeit, das Judentum nennt sie »die kommende Welt«, präziser übersetzt: »die Welt, die kommt«. Die jüdische Lebensweise, der »jewish way of life«, ist als eine Anleitung zu verstehen, sich die Einsicht, die der sechste Vers in Psalm 8 und das eingangs zitierte Gebet ausdrückt, von klein auf anzueignen.

»Der Mensch trage von seiner Jugend auf das Joch«, sagt ein häufig zitiertes talmudisches Diktum. Von Jugend, ja von Kindheit an, so lehrt das Diktum, soll der Mensch lernen, sich zu dezentrieren, sich also nicht als Mittelpunkt des Universums zu sehen und sich in einer Beziehung zu einem Anderen, Höheren zu verstehen, der vor ihm da war und der erst sein Leben ermöglicht. Diese Haltung kann auch als Gottesfurcht bezeichnet werden, eine Haltung, die mehr als eine Einsicht in die Unermesslichkeit Gottes, denn als Angst zu verstehen ist und die im Buch der Proverbien als Anfang der Weisheit bezeichnet wird.

Von Kindheit an wird der in der Tradition heranwachsende Mensch angeleitet, sich in dieser Lebenshaltung einzuüben. Er lernt bei den alltäglichsten Handlungen, aber auch beim Anblick besonderer Naturereignisse oder vor dem Erfüllen bestimmter Gebote, Segenssprüche zu rezitieren, die ihm bewusst machen, dass er abhängig ist, dass alles, was er hat, nicht selbstverständlich, sondern ihm gegeben worden ist. Noch an seinem Bettlager, bevor er aufsteht, spricht der praktizierende Jude die Worte: »Ich danke Dir, lebendiger und beständiger König, dass du mir meine Seele mit großem Erbarmen zurückgegeben hast. Groß ist Deine Treue.«

Die Tatsache, dass alle seine körperlichen, seelischen und geistigen Funktionen nach dem Schlaf wieder regeneriert da sind, dass seine Seele durch den Schlaf wieder geläutert, wie neu geboren ist, das Tageslicht, das er zu erblicken vermag, all dies soll ihm Anlass sein, die hundertfach am Tag wiederholte Segensformel zu sprechen: »Gesegnet bist Du Ewiger unser Gott, König der Welt.«

Das alltägliche Wunder

Obwohl die Natur unberechenbar bleibt, lebt der Mensch heute in einer Welt, deren Gesetze er weitgehend kennt, beherrscht und kontrolliert. Die jüdische Religion will gemäß ihren großen Philosophen, wie zum

Beispiel Maimonides, keineswegs diese rationale, berechenbare Welt negieren, ganz im Gegenteil. Gerade die Berechenbarkeit der Welt, die Tatsache, dass der Mensch Naturgesetze vorfindet, die sich nicht verändern, gehört zu dem, was der religiöse Mensch als Zeichen der göttlichen Güte, der Verlässlichkeit seines Schöpfungswerkes deutet. Die religiöse Einstellung, die ein Jude sich zu eigen machen soll, ist eine Art und Weise, das, was natürlich ist, was wir als normal und selbstverständlich hinnehmen, als Wunder und Geschenk zu verstehen und zu fühlen.

Der Mensch, der gelernt hat, ja ein Leben lang lernt, sich mit dem Psalmisten zu fragen: »Was ist der Mensch, dass Du seiner gedenkst ...«, der das Leben als Geschenk und Wunder erlebt, der sich als aus Erde erschaffen und zu ihr zurückkehrend erkannt hat, darf gleichzeitig seine Gottähnlichkeit erwähnen, darf auch die Größe des Menschen bewusst aussprechen: »... und lässest ihn um ein geringes Gott nachstehen«.

Dieser Psalmvers knüpft an jenen Majestätstitel an, der ganz am Anfang der Bibel im ersten Schöpfungsbericht steht: »Und Gott schuf den Menschen in seinem Bild (*bezalmo*), im Bilde Gottes (*Bezelem Elohim*) schuf er ihn, männlich und weiblich schuf er sie.« Diese Gottesnähe, in welche die Tora den Menschen stellt, ist eine originelle, überraschend kühne religiöse Vision, so kühn, dass sie in den Augen mancher als blasphemisch erscheinen mag, wenn man den Wortlaut dieses Verses wirklich ernst nimmt.

Ebenbildlichkeit

Die Gottesähnlichkeit des Menschen im Kontext des ersten Kapitels der Genesis gelesen, besteht zunächst darin, dass er dazu berufen ist, gleich seinem Schöpfer zu erschaffen, die Materie, die er vorfindet, zu gestalten. Durch diese schöpferische Funktion, so sagt der Psalmist, steht er nur um ein Geringes Gott nach. Gemäß jüdischer Auffassung ist der Mensch Partner Gottes im Schöpfungswerk.

Nach dem jüdischen Rabbiner und Philosophen J. D. Soloweizcik äußert sich diese Gottesebenbildlichkeit in der Fähigkeit des Menschen, sich im Laufe des zivilisatorischen Prozesses den geschaffenen Raum zunehmend zu erobern und zu gestalten. Die wissenschaftlichen und technologischen Errungenschaften des modernen Menschen sind der konkrete Ausdruck der schöpferischen Gestaltungskraft des Menschen, der mittels der Naturwissenschaften in das Wie, d. h. in das Funktionieren der Welt eindringt. Diese Fähigkeit des Menschen ist es auch, die ihm sichtbar Würde verleiht, wie es der zweite Teil des Psalmverses formuliert: »Mit Ehre und Glanz krönst Du ihn.«

Doch nicht im Schaffen, im Beherrschen der Welt allein, also in der Fähigkeit, dank seines wissenschaftlichen Könnens deren Ressourcen technologisch zu nützen, entspricht der Mensch dem göttlichen Ebenbild. Dieses bringt der Mensch erst dann vollkommen zum Ausdruck, wenn er auch das tut, was Gott am siebten Schöpfungstag getan hat: Wenn er gleich ihm aufhört und ruht, das heißt sich zurückzieht, auf den Eingriff in das materielle und soziale Gefüge der Wirklichkeit verzichtet. Die Welt ist erst dann vollendet, wenn der Mensch Gott nachahmt und ruht, wenn er fähig ist, wie Gott nicht mehr in die Welt einzugreifen, sich zurückzuziehen und seine Kreativität auf diejenigen Dimensionen des Lebens anzuwenden, die Erich Fromm als die essentiellen bezeichnete, die Dimensionen des Seins im Gegensatz zu denjenigen des Habens. Doch die Rede vom Ebenbild Gottes muss noch weiter vertieft werden, wenn man deren Tragweite für das jüdische Menschenbild verstehen will.

Auffallend ist, dass der hebräische Ausdruck *Zelem*, Bild, Ebenbild, Abbild, welches in diesem Vers auf den Menschen bezogen ist, in anderen biblischen und noch vermehrt in rabbinischen Kontexten mit dem Götzenkult in Zusammenhang gebracht wird. So beispielsweise wenn die Tora von Bildern aus Gusswerken spricht, welche vernichtet werden sollen.

Auf den ersten Blick scheint es merkwürdig und paradox zu sein, dass die Bibel und die Gelehrten einerseits den Bildkult in einer radikalen Schärfe bekämpfen und andererseits den Menschen als Ebenbild Gottes bezeichnen. Anders gesagt, dass derjenige Begriff, der für religiöse Auffassungen und kultische Handlungen steht, die schroff abgelehnt werden, im feierlichen Schöpfungsmythos, mit dem die Bibel beginnt, zur Beschreibung der Beziehung zwischen den Menschen und Gott dient. Doch was auf den ersten Blick paradox erscheinen mag, erweist sich in Wirklichkeit als ein im Kontext der Antike nachvollziehbarer Gedankengang.

Gemäß dem antiken Weltbild – und diesem Weltbild konnten sich die biblischen Autoren genauso wenig wie die Talmudgelehrten entziehen – ist das Abbild einer Gottheit, das gegossene oder das geschnitzte Bild also, niemals die Gottheit selbst. Den Polytheismus und den Bildkult so naiv darzustellen, das ist eine sträfliche Geringschätzung des Verständnisvermögens früherer Generationen. Die Beziehung des Menschen zu diesem Bild war jedoch derart, dass die Gottheit als im Abbild anwesend wahrgenommen und gedacht wurde. Das Abbild ist eine Repräsentanz der Gottheit und partizipiert sozusagen an deren Wesen. Gott ist im Abbild anwesend.

Die Autoren der Bibel und die Rabbinen gehen von diesem Weltbild aus, da sie Teil desselben Kulturraumes sind wie die antiken Völker des fruchtbaren Halbmondes. Aber sie stellen dieses Weltbild gleichsam auf den Kopf. Sie verbieten den Bilderkult, weil es der Mensch selbst ist, der in ihren Augen Gottes Ebenbild ist. Mit der Erschaffung des Menschen hat sich Gott ein *Zelem*, ein Abbild, gemacht, in welchem seine Eigenschaften potentiell anwesend sind. Die göttlichen Eigenschaften oder seine Potenzen oder Wirkkräfte, um es mit Begriffen aus dem kabbalistischen Denken zu formulieren, die mit seinem unerkennbaren Wesen nicht gleich, aber von diesem nicht zu trennen sind, sind im Menschen selbst präsent. Anders, in der Sprache der Theologie formuliert: Gott ist im Menschen immanent, und zwar keineswegs – und dies ist für das Verständnis der jüdischen Religion ein zentraler Gedanke – nur im rein geistigen Sinn, sondern in einem doppelten leib-seelischen Sinn. Im Körper selbst, an sich, in seinen Organen und Gliedern und deren Zusammenspiel, sowie potentiell in jenen menschlichen Handlungen, durch die die göttlichen Eigenschaften und die Wirkungsmächte Gottes in der Welt sichtbar werden können.

Aus dieser Perspektive betrachtet wird der Widersinn des Bilderkultes verständlich: Dass derjenige, der selbst mit göttlichen Kräften ausgestattet ist, ja diese in sich trägt, Objekten dient, von denen gesagt wird: »Sie haben einen Mund und reden nicht, Augen und sehen nicht, haben Ohren und hören nicht, haben eine Nase und riechen nicht, ihre Hände greifen nicht, ihre Füße gehen nicht, sie sprechen nicht mit ihrer Kehle«, erscheint in der Tat absurd.

Barmherzigkeit

Die biblische, rabbinische und die mystisch-kabbalistische Rede vom göttlichen Ebenbild ist also nicht so sehr als anthropomorphe Sprache zu verstehen, wie es die Philosophen sehen wollen. Wenn gesagt wird, dass der Mensch im Ebenbild Gottes erschaffen wurde, dann ist es vielmehr der Mensch, der theomorph, also gottähnlich gedacht wird. Gott wird vorausgesetzt. Die Eigenschaften, die wir ihm zusprechen, sind vor uns da, ja sind die Voraussetzungen für die unsrigen. Unsere Eigenschaften, unser Tun sollen ein Abbild des göttlichen Handelns sein, dessen innerster Kern die Barmherzigkeit ist.

Eine rabbinische Lektüre der Tora zeigt uns, wie göttliches Erbarmen sich in ganz konkreten Handlungen äußert, und wie der Mensch dieses Handeln zum Maßstab seines eigenen Tuns setzen soll. In einem Kommentar zum Gebot, in allen Wegen des Ewigen zu wandeln und ihm anzuhängen, fragen die Rabbinen, was es denn bedeute, in den Wegen des Ewigen zu wandeln. Und ihre Antwort lautet. Das sind seine Wege: Der Ewige ist ein barmherziger und gnädiger Gott, wie es geschrieben steht (Ex 34,6). Und der Ewige zog vorüber an seinem Angesicht und rief: Ewiger, Ewiger, Gott, barmherzig und gnädig, langmütig und reich an Liebe und Treue. Wie er barmherzig genannt wird, so sei auch du barmherzig. Der Heilige, gesegnet sei er, wird gnädig genannt, auch du sei gnädig. Er wird gerecht genannt, so sei auch du gerecht. Er wird gütig genannt, so sei auch du gütig.

An einer anderen Stelle dokumentieren die Rabbinen anhand weiterer Bibelstellen, dass sich diese Barmherzigkeit, Gnade und Güte in der Erweisung von Wohltaten manifestiert. An erster Stelle steht da die Bekleidung der Nackten (also die Sorge für die Ärmsten), der Besuch von Kranken und die Bestattung der Toten.

Diese Ebenbildlichkeit manifestiert sich aus rabbinischer Sicht ganz besonders darin, dass der Mensch menschliches Leben schaffen und es auch formen kann. Dadurch stärkt und erhält er sozusagen die Präsenz Gottes auf dieser Welt und verleiht ihr Dauer. Darin besteht das Grundgebot, das der Mensch gemäß der Tora zu erfüllen hat. Und dieses steht ganz bewusst zu Beginn der Tora, im Kontext des Schöpfungsmythos, der die jüdische Existenz von vornherein in die Existenz der Menschheit und der Welt als Ganzes einbettet. Um dieses Lebens willen, hat Gott die Welt und den Menschen erschaffen und segnet ihn mit den Worten: »Seid fruchtbar und mehret euch, und füllet die Erde und machet sie euch untertan«. Die Zentralität dieses Gebotes der Erhaltung und Weitergabe des Lebens kommt in einer sehr berühmten, für die rabbinische Streitkultur typischen Auseinandersetzung zum Ausdruck:

In der Tora steht: »Und liebe Deinen Nächsten wie Dich selbst.« (Lev 19,17) Rabbi Akiwa sagt: »Dies ist ein großes Prinzip in der Tora.« Ben Asai sagt: »Dies ist das Buch der Nachkommenschaft Adams. Dieses Prinzip ist noch größer.«

Die von Gott gebotene Erhaltung und Weitergabe von Leben ist das übergeordnete Prinzip. Davon leitet sich erst die Nächstenliebe ab. Die Quelle des Gebotes liegt nicht in der Subjektivität, nicht in mir selbst, sondern in der Tatsache, dass der Mensch Ebenbild Gottes ist. Der Mensch ist aufgerufen, Partner Gottes in der Vollendung des Schöpfungswerks zu sein. *Dies kann er sein, weil er im Ebenbild erschaffen ist.*

Der Name Gottes wird erhöht und geheiligt, wenn der Mensch Leben schafft. Indem er Leben ermöglicht, partizipiert der Mensch am Schöpfungswerk, bringt er die potentielle Ebenbildlichkeit auch durch seine Taten zum Ausdruck, macht Gottes Präsenz in der Welt möglich. Dies erklärt, weshalb die Fortschritte der modernen Zivilisation, in allen Wissenschaften, insbesondere aber in der Medizin, welche beispielsweise dazu beitragen, die Lebenserwartung eines Menschen zu verlängern, für die jüdische Tradition primär kein Problem darstellen, sondern zunächst ein göttliches Geschenk, Chance und Segen sind, mit dem umzugehen wir lernen müssen.

In der Idee der Ebenbildlichkeit hat auch die Tatsache ihre Wurzel, dass die Erhaltung menschlichen Lebens, der Pikuach Nefesch, die Sorge um das Leben Vorrang vor jedem anderen der Gebote der Tora hat, wie insbesondere dem Einhalten des Schabbats oder dem Fasten am Jom Kippur, am heiligsten Tag des jüdischen Jahres. Nicht nur ist es erlaubt, die Schabbatgesetze außer Kraft zu setzen, um der Lebensrettung willen, nein, es ist ein Gebot, diese Gesetze ausser Kraft zu setzen, wenn menschliches Leben auf dem Spiel steht oder wenn nur der Hauch eines Verdachtes besteht, dass es auf dem Spiel stehen könnte.

Heiligkeit des menschlichen Lebens

Weil der Mensch im Ebenbild Gottes erschaffen wurde, ist menschliches Leben unantastbar. Diese Unantastbarkeit, Heiligkeit des menschlichen Lebens, jedes individuellen Lebens, ist absolut, weil sie in der Heiligkeit Gottes gründet und nur noch mit der Heiligkeit der Tora verglichen werden kann, in der Gott in und durch sein Wort anwesend ist. Menschliches Leben ist nicht erst wertvoll, wenn es nützlich ist oder subjektiv als ausgefüllt betrachtet wird, sondern weil Gott selbst in ihm anwesend ist. Diese Auffassung kommt in folgendem Rabbi Akiwa zugeschriebenen Zitat zum Ausdruck: »Jeder, der Blut vergießt, vermindert die Gestalt.« Blut vergießen nicht nur Mörder und Totschläger. Die Macht und die Verantwortung, die Gestalt vermindern und Blut vergießen zu können, haben nach Auffassung des Talmuds etwa auch Richter, die die Todesstrafe über Menschen verhängen, die durch ihre Handlungen gewiss ihre Ebenbildlichkeit verfehlt haben. Und dennoch behauptet der Talmud von einem Gericht, das einmal in sieben Jahren – andere sagen einmal in siebzig Jahren – ein Todesurteil vollstrecken würde, es sei ein blutiges Gericht.

Auf diesem Gottes- und Menschenbild gründet noch folgende berühmte Aussage: »Deshalb ist nur ein einziger Mensch erschaffen worden, um Dich zu lehren, dass wenn Einer eine Person vernichtet, es ihm die Schrift anrechnet, als hätte er eine ganze Welt vernichtet, und wenn Einer eine Person rettet, es ihm die Schrift anrechnet, als hätte er eine ganze Welt gerettet.«

Jeder menschliche Tod ist somit immer wieder eine Minderung des Ebenbildes – wie wenn ein Stück Göttlichkeit von dieser Welt verschwunden wäre. Mit jedem Tod entsteht für einen Moment eine Art Gottesleere, die die Nachkommen unmittelbar durch die Ehrerbietung, die sie dem Toten erweisen, und durch die Umsetzung der biblischen Grundprinzipien von Gerechtigkeit und Liebe sozusagen wieder auszufüllen haben.

Die jüdische Tradition kennt den Ausdruck Chillul Haschem. Dieser Ausdruck bedeutet wortwörtlich: Entleerung des Namens, also Entweihung Gottes und somit das genaue Gegenteil dessen, wozu der Jude aufgerufen ist, in seinem Leben zu tun, nämlich Kidusch Haschem, Heiligung es Namens, das heißt (nochmals): Ihn in dieser Welt gegenwärtig zu machen. Als Tatsache blockiert der Tod das Gotteslob, lässt ihn ins Stocken geraten, wie die Bibel an verschiedenen Stellen bezeugt. »Nicht die Toten preisen ihn, nicht alle die, die in die Tiefstille sanken« (Ps 113,17); »Denn im Tod ist kein Dein Gedenken, im Gruftreich, wer sagt dir Dank?« (Ps 6,6); »Welcher Gewinn ist an meinem Blut, wenn ich sinke in die Grube? Wird der Staub Dich bekennen, wird er verkünden Deine Treue?« (Ps 30,10).

Heißt all dies nun, dass das Judentum ob seiner bejahenden Lebenseinstellung Alter, Schwäche und Tod verdrängt? Dass es vergisst, dass der Mensch nicht nur Ebenbild Gottes ist, sondern auch Staub aus der Erde? Dass der Tod also Teil der erschaffenen Welt ist? Ja, dass gerade das Annehmen der Endlichkeit, den Menschen zur Besinnung bringt und ein gottesfürchtiges Leben ermöglicht?

Es gehört wohl zum tief im Judentum verwurzelten dialektischen Denken, dass genau das Gegenteil der Fall ist. Der Tod, die Verwesung ist die Negation des Lebens. So könnte man den in der Bibel auftretenden schwierigen Begriff der Unreinheit übersetzen, die ein Teil unserer Wirklichkeit ist. Diese ist zu akzeptieren und darf nicht verdrängt werden, wie dies auch die biblische Tradition bezeugt. So heißt es im Buch Kohelet: »Besser ist ein guter Ruf als ein guter Geruch – und der Tag des Todes als der Tag der Geburt, besser in ein Haus zu gehen, wo man trauert, als in ein Haus zu gehen, wo man feiert; denn da zeigt sich das Ende jedes Menschen, und der Lebende nimmt es sich zu Herzen« (Prediger 7,1-2). Der Prediger ist sich auch der menschlichen Grenzen und seiner Endlichkeit bewusst, die bereits im zweiten Kapitel der Genesis deutlich gemacht wird. »Kein Mensch hat Macht über den Wind, so dass er den Wind aufhalten könnte, und keiner hat Macht über den Tag des Todes« (Prediger 8,8).

Ein gutes irdisches Leben für alle Menschen ist aus biblischer und jüdischer Sicht ein Segen. Dieses zu fördern ist eine religiöse Pflicht. Was mit Begriffen wie »Jenseits«, Welt, die kommt, Paradies gemeint ist, wird uns nicht gesagt. Nur so viel mögen uns diese Begriffe verraten: Der Sinn meines individuellen Lebens liegt jenseits meines individuellen Ichs. Aus der Bejahung des Ichs ist auch eine Überwindung des Ichs gefragt. Das also, was Psychologen Loslassen nennen. Doch Loslassen wozu oder zu welchen Gunsten?

Die Antwort auf die Frage, wohin der Mensch geht oder auf was er sich einlässt, wenn er loslässt, das heißt, wenn er sein Leben am Anderen orientiert, und wo der Ort des Verstorbenen ist, wenn er endgültig losgelassen hat, ist eine Frage, die der Mensch naturgemäß erst in seinen reifen Jahren zu stellen beginnt, vielleicht erst dann, wenn er alt und betagt ist, in jener Zeit, die man vielleicht den Schabbat des individuellen Lebens nennen könnte, in der der Mensch Gott nachahmt und seine Ebenbildlichkeit zum Ausdruck bringt, indem er nichts mehr »Nützliches« tun muss in der Welt und für die Welt, Gott ähnlich ist, der aufhörte zu schaffen, sah, was er getan hatte, und es als gut beurteilte, indem er auf sein Leben zurückblickt und es als gut beurteilen darf.

Wie beantwortet nun die jüdische Tradition die Frage nach dem Wohin und damit auch die Frage nach dem Sinn menschlichen Lebens? Sie formuliert sie in folgender Bitte, die zugleich Hoffnung ist und die bei jeder Beerdigung formuliert wird und auf jedem Grabstein eingemeisselt ist: »Möge seine Seele eingebunden sein im Bunde des Lebens.«

Damit ist, so meine ich, nicht ein Jenseits gedacht, in dem das diesseitige Leben sich für den Verstorbenen verdoppelt. Das Leben, das hier gemeint ist und auf das der Verstorbene hoffen darf, ist das Leben, das er in der Welt verwirklicht hat, dadurch, dass er auf den Wegen Gottes, den Wegen der Zedaka, der liebenden Gerechtigkeit und des Rechts, gewandelt ist und diesen Weg andere Menschen gelehrt und ihnen vorgelebt hat. Die Hoffnung, der Verstorbene möge eingebunden sein im Bunde des Lebens, lehrt uns, dass der Mensch in der jüdischen Tradition, das heißt biblisch und rabbinisch, nicht als ein in sich geschlossenes fertiges Wesen gedacht wird oder allerhöchstens noch als ein Wesen, das während seiner irdischen Lebensspanne, also synchron in Beziehung zu anderen steht, von ihnen abhängig ist und für sie Verantwortung trägt, sondern dass seine Verantwortung eine diachrone, vielleicht könnte man auch sagen eine transgenerationelle ist. Die Bibel und die jüdische Tradition verstehen den Menschen als Teil einer Kette, die den Messias, den transformierten Menschen hervorbringt, denjenigen Menschen, dem es gelingt, aufgrund seiner Weisheit, seiner Einsicht, seiner Stärke und seiner Gottesfurcht, die Erde zu befrieden.

RIFA'AT LENZIN

Das Menschenbild im Koran

Der Islam ist die dritte und jüngste der drei sogenannten abrahamitischen Religionen. Es versteht sich daher von selbst, dass es viele Berührungspunkte gibt mit dem Christentum und Judentum, aber eben auch viele Unterschiede, gerade was das Gottes- und Menschenbild angeht. Der Islam lehnt beispielsweise nicht nur die Lehre von der »Gotteskindschaft«, sondern auch die Lehre von der Gott-Ebenbildlichkeit des Menschen ab.

> »Sprich: Er ist Gott, ein Einziger, Gott der Undurchdringliche. Er hat weder gezeugt, noch ist er gezeugt worden. Und keiner ist ihm gleich.«
> [Sura al-ikhlas, 112, 3-4].

Diese kategorische Absage im Qur'an an eine wie auch immer geartete Anthropomorphie Gottes steht im Gegensatz zur biblischen Aussage, dass der Mensch das Ebenbild Gottes sei. Zeugen und Gezeugtwerden, Werden und Vergehen, gehören nach islamischer Sichtweise wesenhaft zur geschaffenen, endlichen Kreatur. Gott hat dem gegenüber weder Anfang noch Ende. Er ist ewig und unendlich. Gott im Qur'an ist einerseits transzendent, andererseits dem Menschen aber »näher als seine Halsschlagader« (Q. 50, 16).

Was macht den Muslim zum Muslim?

Eine einfache Antwort lautet: Ein Muslim ist jemand, der bezeugt: »Es gibt keinen Gott ausser Gott, und Muhammad ist der Prophet Gottes.« Das Aussprechen dieser Überzeugung, die man *Shahada* nennt, reicht aus, um jemanden zum Muslim zu machen. Oder anders ausgedrückt: Jeder kann Muslim werden oder behaupten, Muslim zu sein, indem er dieses Glaubensbekenntnis ausspricht. Aber darüber hinaus geht es darum, diesen Worten auch einen Sinn zu geben, sie zu verinnerlichen, und dies ist etwas schwieriger und komplexer.

Das Glaubensbekenntnis, die Shahada, besteht aus 2 Teilen:

1. Im ersten Teil geht es um den Glauben an einen allmächtigen, allgegenwärtigen, allbarmherzigen Gott. Gott ist unfassbar für den

menschlichen Verstand. Deshalb kann der Mensch von Gott nicht viel mehr sagen, als dass er IST. Er ist sowohl transzendent als auch immanent. Er ist der Schöpfer des Universums, in welchem er wirkt, welches er unterhält. Die einzige Möglichkeit für den beschränkten menschlichen Verstand, Ihn zu erfassen, ist mittels Attributen oder mittels der Zeichen Gottes in der Schöpfung.

2. Der zweite Teil der Shahada führt von Gott zum Menschen: *Muhammad* ist der Gesandte Gottes. Nach islamischem Verständnis hat Gott zu allen Zeiten Propheten zu den Menschen geschickt, beginnend mit Adam und endend mit Muhammad. Und zwar immer mit der gleichen Botschaft: Es gibt keinen Gott außer Gott. Muhammad als Propheten zu akzeptieren heisst, die Offenbarung zu akzeptieren, die er von Gott erhalten hat, den *Qur'an* (Koran).

Ein Muslim ist jemand, für den der Qur'an Wort Gottes ist. Für jeden und jede, welche die Shahada aussprechen, gilt der Qur'an als Rechtleitung und Verpflichtung, der er oder sie zu folgen hat. Die Grundsätze und Richtlinien des Qur'ans bestimmen die Normen, welche das Verhalten des Muslims formen, und geben den Standard vor, nach welchem Erfolg oder Misserfolg beurteilt werden. Darüber hinaus gilt Muhammad für Muslime auch als ein ideales (menschliches!) Vorbild: ein Vorbild für menschliches Verhalten und menschliche Beziehungen.

Die Shahada bildet die Essenz des muslimischen Glaubens, welchen man als *Islam* bezeichnet. Islam bedeutet: Hingabe oder Unterwerfung, gemeint unter den Willen Gottes. Ein Muslim ist also jemand, der sich willentlich dem EINEN, allwissenden und gnädigen Gott überantwortet und durch diese Hingabe Frieden findet. Diese Hingabe ist aber nicht ein Akt blinden Glaubens, sondern der Reflexion. Alles – auch die Existenz Gottes – kann im Islam hinterfragt werden. Streng genommen kann der wahre Glaube nur erreicht werden von jemandem, der über die »Zeichen Gottes«, wie sie sich in den Naturgesetzen, im Universum und auch in der persönlichen Gotteserfahrung manifestieren, nachgedacht und reflektiert hat.

Erschaffung des Menschen im Qur'an

Die Erschaffung des Menschen wird im Qur'an nirgendwo als eine in sich abgeschlossene Geschichte erzählt, wie man das von der Bibel her kennt. Im Qur'an wird die Erschaffung des Menschen an verschiedenen Stellen in unterschiedlichen Zusammenhängen angesprochen und thematisiert.

Ähnlich wie in der Bibel erfolgt die Schöpfung aber nicht aus dem Nichts, sondern aus einem ETWAS, z. B. Erde, oder »reinstem Ton« sowie Wasser. Was den Menschen jedoch von anderen Geschöpfen (z. B. den Tieren) unterscheidet, ist der ihm eingehauchte Geist Gottes: »*Und Ich hauchte ihm [gemeint ist Adam] von Meinem Geist ein.*« (Sure 15, Vers 29).

Aber wozu wurde der Mensch erschaffen?
Die Frage nach der Zweckbestimmung des Menschen

> Und (damals) als dein Herr zu den Engeln sagte: ›Ich werde auf der Erde einen khalifa (meistens übersetzt mit »Nachfolger«) einsetzen‹! Sie sagten: ›Willst du auf ihr jemand (vom Geschlecht der Menschen) einsetzen, der auf ihr Unheil anrichtet und Blut vergießt, wo wir (Engel) Dir lobsingen und Deine Heiligkeit preisen?‹ Er sagte: ›Ich weiß, was ihr nicht wißt.‹ [Sura al-Baqara, 2, 30]

Im Qur'an spricht Gott häufig selbst, oft im pluralis majestatis »Wir«. Beim Zitat stellt sich die Frage, was mit Khalifa gemeint ist.

Einer möglichen Interpretation liegt hier die Vorstellung zugrunde, dass Adam und mit ihm das Menschengeschlecht künftig die Engel und Geister (Djinn) als Bewohner der Erde ablösen soll. Im wörtlichen Sinne bedeutet Khalifah: »Nachfolger«, also jemand, der einem anderen nachfolgt und die aufgrund seiner Abwesenheit entstandene Lücke schließt. Die islamischen Gelehrten legen aber großen Nachdruck auf die Feststellung, dass sich *khalifa* in keiner Art und Weise auf Gott bezieht. Denn der Mensch kann nicht Gottes Nachfolger auf Erden sein, da Gottes Wirken in der Welt niemals abwesend ist. Der Mensch kann nur Nachfolger von früheren Geschöpfen sein. Dem Sinne nach ist aber jemand gemeint, der anstelle eines anderen Befehlsgewalt hat, also in eingeschränktem Sinn Herr über eine Sache, also ein Sachwalter ist. Darauf deutet auch der folgende Vers hin:

> Und Er lehrte Adam alle. Hierauf legte Er sie (d. h. die einzelnen Dinge) den Engeln vor und sagte: ›Tut Mir ihre Namen kund, wenn ihr die Wahrheit sagt!‹ Sie sagten: ›Gepriesen seist Du! Wir haben kein Wissen außer dem, was Du uns zuvor vermittelt hast. Du bist der, der Bescheid weiß und Weisheit besitzt.‹ Er sagte: ›Adam! Nenne ihnen ihre Namen!‹ Als er sie ihnen kundgetan hatte, sagte Gott: ›Habe Ich euch nicht gesagt, dass Ich die Geheimnisse von Himmel und Erde kenne? Ich weiss, was ihr kundgebt, und was ihr verborgen haltet.‹

Und (damals) als Wir zu den Engeln sagten: ›Werft euch vor Adam
nieder!‹ Da warfen sie sich (alle) nieder, außer Iblis. Der weigerte sich
und war hochmütig. [Sure 2, 30-34]

Dieses Benennen ist nicht einfach ein technischer Vorgang, sondern umfasst weit mehr. Mit der Vergabe der Namen wird die ungeordnete Schöpfung in eine Ordnung überführt. Indem Adam allem und jedem seinen
Namen gibt, verleiht er ihm zugleich seine Bestimmung und Bedeutung.
Und ebendies ist es, was ihn gegenüber den Engeln auszeichnet und ihn
ihnen gegenüber überlegen macht. Deswegen müssen sich die Engel vor
Adam niederwerfen. Aber der Mensch handelt eben nicht eigenständig,
sondern ist nur zu dem befähigt, was Gott ihn zuvor gelehrt hat.

Das hierarchische Verhältnis zwischen Gott und Mensch kommt auch
an einer anderen Stelle im Qur'an deutlich zum Ausdruck, nämlich im
sogenannten »*Urvertrag*« zwischen Gott und den Menschen.

Gott fragte den eben erschaffenen Adam und seine Nachkommen:

›Bin Ich nicht euer Herr?‹ Sie sagten: ›Jawohl, wir bezeugen es.‹
[Sura al-'Araf 7,172]

So ist Gott, euer Herr. Es gibt keinen Gott außer ihm. (Er ist) der
Schöpfer von allem (was in der Welt ist). Dienet ihm!
[Sura Al-Anam, 6,102]

Heilsversprechen

Kommen wir zurück auf die Bedeutung von ISLAM als vollkommene
Hingabe an den Willen Gottes. Nach islamischer Auffassung ist Gott
nicht nur der Schöpfer der Welten, er schafft auch eine universelle gött-
liche Ordnung. Islam bedeutet – wie gesagt – wörtlich Hingabe oder
Unterwerfung unter den Willen Gottes und ist gleichbedeutend mit der
Einbindung in diese göttliche Ordnung. Der Mensch, dem diese Un-
terordnung gelingt, ist mit sich und Gott sowie mit seiner Umwelt in
Frieden.

Wenn von einem Muslim – sei er männlich oder weiblich – die aus-
schließliche und vollkommene Hingabe an den Willen Gottes erwartet
wird, so muss dieser Wille für ihn oder für sie erkennbar sein. Gemäß
islamischer Auffassung hat Gott seinen Willen durch den Qur'an offenbart, dessen Gebote *freiwillig* (denn im Gegensatz zu den Engeln
hat der Mensch eben einen freien Willen) und vorbehaltlos, aber nicht
blind zu befolgen sind. Das Ziel eines wahren Gläubigen ist deshalb:

ein Leben in Einklang mit dem Willen Gottes. Ausgedrückt wird dies im Qur'an in Sura 5, Vers 48: »Und für jeden von euch haben Wir eine Richtung und einen Weg festgelegt« oder in Sura 45, Vers 18: »Dann stellten Wir für Dich eine Richtung in der Angelegenheit (der Religion) fest. So folge ihr«. Daraus ergibt sich auch die Wichtigkeit des Qur'ans für die Muslime, nämlich als Medium göttlicher Selbstmitteilung, Quelle und Kriterium theologischer Aussagen sowie Richtschnur für eine islamische Lebensführung. Keine Meinungsfindung, keine Rechtsnorm, keine gesellschaftliche, politische oder theologische Anschauung, keine Tradition kann streng genommen als islamisch gelten, wenn sie qur'anischen Grundsätzen widerspricht. Umgekehrt muss der Qur'an einen Sachverhalt explizit stützen, damit dieser das Prädikat »islamisch« erhalten kann.

Die Befolgung der im Qur'an offenbarten göttlichen Gebote, welche für beide Geschlechter gleichermassen gelten, ist an ein Heilsversprechen geknüpft:

> Was muslimische Männer und Frauen sind, Männer und Frauen, die gläubig, die (Gott) demütig ergeben sind, die wahrhaftig, die geduldig, die bescheiden sind, die Almosen geben, die fasten, die darauf achten, dass ihre Scham bedeckt ist und die unablässig Gottes gedenken – für sie alle hat Gott Vergebung und gewaltigen Lohn bereit. [Q 33:35]

Diese Qur'an-Stelle enthält sozusagen eine Kurzfassung der islamischen Ethik:

Der Mensch ist zu Wissen, Vernunft und Erkenntnis befähigt, deshalb soll er gerecht und rechtschaffen sein. Er ist für seine Taten eigenverantwortlich und Gott am Tage des Jüngsten Gerichts darüber Rechenschaft schuldig. Die Vorstellung einer Erbsünde ist dem Islam fremd. Zwar gibt es auch im Qur'an eine Beschreibung des »Sündenfalls« analog der Bibel, aber die Episode hatte im Islam keine weiter gehenden Konsequenzen. Was immer Adam und Eva im Paradies verbrochen haben – es betrifft nur sie allein und wirft keinen Schatten auf ihre Nachkommen. Sie haben ihr Verhalten bereut, *»und Gott wandte sich (ihnen) gnädig wieder zu«*, heißt es dazu im Qur'an 2,37. Laut diesem ist es übrigens auch nicht Eva, die den Anstoss zur Übertretung von Gottes Gebot gibt, sondern Adam und Eva handeln gemeinsam.

Schuldig wird ein Muslim ausschließlich dadurch, dass er sich Gott gegenüber ungehorsam zeigt oder gegen Gottes Gebote verstößt. Denn Gott sagt im Qur'an:

»Allah gebietet (zu tun), was recht und billig ist, gut zu handeln und den Verwandten zu geben (was ihnen zusteht). Und Er verbietet zu tun, was abscheulich und verwerflich ist, und gewalttätig zu sein.«

Das setzt voraus, dass der Mensch in der Lage ist zu erkennen, was recht und billig ist, und es setzt den freien Willen voraus.

Wenn dann einer (auch nur) das Gewicht eines Stäubchens an Gutem getan hat, wird er es zu sehen bekommen. Und wenn einer (auch nur) das Gewicht eines Stäubchens an Bösem getan hat, wird er es (ebenfalls) zu sehen bekommen. [Sura 99, 7-8]

Gott ist »der Gerechte« oder für »Gerechtigkeit Sorgende«.

Der Blick aufs Alter

Geburt, Sterben und Tod, aber auch Alter, Krankheit und Leiden gelten dem gläubigen Muslim als Ausdruck göttlichen Willens.

»Gott ist es, der euch zuerst schwach erschafft. Dann bringt Er nach Schwäche Kraft. Dann bringt Er nach der Kraft Schwäche und graues Haar. Er schafft, was Er will.« Glauben bietet keinen Schutz vor Leiden: »Und meinen die Menschen, sie würden in Ruhe gelassen und nicht auf die Probe gestellt werden nur weil sie sagten: ›Wir glauben‹?«

Der Tod ist unausweichlich; er ist für den gläubigen Muslim aber nicht das Ende, sondern die Rückkehr zu Gott und der Anfang zu einem neuen »Sein«. Deswegen lautet die islamische Kondolenzformel: »Von IHM sind wir, und zu IHM kehren wir zurück«.

Eines der Prinzipien der islamischen Weltanschauung und zugleich ein wichtiger Grundpfeiler des islamischen Glaubens, das ist der Glaube an ein ewiges Leben.

Im Qur'an begegnen wir Hunderten von Versen, die die Welt nach dem Tod, den Tag der Auferstehung, die Auferstehung von den Toten, Gericht und Werteskala, Aufzeichnung unserer Taten, Himmel und Hölle, Ewigkeit und andere Themen diskutieren.

Der Qur'an verwendet verschiedene Begriffe für den Tag der Auferstehung, z. B. »Al yaum al-akhir«, »der letzte Tag« oder »yaum al-din«, »der Tag der Abrechnung«. Nach islamischer Auffassung teilt sich das Leben nicht nur des einzelnen Menschen, sondern der ganzen Welt in zwei Zeitabschnitte, von welchen jeder als ein Tag bezeichnet wird. Der erste Tag oder Zeitabschnitt, bezogen auf die diesseitige Welt, ist zeitlich begrenzt. Der letzte Tag, der sich auf die jenseitige Welt bezieht, ist unendlich.

RIFA'AT LENZIN

Die Einstellung zum Alter

Die Einstellung zum Alter und älteren Menschen wird im Qur'an vor allem in den Anweisungen im Umgang mit den Eltern exemplifiziert:

Und Dein Herr hat bestimmt, dass ihr Ihm allein dienen sollt. Und zu den Eltern sollst du gut sein. Wenn eines von ihnen (Vater oder Mutter) oder alle beide bei dir (im Haus) hochbetagt geworden (und mit den Schwächen des Greisenalters behaftet) sind, dann sag nicht ›Bah!‹ zu ihnen und fahr sie nicht an, sondern sprich ehrerbietig zu ihnen, und senke für sie in Barmherzigkeit den Flügel der Untergebenheit (d.h. benimm dich ihnen gegenüber aus Barmherzigkeit freundlich und folgsam) und sag: ›Mein Herr! Erbarm dich ihrer, wie sie mich aufgezogen haben, als ich klein (und hilflos) war!‹ [Sure al-Isrā', 17, 23-24]

Und Wir haben dem Menschen aufgetragen, seine Eltern gut zu behandeln. Seine Mutter hat ihn unter widrigen Umständen getragen und unter widrigen Umständen geboren. Und ihn zu tragen und ihn zu entwöhnen erfordert dreißig Monate, bis er dann seine Vollkraft erlangt. [Sure al-Ahqaf, 46, 15]

Und wir haben dem Menschen im Hinblick auf seine Eltern anbefohlen – seine Mutter hat ihn (doch vor seiner Geburt) überaus mühsam unter dem Herzen getragen, und bis zu seiner Entwöhnung vergingen weitere zwei Jahre –: Sei Mir und deinen Eltern dankbar! [Sure Luqman, 31, 14]

Und wir haben dem Menschen anbefohlen, gegen seine Eltern gut zu sein. Wenn sie dich aber bedrängen, du sollest mir (in meiner Göttlichkeit) etwas beigesellen, wovon du kein Wissen hast, dann gehorche ihnen nicht! [Sure al-ankabut, 29,8]

Wenn sie dich aber bedrängen, du sollest Mir (in meiner Göttlichkeit) etwas beigesellen, wovon du kein Wissen hast, dann gehorche ihnen nicht! Und verkehre im Diesseits auf freundliche Weise (oder: wie es recht und billig ist) mit ihnen, aber folge dem Weg derer, die sich mir (bussfertig) zuwenden! [Sure 31, 15]

Zahlreich sind also die Qur'an-Verse, die den Menschen zu Respekt und Gehorsam – außer in Glaubensfragen – gegenüber seinen Eltern ermahnen. Das gleiche Bild widerspiegelt sich auch in der Prophetenüberlieferung, den sogenannten Hadith, der zweitwichtigsten Quelle im Islam nach dem Qur'an. Ein berühmter Hadith überliefert folgenden Dialog:

Ein Mann kam zum Propheten und fragte:
»Oh Gesandter Gottes, wem gebührt mein größter Respekt und meine Zuneigung?« Der Prophet antwortete: »Deiner Mutter«, »und nach ihr«, fragte der Mann weiter: »Deiner Mutter«, antwortete der Prophet, »ja und danach« fragte der Mann wieder: »Deiner Mutter«, antwortete der Prophet, »ja und danach«, fragte der Mann noch einmal: »Deinem Vater«, gab der Prophet zur Antwort.

Ein anderer Hadith berichtet:
Ein Mann kam zum Propheten und bat ihn um Erlaubnis, am Jihad teilnehmen zu dürfen. Der Prophet fragte: »Leben deine Eltern noch?« »Ja«, antwortete der Mann. »Dann kehre zu ihnen zurück und kümmere dich um sie.«

Die Hadith-Werke geben auf die Frage, was man unter »den Eltern gehorsam sein« zu verstehen habe, folgende Antwort: Es bedeutet, für sie aufzukommen, ihnen Geschenke und Zuwendung zu geben, freundlich und mit netten Worten zu ihnen zu sprechen – und zwar immer – und um Erlaubnis zu fragen, wenn man verreisen will. Selbst wenn sie verlangen, dass wir uns von unseren Ehegatten scheiden lassen sollten, sollten wir das tun. Gehorsam gegenüber den Eltern hört auch nicht mit deren Tod auf. Wir sollten weiterhin für sie beten und um Verzeihung bitten. Ein Muslim sollte stets beten: »O Allah, vergib mir und meinen Eltern.« Kinder sollten danach trachten, Versprechungen, die die Eltern noch gemacht haben, einzulösen. Sie sollten die Freunde und Bekannten der Eltern in Ehren halten und Spenden in ihrem Namen tätigen.
   Diese Verhaltensrichtlinien haben die traditionelle islamische Gesellschaft massgeblich geprägt. Alt werden galt als erstrebenswert, denn hohes Alter wurde mit Erfahrung, Weisheit und Abgeklärtheit gleichgesetzt. Gesellschaftlich war es mit einem Statusgewinn verbunden und innerhalb der Familie, mit ihrer hierarchischen, senioritätsorientierten Struktur, nicht selten mit einem Machtzuwachs. Dass diese Wertvorstellungen und Strukturen aber stark an sozio-ökonomische Gegebenheiten gebunden sind, beweisen nicht zuletzt die muslimischen Migrantinnen und Migranten aus der Türkei und anderen islamischen Ländern, die in Deutschland und der Schweiz gelebt und gearbeitet haben und nun alt geworden sind. Mit den Lebensbedingungen wandelt sich häufig auch die Einstellung zum Leben im Alter. Auch viele Muslime mutierten von »Alten« zu »Senioren«, und für viele von ihnen ist die Vorstellung vom Lebensabend im Altersheim nicht mehr nur eine Horrorvorstellung, obschon der traditionelle und religiöse Respekt vor älteren Menschen die Kinder meistens noch vor einem solchen Schritt zurückschrecken lässt.

Literatur

Abdullah, Salim Muhammad, Islam – Muslimische Identität und Wege zum Gespräch, Düsseldorf 2002.

Bobzin, Hartmut, Koran Lese-Buch. Freiburg i. Br. 2005.

Lahbabi, Mohamed Aziz, Der Mensch: Zeuge Gottes, Entwurf einer islamischen Anthropologie, Freiburg i. Br. 2011.

Rahman, Fazlur, Major Themes of the Qur'an, Bibliotheca Islamica, Minneapolis 1994.

Religion, Gerontologie und Gemeindeleben

RALPH KUNZ

Spirituelle und religiöse Begleitung im Alter

1. Happy Aging

1.1 Beobachtungen zur Ratgeberliteratur

Wer als älterer Mensch das Bedürfnis hat, Ratgeberliteratur für den letzten Lebensabschnitt zu konsultieren, muss in der Buchhandlung nicht lange suchen. Ratgeber gibt es in Hülle und Fülle. Einige davon sind religiös oder zumindest religiös gefärbt. Ich nenne drei mehr oder weniger willkürlich ausgewählte Bücher, sie sind zur selben Zeit erschienen (neuere Titel sind damit vergleichbar), zur Lebensgestaltung im Alter:

– »Das Glück der späten Jahre« von Judith Giovanelli-Blocher ist schon beinahe ein Klassiker. Der Untertitel bezeichnet das engagiert geschriebene Buch als »Mein Plädoyer für das Alter«. Das Plädoyer richtet sich gegen Vorurteile, ist lebensklug und lebensnah, aber nicht explizit religiös.[1]

– »Die Reise ist noch nicht zu Ende« von Karl Guido Rey und Edith Hess verspricht im Untertitel, dass seelische Entwicklung und neue Spiritualität in späteren Jahren noch möglich seien. Ein Geleitwort von Paracelsus bringt das Anliegen des Psychotherapeuten und der Gemeindehelferin auf den Punkt: »Wer meint, alle Früchte würden gleichzeitig mit den Erdbeeren reif, versteht nichts von Trauben.« Das Buch ist in einer konfessionell neutralen Sprache verfasst, weder katholisch noch evangelisch, noch explizit christlich.[2]

– Schließlich ist »Happy Aging« von Ulfilas Meyer, Diplompsychologe und Gestalttherapeut, ein Buch, das keiner Religionsgemeinschaft zugeordnet werden kann. Beim näheren Hinsehen ist ein buddhistisch anmutender Hintergrund wahrnehmbar. Das Buch leitet zu Übungen an, die darauf zielen, im Rad der Verwandlung zur Gelassenheit zu finden.[3]

---

1 Judith Giovannelli-Blocher, Das Glück der späten Jahre. Mein Plädoyer für das Alter, Zürich 2004.
2 Rey Karl Guido/Edith Hess, Die Reise ist noch nicht zu Ende. Seelische Entwicklung und neue Spiritualität in späteren Jahren, München 2004.
3 Ulfilas Meyer, *Happy Aging*, Freiburg i. Br. [u. a.] 2004.

Untersuchungen bestätigen: Ratgeberliteratur und Ratgebersendungen verzeichnen seit den 1990er Jahren einen Boom.[4] Zwar ist ein breites Themenspektrum gegeben, aber schwergewichtig geht es um Gesundheit im weitesten Sinn. Damit eng verknüpft sind Themen wie Ernährung und Schönheit. Alles dient dem Wellness: Reisen, Kochen, Gärtnern und Malen. Wenn auch Religion oder Spiritualität unter den Hilfsmitteln auftauchen und mit der ganzen Sparte einen Aufschwung erfahren, ist das also kein verlässlicher Indikator für eine mutmassliche Wiederkehr der Religion. Das Spektrum der Themen muss vielmehr dahin gedeutet werden, dass Religion heute zum Lifestyling gehört.

So weit, so gut. Aber wo findet man die erwähnten Bücher? In welche Abteilung gehören sie? Zu Religion oder zu Lebenshilfe? Die Zuordnung kann durchaus Kopfzerbrechen bereiten und die Entscheidung der Buchhandlung eventuell Kopfschütteln auslösen. Inhaltlich geht es in den drei Büchern um Lebensgestaltung im Alter. Die Leser – so ist anzunehmen – erhoffen sich von der Lektüre Impulse für ihren persönlichen Umgang mit den Freuden und Leiden des Älterwerdens. Diese Form spiritueller oder religiöser Ratgeberliteratur für graue Häupter ist graue Literatur.[5] Anders formuliert: Es handelt sich nicht um wissenschaftliche Literatur. Die Autorinnen und Autoren reden nicht als religiöse oder gerontologische Experten. Sie verstehen sich als *Ratgeber* und wenden sich an Menschen, die sich mit ihrem Alter und Älterwerden auseinandersetzen. Als Leiter einer Buchhandlung würde ich die genannten Bücher der Lebenshilfe zuordnen und zwischen Gesundheit und Freizeit einordnen.[6] Aus strategischen Gründen würde ich indes davon absehen, diese Abteilung mit Alter und Altern zu bezeichnen. Und ich wäre auch vorsichtig mit den benachbarten Gestellen. Lieber keine Bibeln. Wer solche Bücher liest, sucht nicht nach Religion![7]

4 Susanne Brüggen, Letzte Ratschläge: der Tod als Problem für Soziologie, Ratgeberliteratur und Expertenwissen, Wiesbaden 2005, 218.

5 Kerstin Römer, Ratsuchen – Ratgeben – Ratleben. Zu den sozialen Ursachen der Ausbreitung von Ratgeberliteratur, Magisterarbeit an der Universität Leipzig, Fakultät für Sozialwissenschaften und Philosophie, Institut für Soziologie, Magisterarbeit, Oktober 2004.

6 Vgl. http://www.buchhaus.ch/csp/shop/lus/kategorien.csp.

7 Es ist erstaunlich, dass es auch für dezidiert wissenschaftliche Annäherungen an das Thema »Spiritualität und Alter« kaum möglich ist, den Charakter der Ratgeberliteratur abzustreifen. Der amerikanische Gerontologe Robert Atchley, Spirituality and Aging, Baltimore 2009, macht dies in der Einleitung (X) zu seinem Beitrag zur Religionsgerontologie explizit: »I hope [this book] will also be of use to individuals interested in spiritual growth, especially in middle and later life.«

Das ist sicher etwas überspitzt. Es geht mir ja auch nur darum, mit der Not einer stringenten Abteilungslogik anschaulich zu machen, dass sich die *Felder*, auf denen man sich mit der religiösen Begleitung im Alter bewegt, nicht fein säuberlich voneinander abgrenzen lassen. Vor allem führt der Umweg über die Buchhandlung vor Augen, dass die Wiederkehr der Religion in der Lebensberatung ein Phänomen darstellt, das im größeren Zusammenhang des kulturellen Wandels interpretiert werden muss.[8]

1.2 Vorgehen

Vor diesem größeren Hintergrund stellen sich einige Fragen: Wie soll man religiöse von nicht-religiöser bzw. spiritueller Begleitung unterscheiden? Stimmt das Lebenskluge mit dem überein, was in der angewandten Gerontologie empfohlen wird? Gibt es Berührungspunkte zwischen religiösen und entwicklungspsychologischen Alterstheorien? Wer legt fest, was religiös falsch und richtig ist? Und wer hat Kriterien für das, was krank und gesund macht? Welche Funktion nehmen die literarischen Begleiter wahr? Eine therapeutische? Oder ersetzen sie die klassische Beratung? Wer erklärt den Zusammenhang oder die Zusammenhangslosigkeit zwischen gesellschaftlichen Megatrends und veränderten Wahrnehmungen von Alter und Altern?

Das sind zu viele Fragen für einen Überblick. Ich will nicht so tun, als könnte ich sie alle beantworten, sondern sehe meine Aufgabe darin, die Fragen zu ordnen, den religionsgerontologischen Horizont abzustecken und etwas zur Klärung beizutragen, indem ich in einem ersten Schritt Religiosität und Spiritualität unterscheide (2.). Ich möchte dann anhand konkreter Fälle über die mögliche Wiederkehr des Religiösen im Alter und in der Spätmoderne nachdenken (3.) und von da weiter der Frage nachgehen, was religiöse und spirituelle Begleitung in verschiedenen Fällen meinen könnte (4.). Schließlich plädiere ich dafür, religiöse Begleitung kritisch zu begleiten (5.).

---

8 In den Kulturwissenschaften wird umgekehrt von der »Religion« der Lebensberatungs- und Therapiekultur gesprochen. Vgl. dazu Eva Illouz, Die Errettung der modernen Seele. Therapien, Gefühle und die Kultur der Selbsthilfe, Frankfurt a. M. 2008, 27: »Wie die Religion bietet der therapeutische Diskurs Symbole, die eine mächtige Erfahrungswirklichkeit erzeugen und die Natur des Handelns selbst verändern.«

2. Religiosität und Spiritualität
2.1 Spiritual care

Ich habe die Begriffe spirituell und religiös bislang austauschbar verwendet. In der gerontologischen Diskussion hat sich folgende Unterscheidung durchgesetzt: Das Religiöse bezieht sich auf das kulturelle Symbolsystem einer Religion, während sich das Spirituelle auf menschliche Bedürfnisse richtet, die das unmittelbar materiell Gegebene überschreiten.[9] Die zweite Bestimmung ist klärungs- und wohl auch gewöhnungsbedürftig. Etwas konkreter wird sie, wenn sie zur Spezifizierung von Hilfeleistungen (care) beigezogen wird. Ich zitiere eine Definition von spiritual care aus einem Handbuch für Sterbebegleitung:

>»Spiritual care [...] is soul care, helping the human spirit in its search for peace. It is the attempt to help those near the end of life feel whole, fulfilled, and in harmony with their world and their higher power. Religious experience may or may not be spiritual, and spiritual experience may or may not be religious. Regardless of the dying persons's religious persuasion or faith tradition, spiritual care near the end of life supplies a deep human need.«[10]

Die Umschreibung bringt die Idee einer kulturfreien bzw. transkulturellen Geistlichkeit auf den Punkt. Sie ist übertragbar auf die spirituelle Begleitung älterer Menschen. Sie macht auch einige weitreichende Annahmen wie die, dass der Mensch eine Geistlichkeit oder Geistigkeit *besitzt* und sich nach Seelenfrieden sehnt. Weiter wird angenommen, dass Begleitung auf die Erfüllung dieses menschlichen *Bedürfnisses* zielt und für die Erfüllung dieser Aufgabe der religiöse Hintergrund der Begleitperson und der begleiteten Person irrelevant ist. Wenn es heisst: »religious experience may or may not be spiritual, and spiritual experience may or may not be religious«, ist mit »religious« offensichtlich eine Qualität gemeint. Denn eine religiöse Erfahrung, die einen Menschen keine Harmonie mit der Höheren Macht und keinen Seelenfrieden beschert, lässt sich schwerlich als »religiöses« Ideal ausgeben.

Aber das ist nicht der einzige Sinn, den das »spiritual« in dieser kurzen Passage hat. Im zitierten Text wird die offene Gottesbezeichnung mit dem Possessivpronomen geschlossen. Spiritual care an Sterbenden zielt

---

9 Kurz und prägnant bei Uwe Sperling, *Religiosität und Spiritualität im Alter*, in: Andreas Kruse/Mike Martin (Hg.), Enzyklopädie der Gerontologie, Bern u.a. 2004, 627-642.

10 Aus dem Vorwort von Jennifer Sutton Holder, Jann Aldredge-Clanton (Hg.), Parting. A Handbook for spiritual care near the end of life, Chapel Hill 2004.

darauf, Menschen in Harmonie mit »*ihrer* höheren Macht« sterben zu lassen. Das ist ein Hinweis darauf, dass die Unterscheidung von religiös und spirituell vor allem dazu dient, unbestimmt sein zu lassen, was jeder Mensch in einer freiheitlichen Gesellschaft selber bestimmen darf – seine eigene religiöse Ausrichtung. Der Sinn dieser Definition ist demnach nicht, eine religionsfreie Spiritualität zu propagieren, sondern sensibel zu bleiben für die multikulturelle und multireligiöse Situation der Gegenwartsgesellschaft. Religiöse Bedürfnisse von Juden, Christen oder Andersreligiösen sollen in der Beratung oder Begleitung nicht überspielt werden. Dass es auch synkretistische Mischformen und Agnostiker gibt, die sich nicht mit einer höheren Macht auseinandersetzen wollen, steht hier gar nicht zur Debatte. Spiritualität signalisiert prinzipielle Offenheit für jeden.[11]

Ähnlich wie in der Ratgeberliteratur für ältere Menschen schimmern aber in diesen abstrakten und allgemeinen Bestimmungen dennoch religiöse Vorbilder durch. Auf »Seelenfrieden« zielt jedenfalls eine Sterbebegleitung, die christlich geprägt ist. Der mutmaßliche Buddhist Ulfilas Meyer redet von Gelassenheit. Auch die Zugehörigkeit zu einer Gottheit ist für ein buddhistisches Konzept undenkbar, während im christlichen Glauben die Innigkeit der Zugehörigkeit durch das Bekenntnis zum menschgewordenen Gott sogar noch verstärkt wird. Nicht jede Religiosität sucht die Intimität und Intensität, mit der beispielsweise der Heidelberger Katechismus das Gottesverhältnis ausdrückt.[12]

Spirituell kann darum auch heißen, dass Individuen unbestimmt lassen, was in Religionsgemeinschaften ausdrücklich bestimmt wird. Es ist ja möglich, dass ein Mensch an eine »Höhere Macht« glaubt, aber ihr keinen Namen geben oder sie anbeten will, sondern sie einfach nur fürchtet. Ist nicht der Tod für viele Zeitgenossen eine solche höhere Macht? Wenn man Transzendenz in der Weise weitet, wird die höhere Macht zur Chiffre für das Schicksal oder die Evolution. Wichtig ist, dass spirituelle Begleitung die religiösen oder areligiösen Einstellungen des begleiteten Gegenübers nicht beurteilt, während die religiöse Begleitung zumindest bei der Begleitperson die Einstellung voraussetzt, dass (ein) Gott – im

---

11 Das gilt selbstredend nicht nur für die Palliativpflege. Auch in Selbstbeschreibungen der Selbsthilfegruppen der anonymen Alkoholiker ist von der »Höheren Macht« oder den »Höheren Mächten« die Rede.

12 Heidelberger Katechismus, abgedruckt und kommentiert in: Reformierte Bekenntnisse. Ein Werkbuch, Initiativgruppe (Hg.), Zürich 2009, 93-98, 93: »Was ist dein einziger Trost im Leben und im Sterben? Dass ich mit Leib und Seele, sowohl im Leben als auch im Sterben, nicht mir, sondern meinem getreuen Heiland Jesus Christus gehöre.«

Sinne eines religiösen Bezugssystems – als Macht, die Einfluss hat und auf die man Einfluss nehmen kann – im Spiel bleibt.

2.2 Klarstellungen

Solche Unterscheidungen sind sinnvoll, um sich grob zu orientieren, werden aber unbrauchbar, wenn man sie dogmatisch überinterpretiert. Denn *erstens* gibt es Differenzen zwischen dem Glauben des Ratgebers oder der Ratgeberin und dem Glauben des Ratsuchenden. *Zweitens* ist zu unterscheiden zwischen Religion und Religiosität.[13] Wenn die Ratgeberin religiös ist, heißt das noch nicht, dass ihr Rat ein religiöser sein muss oder das Gegenüber ihren Glauben teilen muss. Und wenn der Ratsuchende meint, er sei religiös, heisst das noch nicht, dass er es – nach den Kriterien einer Religionsgemeinschaft – auch ist. Schließlich ist zu berücksichtigen, dass Menschen in einer belastenden Situation vielleicht sagen, sie hätten mit Gott nichts mehr am Hut. Und vielleicht – ich rede als Theologe – ist am Ende Gott denen am nächsten, die zerschlagenen Herzens sind.

Religion und Religiosität lassen sich nicht unabhängig von der Situation und der subjektiv wahrgenommenen Intensität hieb- und stichfest definieren. In der Seelsorge weiß man schon lange um die Unzulänglichkeit definitorischer Zuschreibungen. In der seelsorglichen Begegnung geht es ja in erster Linie um die Seele eines Menschen und nicht um die Zugehörigkeit zu einer Religionsgemeinschaft. Dieser Fokus – man kann ihn gemäß obiger Definition »spiritual care« nennen – hindert »pastoral care« nicht daran, eine Situation religiös, also zum Beispiel unter der Voraussetzung, dass Gott lebt, zu interpretieren. Wenn ich in der seelsorglichen Begegnung auf die Zweifel eines Menschen eingehe, dient eine für ihn fraglich gewordene Dogmatik unter Umständen dazu, Häresien abzuarbeiten, die der Ratsuchende braucht, um sein Gottvertrauen wieder aufzubauen. Zweifel und Anfechtung, Klage und Rebellion sind Themen der Seelsorge. Sie arbeitet damit. Aus diesem Stoff *entsteht* das Religiöse.

Das Buch Hiob ist ein Exempel für diese These. Hiob rebelliert gegen die religiöse Konvention seiner Umwelt. Er glaubt nicht, dass Gott ihn bestraft wegen eines Unrechts, das er begangen haben soll. Und tatsächlich: Der Rebell wird ins Recht gesetzt, und die religiös korrekten ortho-

---

13 Ich unterscheide stillschweigend zwischen Religion als dem System und dem Religiösen als Vollzug von Religion und folge hierbei soziologischer Konvention. Vgl. dazu Beck.

doxen Ratgeber haben unrecht. Religiös-existentielle Beratung, die sich auf die Seite Hiobs schlägt, macht genau wie spirituelle Begleitung einen Unterschied zwischen »offizieller Religion« und »subjektiver Religiosität«.[14] In diesem Licht betrachtet, kann »spirituell« eine religionskritische Bedeutung annehmen.

Was heißt das jetzt im Blick auf die Verwendung der Begriffe? Tatsächlich ist die Sprachregelung im Deutschen weder konsistent noch konsequent. Religiös wird wie spirituell und spirituell wie religiös verwendet. Dass gewisse Autoren von impliziter und expliziter Religiosität oder quasireligiösen Funktionen oder Ersatzreligion reden, macht die Diskussion nicht einfacher.[15] Zudem gibt es immer öfter Situationen im Spital, Gefängnis oder im Asylwesen, die nach einer interkulturellen oder interreligiösen Seelsorge verlangen.[16] Man kommt aus der Malaise nur heraus, wenn man klar sagt, was jeweils mit der Begrifflichkeit gemeint ist.

Das gilt auch für das weite Feld der religiösen wie spirituellen Begleitung älterer Menschen. Ich nehme folgende Klarstellung vor. Von religiöser Begleitung soll dann die Rede sein, wenn die *Begleitperson*, die Hilfeleistungen erbringt, sich auf Religion als kulturelles Symbolsystem bezieht, wenn in der Betreuung, Beratung oder Pflege eines älteren Menschen der *religiöse Bezug im Vordergrund* steht, oder wenn das Religiöse sich in Form der Begleitung manifestiert und *religiös qualifiziert* geschieht, z. B. als Segen oder als Gebet. Spirituelle Begleitung ist sehr viel schwieriger zu definieren, weil das Spirituelle von der begleiteten Person bestimmt wird und sich im Nebel des Unbestimmbaren auflöst. Bei allen Differenzen muss auch das Gemeinsame betont werden: Spiritual care und Seelsorge (pastoral care) sind zwei unterschiedliche Ansätze mit dem selben Ziel: menschliche Bedürfnisse nach Trost, Sinn und Frieden sollen weder doktrinär noch autoritär, sondern sensibel für existenzielle Knoten und lose weltanschauliche Enden beim Gegenüber wahrgenommen werden.

---

14 Im Englischen lässt sich Glauben in belief (Glaubenssystem) und faith (Vertrauen) unterscheiden.

15 Von Parareligiosität, Postreligiosität oder Quasireligiosität ist zum Beispiel im Zusammenhang der Esoterik-Diskussion die Rede. Vgl. dazu Thomas Körbel, Esoterik. Eine Phänomenologie des Kartenspiels Tarot als Beitrag zum Verständnis der Parareligiosität, Münster 2001, 30.

16 Vgl. dazu Karl Federschmidt u. a. (Hgg.), Handbuch interkulturelle Seelsorge, Neukirchen-Vluyn 2002.

2.3 Gerotranszendenz

Es versteht sich von selbst, dass analoge Definitionsprobleme bei Alters-religiosität oder Altersspiritualität auftauchen. Wo Diskussionsbedarf gegeben ist, lässt sich anhand des Konzepts der Gerotranszendenz ver-deutlichen. Der schwedische Soziologe Lars Tornstam prägte den Begriff und verstand darunter eine im Alter gesteigerte natürliche Sensibilität für das Transzendente.[17] Vielleicht ist es in der Tat zutreffender, von einer gesteigerten Sensibilität für das *Spirituelle* zu sprechen. Denn Tornstam spricht nicht davon, dass Menschen im Alter frömmer, kirchlicher oder eben »religiöser« im strikten Sinne werden, sondern transparenter, geist-licher, weiser und weniger materialistisch.

Leider hat Tornstams These von der Gerotranszendenz den kleinen Schönheitsfehler, dass er nicht Hunderte und Tausende, sondern ein paar Dutzend lutherisch geprägte Schweden und Schwedinnen befragt hatte.[18] Die qualitative Studie zeigt dennoch, wie man die Rede von der Wiederkehr des Religiösen – wenn es sie gibt – interpretieren kann. Man soll sie jedenfalls nicht mit der Wiederkehr der Religion – die es vielleicht auch gibt – verwechseln.

Spannender als die Frage, wie man Tornstams Beobachtungen nun so-ziologisch richtig interpretiert, finde ich die Frage, was im einzelnen Fall tatsächlich geschieht: ob ein alter Mensch zum Beispiel zur Religiosität seiner Kindheit findet oder sich endlich von infantilen, religiös gefärbten Ängsten löst. Wichtig scheint mir zudem die Idee, dass Religiosität *in der Biographie* eines Menschen, also in bestimmten Phasen an Bedeutung zunehmen oder abnehmen und wieder zunehmen kann. Dass Religio-sität punktuell auftaucht, abtaucht und wiederkehrt, hat ja Erik Erikson

---

17 Ausführlich dargestellt in Lars Tornstam, Gerotranscendence. A developmental theory of positive aging, New York 2005. Eine kritische Besprechung der Theorie aus soziologischer Sicht findet sich bei François Höpflinger, Gerotranszendenz und Generativität im höheren Lebensalter. Vortrag, gehalten am 3. Münsterlinger Symposium zur Alternspsychotherapie ›Kreativität, Psychotherapie, Spiritualität‹ vom 30.5. – 1.6.2002.

18 Allerdings hat Fereshteh Ahmadi, ein Schüler von Tornstam, die wesentlichen Merkmale der Gerotranszendenz auch bei Einwanderern aus dem Iran, die einen sufistischen Islam leben, nachgewiesen; vgl. Sufism and Gerotranscendence: The Impact of Way of Thinking, Culture, and Aging on Spiritual Maturity. Journal of Aging and Identity 03, no. 4 (Dezember 1, 1998), 189-211. Das Problem von Ge-rotranszendenz ist wohl eher die unscharfe Terminologie. Religiös anmutende Begriffe werden in eine sozio-psychologische Theorie eingebracht, die sich als Reformulierung der Disengagement-Theorie versteht. Das Verhältnis von Reli-giosität/Spiritualität und Disengagement bleibt dabei aber unreflektiert.

schon prominent formuliert. Tornstam greift auf Erikson zurück, um seine Beobachtungen zu ordnen und sein theoretisches Konzept zu systematisieren.[19] Die Wiederkehr des Religiösen findet entwicklungspsychologisch immer wieder im Lebenszyklus statt: vielleicht als Hinwendung, vielleicht aber auch in Form einer Abwendung von Religion, vielleicht sogar als radikale Kehrtwende zur Religion. Entwicklungspsychologie verbindet verschiedene Linien und Ebenen, verknüpft externe Umwelteinflüsse und interne Reifungsprozesse und versteht Individuation und Identitätsbildung als fortwährende Kette von Krisen (die nicht mit Katastrophen zu verwechseln sind), deren Bewältigung sozial wie individuell nach Stabilisierungsstrategien verlangt.

Wiederkehr bekommt einen neuen Sinn, wenn man sich menschliche Entwicklung spiralförmig vorstellt. Die wiederkehrenden Sinnfragen, die diese Bewegung verursachen, begleiten das ganze Leben, aber manche spitzen sich im Alter zu.[20] So kommt, wer älter wird, ganz natürlich häufiger als in jüngeren Jahren bei den Hütten der Religion vorbei. Im Alter verengt sich die Spirale: die religiösen Wegzeichen mehren sich. Sei es, dass Angehörige und Freunde sterben, sei es, dass das Bedürfnis wächst, die rituellen Schutzräume zu betreten, welche die Religionsgemeinschaft den Lebensreisenden errichtet, sei es, dass sich die Besuche der Seelsorgerin häufen. Es gibt also altersspezifische Variationen und Intensivierungen der zyklischen Wiederkehr des Religiösen im Leben.

3. Wiederkehr des Religiösen im Alter und in der Spätmoderne

3.1 Schutzengel und Kirchenkritik

Erik Erikson hatte ein Faible für Theologie. Er stand im engen Austausch mit Paul Tillich, der dafür plädierte, den religiösen Konflikt, den der junge Luther mit dem gnädigen Gott ausgefochten hatte, in existentielle Terminologie zu übersetzen.[21] Aus der Glaubenskrise wurde eine Sinnkrise. Erikson wiederum begriff Sinnkrisen als Identitätskrisen. Die bleiben

---

19 Joan Erikson bezeichnet später Tornstams Gerotranszendenz im abrundenden Rückblick auf das Werk ihres Mannes als die neunte und letzte Lebensphase; vgl. E. H. Erikson/J. Erikson, Der vollständige Lebenszyklus, Frankfurt a. M. 1988.

20 Vgl. dazu Hans-Martin Rieger, Altern anerkennen und gestalten, Leipzig 2008.

21 Vgl. dazu Barbara Pühl, Der menschliche Lebenszyklus und die Erfahrung dessen, was uns unbedingt angeht. Erik H. Erikson und Paul Tillich, in: PTh 97 (2008) 154-165.

zwar – gleichsam rückwärts – religiös interpretierbar, aber sie können universal bestimmt werden.

Nun hat in der Alterstheorie ein bemerkenswerter Wechsel vom Belastungsdiskurs zum Gestaltungsdiskurs stattgefunden. »Plastizität« ist ein wichtiges Stichwort, »Weisheitsforschung« ein anderes und »erfolgreiches Altern« ein drittes.[22] Aus Identitätskrisen werden Gestaltungsmöglichkeiten. Das ist positiv, weil es Handlungsfreiheit postuliert, und ist zugleich ambivalent, weil es Handlungsdruck generiert. Die sogenannte »Kompression der Morbidität«, also das Drängen der existentiellen Krisen ins vierte Alter und die Ausdehnung des dritten Alters, erweitert zwar den Spielraum für die Subjekte, schafft aber auch den Druck, Altern als eine Lebensphase anzusehen, die man meistern kann. Die Parallelen zum Individualisierungsdiskurs sind offensichtlich. Es gibt einen Zusammenhang zwischen dem Zwang zur Freiheit und dem Gestaltungsdruck im Alter. Die Verlagerung der Gewichte lässt auch in der religiösen und spirituellen Begleitung andere Akzente setzen. Religion wird weniger *interventiv* zur Bewältigung von Krisen im Notfall und stärker *präventiv* als Ressource wahrgenommen, die Gestaltungsimpulse für die individuelle Bewältigung des Alters liefert. Es ist darum kein Zufall, dass heute im Zusammenhang mit Altersfragen Weisheit und generell Lebenskunst gefragt sind.[23]

Lassen sich diese Tendenzen in den Einstellungen älterer Menschen entdecken? Fragen die Alten nach Weisheit? Studien, die Auskunft geben über die religiöse Orientierung älterer Menschen in der Schweiz, lassen Trends erkennen, die in diese Richtung gedeutet werden können. Jedenfalls ist deutlich, dass auch im älteren Segment der Bevölkerung religiöse Vielfalt zunimmt. Auch die entsprechenden Gegenströmungen lassen sich entdecken. Wiederkehr des Religiösen kann in der Spätmoderne heissen, dass die Jungen in hochgradig geschlossene Systeme fliehen und die Generation der Älteren stur ihre Emanzipation verteidigt. Es gibt gute Gründe, die religiöse Großwetterlage nicht mit einem stationären Tief oder Hoch, sondern mit Wechselfronten und Sturmböen – individuell wie kulturell – zu interpretieren.

22 Kritisch diskutiert bei Heinz Rüegger, Altern im Spannungsfeld zwischen ›Anti-Aging‹ und ›Successful Aging‹. Gerontologische Perspektiven einer seelsorglichen Begleitung älterer Menschen, in: Ralph Kunz (Hg.), Religiöse Begleitung im Alter. Religion als Thema der Gerontologie, Zürich 2007, 143-182.

23 Ausführlicher in Ralph Kunz, Weisheit: Konzepte der Lebensklugheit, in: Martina Kumlehn, Thomas Klie, Ralph Kunz (Hg.), Praktische Theologie des Alterns, Berlin/New York 2009, 155-205.

Ulrich Beck hat in seinem kleinen fulminanten Büchlein mit dem Titel »Der eigene Gott« von einer chaotischen Religionsentwicklung gesprochen.[24] In der reflexiven Moderne sind Individuen gezwungen, ihre Religiosität selbstbestimmt zu verantworten. Selbstbestimmt heisst: Die wenigsten übernehmen das komplexe System einer Religion mit Stumpf und Stil. Sie wählen mehr oder weniger selbständig dieses oder jenes aus und setzen das Ausgewählte neu zusammen. Die eigene Religion ist zwangsläufig eine Bricolage aus verschiedenen Systemen. Die ordnende Instanz ist das Subjekt.[25] Dabei ist keineswegs alles häretisch gemeint, was Individuen unorthodox formulieren. So sagt der eine vielleicht »Engel« und meint »Christus«, und die andere sagt »Gott« und denkt ans »Schicksal« und dritte feiern Ostern und glauben an die Reinkarnation.

Es gibt durchaus ein wissenschaftliches Interesse daran, herauszufinden, wie kirchentreu und traditionell die Einstellung der Alten noch ist oder wie esoterisch und kirchenscheu sie sich verhalten. Das alles ist verwirrend vielfältig. Die Vielfalt ließe sich allenfalls mit Typologien bändigen. Das ist aber nicht mein Interesse, denn für die religiöse Begleitung, aber auch für offenere Formen wie Lebensberatung ist es entscheidender, Individuen mit ihren Geschichten wahr- und ernst zu nehmen.

4. Religiöse und spirituelle Begleitung
4.1 Dynamik der Entwicklung

Menschen, die mit älteren Personen zusammenarbeiten, würden sicher die These bestätigen, dass es *alterstypische Muster in der religiösen Entwicklung* gibt. Das ist freilich nicht dasselbe wie altersspezifische Gründe für ein gesteigertes Bedürfnis nach Religiosität. Auch die gibt es. Aber diese Gründe – etwa das Bewusstsein für die geschrumpfte Lebenszeit oder die Konfrontation mit belastenden Altersbeschwerden – werden subjektiv

---

24 Ulrich Beck, Der eigene Gott, Von der Friedensfähigkeit und dem Gewaltpotential der Religionen, Frankfurt a. M. 2008.

25 Paradoxerweise wird dieses »Subjekt« aber gerade von den Systemen, die es auswählt, erst als religiöser oder sozialer »actor« konstituiert. Es befindet sich in der Spannung, als Instanz die Zustände *ordnen* zu müssen, in denen es als *geordnete* Substanz erscheint. Biblisch gesprochen will es mehreren Herren dienen, und kann dies nur, indem es sich zum Herrn über »sich selbst« stilisiert. Nur: Was ist dieses »ich selbst«, wenn nicht ein bereits von dem oder dem her bestimmtes? Konstruktivistische Denkerinnen haben wegen dieser cartesianischen Schwierigkeiten auf die ursprüngliche Bedeutung von »Subjekt« als *sub-jectum* (das Unterworfene bzw. Sich-Unterwerfende) hingewiesen.

different erlebt und ganz unterschiedlich in Lebensgeschichten eingebettet, so dass es keine alterstypische Religiosität gibt. Und wenn es sie doch gäbe, bzw. und wenn man sie konstruierte: Für die Praxis der Begleitung wäre sie völlig irrelevant. Was zählt, ist die einzelne Geschichte.

Für das wissenschaftliche Verständnis der Altersreligiosität oder Gerotranszendenz ist es nicht unerheblich, ob und wie der erhöhte Bedarf an Beratung mit der gedehnten dritten Lebensphase zusammenhängt und wie sich die Individualisierung der Religion auf die Intensivierung der Religiosität auswirkt. Solches Wissen ist aber nicht direkt anwendbar oder umsetzbar. Es hat keine handlungsleitende Funktion. Gleichwohl ist solches Wissen handlungsfundierend, weil es hilft, die Dynamik der religiösen Begleitung in Institutionen zu reflektieren. Die Kenntnis der alterstypischen Muster in der religiösen Entwicklung ist hilfreich, weil sie dazu leitet, die Impulse für die seelsorgliche oder spirituelle Deutung zu überprüfen. Wichtig scheint mir, dass man die Prüfung nicht mit Festlegungen belastet und gefährdet. Weder auf der individuellen noch auf der institutionellen noch auf der gesellschaftlichen Ebene sind heute klare konfessionelle Verhältnisse gegeben. Vieles ist diffus und sowohl auf der Seite der Betreuenden als auch auf der Seite der Betreuten in Bewegung. Mit anderen Worten: Religiöse oder konfessionelle Identität ist mikro-, meso- und makrosoziologisch diffus bis konfus, heterogen, flüssig und flüchtig.

Um noch einmal auf die eingangs gemachte Unterscheidung zurückzukommen: Man kann diese Dynamik als Auflösung interpretieren. Kirchliche Bindungen lockern sich, und christliche Überzeugungen verflüssigen sich. Aber es wäre irrig, daraus den Schluss zu ziehen, Menschen werden deshalb spiritueller im qualifizierten Sinn. Wenn heute im Zuge einer ganzheitlichen Intelligenzforschung in Analogie zur emotionalen von der spirituellen Intelligenz gesprochen wird, bin ich versucht zu sagen, dass mit dem Verlust des kulturellen Gedächtnisses der Religionen auch mit einem Verlust an spiritueller Sensibilität gerechnet werden muss.[26] Die Vielfalt der Orientierungen macht es beispielsweise schwierig, innerhalb einer Organisation eine gemeinsame Kultur zu stiften. Am deutlichsten lässt sich die Entwicklung an Institutionen ablesen, die sich zwar historisch christlich verstehen und diese Herkunft allenfalls weiterhin im Namen tragen, aber Personal anstellen, das sich nicht mit der Institutionsgeschichte identifiziert. Auch ein katholisches Heim oder ein Spital, das von Diakonissengemeinschaften gegründet wurde, kommt heute nicht aus ohne muslimisches Pflegepersonal und agnostische Mediziner.

---

26 Vgl. dazu Jan Assmann, Das kulturelle Gedächtnis. Schrift, Erinnerung und politische Identität in frühen Hochkulturen, München 2005.

4.2 Konsequenzen

Welche Konsequenzen für die Begleitung alter Menschen müssen auf dem Hintergrund dieser Entwicklung gezogen werden?

– Erstens: Die Unterscheidung von spirituell und religiös erweist sich als hilfreich, um in der Situation der kulturellen und religiösen Vieldeutigkeit in Heimen und Spitälern die *ganzheitliche Begleitung* alter Menschen auf eine breite Basis zu stellen. Traut man den Umfragen, ist es eine Mehrheit, die sich eine religiöse oder eben spirituelle Begleitung wünschen. Dieses Bedürfnis soll als wesentlicher Teil menschlicher Existenz wahrgenommen werden.

– Zweitens: Man muss nicht religiös sein, um auf die spirituellen Bedürfnisse älterer Menschen eingehen zu können. Man muss nur aufmerksam und sensibel für die Fragen sein, die sich älteren Menschen stellen, wenn sie an Grenzen stoßen. *Spiritual care* gehört zum Pflegeauftrag. Es ist kein weltanschauliches Programm damit verbunden. Denn das Gegenüber hat einen eigenen oder keinen Gott, aber will so oder so in seinem Bedürfnis nach Trost ernst genommen werden.

– Drittens: Begleitung durch einen religiösen Menschen kann genau darin bestehen, sensibel auf den Religionsmix oder das Religionsnix des Gegenübers einzugehen. Eine Seelsorgerin, die sich nicht auf ein kirchenkritisches oder agnostisches Suchen und Ringen nach Sinn einlassen kann, hat ihren Beruf verfehlt.

– Viertens: Es empfiehlt sich, sowohl die explizit religiöse Begleitung – ich denke z. B. an priesterliche Handlungen – als auch die anspruchsvolle Aufgabe der spirituellen Beratung möglichst dem dafür geschulten Personal zu überlassen. In unseren Institutionen sind das in beiden Fällen in der Regel christliche Seelsorger und Seelsorgerinnen. Es spricht viel dafür, auch Geistliche anderer Religionsgemeinschaften anzustellen und die interkulturelle Kompetenz in der Aus- und Weiterbildung zu fördern.

Im Lichte dieser Konsequenzen scheint mir, könne die Unterscheidung von spiritueller und religiöser Begleitung noch etwas präziser gefasst werden. Anders als *spiritual care*, die u. U. auch von Pflegenden oder Angehörigen wahrgenommen wird, ist *pastoral care* ein Auftrag der Kirche oder – dann aber mit anderer Begrifflichkeit – Auftrag einer Religionsgemeinschaft. Die Kirche gibt sich ihren Auftrag nicht selbst, sondern versteht sich als berufen, das Evangelium von Jesus Christus auszurichten. Entsprechend diesem Auftrag versucht die seelsorgliche Begleitung, eine Begegnung mit Gott (und nicht primär mit der Kirche) zu stiften.

Die strikte Ausrichtung auf das Göttliche kann als geistliche Dimension der christlichen Religiosität bezeichnet werden. Aus Sicht der Theologie ist Spiritualität aber keine Komplementärreligion und die Kirche keine Schulreligion. Darum ist noch einmal zu betonen: Die differenzierte Wahrnehmung von spirituellen Anliegen und spezifisch religiösen Fragen gehören zum Geschäft der Seelsorge.

5 Selbstkritisch-kritische Begleitung der Religion

5.1 Konkrete und abstrakte Spiritualität

Ich bin mir der Gefahr bewusst, wenn ich zum Schluss mit der »geistlichen Dimension« noch eine neue Verwendung von »Spiritualität« ins Spiel bringe – eine Verwendung, die etwas anderes meint, als radikal individualisierte und ungebundene Variante von Religiosität oder eine Art Metareligion. Mir geht es mit der Geistlichkeit oder Spiritualität um die Essenz, die Tiefendimension, den Pulsschlag und die Lebendigkeit des Glaubens. Gemeint ist das Gegenteil der Abstraktion: die *Konkretion* von Religion.

Um die Irritation, die dabei entsteht, kommen wir nicht herum, und um Missverständnisse zu vermeiden, unterscheide ich zwischen einer konkreten und einer abstrakten Spiritualität. Die konkrete Spiritualität ist immer konfessionell. Sie ist unverwechselbar, eigensinnig und widerständig. Typisch christlich ist die Befestigung des Religiösen im Inneren einer personalen Beziehung. Sie konzentriert sich auf die Bindungen eines Menschen und ist gebunden an die Geschichte. Hingegen kann eine allgemein abstrakte Spiritualität nur die radikale Ungebundenheit versichern. Sie ist zwar nicht inhaltsleer, aber inhaltsfrei.

Man kann die beiden Konzepte der Spiritualität als entgegengesetzte Pole begreifen. Daraus ergibt sich die produktive Spannung zwischen einer dezidiert theologischen und einer ebenso dezidiert offenen Spiritualität. Wenn die Spannung ausgehalten wird, erhöht sich die Chance, dem gegenwärtigen Umbruch der religiösen Landschaft mit einem dynamischen Konzept zu begegnen. Die Differenzierung hilft einerseits, die vielfältigen Aufgaben der Seelsorge besser zu verstehen, und liefert andererseits Impulse, die geistliche Dimension in der Begleitung älterer Menschen weder zu überfrachten noch auszublenden.

5.2 Theologische Unterscheidung

Ich will meinen Klärungsversuch schließen mit drei theologischen Unterscheidungen, denn Unterscheidungen sind das Geschäft der Theologie:

- die Unterscheidung von Schöpfer und Geschöpf
- die Unterscheidung von Gesetz und Evangelium
- die Unterscheidung Werk und Person.

Theologische Unterscheidungen sind Initialzündungen, die zur Wahrheitssuche anstiften, indem sie das ›Währenlassen‹ des Alterns dem Menschen und das ›Wahren‹ des Lebens Gott überlassen. Das ist die Intention: Interpretationsperspektiven zu wählen, die alles – auch Alter und Altern – noch einmal neu in den Blick nehmen. Das sind die Leitfragen: Was ändert sich an unserer Einstellung zum Altwerden, wenn wir annehmen, dass Gott das Leben so geschaffen hat, wie es ist? Dass wir gebrechlich sind und es gut ist, dass einmal alles wegbricht, was wir für wichtig halten? Was kehrt sich um in unserer Wahrnehmung, wenn alles, was wir an Anstrengungen unternehmen, um diese existentielle Herausforderung konstruktiv zu verarbeiten, gerade nicht durch Anstrengung, sondern durch Annahme gelingt? Was bedeutet es für unser Menschsein, wenn wir verstehen, dass wir uns – mit allem, was wir nicht so toll finden – Gott verdanken? Und was machen wir mit der bitteren Wahrheit, dass niemand es in der Hand hat, am Ende sein Gesicht zu wahren? Wie gehen wir damit um, dass wir mit unserem Lebensende nichts anfangen können?

Natürlich ist die Entscheidung, Gott und Leben zusammen zu denken, nicht zwingend notwendig. Man kann Gott nicht nachweisen und hat nachweislich weniger Schwierigkeiten, wenn man sich nicht mit Problemen beschäftigt, die sich nicht lösen lassen. Nur sollte uns zu denken geben, dass mit der Wegrationalisierung Gottes der Druck, das Leben zu meistern, nicht nachlässt. Es könnte ja sein, dass die Aufgabe, ein Mensch ohne Gott zu sein, unmenschlich schwierig ist. Oder theologisch ausgedrückt: Ist der Mensch auf sich allein gestellt, muss er sich selbst als Schöpfer, Erhalter und Gestalter des eigenen Lebens bewähren, sich mit seinem Scheitern versöhnen oder sich selbst erlösen. Kann er das? Soll er das? Und gibt es diese Erlösung ohne religiöse Schlacken? Und sagen wir diesem Versuch dann Spiritualität?

Das halte ich für eine gefährliche Illusion. Diese blutleere und perfekte Superreligion kann gar nicht falsch sein. Sie strotzt vor Richtigkeit. Darum kann sie auch eine Allianz eingehen mit dem gelingenden Alter, der Tugend, sich selbst zu trösten und zu versorgen. Das macht mir die klinisch reine und abstrakte Spiritualität so verdächtig. Spiegelglatt und nicht greifbar, geschichtslos und gesichtslos ist sie. Sie riecht nach nichts und wird – wie Jean-Baptiste Grenouille, der Held in Patrick Süskinds »Parfüm«[27] – selber völlig geruchlos, aber süchtig nach dem Duft des fremden Körpers, am Ende zum Mörder des Kreatürlichen.

5.3 Hütte Gottes bei den Menschen

Das ist überspitzt, gewiss. Ich will ja auch provozieren, um zu zeigen, dass Theologie Religion *und* Spiritualität kritisch begleitet. Sie behält eine gewisse skeptische Distanz zu idealen Konzeptionen von Religiosität oder Spiritualität. Denn die ideale Religion, die rein und wahr wäre, hat es nie gegeben und wird es nie geben. Nicht weil religiöse Menschen immer die größten Sünder sind, sondern weil selbst die größten Sünder religiös sein können. Theologie pflegt eine Nachdenklichkeit, die weiß, dass auch der Nachdenklichste nicht über seinen Schatten springen kann. Und ebendieses selbstkritische Wissen besitzt klärende Kraft.

Wenn ich diesem Wissen einen Namen geben müsste, würde ich es *kritische Weisheit* nennen. Theologie ist darum (im Idealfall) religionskritische Weisheit.[28] Sie begleitet nicht nur Religion, sondern auch Religiosität und Spiritualität. Sie wahrt eine Distanz zu den Projektionen, die der religiöse Mensch entwirft, sie erinnert an das Bilderverbot und an den *Erzählstoff* des kulturellen Gedächtnisses, in den sich ein spiritueller Mensch hüllt und in den er sich verstrickt, wenn er über seine Herkunft und Zukunft nachdenkt. So verstanden sind die Hütten der Religion, auf die der Mensch im Zyklus des Lebens immer wieder trifft, immer nur vorläufige Herbergen. Sie schützen, weil sie von der Hütte Gottes bei den Menschen erzählen und ihm die Gewissheit schenken: Die Reise ist noch nicht zu Ende. Aber irgendwann kommen wir nach Hause.

---

27 Patrick Süskind, Das Parfüm. Die Geschiche eines Mörders. Zürich 1986.
28 Kunz, Weisheit, a.a.O., 191ff.

BERND SEEBERGER / MARTIN PALLAUF

Religiöse Praxis älterer Menschen heute

Im vorliegenden Beitrag resümieren die Autoren eine empirische Untersuchung, die eigens für dieses Buch durchgeführt wurde. Dazu wird zu Beginn der Forschungsansatz vorgestellt, anschließend werden die Ergebnisse nach Kategorien präsentiert und diskutiert.

1. Empirische Erhebung zur religiösen Glaubenspraxis

Forschungsfrage und methodisches Vorgehen: Wie praktizieren ältere Menschen ihren Glauben? Um diese sozialwissenschaftliche Forschungsfrage zu beantworten, wurde ein *mixed method*-Design mit quantitativen und qualitativen Elementen entworfen. Die Datenerhebung fand mithilfe eines Interviewleitfadens statt, der sowohl formale (quantitative) als auch inhaltliche (qualitative) Fragen umfasste. Die Antworten wurden schriftlich dokumentiert, und der qualitative Kategorienansatz erfolgte nach Mayring.[1]

Forschungsgruppe und Erfahrungen: Ursprünglich war im ersten Schritt geplant, 25 ältere Personen in die Untersuchung einzubeziehen. Befragt wurden schlussendlich 20 – ausgewählt nach dem Schneeballsystem[2] –, wobei nicht zwischen Stadt, Land und Glaubensbekenntnis unterschieden wurde. Die theoretische Sättigung[3] wurde bereits bei der 18. Befragung sichtbar, jedoch entschlossen sich die Autoren, weiter zu fragen, um die Aussagekraft zu erhöhen. Nach der 20. Befragung wurde die Datenerhebung beendet.

Nachfolgend einige Charakteristika zu den 20 Interviewpartnerinnen und Interviewpartnern: Die Personen waren zwischen 54 und 80 Jahre alt (das Durchschnittsalter lag bei 70,5 Jahren); davon 10 Frauen und 10 Männer.

2. Ergebnisse

Im Folgenden werden die Ergebnisse anhand von Kategorien und zugehörigen Subkategorien vorgestellt. Sie werden inhaltlich erläutert und mit exemplarischen Aussagen (Ankerbeispielen) aus den Interviews angereichert.

---

1 Mayring, 2016, S. 118 ff.
2 Flick, 2017, S. 148 f.
3 Strauss & Corbin, 1996, S. 215.

2.1 Zugehörigkeit zu einer Religionsgemeinschaft

Von den 20 Befragten bezeichnen sich 10 (50 %) als katholisch, 9 (45 %) als protestantisch und 1 (5 %) als muslimisch. Eine Person sagt dazu: »Ich bin gerne evangelische Christin und gehe regelmäßig in die Kirche; mich zwingt niemand dazu, und ich mache das aus Überzeugung«.

2.2 Bedeutung der Bergpredigt für die persönliche Glaubenspraxis

Die Bergpredigt stellt eine zentrale Säule des christlichen Glaubens dar, weswegen hier drei Subkategorien gebildet werden konnten. Diese sind Werteorientierung, Individuelle Lebensorientierung und Gesellschaftliches Engagement.

Subkategorie: Werteorientierung

Die befragten Personen nennen hier vor allem Aspekte wie Gerechtigkeit üben, sich für Gerechtigkeit einsetzen und Ungerechtigkeit erkennen. Dazu passt auch die Friedfertigkeit, an der man sich orientieren sollte. Ebenfalls wurde der Begriff der Nächstenliebe mehrfach genannt. Ergänzend dazu sollen auch der Wert der Barmherzigkeit und Respekt im Alltagshandeln Berücksichtigung finden. So wie es eine Person ausdrückt: »Die Bergpredigt zeigt uns, Respekt vor dem Leben und vor den Menschen zu haben«. Diese Werte fordern auch auf, Haltung nach außen zu zeigen: »Gerechtigkeit und Offenheit im Umgang mit anderen Menschen«.

Subkategorie: Individuelle Lebensorientierung

Die Befragten geben an, durch die Bergpredigt eine Handlungsanweisung für das persönliche Leben zu erhalten. Dies kann Auswirkung darin finden, bedürftigen Menschen zu helfen und sie zu unterstützen. »[…] Überwinden des Egoismus und sich für menschenwürdiges Leben einsetzen«. Darüber hinaus stellt die Bergpredigt eine Aufforderung dar, Verzeihung und Vergebung gegenüber anderen zu praktizieren und Verantwortung für sein persönliches Handeln zu übernehmen. Zusammengefasst kann man dies anhand des folgenden Ankerbeispiels darstellen: »Wahrhaftigkeit und Aufrichtigkeit zu erlangen ist eine Lebensaufgabe im Alltag«.

Subkategorie: Gesellschaftliches Engagement

Die meisten Befragten sehen die Bergpredigt als Aufforderung, sich gesellschaftlich, sozial und politisch zu engagieren. Gemeint ist damit vor allem, sich für die Schöpfung und für die Umwelt einzusetzen, sodass sich Lebensbedingungen verändern und verbessern können und Ungerechtigkeit gesellschaftlich bekämpft wird. Gefordert wird ein Eintreten für ein friedliches Miteinander – im Kleinen wie im Großen – und Unterstützung für Bedürftige. Die Befragten drücken es so aus: »Durch gesellschaftliche Aktivitäten mit anderen kann ich in meinem Umfeld die Welt menschlicher gestalten«. Und: »[…] in unseren jeweiligen Beziehungen gesellschafts- und sozialpolitisch wirken, sind erst einmal kleinste Wellen, die unser Handeln bewirken«.

2.3 Gottesdienstbesuch

Von den 20 Befragten gehen 5 regelmäßig (25 %), 12 ab und an oder selten (60 %), und 3 Personen nie (15 %) in die Kirche oder zum Gottesdienst. Dies wird folgendermaßen begründet: »Wir gehen nur an Festtagen wie Weihnachten oder Ostern zur Kirche. Das ist dann schon sehr festlich und schön«. »Eigentlich gehe ich in die Kirche, nur um andere Menschen zu sehen oder Bekannte zu treffen. Das andere ist immer das Gleiche«. »In unserer Gemeinde geht es nur noch um Kinderkirche und junge Familien – für uns Ältere interessiert sich keiner mehr«.

2.4 Bedeutung der Religion im Elternhaus

Die 20 Befragten gaben auf die Frage nach der Bedeutung der Religion im Elternhaus folgende Antworten: ja, sehr wichtig: 75 %, weniger wichtig: 20 %, überhaupt nicht wichtig: 5 %. Als Ankerbeispiele lassen sich folgende Aussagen anführen: »Wir wurden damals alle streng religiös erzogen. Der Pfarrer hat in der Schule gefragt, wer am Sonntag beim Gottesdienst war, da wollten alle ihre Finger hochhalten«. »Man hat mich und meinen Bruder gezwungen, in die Kirche zu gehen; oftmals auch während der Woche. Deshalb mag ich jetzt einfach nicht mehr gehen, das hat man alles dann so satt«.

2.5 Religiösorientierter Lebensstil

Von den 20 Befragten geben 75 % an, dass sie einen religiös-orientierten Lebensstil pflegen, 10 % verneinen dies, und 15 % können dazu keine

Einschätzung treffen. Folgende Aussagen wurden notiert: »Ja, ich denke schon, dass ich ein religiöser Mensch bin, und bekenne mich auch als aktiver und kritischer Christ, aber ich muss dies nicht ständig nach außen zeigen«. »Ach, diese scheinheiligen Frauen zeigen sich ständig in der Kirche, da muss ich nicht auch noch dabei sein«. »Ich helfe armen Menschen und betreue auch eine geflüchtete Frau. Das bringt mehr als da auf den Knien in der Kirche herumrutschen«.

2.6 Den Glauben öffentlich leben

25 % der Befragten geben an, dass sie ihren Glauben auch öffentlich leben und sich in der Gesellschaft dazu bekennen. 20 % meinen, dass sie das teilweise täten. Die Mehrheit von 55 % gibt allerdings an, dass ihr Glaube nicht in die Öffentlichkeit gehöre. »Ja, ich zeige mich bewusst als Christin, weil ich manchmal etwas Angst bekomme, wie lange es uns noch geben wird«. »Für mein Seelenheil bin ich doch selbst verantwortlich, da kann mir dieser gehemmte Typ von Pfarrer nicht dabei helfen«. »Nein, ich mag mein Christsein nicht hervorheben, lieber bete oder singe ich zuhause alleine oder schaue einen Gottesdienst im Fernsehen an«.

2.7 Religiöse Alltagspraktiken

Die Aussagen zur Glaubenspraxis wurden nicht nach Religionen getrennt, sondern nach öffentlich und privat gelebten Praktiken. Bei der öffentlich gelebten Glaubenspraxis wurden Aktivitäten genannt wie: Gottesdienstbesuch, Teilnahme an Prozessionen und Wallfahrten, Singen im Kirchenchor, Übernahme von kirchlichen Ehrenämtern und Mitarbeit in der Kirchengemeinde.

Bei der individuell gelebten Glaubenspraxis wurden genannt: Stoßgebete im Alltag, gemeinsame Tischgebete, stilles Beten, Kruzifix in der Wohnung, Lesen von religiös orientierter Literatur oder in der Bibel, Kirchenfunk hören: Wort zum Sonntag, Sonntagsgottesdienst im 3. Programm oder Verfolgen von religiösen Ereignissen in den Medien, wie zum Beispiel Übertragungen von Kirchentagsveranstaltungen. Weitere Aktivitäten, die von den Interviewpartnerinnen und Interviewpartnern als gelebte Glaubenspraxis bezeichnet wurden: Besuch eines religiösen Konzertes, Kirchentagsbesuch, Meditation und Yoga, Spenden für einen guten Zweck, Diskussionen über Glauben, Religion und Gott, Besichtigung einer Kirche während des Urlaubs, Sternsinger (Heilige Drei Könige) empfangen.

2.8 Veränderung der religiösen Alltagspraktiken

Die Befragten äußern, dass sich in den letzten Jahrzehnten durchaus eine Veränderung im Ausleben von religiösen Alltagspraktiken feststellen lässt. So war Religiosität in früheren Zeiten eher in der Öffentlichkeit präsent, als dies heutzutage der Fall zu sein scheint. »Naja, im öffentlichen Leben spielt heute das Bekenntnis fast keine Rolle mehr«. »Heute gilt dein Glaube als Privatsache, dann braucht man sich nicht wundern, dass das Ganze ins Private abrutscht. Die Kirchen tun dafür wenig, dies zu ändern. Die haben mit sich und ihren Problemen zu tun«. »Ich denke, mit zunehmendem Alter wird der Glaube wieder wichtig, aber das macht man privat oder redet nur daheim davon. Ich mache mir schon Sorgen, ob ich einmal gut vorbereitet bin«.

2.9 Beweggründe zur Distanzierung der Menschen

Diese Kategorie wird umfassend mit aktuellen Geschehnissen verknüpft, weswegen auch hier Subkategorien gebildet werden konnten. Dies sind aktuelle Skandale und Affären, veränderte gesellschaftliche Rahmenbedingungen und ihre Wahrnehmung durch die Kirche und deren Menschenbild und die fehlende Gleichberechtigung.

Subkategorie: Aktuelle Skandale und Affären

Die Befragten nehmen die Skandale der letzten Jahre sehr sensibel wahr und nennen dies als Grund für die Distanzierung. Vorrangig werden hier die sexuellen Missbrauchsskandale genannt, aber auch das Finanzgebaren und die Selbstinszenierung eitler Kirchenvertreter werden sehr kritisch gesehen. Negativ wird nicht nur das Faktum dieser Umstände bewertet, sondern vor allem der negierende oder zögerliche Umgang damit. Eine Aufarbeitung findet in den meisten Fällen nur durch externen Druck statt und wird als nicht wahrhaftig gesehen. »Die Kirche hat ihre Rolle als Moral-Agentur, unter anderem aufgrund der mangelhaften Aufarbeitung der Missbrauchsfälle und des Machtgebarens verschiedener Vertreter, verloren«. Und: »Prunk, Pracht und Eitelkeit der Kirchenvertreter sowie ihre Lügen und Skandale stoßen mich ab«.

*Subkategorie: Veränderte gesellschaftliche Rahmenbedingungen
und ihre Wahrnehmung durch die Kirche*

Viele Gläubige erleben keine echte Seelsorge mehr und vermissen das Interesse an den Menschen und ihren Problemen. Die Kirche wird wahrgenommen als eine Institution, die sich von der normalen Gesellschaft entfremdet hat. Sie ist oftmals mit sich selbst beschäftigt und nicht mit dem Alltagsleben der Gläubigen. Dadurch sehen viele Gläubige keinen Platz mehr für sich in den Kirchen, zumal Traditionen und Rituale als hohl erlebt werden. Viele Gläubige verlassen die Kirche, weil diese nicht bereit ist, sich zu verändern – oder Veränderungen zu langsam stattfinden –, und in ihrem Konservatismus verhaftet ist. Dies äußert sich in deutlichen Aussagen: »Für die reiche und bequeme Kirche wird keine Kirchensteuer mehr bezahlt«. Und ergänzend dazu: »Das System Kirche ist mit sich selbst beschäftigt und nicht mit den Alltagssorgen der Gläubigen«.

Subkategorie: Menschenbild und fehlende Gleichberechtigung

Die Befragten benennen die fehlende Akzeptanz und Gleichberechtigung von Frauen in der Kirche als zentrales Problem. Ein Interviewpartner drückt das Problem folgendermaßen aus: »Ein wichtiger Punkt [...] ist die Unfähigkeit der Kirche [...], die Stellung der Frau in den letzten 500 Jahren als gleichberechtigt anzusehen«. Weiter wird die Geringschätzung und der fehlende Einsatz von Laien-Theologen auf allen Ebenen als problematisch gesehen. Auch wird das starre Festhalten am Zölibat und der Umgang damit in der katholischen Kirche kritisiert. »Die Kirche pflegt ein männerdominiertes Menschenbild; das Weibliche wird abgewertet«.

2.10 Veränderte Glaubenspraxis

Bei dieser Kategorie werden zahlreiche Erfahrungen und Vermutungen präsentiert, die den folgenden drei Subkategorien zugeordnet werden können: Religiöse Aktivitäten verschieben sich ins Private, Spirituelle Aktivitäten und Körperkult.

Subkategorie: Religiöse Aktivitäten verschieben sich ins Private

Viele ältere Menschen bleiben gläubig, leben ihren Glauben aber nicht mehr in der Institution Kirche aus. Die Aktivitäten finden vermehrt in Bibelkreisen oder hauskirchlichen Gemeinschaften statt, wo man sich zum privaten Beten, Singen und Bibellesen trifft. Viele erleben dies als tragende Gemeinschaft und neuen Freundeskreis. Befragte äußern sich dahingehend wie folgt: »Ich tue Gutes und lebe meinen Glauben, auch wenn ich nicht in die Kirche gehe«. Und: »Viele bleiben im Privaten sehr religiös, engagieren sich sozial und spenden Geld«.

Subkategorie: Spirituelle Aktivitäten

Viele praktizieren spirituelle Aktivitäten in Form von Besinnung, Meditation, Achtsamkeitsübungen oder Pilgern. Dadurch erleben sie Halt, Orientierung und Gemeinschaft. Wie es eine Interviewpartnerin ausdrückt: »Viele Menschen sehen Spiritualität als Möglichkeit, um Ruhe zu finden und das eigene Wohlbefinden zu steigern«. Darüber hinaus werden auch eigentlich religionsfremde Aktivitäten als solche inszeniert und wahrgenommen und können spirituellen Charakter entwickeln: »Die Rituale beim Fußball wirken wie eine Imitation kirchlicher Riten. Es gibt einen feierlichen Einzug, alle tragen einheitliche Gewänder, die etwas bedeuten, und das Erheben der Monstranz dürfte das Vorbild sein für das Erheben des Pokals beim Fußball«.

Subkategorie: Körperkultur

Entspannungsübungen wie Yoga, Tai Chi oder Qigong, die nach bestimmten Ritualen erfolgen, sollen helfen, Körper und Geist aktiv zu halten. Körperliche Fitness in Form von sportlichen Aktivitäten und allgemein die Optimierung des Körpers gewinnen an Bedeutung. Das eigene Aussehen und eine ausgewogene Ernährung orientieren sich an strengen Regeln und tragen zuweilen zu einer Selbstoptimierung bei. So könnte man hier von Ersatzreligionen sprechen. »Naturrituale und übertriebener Körperkult werden diesen Menschen wichtig«. Und: »Sportliches und gesundheitsorientiertes Verhalten sowie Geld, Macht und Mode sind oft Ersatz«.

2.11 Beantwortung der Forschungsfrage

Die eingangs gestellte Forschungsfrage kann aufgrund der herausgearbeiteten Ergebnisse mit folgenden Erkenntnissen beantwortet werden:

- Gläubige Ältere zeigen und leben überwiegend bewusst ihre religiösen Überzeugungen;
- Die Motivation für den Gottesdienstbesuch nimmt in allen Altersgruppen ab. Die Bedeutung des Glaubens nimmt zwar bei vielen Äl-

teren zu, jedoch nicht, den Glauben öffentlich zu praktizieren (z. B.
Immobilität, geringer Aktionsradius);

- Religion wurde zur Privatsache, und viele Ältere leben religiöse Glau-
benspraktiken mit mehr Überzeugung und Hingabe zuhause;
- Viele Ältere sind von der Institution Kirche aufgrund von Skandalen
und Finanzgebaren enttäuscht;
- Viele Gemeinden sind mit den Erwartungen und Bedürfnissen älterer
Menschen überfordert;
- Mit zunehmendem Alter verlieren gesellschaftliche Zwänge an Be-
deutung; die strenge religiöse Erziehung der 1940er und 1950er Jahre
verblasst;
- Liberale Einstellungen werden auch von Älteren übernommen; die
ehemalige Sünde (z. B. Vergehen gegen die Sexualmoral) und sog.
Feindbilder (z. B. Kommunisten) verlieren an Bedeutung.

3. Interpretation ausgewählter Ergebnisse

Aufgrund der empirischen Erhebungen stellt sich die Frage, was die Ursachen für den Rückgang der Religiosität bei Älteren sind. Zwar werden
religiöse Einstellungen und Verhaltensweisen von älteren Menschen als
bedeutsam für die Bewältigung belastender Lebensereignisse im höheren
Alter betrachtet.[4] Für junge Erwachsene und Erwachsene im mittleren
Lebensalter haben Religiosität und religiöse Praktiken jedoch an Bedeutung verloren; die Mehrzahl der Älteren hat dieses Verhalten übernommen. Dieser Rückgang des Religiösen kann durchaus als eine Säkularisierung im Lebensverlauf bezeichnet werden.[5] Von daher ist es sinnvoll, die
möglichen Ursachen auf einer gesellschaftlichen und religionssoziologischen Ebene zu erörtern. Höllinger[6] bietet hier eine gute Orientierung,
indem er folgende Ursachen benennt:

- »Die Verbesserung der materiellen Lebensbedingungen und der Grad
der sozialen Sicherheit in einer Gesellschaft: Nach Auffassung vieler
ReligionssoziologInnen besteht eine wesentliche Funktion der Religion
darin, den Menschen bei der Bewältigung der existenziellen Fragen
und Unsicherheiten des menschlichen Daseins [...] zu unterstützen
[...]. Da sich durch den technischen, ökonomischen und medizini-

---

4 Koenig, 1989, S. 33.
5 Pickel, 2013, S. 8.
6 Höllinger, 2005, S. 424 ff.

schen Fortschritt die Lebensbedingungen in vielfacher Hinsicht verbessert haben und das Leben der Menschen weniger durch unbeeinflussbare Schicksalsschläge bedroht ist, sollte auf der Makroebene [...] ein höheres sozioökonomisches Entwicklungsniveau auch mit einem niedrigeren Niveau bzw. mit einem Rückgang der Religiosität einhergehen«.[7]

– »Der Grad der Entzauberung des religiösen Weltbilds in verschiedenen Religionen: Max Weber hat in seinen klassischen religionssoziologischen Schriften (1988/1920, 1985/1922) aufgezeigt, dass bestimmte Religionen den Prozess der Entzauberung der Welt in besonderer Weise vorangetrieben und damit – gewollt oder ungewollt – langfristige Entwicklungsprozesse in Gang gesetzt haben, die letztlich zu einem Bedeutungsverlust der Religion führten«.[8]

– »Das Verhältnis zwischen Kirche und Bevölkerung im Lauf der Geschichte: Aufgrund bestimmter sozialer, politischer und kultureller Gegebenheiten entwickelten sich je nach Land und Kulturregion im Verlauf der Geschichte unterschiedliche Beziehungen zwischen den religiösen Institutionen und der Bevölkerung«.[9]

– »Beim Vergleich der Gottesdienstfrequenz ist zu berücksichtigen, dass dem regelmäßigen, wöchentlichen Kirchgang in verschiedenen Religionen und Kulturkreisen nicht dieselbe Bedeutung beigemessen wird. Im Katholizismus ist der Besuch des Sonntagsgottesdienstes ein Gebot, dessen Missachtung als Sünde gilt«.[10]

– »Ein weiterer Konfliktbereich, der die Beziehungen zwischen Kirche und Volk im [...] Katholizismus in der geschichtlichen Entwicklung belastete, ist die kirchliche Sexualmoral. Das christliche Virginitätsgebot stammt aus dem mediterranen Kulturraum, wo die voreheliche Enthaltsamkeit von der Bevölkerung selbst streng gefordert und überwacht wurde«.[11]

In den beginnenden 2000er Jahren haben Diskussionen über Säkularisierung,[12] die Wiederkehr der Religionen[13] oder des Religiösen,[14] sowie über den *Kampf der Kulturen* maßgeblich den öffentlichen Diskurs über

---

7 Ebda., S. 426.
8 Ebda.
9 Ebda.
10 Ebda., S. 429.
11 Ebda., S. 440.
12 Bruce, 2002.
13 Riesebrodt, 2001; Gross, 2007.
14 Graf, 2004.

Religion und ihre Rolle in der Gesellschaft geprägt. Immer wieder wurde angesichts widersprüchlicher Medienberichte die Frage gestellt: Kommt es zu einem Aufschwung des Religiösen – in welcher Form auch immer – oder sind der rückläufige Gottesdienstbesuch und die Zahlen der Kirchenaustritte doch Indizien für einen sozialen Bedeutungsverlust von Religion? Vertreter der Säkularisierungstheorie verweisen darauf, dass die Religion für die Menschen an Bedeutung verloren hat. Anhänger der Individualisierungstheorie hingegen konstatieren, dass Religion nach wie vor wichtig erscheint und nur ihre Form gewechselt habe, eben *individueller* und dadurch auch *unsichtbar*[15] geworden sei. Doch viele dieser Befunde werden als auf Europa begrenzt angesehen.[16] Die europäischen Länder beschreiten in religiöser Hinsicht einen Weg, der nicht typisch für andere Teile der Welt ist. International spricht vieles für eine gleichbleibende, wenn nicht gar zunehmende Bedeutung von Religionen, wie z. B. im arabischen Raum.[17]

In vielen Großstädten und in großen Kirchen wie Domen oder Basiliken versuchen die Verantwortlichen, die Gläubigen mit guter musikalischer Begleitung – der Kirchenchor oder das Orgelspiel sind teilweise auf Konzertniveau – in die Gottesdienste zu locken. Die Bedeutung und Wirkung von religiös-kulturellen Traditionen dürfen nicht vernachlässigt werden; von vielen werden sie als erlebtes Glaubensbekenntnis wahrgenommen. Das gilt auch für Formen der Volksfrömmigkeit. Dazu die Erinnerungen eines ehemaligen Sternsingers: »Ich erinnere mich noch gut, wie ich als Kind und Jugendlicher bei den Sternsingern jedes Jahr mitgemacht habe. Unser Dorf war nicht groß, und wir gingen in mehreren Gruppen zu wirklich jedem Haus, und obwohl wir allesamt im Alltag meinten, jeden Menschen in unserem Dorf zu kennen, trafen wir doch überwiegend völlig fremde Gesichter an. Wir trafen auf Atheisten, Muslime und Protestanten, und fast alle hießen uns freundlich willkommen. Wir trafen aber auch [...] auf Katholiken, die niemand von uns jemals in der Gemeinde gesehen hatte. Wir waren ihr einziger [kirchlicher][...] Kontakt im Jahr«.[18] Diese Kinder sind als Könige verkleidet und ohne große theologische Kenntnisse, vermitteln aber den diakonischen Auftrag mit Liedern und Kostümen.

»Religion spielt im komplexen Lebensalltag moderner Gesellschaften eine nachgeordnete Rolle oder wird privat gelebt. Die Wirkungen gesell-

---

15 Luckmann, 1991.
16 Casanova, 2009.
17 Pickel, 2013, S. 8.
18 Flügge, 2020, S. 6.

schaftlicher Modernisierungsprozesse sind in starkem Umfang für diese Situation mitverantwortlich. Dies bedeutet allerdings nicht, dass Religiosität und religiöse Handlungen vollständig aus dem Leben der Menschen verschwunden sind bzw. verschwinden werden: Immerhin weisen zwischen 40 % und 80 % der Bürger in den europäischen Ländern nach dem Zentralitätsindex der Religiosität zumindest eine mittlere Religiosität auf. Von einem ›säkularen Europa‹ kann trotz Säkularisierung bei Weitem nicht gesprochen werden. Hier sind Entwicklung und Stand zu unterscheiden. Allerdings wird Religion nur noch von 30 % bis 50 % der Befragten als wichtig für das eigene Leben angesehen, und auch die Eigeneinschätzung als religiös fällt moderat aus. Damit weist die Bevölkerung Europas hinsichtlich ihrer Zusammensetzung aus religiösen und säkularen oder religiös indifferenten Menschen eine ausgeprägte Pluralität auf. Die ›Leuchttürme‹ hoher Religiosität sind mittlerweile weitgehend aus Europa in andere Gebiete der Welt abgewandert«.[19] Die Bedeutung von Religiosität und Religion ist jedoch abhängig von der religiösen Prägung und von dem Kulturraum, in dem die Menschen leben – im Vergleich z. B.: Ostdeutschland und Oberbayern. Nach Pickel[20] praktizieren Muslime, Katholiken, aber auch Evangelikale oder Mitglieder der Pfingstbewegung eine höhere Religiosität als Protestanten.

4. Ein Blick in die Geschichte

Das besondere Verhalten älterer Menschen ist kein Phänomen der Neuzeit. Dass diese sich von ihrer Religionsgemeinschaft distanzieren und ihre Religiosität ins Private verlegen, gab es bereits früher. Dazu ein kleiner Exkurs über die öffentliche und private Religionspraxis im antiken Rom – *sacra publica* und *sacra privata*: Wenn in der spätrömischen Antike ein Mensch als *religiosus* bezeichnet wurde, so kam darin dessen individuelles Verpflichtungsgefühl gegenüber übernommenen kultischen Handlungen zum Ausdruck und wies implizit immer auch eine bestimmte Tendenz zur Übertreibung ihrer Ausübungen im Sinne von *superstitio*, Über-Glauben, auf.[21] Fruchtbarer als der Begriff *religio* erscheint im vorliegenden Zusammenhang ein Blick auf die Ausübungsfelder des kultischen Handelns, der *sacra*, wie Letztere bezeichnet wurden. Ganz allgemein gelten *sacra* als die den Göttern geschuldeten, überaus vielfältigen

19 Pickel, 2013, S. 11.
20 Ebda., S. 21.
21 Rüpke, 2001, S. 15.

Rituale.[22] Nach einer Terminologie, die auf den antiken Grammatiker Sextus Pompeius Festus (2. Jh. n. Chr.) zurückgeht, können diese, bezogen auf Orte und Handlungsträger, in *sacra publica et privata* unterschieden werden.[23] »Die Gesamtheit der sacra publica kann man auffassen als die Pflichten der politischen Gemeinschaft gegenüber ihren Göttern«.[24] Solche Rituale dienten der Staatsbildung und Staatserhaltung, fanden an öffentlichen, räumlich nahe den sieben Hügeln, den dreißig Kurien oder den nach Stadtbezirken unterteilten Kultorten statt und wurden durch hochstehende Beamte vom Magistrat und der Priesterschaft inszeniert.

Alle anderen Kulthandlungen wurden den *sacra privata* zugerechnet. Gerade diese Kulthandlungen waren es jedoch, die aus einer bunten Vielfalt überkommener Bräuche herrührten, sich in erster Linie auf die Hausgemeinschaften (*familiae*) oder die Sippschaften (*gentes*) bezogen und entsprechend fest im Alltagsvollzug verwurzelt waren. Nur in den Idealvorstellungen und der Propaganda vor allem der späteren Kaiserzeit wurde in den Hauskulten der *sacra privata* ein Spiegelbild der *sacra publica* gesehen. In Wirklichkeit jedoch führten die unterschiedlichsten Interessen der jeweiligen kultischen Träger ebenso wie die im Brauchtum verankerten Handlungen und Überzeugungen immer wieder zu spannungsgeladenen Auseinandersetzungen und ambivalenten Einschätzungen, wie sie sich zum Beispiel bereits an einigen Stellen in Ciceros Schriften auffinden lassen. Nicht ohne Eigeninteresse hatte Cicero im Rahmen einer Prozesseinrede *De domo sua ad pontifices oratio* (57 v. Ch.) dem Hauskult in Abschnitt 109 gleichsam folgenden Hymnus gewidmet: »Was ist unantastbarer [sanctius], was stärker durch religiöse Bräuche [religione] aller Art geschützter [munitius] als das Haus [domus] eines jeden einzelnen Bürgers? Hier sind die Altäre, hier die Herdfeuer, die Penaten; hier finden die Opfer [sacra], die Kulthandlungen [religiones], die Riten [caeremoniae] statt; hier ist ein Asyl für jedermann so heilig [sanctum], dass man niemanden von dort wegführen darf«.[25] Dass es sich hier nicht um ein Plädoyer religiöser Liberalität handelt und die *sacra privata* nicht gänzlich im Belieben von Privatpersonen stehen, geht demgegenüber aus zwei Passagen hervor: »Niemand soll für sich allein Götter haben, weder neue noch auswärtige, außer den staatlich [publice] eingeführten. Privat zu Hause soll man nur die Götter kultisch verehren, die man nach Brauch von den Vätern ererbt hat. [...] Wenn man seine eigenen,

22 Ebda., S. 27.
23 Ruperti, 1841, S. 571 ff.
24 Rüpke, 2001, S. 29.
25 Cicero, 1997, S. 130.

neue oder fremde, Götter verehrt, so bedeutet dies eine Gefährdung ordnungsgemäßer Religionsausübung [...]«.[26] Inwieweit und auf welche Weise es in diesem Sinne zu einer faktischen Kontrolle privater Kulte durch die öffentlichen Organe gekommen ist, kann an dieser Stelle nicht weiter erörtert werden. Wichtig jedoch bleibt bereits hier festzustellen, dass mit dem schwedischen Religionshistoriker Nilsson im Gesamtblick auf das Phänomen römischer Religion und Religionsausübung gerade der private Hauskult als »[...] the most Roman of all cults of the Roman religion«[27] beurteilt werden kann.

5. Kultureller Wandel

Die nachlassende Bedeutung von Religion ist im gleichen Maße über alle Altersstufen festzustellen, ebenso die Eigeneinschätzung über die religiöse Glaubenspraxis oder die Teilnahme an Gottesdiensten. Selbst individuelle Praktiken wie das Gebet sind in allen Altersstufen rückläufig oder werden durch alternative Formen – wie Meditation – ersetzt.[28] »Der Bedeutungsrückgang verläuft vielleicht nicht in allen Dimensionen der Religiosität mit gleicher Geschwindigkeit und zum gleichen Zeitpunkt, sondern eher in aufeinanderfolgenden Stufen«.[29]

Im Sommer 2020 war in mehreren Medien zu lesen: »Orthodoxe Geistliche warnen ihre Gläubigen davor, Yoga zu praktizieren«.[30] Weiterhin erläutert ein Priester, weshalb dies nicht mit der Glaubenslehre vereinbar sei. Ohne jetzt auf die Hintergründe weiter einzugehen, möchten die Autoren dieses Beitrags kurz auf fernöstliche Entspannungsübungen hinweisen, denn innerhalb der Kirchen gibt es auch Bestrebungen, christliche Glaubenspraxis und Zen-Erfahrungen zu vereinen.[31] Viele der Befragten gaben an, Yoga und weitere Übungsformen als eine spirituell-religiöse Wahrnehmung zu erleben. Als Achtsamkeit wird Innehalten, bewusst leben und die scheinbaren Nebensächlichkeiten intensiv wahrzunehmen empfunden.[32] Mit dem Artikel »Gottlos glücklich«[33] widmet sich die ZEIT dem Thema

---

26 Cicero, 1994, S. 19, 25 f.
27 Nilsson, 1954, S. 285, zit. aus Wachsmuth, 1980, S. 50.
28 Pickel, 2013, S. 24.
29 Ebda.
30 Stern, 2020.
31 Kloster Dietfurt, Meditationshaus St. Franziskus. Angebote unter anderen von Meditation, Tai Chi, Qi Gong und Ikebana.
32 Thalmann, 2018.
33 Fritz, 2020.

Yoga und Religion. Die Autorin beschreibt, dass sie religiös aufgewachsen ist, sich jedoch nun von der Kirche distanziert habe und Sinn und Erfüllung mit Yoga erlebe. Sie beschreibt die Verbindung zwischen Kirche und einer Yogaschule: So beschweren sich viele Yoga-Interessierte über die Kirchensteuer, geben aber viel Geld für Yoga und andere Übungsformen aus. »Es gibt noch einen Punkt, der das Yogastudio zum Religionsersatz des 21. Jahrhunderts macht: Durch meine Konditionierung ist es mir lieber für Erfüllung zu arbeiten, als Gnade zu erlangen. [...] Wer glaubt, wird erlöst. Was kann man schon selbst tun? Im Gegensatz zum Yoga bleibt die Erlösung im Christentum bis zum Ende unklar«.[34]

Der französische Sozialphilosoph Levinas beschreibt in »Zwischen uns. Versuche über das Denken an den Anderen«[35] seine Ansätze und Einstellungen an das Gegenüber – den Anderen. Bei der Frage »Welche Bedeutung hat die Bergpredigt für Ihre Glaubenspraxis?« nannten viele Befragte konkrete Beispiele wie Flüchtlingshilfe, hilfsbedürftigen Menschen zur Seite stehen u.v.a. Immer wieder wurde die Nächstenliebe als besonderer Wert und Verpflichtung hervorgehoben. Hier schließt Levinas mit seiner Kernthese an, die »eigentliche Würde« erlangt das menschliche Ich erst dann, wenn es »Verantwortung für den anderen Menschen« übernehme. Dazu werde es berufen von »einem Gott«, der sich »im Gesicht des anderen Menschen« offenbart, im »Antlitz jenes Anderen, der einzigartig ist und dessen Sterblichkeit jedermanns Zuwendung erfordert«.[36] Levinas gewichtet die Nächstenliebe wie folgt: »Die Nähe des Nächsten ist die Verantwortung des Ich für einen Anderen. [...] Verantwortung ist keine kalt juristische Forderung. Sie ist die ganze Schwere der Nächstenliebe [...]«.[37]

Vertrauen, Liebe, Glaube, Freude oder Freunde zu finden sind nicht planbar oder auf Zuruf optimierbar. Manches, was uns im Leben wichtig ist, ist nicht verfügbar und muss sich ereignen oder ergeben. Viele Menschen versuchen, ihre Ziele oder Sehnsüchte nach Plan zu optimieren, oftmals mit Strenge, Härte oder mit Leidenschaft. Zwei Ziele werden dabei verfolgt: sich und anderen gefallen zu können und Authentizität zu erlangen. Viele Entspannungsübungen oder ständige Körperfitness unterliegen diesen Optimierungswünschen. Optimierung meint, »in kürzester Zeit das bestmögliche Ergebnis zu erreichen und dabei die Kontrolle über den Prozess zu erhalten. Berechnen und Beherrschen sind die Grund[zü-

34 Ebda.
35 Levinas, 1995.
36 Schreiber, 2006.
37 Levinas, 1995, S. 227.

ge] der Prozesssteuerung in Wirtschaft, Politik, [und der] Bildung«.[38] Die Selbstoptimierung stellt für viele einen inneren Auftrag dar. Rosa benennt dies so: »Ein zentrales Bestreben der Moderne gilt der Vergrößerung der eigenen Reichweite: Die Welt soll ökonomisch und technisch verfügbar, wissenschaftlich erkennbar und beherrschbar, […] und zugleich alltagspraktisch kontrollierbar und erfahrbar gemacht werden«.[39]

Die Kirchen haben in den letzten 10 Jahren viel moralischen Kredit verspielt. Solche Äußerungen hört oder spürt man bei vielen Gesprächen mit Kirchenmitgliedern. »Eigentlich sollte man austreten aus der Kirche, […]«, so oder etwas abgewandelt äußerten sich viele Interviewpartnerinnen und Interviewpartner frustriert über ihre Religionsgemeinschaft und deren Repräsentanten. Die Kirchenredakteurin beim Deutschlandfunk, Florin, beschreibt diese innere Zerrissenheit vieler Gläubiger in ihrem Buch »Trotzdem!«.[40] »Nicht diejenigen, die weg sind, geben Rätsel auf. Mysteriöser ist, warum so viele bleiben, obwohl für viele die Schmerzgrenze überschritten sein müsste«.[41] Viele bleiben dann doch in der Kirche, weil sie dort auch sozialisiert wurden – ob im Kinderchor, durch Kommunion oder Konfirmation, Jugendgruppe oder Kirchenchor. Genau deshalb laufen viele bleibend davon!

Vergleicht man die Ergebnisse der Befragung in diesem Beitrag mit aktueller Literatur, so lässt sich ein gewisser Gleichklang erkennen. Jedoch finden sich auch Abweichungen, welche durch die unterschiedliche Fragestellung oder Schwerpunktsetzung begründet werden können. Sichtbar wird dadurch aber auch, dass größer angelegte Studien oder Forschungsprojekte mit sowohl religionssoziologischer als auch gerontologischer Verquickung erforderlich sind. Nur so kann deutlich werden, ob sich die Entwicklung zur Säkularisierung und Individualisierung des Religiösen fest- und fortsetzt.

Literatur

Bruce, S. (2002). God is Dead: Secularization in the West. Hoboken.

Casanova, J. (2009). Europas Angst vor der Religion. Berlin.

Cicero, M.T. (1994). De legibus. Paradoxa Stoicorum. Übersetzt und erläutert von Rainer Nickl. München.

38 Rosa, 2018, S. 100.
39 Rosa, 2018.
40 Florin, 2019.
41 Florin, 2020.

Cicero, M. T. (1997). De domo sua ad pontifices oratio. In: M. T. Cicero, Die Prozessreden, Band 2, lateinisch-deutsch, herausgegeben, übersetzt und erläutert von Manfred Fuhrmann. München.

Flick, U. (2017). Qualitative Sozialforschung – Eine Einführung. Reinbek bei Hamburg.

Florin, C. (2019). Trotzdem! Wie ich versuche, katholisch zu bleiben. München.

Florin, C. (2020). Ich laufe bleibend davon. Abgerufen am 17. 8. 2020 von https://www.zeit.de/2020/13/katholische-kirche-image-austreten-zwiespalt-christiane-florin

Flügge, E. (2020). Wir gingen zu den Leuten hin. In: Die Zeit, 3, 6.

Fritz, S. (2020). Gottlos glücklich. Abgerufen am 10.8.2020 von https://www.zeit.de/2020/29/yoga-glaube-kirche-tradition-ersatz-spiritualitaet

Graf, F. W. (2004). Die Wiederkehr der Götter. Religion in der modernen Kultur. Bonn.

Gross, P. (2007). Jenseits der Erlösung. Die Wiederkehr der Religion und die Zukunft des Christentums. Bielefeld.

Höllinger, F. (2005). Ursachen des Rückgangs der Religiosität in Europa. In: SWS-Rundschau, 45 (4), S. 424-448.

Koenig, H. G. (1989). Research on religion and mental health in later life: A review and commentary. In: Journal of Geriatric Psychiatry, S. 23, 23-53.

Levinas, E. (1995). Zwischen uns. Versuche über das Denken an den Anderen. München, Wien.

Luckmann, T. (1991). The Invisible Religion: The Problem of Religion in Modern Society. New York.

Mayring, P. (2016). Einführung in die qualitative Sozialforschung. Weinheim.

Pickel, G. (2013). Religionsmonitor – verstehen was verbindet. Religiosität im internationalen Vergleich. Gütersloh.

Riesebrodt, M. (2001). Die Rückkehr der Religionen. Fundamentalismus und der »Kampf der Kulturen«. München.

Rosa, H. (2018). Unverfügbarkeit. Wien, Salzburg.

Ruperti, G. F. (1841). Handbuch der römischen Alterthümer, 2 Bände. Hannover.

Rüpke, J. (2001). Die Religion der Römer. Eine Einführung. München.

Schreiber, M. (2006). Der Blick des Anderen. Abgerufen am 17. 8. 2020 von https://www.spiegel.de/spiegel/print/d-45424924.html

Stern (2020). Orthodoxe Kirchen wettern gegen Yoga: »hat im Leben von Christen nichts zu suchen«. Abgerufen am 10. 8. 2020 von https://www.stern.de/panorama/weltgeschehen/orthodoxe-kirchen-ueber-yoga---hat-im-leben-von-christen-nichts-zu-suchen--9360780.html

Strauss, A., & Corbin, J. (1996). Grounded Theory: Grundlagen Qualitativer Sozialforschung. Weinheim.

Thalmann, Y.-A. (2018). Es ist nie zu spät, um glücklich zu sein. München.

Wachsmuth, D. (1980). Aspekte des antiken mediterranen Hauskults. In: Numen, 27 (1), S. 34-75. doi:https://doi.org/10.1163/156852780X00143.

GERD SCHUSTER

Kirchlich geprägtes Gemeindeleben:
Chancen durch und für ältere Menschen

Seit geraumer Zeit sprechen viele Indizien für tiefe Erschütterungen der institutionellen Kirche. Ein Symptom dafür ist die stetig anwachsende Zahl von Kirchenaustritten in beiden großen Konfessionen. Ist die Kirche dabei, »ihr« oder gar »Gottes« Volk der Gläubigen zu verlieren? Und verlieren dadurch auch die Menschen der Kirchengemeinden ihre gemeinsame Mitte und damit eine wichtige Triebfeder ihrer gemeindlichen Lebensgestaltung?

Im Folgenden soll mit Blick auf die Alltagspraxis gezeigt werden, dass die Gestaltung christlichen Gemeindelebens in weitgehend autonomen Prozessen besteht und weder allein über territoriale oder personale Strukturen noch über das Verhältnis zu einer abstrakt gedachten Gesamtkirche noch über innere Grundhaltungen und Glaubensüberzeugungen der Teilhabenden definiert werden kann. Das im wahrsten Sinne unorthodoxe Phänomen solcher Lebensgestaltung in der Gemeinde als Nahsphäre, welche unter anderem von Begegnungen, Veranstaltungen, Interessenaustausch, Ritualen und Bräuchen lebt, schafft nicht zuletzt gerade auch für alternde und alte Menschen die Freiheit zum Selbstentwurf neuer Rollen. Dabei können sie die Geborgenheit in einer Gemeinschaft erfahren, die Trost und Freude vermitteln kann.

Gemeindeleben der Christen: Begriff und Geschichte

Luther übersetzt den im griechischen Ursprungstext des Neuen Testaments verwendeten Begriff ἐκκλησία fast durchgängig mit »Gemeinde« und vermeidet bewusst den alternativen Gebrauch des Begriffes »Kirche«, welcher bereits in der Konnotation Luthers und seiner Zeitgenossen entweder das sakrale Gebäude meint oder den rechtlichen und institutionellen Charakter betont.[1] Im Koine-Griechischen wiederum bezeichnet ἐκκλησία in erster Linie Versammlungen oder Gemeinden im zunächst rein weltlichen Sinne. In den Paulusbriefen wird der Begriff auf die theo-

---

1 Möller 1993, S. 317.

logische Deutung einer ἐκκλησία τοῦ θεοῦ (Gemeinde Gottes) zugespitzt und mit reicher Metaphorik versehen (1 Kor 12,13.27; 1 Kor 3,16 f.; Röm 11,13-24).

Bereits im paulinischen Kontext zeigen sich Spannungen in und zwischen den neu entstandenen Gemeinden: Kann die ἐκκλησία in Jerusalem, geleitet durch Petrus und den Herrenbruder Jakobus, einen Führungsanspruch erheben und somit Sinnbild und Gesamtkirche aller anderen verstreuten Gemeinden sein? Oder: Wer führt solche Gemeinden als Oberhaupt an? Charismatische Führer? Die Ältesten? Welche Vorgaben und Bedingungen sollen überhaupt bestehen, um Mitglied einer Gemeinde zu sein? Die Beschneidung? Die Taufe? Oder was sonst? Und schließlich: Welche gemeindliche »Verfassung«, welche Lebensführung ist der Naherwartung einer Wiederkunft des Herrn am angemessensten?

Je länger sich aber dieses Warten hinzog und je mehr die christlichen Gemeinden bezüglich ihrer Ausbreitung und Personenzahl anwuchsen, desto vehementer stellte sich die Frage nach dem, was sie ideell und strukturell eint. Diese Fragestellung mündete schon innerhalb der wenigen ersten Jahrhunderte in die Aufgliederung nach territorialen und personalen hierarchischen Strukturen, die im mittelalterlichen, mit strengen Grenzen der Gemeinden und auf den Bischof über den jeweiligen Pfarrer hin zugeordneten *Parochialprinzip* deutlichste Ausprägung fand.

Die Frage nach der ideellen Klammer beantwortet wiederum Luther durch den Hinweis auf die charismatisch entfachte und auf sich selbst zurückwirkende Dynamik des Gemeindelebens selbst. Ähnlich wie in der paulinischen Vorstellung, sollten sich die einzelnen Gemeinden zu gegenseitigen Vorbildern nehmen, voneinander lernen, aber einander auch in ihren gewachsenen Besonderheiten nach Möglichkeit belassen, »[…] wenn nur die Einheit des Geistes im Glauben und Wort gewahrt wird, wie groß auch die Unterschiedenheit und Mannigfaltigkeit im Fleisch und in den weltlichen Elementen sei.«[2] Aber in dieser Ermahnung lag genug Zündstoff für erbitterte theologische Lehrstreitigkeiten bezüglich Gemeindeordnung und Orthodoxie. Das Gemeindeleben selbst nahm daran freilich so gut wie keinen Anteil, sondern fand seine Identität unter anderem im evangelischen Kirchenlied. Daneben entstanden gemeindliche *collegia*, bei denen die Prediger neben Instruktion und Belehrung auch die Standpunkte ihrer Zuhörer kennenlernen und berücksichtigen konnten. In den Städten mündete später diese Entwicklung in die *Personalgemeinden*, die sich um den jeweils favorisierten Prediger

---

2 Luther, WA.B 3,373 f., zitiert nach Möller 1993, S. 320.

versammelten. Dieser neu entstandene Antagonismus zwischen Parochial- und Personalgemeinde versinnbildlicht die Frage nach der Einheit in der Vielheit, die sich zu unterschiedlichen Zeiten und in unterschiedlicher Weise im faktischen Zusammenwirken zwischen Amtsträgern und gewählten Vertretern der Gemeinden bis heute fortentwickelte.

Das kirchliche Gemeindeleben auf katholischer Seite begann sich nennenswert erst in den 1950er Jahren herauszubilden, da hier das Kirchenvolk im Hinblick auf die aktive Mitgestaltung so gut wie keine Rolle spielte. Im Zusammenhang einer Öffnung der Kirche hin zur modernen Welt nahm denn auch beim Zweiten Vatikanischen Konzil gerade die Liturgiereform eine bedeutende und in ihren Folgen am meisten spürbare Rolle ein. Zum ersten Mal entstand innerhalb der am Gottesdienst Teilnehmenden selbst eine Diskussion darüber, wie förderlich die Reformen seien, was an Tradition hierbei verloren gehe oder welche neuen Anforderungen die jetzt in den Fokus geratene Ortsgemeinde zu erfüllen habe. Der aufbrechende weitflächige Diskussionsraum führte innerhalb weniger Jahre zu einer regen Neustrukturierung des christlichen Gemeindelebens. Es entstanden Gruppierungen aller Art, welche sich in ihrem Anspruch auch über die Gemeinden hinaus orientierten und jetzt auch für engagierte Laien die Möglichkeit boten, durch Eigeninitiative mit, ohne oder auch gegen die Inhaber kirchlicher Leitungsämter gemeindliches Leben zu organisieren.

Gestaltungsformen, Aktivitäten und Bindungsstrukturen

Seit einigen Jahrzehnten ist in Deutschland die Tendenz zu beobachten, dass das Wohnen in größeren Städten oder in deren unmittelbarer Nähe vor allem bei jüngeren Familien an Attraktivität gewinnt. Die Wiederentdeckung des Lebens auf dem Lande kann sich demgegenüber nur zaghaft und insoweit durchsetzen, als es die Entwicklungspotentiale der ländlichen Wohnorte überhaupt zulassen.[3] Ländliche Wohngegenden mit schwacher Infrastruktur verlieren nach wie vor massiv an Einwohnern, die Ortsgemeinden überaltern weit über dem Durchschnitt, Kirchengemeinden werden bezüglich der liturgischen und pastoralen Versorgung in geographisch weit versprengte Einheiten zusammengefasst. Dagegen gewinnen Gemeinden, die sich im »Speckgürtel« von Metropolen befinden. Massive Zuzüge, ausgeprägtes Neubaugeschehen, Verjüngung der Bevölkerung, Wiederaufleben oder Neustrukturieren des

3 Siebel 2015.

gemeinschaftlichen Lebens und entsprechender Angebote tragen hierzu bei. Solche Nahsphäre schafft Möglichkeiten gegenseitiger Unterstützung, zur Teilhabe, zum Mitmachen. Und schließlich entstehen nicht zuletzt auch neue, der Mobilität und den Freizeitinteressen geschuldete, personale oder Neigungsgemeinden, häufig in deutlicher Entfernung zum Wohnort.

Sichtet man in diesem Zusammenhang exemplarisch einige der unzähligen Homepages, Pfarrbriefe und anderen Veröffentlichungen der fast 10.000 katholischen Pfarreien und mehr als 16.000 evangelischen Ortsgemeinden in Deutschland, so wird sehr schnell deutlich, in welcher Fülle sich die Potentiale des kirchlich geprägten gemeindlichen Zusammenlebens präsentieren. Einrichtungen für Senioren und Kinderbetreuung, Mitarbeit und Mitgestaltung von Liturgie und Seelsorge, Interessens- und Bildungskreise mit kultureller Ausrichtung, Festgremien, Chöre und Fördervereine sind hierfür nur einige Beispiele. Aber selbstverständlich ist auch dort wie überall davon auszugehen, dass die Menschen, die in den territorial verstandenen Pfarrgemeinden leben, die ganze Bandbreite des Glaubens, der Religiosität, der Teilnahme und Teilhabe repräsentieren.

Ob die Bindungskräfte im Glauben einer so verstandenen christlichen Gemeinde verloren gehen, kann und muss an dieser Stelle nicht beantwortet werden. Sicher ist aber, dass sich die Bindungskräfte analog oder vielleicht sogar kongruent zu den »profan« verstandenen Gemeinden diversifizieren. Dies verwundert nicht, da die kirchlich geprägte Gemeinde nicht an den soziologischen oder psychologischen Tatsachen der profanen Gemeinde und ihren Widersprüchen vorbeikommt, sondern auf sie zurückgreift und in besonderer Weise auch aus ihr besteht.

Der Gottesdienst wird nach wie vor im kirchlichen Verständnis als deutlichstes Zeichen und Mittelpunkt der *communio* angesehen. Auch dieser musste sich, wie bereits erwähnt, den sich wandelnden Bedürfnissen der Gläubigen anpassen, verständlicher werden und die versammelten Menschen in ihrer Vielfalt stärker beteiligen. Es entstanden Gottesdienste für unterschiedlichste Zielgruppen – für Traditionalisten, Kinder und Jugendliche, Liebende und Paare. Und es wurden vermehrt auch bisher ungewohnte Elemente in die Dramaturgie einbezogen: Tanz, Spielszenen oder Beiträge jedweder Art aus den Reihen der Gottesdienstbesucher.

Freilich konnte all dies die zum Problem gewordene Frage nach der *communio* nicht lösen, sondern führte an mancherlei Stellen sogar zu einer Verschärfung. Nicht wenige der älteren Gottesdienstbesucher waren von den Neuerungen irritiert, sahen ihre Geborgenheit im Althergebrachten und vermeintlich Ursprünglichen aufs Spiel gesetzt oder verlorengegangen. Und es entstanden andererseits in den Gemeinden christliche Gruppenbildungen, deren politische, gesellschafts-, umwelt- oder tierethische Ziele und Grundeinstellungen im starken Widerspruch zur bisherigen Tradition standen und auf solche Weise das überkommene Idealbild einer Gemeinschaft ungemein störten.

Daraus erhellt, dass unabhängig von der jeweiligen Konfession gerade auch die Ortsgeistlichen vor großen Herausforderungen standen und nach wie vor in noch höherem Maße stehen: Wie und woraufhin sind die Mitglieder der Gemeinde zu integrieren? Ist der Hinweis auf das »Wort Gottes« als integrativen, objektiv vereinenden Faktor in diesen Tagen noch eindeutig genug? Die Geistlichen sind zumindest in ihrer Rolle als Verwalter dieses Wortes fragwürdig geworden. Sie werden nunmehr eher im Hinblick auf pastorale Aufgaben der Seelsorge, als Vertrauenspersonen und damit Repräsentanten eines Idealbildes Kirche gesehen.

Umso schlimmer stellt sich hier ein eventuelles Versagen dar. In Gesprächen vor allem mit älteren Menschen, die sich thematisch-biographisch auf Religion und Kirche beziehen, wird sehr häufig die immense Bedeutung der Erfahrungen für die eigene religiöse Haltung und Praxis hingewiesen, die mit Ortsgeistlichen gemacht wurden: gute, die ein Leben lang beflügeln, oder verletzende, die eine Abkehr zumindest von der Kirche bewirken, in manchen Fällen auch bis hin zum lebenslangen Trauma.

Grundstrukturen des gemeindlichen Zusammenlebens

Ist es folglich so, dass sowohl profan als auch sakral verstandenes Gemeindeleben in unaufhaltsamen Auflösungsprozessen befindlich ist: nämlich dem modernen Leben, Denken, Wohnen, Arbeiten und Freizeitgestalten geschuldet, der modernen Vielfalt menschlichen Existierens, in welchem selbst die Verständigung auf ein einendes Religiöses keinerlei bindende Kraft mehr besitzt? Zunächst also gilt es, einige wesentliche Strukturen zu benennen, ihre Bedingungen, Ausdrucksformen und Folgen, die dem Gemeindeleben, also dem Zusammenleben in überschaubaren Einheiten, eigen sind.

Etabliert sich gemeinschaftliches Zusammenleben, so hat es grundsätzlich die Neigung, sich selbst symbolisch auszudrücken. Dies geschieht in Festen und Feiern. Solche Rituale stehen oft auch im rhythmisch wiederkehrenden Verlauf der Jahreszeiten und nehmen auf diesen in vielerlei Brauchtum Bezug. Durch die unmittelbar gelebte Gemeinschaft werden auch andere zyklische Erscheinungsformen deutlich, die die essentiellen

Lebensverläufe in ihren Übergängen selbst betreffen. Die Gemeinsamkeit aller Menschen zu allen Zeiten findet Ausdruck im Fest: bei der Geburt und ihren wiederkehrenden Jahrestagen; beim Erwachsenwerden; bei der Hochzeit; bei Tod und Begräbnis. Das Zusammenleben in der Nahsphäre ermöglicht somit gleich einem Spiegel auch den Blick auf das eigene Selbst, stellt dieses aus dem diachronen Zyklus heraus in die Gleichzeitigkeit des Gemeinsamen: Säuglinge, Kinder, Jugendliche, jüngere und ältere Erwachsene. Gerade in Letzteren kumuliert solche Erfahrung in einer besonderen Weise.

Feste und Feiern verdeutlichen zudem Gemeinsames und machen selbst das Nicht-Gemeinsame zum Teilhaftigen: Sie stehen in einer oder etablieren eine Tradition, führen unterschiedliche Herkünfte zusammen, reflektieren oder schaffen gemeinsame Erinnerungen – an besondere Gestalten aus der Vergangenheit, derer in den Feiern gedacht wird, oder an Erfahrungen, die im weitesten Sinne in Erlösungssequenzen stehen, oder in Form von Legenden, welche einen gemeinsamen Ursprung herzustellen trachten. Das Fest feiert in symbolischer Ausdrucksform vor allem auch das *gegenwärtig* Gemeinsame, das gemeinsame Lebendig-Sein gewissermaßen, das im Brauch des Leichenschmauses nach Begräbnissen besonders deutlich zum Ausdruck kommt: Gefeiert wird das Faktum der Präsenz. Im gemeinschaftlichen Feiern des Festes läuft also gleichsam das Gesamt der menschlichen Existenz in Raum und Zeit zusammen, schließt vor allem auch das Transzendente als Urgrund und Ziel ein und wird zum Symbol.

Jakob Burckhardt benennt solche symbolischen Konkretionen innerhalb eines festlichen Geschehens mit dem Begriff »Architektur«, in welcher »[...] die religiösen, sittlichen und poetischen Ideale [...] eine sichtbare Gestalt annehmen [...].«[4] Das Rituelle des Festes vergegenwärtigt immer und wesentlich das Sakrale, nicht in einem intellektuellen Erschließen, sondern als Widerfahrnis durch eine andere Art des Innewerdens, Fühlens und Erlebens. Feste hingegen, die zu bloßen Events geworden oder als solche konzipiert sind, können derlei Bezüge nicht herstellen und lassen demgemäß auch kaum Erfahrung einer religiösen Vermittlung und der damit vermittelten gemeinsamen Werte zu.[5] In diesem Sinne unterscheidet sich auch der *Spaß*, den viele profanen Feste als ihren expliziten Zweck vorgeben, von der *Freude*, welche als grundsätzliches und begründetes Lebensgefühl durch rituell geprägte Feste zum Ausdruck kommt oder aus ihnen resultiert.

4 Burckhardt 1966, S. 378.
5 Dücker 2006, S. 20 ff.

»Sakrale« und »profane« Elemente des Gemeindelebens

Es ist in diesem Sinne sehr bezeichnend, dass nahezu ohne Rücksicht auf den Anlass solcher Feste sakrale und profane Elemente zusammengehen, ja sich häufig auch durchdringen. Liturgische Feiern begleiten das Leben in der Gemeinde über die gesamte Lebensspanne hinweg, und es bedarf oft erst einer besonderen Rekonstruktion, ob es sich beim Ursprung solchen rituellen Geschehens um christlich-theologische oder ganz andere Gründe handelt. Und die Gemeinde wiederum begleitet liturgische Feiern, ohne dass jedes einzelne ihrer Mitglieder den Anlass und die Zusammenhänge solcher Liturgie kennen, mitvollziehen oder gar »glauben« müsste. Bei vordergründig *profanen* Feierlichkeiten wiederum sind *sakrale* Elemente wenigstens unterschwellig, meist jedoch auch explizit präsent, zumal, wenn es sich um Feiern im Rahmen von territorialen Gemeinden handelt.

Vollends durchdrungen haben sich sakrale mit profanen Elementen beispielsweise beim weit verbreiteten Fest der Kirchweih. Je nach Region besitzt dieses Fest seine eigene Dramaturgie, welche für Außenstehende oftmals aus einer Abfolge grotesk anmutenden Brauchtums besteht, welches mit christlichen oder sonstigen religiösen Inhalten in keinem Zusammenhang zu stehen scheint. In den allermeisten dieser dramaturgischen Elemente sind durchaus Grundformen alter Rituale wiederzuerkennen: Berührung, Ostentation, Prozession, Tanz, Wettkampf, Gabe, Mahl, Musik.[6] Durch die Anpassungsprozesse an neue gemeindliche Vernetzungen und andere Qualitäten der Belustigung und des Beisammenseins gewinnen solche Feste zudem ein Profil, welches ihre Attraktivität erhöht und so zu einer größeren Diversität der Festgemeinde führt, welche dem tatsächlichen Gemeindeleben und seinen Vernetzungen besser entspricht.

Das Gemeinsame von Gemeinden jeder Art, im engeren wie im weiteren Sinne, drückt sich auch im Alltagsleben in gemeinsamen Bezügen aus. Einer dieser Bezüge ist eher idealler Natur und beruht auf mehr oder weniger ausgeprägten, impliziten oder expliziten Grundüberzeugungen und Visionen, welche die Mitglieder der Gemeinde teilen und ihrerseits eine je spezifische Mentalität prägen. Ein anderer gemeinsamer Bezug gründet sich auf die praktischen Belange, die sich auf Organisation und Durchführung des gemeindlichen Lebens richten. *Mentalität* und *Praxis* bedingen sich und wirken aufeinander zurück.

6 Rüpke 2019, S. 99 ff.

Im vorliegenden Zusammenhang erscheint der Hinweis wichtig, dieses gemeindliche Zusammenleben nicht bloß als Forderung der Diversität nach einer gelebten Vielfalt oder eines *modus vivendi* zu verstehen. Vielmehr formt sich gerade im jüdisch-christlichen Verständnis der Gottebenbildlichkeit aller Menschen in ihrer Vielfalt und Unvollkommenheit ein zutiefst *kulturelles* Geschehen aus. Und es ist gerade dieser Aspekt, der dem christlichen Verständnis zwischenmenschlicher Begegnung seine genuine Prägung eines wertschätzenden Umgangs mit jedem Einzelnen verleiht.

Es versteht sich hieraus von selbst, dass ein solchermaßen geprägter Kulturbegriff vor dem Hintergrund der Erinnerung als Aneignung der geschichtlichen Heilstaten Gottes und der heilsamen Taten von Menschen im Wesentlichen auch den Prozess der *Bildung* einschließt. Aber es wäre zu kurz gegriffen, hierunter »nur« die zweckgerichtete Bildung zu fassen, die für das traditionell-biblische Verständnis in propädeutischer Hinsicht nötig ist. Bildung greift vielmehr von sich her gleichsam um sich, liebt es, sich zu mehren. Leicht kann dies ein Blick auf die überreiche Geschichte des Bildens und Sich-Bildens der christlich geprägten Kultur bestätigen, angefangen vom griechisch vermittelten Humanitas-Ideal der Alten Kirche bis hin zu den heutigen kirchlichen Bildungsträgerschaften.

Kulturelle Bezüge, welche sich im Sozialverband der gemeindlichen Nahsphäre herstellen, gründen über das rein Intellektuelle hinaus auch in pragmatischer Hinsicht auf solches Bildungsgeschehen und bedürfen ihrerseits eines gleichsam rituellen Rahmens. Solche Bezüge als Fundamente gemeindlichen Zusammenlebens stellen sich her in der *Versammlung*. Profan verstandene Bürger-Gemeinden versammeln sich im *Rathaus*, die Kirchengemeinden in ihren *Kirchen*.

Beide Versammlungsorte und die sich dort Versammelnden schließen sich jedoch nicht aus. Nicht selten liegen Kirchengebäude und Gemeindehäuser auch örtlich sehr nah beieinander, meist auch symbolisch in der Ortsmitte. Beide Arten von Gebäuden ragen oft schon in ihrer Größe und Pracht aus dem dörflichen oder städtischen Umfeld heraus, machen gleichsam auf sich aufmerksam und strahlten wenigstens für die Menschen vergangener Zeiten die aufeinander bezogenen Spielarten von Stärke und Macht aus. Vielleicht ist es in diesem Zusammenhang auch symptomatisch, dass sich in dieses Machtspiel der beiden Protagonisten zumindest zwei weitere, durchaus ernst zu nehmende Antagonisten eingeklinkt haben. Einer Beobachtung von Georg Simmel in seiner »Philosophie des Geldes« folgend, sind es zunehmend die *Banken*, welche Rathäuser und Kirchen bei weitem überragen – und das städtische Wachstum sich um diese neue Mitte, diese neue Macht und vielleicht sogar um eine neue Religion versammelt hat.[7] Als weitaus subtiler, doch nicht weniger mächtig, stellt sich ein zweiter Gegenspieler dar: das *körperliche Selbst* nämlich, welches in das Zentrum eines sich ausbreitenden Kultes gelangt ist, ausgiebig gepflegt und in entsprechenden »Fitness-Tempeln«, »Wohlfühl-Oasen« und anderen Studios optimiert wird, gleichsam zum Gott geworden, um welchen sich ein Großteil der Aufmerksamkeit tagtäglich sammelt und ihm tatenreich huldigt.

Andererseits schwindet die Zahl der Gottesdienstbesucher stetig, und in manchen Gegenden und Gemeinden sind die dortigen Kirchen über weite Strecken des Jahres hinweg bestenfalls zu Objekten kunsthistorischen Interesses oder auf Grund ihrer Raumgröße und ihres Ambientes zu Orten künstlerischer Veranstaltungen wie Ausstellungen, Konzerte und Lesungen geworden. Als solche tragen sie aber jenseits aller kritischen Stimmen faktisch und zweifellos zur Vielfalt und Intensität des Gemeindelebens bei. Selbst dann, wenn man in ihnen mit Nietzsches tollem Menschen im 125. Aphorismus seiner *Fröhlichen Wissen*schaft nur noch »Grabmäler Gottes« erblickt, so sind sie doch auch in dieser Hinsicht Teil eines Gemeindelebens, zu welchem ja unstrittig auch Aussegnungshallen und Friedhöfe gehören, und sie strahlen selbst in diesem Zusammenhang noch eindrucksvolle emotionale, intellektuelle wie religiöse Botschaften aus.

Gemeindeleben durch und für ältere Menschen

Wie in der Gesamtbevölkerung insgesamt, so nimmt der prozentuale Anteil älterer Menschen auch in den Kirchgemeinden zu, deutlich überproportional und mancherorts sogar dramatisch. Die Gemeindepolitik sowohl im kommunalen als auch im kirchlichen Bezug hat in den vergangenen Jahren vor diesem Hintergrund auf eine verstärkte Jugendarbeit gesetzt, um das Gemeindeleben nicht noch weiter in eine Dysbalance zu bringen oder sogar seinen Bestand zu gefährden. Gleichzeitig wuchs aber die Herausforderung, die vielen älteren Gemeindemitglieder bei der Gestaltung des Gemeindelebens zu berücksichtigen.

Freilich führte dieses wichtige Anliegen oft dazu, dass eine zwar gut gemeinte, aber am wahren Bedarf vorbeigehende Seniorenarbeit forciert wurde, welche die gängigen Klischees und Altersbilder zur Grundlage machte und nahezu ausschließlich in den klassischen Bahnen der Altenhilfe unterwegs blieb, so wichtig und ehrenhaft diese auch sein mochten:

---

7 Simmel 1900.

Besuchsdienste in Krankenhäusern, Alten- und Pflegeheimen, Veranstaltungen für Senioren beim Nachmittagskaffee, Seniorengymnastik oder Ausflüge in Form von Busfahrten. Ehrenamtliche, meist gesund und aktiv gebliebene ältere Gemeindemitglieder, wurden zu diesen Zwecken gewonnen, waren gleichsam als Zuarbeiter und Unterstützungskräfte tätig, oft über viele Jahre hinweg, bis sie selbst aus gesundheitlichen Gründen für ihr Amt und dessen Aufgaben nicht mehr zur Verfügung stehen konnten und zur Zielgruppe ihres früheren Engagements gehörten.

Spätestens seit Vorliegen des fünften Berichts zur Lage der älteren Generation in der Bundesrepublik Deutschland aus dem Jahr 2005, der die »Potenziale des Alters in Wirtschaft und Gesellschaft« beleuchtete, richtete sich die Wahrnehmung beider Kirchen auf die Chancen, die durch ältere Gemeindemitglieder und deren Potentiale für ein gelingendes Zusammenleben der Generationen bestehen: Erfahrungswissen, Lebenserfahrung, familiäre und soziale Kompetenzen, eine ausgeprägte Motivation zum Engagement sowie zeitliche und nicht selten auch finanzielle Ressourcen.

Solche Potentiale älterer Menschen können sich freilich nur dann entfalten und schließlich auch der gesamten Gemeinde zugutekommen, wenn das Leben sowohl in eine motivierende Kultur des Engagements als auch in ein Umfeld eingebettet ist, welches auf die Bedürfnisse des Wohnens und dessen Möglichkeiten der Versorgung, einschließlich der damit verbundenen Mobilität, Rücksicht nimmt. Gerade hierin besteht für ein lebendiges kirchlich geprägtes Gemeindeleben über die Arbeit mit Senioren und Seniorinnen eine große Chance, nicht nur angesichts der demographischen Entwicklung, sondern vor allem auch im Blick auf die deutliche Bereitschaft religiös eingestellter älterer Menschen zu sozialem Engagement.

Diese Initiativen und Engagements haben sich in den letzten Jahrzehnten deutlich von Betreuungs- und Versorgungsmodellen, über Angebotsmodelle, hin zu Modellen der Selbstbeteiligung und Selbstinitiative verschoben. Solche Initiativen entfernen sich eher von den herkömmlichen kirchengemeindlichen Aktivitätsstrukturen der Seniorenarbeit. Die Bereitschaft aktiver Senioren richtet sich demgegenüber auf Projekte, welche dem eigenen Interessen- und Fähigkeitsprofil entsprechen und in zeitlicher Begrenzung verlaufen.

Gemeindeleben, so ist oben dargestellt worden, wird zu einem sehr beträchtlichen Teil und auf vielfältige Weise durch die verfassten örtlichen Kirchengemeinden, ihre meist älteren Haupt- und Ehrenamtlichen, organisiert und umgesetzt. Unabhängig davon, ob das Engagement eher schwindet oder wächst, ob sich die Zahl der Beteiligten und Teilnehmenden eher verringert oder vergrößert, soll abschließend nach möglichen Wirkungen solcher Angebote gefragt werden: auf die beteiligten Menschen, auf deren Gemeinschaft und nicht zuletzt auch auf deren religiösen Aspekt.

Wirkungen etablierter Lebensäußerungen und deren Strukturen treten vor allem dann in großer Deutlichkeit zutage, wenn sie gestört oder unterbrochen werden – sei es im Gemeindeleben durch den struktur- oder personenbedingten Wegfall von Tätigkeitsfeldern, Dienstleistungen und Angeboten oder durch ein weitgehendes Zusammenbrechen des gemeinsamen öffentlichen Lebens durch Kontaktbeschränkungen, wie es weltweit während der COVID-19-Pandemie der Fall war. Solche Krisen tragen bei aller Härte ihrer bedrohlichen Auswirkungen und deren Bewältigung jedoch auch dazu bei, dass das wirklich Essentielle und Wichtige im Leben und Zusammenleben deutlicher, weil schmerzhaft, in das Bewusstsein gelangt: Geselligkeit im Rahmen der Nahsphäre, alltagsstrukturierende und prägende Angebote, politische und soziale Aktivitäten, die alltägliche Begegnung mit Kulturellem, Kunst, Brauchtum oder Traditionen, der Austausch mit jeweils anderen Generationen, das hautnahe Erfahren von Trost und Solidarität.

Ein wichtiger Auftrag für die Herausbildung des Gemeinsamen, dem sich auch die Kirchen stellen und den sie im Einklang mit politischen Positionierungen in das gemeindliche Bewusstsein und Handeln hineintragen, betrifft den Umgang mit Menschen und Menschengruppen, die den fragwürdigen Idealen des Schönen, Gesunden, Kräftigen nicht entsprechen. Selbst jüdische und christliche Traditionen zeichneten sich jenen gegenüber in ihrer Geschichte durch ambivalente Haltungen aus.[8] Menschen mit Behinderung, alte oder auch chronisch kranke Personen werden häufig immer noch durch ein normierendes Gemeinschaftsbewusstsein ausgegrenzt, und zwar nach zwei Seiten hin. Im schlimmsten Falle beruht solche Ausgrenzung auf einer zum System, ja zur Ideologie gewordenen Wertehierarchie bezüglich körperlicher und geistiger Fähigkeiten. Für diese abwertende Haltung gegenüber den Betroffenen hat sich im soziologischen Diskurs der Begriff *Ableismus* etabliert. Auf der anderen Seite kann aber gerade auch eine herablassende Zuwendung zu einer Verstärkung der Gruppenseparation in »normale« und »davon abweichende« Menschen führen.

Besonders Liturgie und Seelsorge haben in solchen Zusammenhängen nicht zu unterschätzende Aufgaben und Potentiale. Durch die wiederkehrenden Feiern kann Liturgie bei Menschen, die sie in ihrer gesamten

8 Stöhr 2021.

Lebensspanne begleitet, ein tieferes Erleben der Welt, ein Ergriffensein und in vielen Fällen auch das Gefühl, die Grundstimmung der Geborgenheit vermitteln. Im Lichte der christlichen Heilsbotschaft, gerade auch im Angesicht eines akuten Schmerzes und der damit verbundenen Trauer, der ständigen Präsenz des Abschieds und der Vergänglichkeit, kann christlicher Glaube, können dessen Verdichtungen in der Symbolkraft der Liturgie gleichermaßen als *Rituale des Trostes und der Freude* bezeichnet werden. Denn, so formuliert es Sigmund Freud in seiner religions- und kulturkritischen Schrift *Die Zukunft einer Illusion*, »[...] das schwer bedrohte Selbstgefühl des Menschen verlangt nach Trost, der Welt und dem Leben sollen ihre Schrecken genommen werden, nebenbei will auch die Wissbegierde der Menschen, die freilich von dem stärksten praktischen Interesse angetrieben wird, eine Antwort haben.«[9] Hier, im Trost, vereinen sich nach Freud die Aufgaben von Kultur und Religion, indem sie den Einzelnen bei seinen ansonsten unlösbaren Herausforderungen, Naturgewalten zu beherrschen oder das Vergängliche und die mit ihm verbundene Trauer zu überwinden, deutlich entlasten – intellektuell, emotional und existentiell.

Vor diesem Hintergrund der Trost-Bedürftigkeit des Menschen als *conditio humana*, etwa bei Seneca und Cicero,[10] aber vor allem im christlichen Verständnis der andersartigen Tröstung durch den Heiligen Geist als ἄλλος παράκλητος (Joh 14,16), ist neben der Liturgie auch die Seelsorge in ihrem wesentlichen Bezug zu sehen. Seelsorge als in grundsätzlicher Weise Freude vermittelnder Beistand und Trost in einer vergänglichen und durch Leiden geprägten Welt hat in diesem fundamentalen Sinne einen anderen Stellenwert als die beruhigende Geste eines Freundes, etwa in einer Umarmung – so wichtig und menschlich eine solche auch sein mag. Seelsorge geht weit darüber hinaus, bewegt und ereignet sich sozusagen im geist-erfüllten Raum als existentielle Hermeneutik zwischen dem Göttlichen und der Person, erkennt sie an mit Toleranz und Respekt, gerade auch in ihrer Hinfälligkeit.

Liturgie und Seelsorge, so haben pastoraltheologische und sozialpsychologische Erhebungen während der COVID-19-Pandemie gezeigt, dürfen nicht auf starre örtliche oder andere Schemata reduziert werden, sondern es wird seitens der Gläubigen erwartet, dass beide sich auch immer den Situationen der Menschen anpassen müssen, um sie zu erreichen – nicht umgekehrt.[11] Und als ähnlich wichtige Wirkung gilt die

9 Freud 1927, S. 150.
10 Stammkötter 1998, S. 1525.
11 Zulehner 2021, S. 203 f.

Betonung sozialethischer und kultureller Aspekte religiösen Lebens, welche in der Liturgie nicht ausgeblendet werden dürfen. Gerade in diesem Zusammenhang wird auch seitens der Gemeindemitglieder mit Blick auf die verfasste Kirche und ihre Amtsträger die große Chance gesehen, eine neue Qualität spirituellen Austauschs und persönlicher Nähe zusätzlich über digitale Medien herzustellen.

Fazit

Strukturiertes Gemeindeleben lebt nicht nur von den Potentialen älterer Menschen, indem diese je nach Möglichkeiten einbezogen, eigenverantwortlich und aus eigener Initiative mit ganz unterschiedlichen Rollen betraut werden – örtlich oft separiert, in verschiedensten Bezügen des Engagements, aber vernetzt und handlungsbereit. Das Gemeindeleben selbst, zumal, wenn es christlich inspiriert ist, kann ein hohes Potential entwickeln, wenn in seinen Projekten, Herausforderungen und Angeboten die Generationen so zusammenarbeiten, dass jedem Einzelnen Raum geboten wird, sich selbst zu entwerfen. Und dies gilt insbesondere mit Blick auf die älteren Gemeindemitglieder. In diesem Sinne kann auch in neuen sozialen Bezügen, gesellschaftlichen Veränderungen und im Wandel christlichen und kirchlichen Selbstverständnisses ein praktiziertes Gemeindeleben zur Identitätsstiftung beitragen: durch den Bezug auf ein gemeinsames Glaubens- oder Wertesystem; im Fortführen wichtiger und erbaulicher Traditionen; durch ausgleichenden Austausch zwischen gegensätzlichen Gruppen; durch Entwicklungs- und Bildungsprozesse während der gesamten Lebensspanne und nicht zuletzt durch Sinn- und Deutungszusammenhänge, innerhalb derer all dies andere stehen mag. Kirchliche Prägungen und deren Elemente im gemeindlichen Zusammenleben können hierfür gewiss ein förderlicher Baustein sein.

Literatur

Bundesministerium für Familie, Senioren und Jugend (Hrsg.) (2005), Fünfter Bericht zur Lage der älteren Generation in der Bundesrepublik Deutschland. Potenziale des Alters in Wirtschaft und Gesellschaft, Berlin.

Burckhardt, J. (1966), Die Kultur der Renaissance in Italien [1860]. Ein Versuch, Stuttgart.

Dücker, B. (2006), Rituale. Formen – Funktionen – Geschichte: Eine Einführung in die Ritualwissenschaft, Stuttgart.

Freud, S. (1974), Die Zukunft einer Illusion, [Leipzig, Wien und Zürich 1927], in: Mitscherlich, A., Richards, A., Strachey, J. (Hrsg.), Sigmund Freud. Studienausgabe, Band IX, Frankfurt am Main, S. 135-189.

Luther, M. (1883-2009), D. Martin Luthers Werke, 120 Bände, Weimar.

Möller, C. (1993), Art. Gemeinde I, in: Müller, G. (Hrsg.), Theologische Realenzyklopädie (TRE), Band 12, Berlin, S. 316-335.

Rüpke, J. (2019), Die Religion der Römer, 3. Auflage, München.

Siebel, W. (2015), Die Kultur der Stadt, Frankfurt am Main.

Simmel, G. (1900), Philosophie des Geldes, Leipzig.

Stammkötter, F.-B. (1998), Art. Trost, in: Ritter, J., Gründer, K. (Hrsg.), Historisches Wörterbuch der Philosophie, Band 10, Basel, Sp. 1524-1528.

Stöhr, F. (2021), Körpermakel – Arbeits(un)fähigkeit – Kirchenrecht. Körperlich versehrte, kranke und alte Geistliche im spätmittelalterlichen Deutschen Reich und in Skandinavien, Affalterbach.

Zulehner, P. (2021), Bange Zuversicht. Was Menschen in der Corona-Krise bewegt, Ostfildern.

FRANK STÜFEN / CHRISTOPH ROTTLER

Religiosität im Alter im Gefängnis
Anmerkungen aus der Perspektive der Gefängnisseelsorge

Gefängnisse und Gefängnisalltag kennen die meisten Menschen nur aus Berichten der Medien. Die Vorstellung dessen, was in einem Gefängnis passiert, reicht von Kuschelvollzug[1] und Hotelbetrieb[2] bis zu Orten fortgesetzter Gewalttaten aller gegen alle, wie sie in manchen Hollywoodproduktionen[3] dargestellt werden. Für Gefängnisse in der Schweiz, die sich kaum von denen in Deutschland, Schweden, Norwegen oder anderen Ländern unterscheiden, die es sich leisten können und wollen, in den Strafvollzug zu investieren, gilt weder das eine noch das andere. Schweizer Gefängnisse sind komplexe, hochstrukturierte Institutionen des Freiheitsentzuges, die im geschlossenen Vollzug zwei sich oft widersprechende Funktionen gleichzeitig erfüllen sollen: Sie sollen Freiheit entziehen, um Freiheit und Verantwortung zu generieren.[4] Dieses Paradoxon versuchen Gefängnisse durch ein Konzept von Behandlung[5] und durch einen Stufenvollzug zu lösen. Behandlung bedeutet, dass der Gefangene seine Strafe nicht einfach »absitzt« und wartet, bis der Tag der Entlassung gekommen ist, sondern er muss sich mit sich selbst, seiner Biografie, seiner Persönlichkeit, seinem Delikt, seinem aktuellen und

---

1 Johannes Kühl: Die gesetzliche Reform des Jugendstrafvollzugs in Deutschland im Licht der European Rules for Juvenile Offenders. Subject to Sanction or Measures. Mönchengladbach 2012, S. 150: »Die Schaffung angemessener Lebensverhältnisse in der Vollzugsumgebung ist dabei nicht nur eine Frage menschengerechter Unterbringung, sondern auch die eines in sich konsistenten Behandlungskonzeptes. […] Gleichzeitig bietet der Vollzug an dieser Stelle eine der größten Angriffsflächen für diffus-punitive Debatten über einen vermeintlichen ›Kuschelvollzug‹, in dem es den Gefangenen scheinbar besser gehe als in Freiheit.«
2 Andreas Toggweiler: Solothurner Zeitung vom 17. 5. 2013: »Ist es in den kantonalen Gefängnissen wirklich wie im Hotel? […] Im Gefängnis ist es wie im Hotel, titelte kürzlich ein Boulevardblatt wieder mal und bediente damit ein hinlänglich bekanntes populistisches Vorurteil.«
3 Vgl. die Filme »Mauern der Gewalt« (Originaltitel: »Starred up«) von 2013 oder »Die Verurteilten« (Originaltitel: Shawshank Redemption) von 1994.
4 Vgl. Frank Stüfen: Freiheit im Vollzug. Heiligungs- und befreiungsorientierte Seelsorge im Gefängnis. Zürich 2020, S. 148-165.
5 Vgl. zum Konzept des Behandlungsvollzugs: Stüfen, a. a. O., S. 83-136.

vergangenen Verhalten auseinandersetzen. Die Mittel dazu sind forensisch-therapeutischer, arbeitsagogischer, forensisch-sozialarbeiterischer oder sozialpädagogischer Art. All diese Behandlungsschritte werden jährlich in Berichten dargelegt, finden Eingang in die Vollzugsakten und sind Grundlage dafür, ob Lockerungsstufen möglich sind. Ob der Gefangene also in begleiteten oder unbegleiteten Urlaub darf und somit seine Familie für acht Stunden besuchen kann, ob er in den offenen Vollzug verlegt wird oder gar in ein Arbeitsexternat, wo er während 13 Stunden in Freiheit einer Erwerbsarbeit nachgeht; all das hängt ganz wesentlich davon ab, ob die Behandlung als gelungen angesehen wird. Je schwerer die Anlaßtaten waren, umso schwerer wird es für den Strafgefangenen, die Behandlung zufriedenstellend zu gestalten. Bei Gewalt- und Sexualstraftätern, aber auch bei anderen schweren Delikten ist eine Hermeneutik des Verdachts leitend: Könnte es möglicherweise sein, dass der Fortschritt nur im geschützten Rahmen des Gefängnisses gilt, und ist deshalb zu erwarten, dass der Insasse ohne diesen wieder fähig wäre, schwere Straftaten zu begehen? Man versucht dies mit prognostischen Instrumenten zu messen[6] und stellt Vermutungen an, wie hoch eine Rückfallgefahr sein könnte.

Faktoren, die psychischen Druck erzeugen

Wer sich also vorstellt, man könne im geschlossenen Vollzug seine Freiheitsstrafe unbehelligt und abwartend verbringen, verkennt die Realität heutigen Freiheitsentzugs. Das führt für manchen Insassen zu starken psychischen Drucksituationen, die multifaktoriell bedingt sind:

Gefängnis ist kein Ort, an dem ständig Gewalttaten verübt werden,[7] aber es ist ein Ort, der eigene subkulturelle Regeln hat, die zu Problemen führen können. Vanessa Chong erwähnte vier subkulturelle Themen: Es gäbe den Druck zum Zusammenhalt und zur Opposition gegen Personal, eine spezifische Sozialstruktur, die sich nach Deliktkategorien richte,

---

6 Zu den verschiedenen geläufigen Prognosewerkzeugen vgl. Diana Richter, Elmar Brähler und Bernhard Strauss (Hg.): Diagnostische Verfahren in der Sexualwissenschaft. Göttingen 2014, S. 16-206; v. a. S. 145-149 und S. 185-206.

7 Die Gefahr von Gewalttaten steigt laut einer Studie mit der Höhe der Überbelegung: vgl. Hans Wolff, Alejandra Casillas, Thomas Perneger et al.: Self-harm and overcrowding among prisoners in Geneva, Switzerland. In: International Journal of Prison Heath, Vol. 12, Issue 1, March 2016, S. 39-44.

die Notwendigkeit, Schwäche zu verbergen und Stärke unter Mitgefangenen zu demonstrieren, und es gäbe einen illegalen Warenaustausch.[8]

Forensische Therapie erfordert ein hohes Maß an Reflexionsfähigkeit. Für viele ist diese nur schwer zu leisten. Die Einsamkeit und das Getrenntsein von der Familie verführt zu Regelverstößen (etwa zum unerlaubten Gebrauch von Mobiltelefonen), für manche ist es schon eine Herausforderung, einer geregelten täglichen Arbeit nachzugehen und dort die eigene Leistung bewertet zu bekommen. Im Gefängnis trifft man oft auf Personen mit geringem Bildungs- und Ausbildungsstand. Der Anteil von Inhaftierten mit psychischen Erkrankungen und Persönlichkeitsstörungen ist verhältnismäßig hoch. Man trifft Menschen, die gesellschaftlich am Rande stehen und z.T. unter vielfältigen biografischen Vorbelastungen leiden. Im täglichen Umgang ist von allen Beteiligten viel Einfühlungsvermögen gefragt. Der Druck wird von Gefangenen immer dann als extrem hoch empfunden, wenn neue Lockerungsschritte in Aussicht stehen. Die Angst davor, diese vielleicht nicht zu erreichen, ist hoch und führt bei manchen zu Überangepasstheit und bei anderen zu scheinbarem Desinteresse. Je länger eine Haftstrafe dauert und je unsicherer die Rückkehr in die Freiheit ist, umso höher ist der psychische Druck für den Betroffenen.

Gefängnisse sind eigentlich Durchgangsorte, sie sind nicht dazu gedacht, sich dort häuslich niederzulassen oder heimisch zu fühlen. Wie man den bisherigen Ausführungen entnehmen kann, gibt es für mehrere Gruppen von Straftätern das Problem, dass ihr Aufenthalt sehr lange dauert und dank der von ihnen zu erbringenden Leistungen (Senkung der Rückfallgefahr, erfolgreiche Behandlung der Persönlichkeitsstörung, positive Gestaltung des sozialen Empfangsraums usw.) immer in der Gefahr steht, weiter verlängert zu werden.

Zu diesen Gruppen gehören die Insassen, die vom Gericht zu einer ambulanten bzw. stationären Maßnahme oder zu einer lebenslänglichen Freiheitsstrafe verurteilt wurden. Ebenso Menschen, die zusätzlich mit einer sichernden Maßnahme, der Verwahrung, bestraft wurden. Diese Gruppe von Menschen umfasst in der Schweiz ca. 970 Gefangene[9], und unter ihnen sind diejenigen zu finden, die im Gefängnis alt werden. Die Altersstruktur in Schweizer Gefängnissen hat sich signifikant verändert: 1984 waren 272 Personen zwischen dem 50. und 59. Altersjahr inhaftiert,

---

8 Zur Subkultur vgl. Vanessa Chong: Gewalt im Strafvollzug. Tübingen 2014, S. 101-117.

9 Vgl. zur Statistik: Frank Stüfen: Das Mitmenschliche als Gegenentwurf zu lebenslanger Exklusion. In: Seelsorge & Strafvollzug. Heft 1. Zürich 2018, S. 31.

6 Personen waren 60 Jahre oder älter. 2007 waren es 542 Personen, die zwischen 50 und 59 Jahre alt waren, 14 Personen waren mindesten 60 Jahre alt. Im Jahr 2019 waren es 1215 Insassen zwischen 50 und 59 Jahren und es gab 83 über 60jährige.[10]

Wie erleben diese Menschen das Gefängnis?

Die Zeit im Gefängnis ist für jeden eine Zeit der Krise. Krisen entstehen und lösen sich meistens nach einer bestimmten Zeit wieder auf. Dies ist im Gefängnis nicht so. Dort dauert die Krise fort. Sie hat starke innerpsychische Anteile und wird durch die Tat und die Schuld, die man auf sich geladen hat, sowie durch institutionsbedingte Unfreiheiten zu einer prolongierten existenziellen Krise. Es ist schwer, mit der eigenen Scham fertigzuwerden und die eigene Schuld zu bearbeiten.[11] Lässt man sich vom Schicksal des Opfers berühren, belastet dies die eigene Seele. Ebenso schmerzt die Erkenntnis über die Folgen der jahrelangen Abwesenheit für die eigene Familie, Ehefrau oder Kinder. Gefängnis wird als andauernde Unfreiheit erlebt, denn der Alltag ist streng reglementiert. Das reicht von der Unmöglichkeit, den Ort zu verlassen, bis hin zum Eingriff in intimste Lebensäusserungen: Aus- und eingehende Post wird fremdgelesen, es gibt die Sorge, dass Telefongespräche abgehört werden, ebenso bei der seit kurzem verfügbaren Videotelefonie. Beim Tod eines engen Familienmitglieds darf man höchstens mit Polizeibegleitung zur Beerdigung, zumeist mit Hand- und/oder Fussfesseln. Die Besuchsstunden sind kaum mehr zu füllen, da ein Mensch hinter Mauern langsam aus dem Bewusstsein seines sozialen Netzes verschwindet. Die eigene Sexualität wird stark geprägt durch diese Reglementierung: Obwohl es sog. Familienzimmer gibt, können nur wenige sie nutzen, da Partnerschaften oft an der Situation der Haft zerbrechen.[12] Homosexuelle Kontakte innerhalb der Anstalt können nicht geduldet werden, da es zu Manipulationen und Übergriffen mit schwerwiegenden Folgen innerhalb solcher Beziehungen kommen kann. Was es zu essen gibt, welche Arbeit man tun, wann man duschen gehen, an wen man Geld

---

10 https://www.bfs.admin.ch/asset/de/je-d-19.03.03.02.01.05.02 Besuch am 25.6.2021
11 Vgl. https://www.forschung-und-lehre.de/zeitfragen/schuld-und-busse-von-strafgefangenen-2278/ Besuch am 7.7.2021.
12 Zur Thematik der Sexualität von Gefangenen vgl. Nicola Döring: Sexualität im Gefängnis. Forschungsstand und -perspektiven. In: Zeitschrift für Sexualforschung, Heft 19. Stuttgart 2006, S. 315-333.

schicken, wofür man sein Geld verwenden darf – all das ist durch interne Ordnungen reguliert. Auch wenn die meisten dieser Regeln von Insassen nachvollzogen werden können, so schmerzen sie doch und lassen den eigenen Selbstwert sinken.

Das Schweizer Bundesgericht hat 2013 dem Antrag eines verwahrten Insassen nicht stattgegeben, der aufhören wollte zu arbeiten, um pensioniert zu werden. Deshalb kann man in einem Schweizer Gefängnis nicht in Rente gehen. Die Begründung des Bundesgerichts lautete: »Bei älteren Gefangenen und Eingewiesenen dient die Arbeit dazu, Haftschäden wie Vereinsamung sowie psychische und physische Degeneration zu vermeiden.«[13] Weiter führte das Bundesgericht aus: »Stellt man den Gefangenen frei, ob und wann sie an einem Beschäftigungsprogramm teilnehmen wollen, wäre es unmöglich, die Anstalt geordnet zu führen. Ebenso wenig könnten Haftschäden vermieden werden, da es ihnen freistehen würde, den Tag in ihrem Zimmer zu verbringen, was zu einer Vereinsamung oder psychischen und physischen Degeneration führen könnte.«[14]
Es ging dem höchsten Gericht mit diesem Entscheid darum, zu vermeiden, dass ältere Insassen sozial verwahrlosen.

Alter im Gefängnis

Seit 2012 ist den Justizvollzugsbehörden der Schweiz bewusst, dass es das Problem des Alters im Gefängnis gibt und dass es vermutlich zunehmen wird.[15] Diese Beschäftigung mit dem Alter hat zu mehreren sehr guten Projekten geführt: In der Justizvollzugsanstalt Pöschwies gibt es eine Abteilung Alter und Gesundheit, in der vor allem ältere Insassen in einem geschützten Rahmen leben können. Im Zentralgefängnis in Lenzburg gibt es eine Abteilung 60+, die sich auf die Besonderheiten eines altersgerechten Vollzugs spezialisiert hat. In neuster Zeit ist zudem in der JVA Cazis-Tignez eine weitere Station zur altersgerechten Betreuung hinzugekommen.[16]

13 BGE 6B_ 182/2013.1.6.
14 BGE 6B_ 182/2013. 2.6.2.
15 Vgl. die Altersentwicklung der Gefangenenpopulation: 2012 gab es 719 über 50- und 41 über 60jährige, und 2019 gab es 1215 über 50- und 83 über 60jährige. Eine Zunahme um ca. 70 Prozent in sieben Jahren bei den über 50jährigen, um 100 Prozent bei den über 60jährigen. Vgl. https://www.bfs.admin.ch/asset/de/je-d-19. 03. 3.02. 01. 05.02.
16 Umfassend wird die gegenwärtige Situation des Alters im Schweizer Strafvollzug in dieser Studie dargelegt: Schweizerisches Kompetenzzentrum für Strafvollzug:

Alter und Haftdauer haben einen starken Einfluss darauf, wie Gefangene den Alltag im Gefängnis wahrnehmen. Je länger man sich in Haft befindet, umso stärker wird der Wunsch nach Freiheit. Das klingt paradox, da man vermuten könnte, Insassen würden resignieren und das Gefängnis gleichsam als Zuhause empfinden. Das ist aber eher selten der Fall. Dieses Phänomen lässt sich durch eine Aussage erklären, die Insassen immer wieder in Seelsorgegesprächen machen: »Das Schlimmste, was ich mir vorstellen kann, ist, im Gefängnis, in Unfreiheit zu sterben.« Die Sorge, hinter Gittern zu sterben, hat etwas Beengendes. Man kann es mit dem Unbehagen älterer Menschen vergleichen, wenn sie in eine Pflegeinstitution eintreten sollen, wo sie vermutlich auch sterben werden.

Tatsächlich ist nicht damit zu rechnen, dass ein Insasse altershalber im Gefängnis stirbt. Unseren Beobachtungen zufolge werden Schwerkranke und Sterbende von Insassen zu Patienten. Sie werden in ein Krankenhaus eingewiesen, wo ihnen, anders als hinter Gittern, die nötige (palliative) Pflege zuteilwerden kann. Wird ein Verurteilter auch in hohem Alter noch als Gefahr für die Allgemeinheit eingestuft, prägt dies seinen Weg am Lebensende. Er wird nur unter der Bedingung in ein Pflegeheim kommen dürfen, dass diese Institution eine geschlossene Abteilung besitzt, die darauf ausgerichtet ist, die genügende Sicherheit zu gewährleisten. Aus unserer Seelsorgepraxis wissen wir, wie verletzend es für einen älteren Insassen sein kann, wenn er als schwerstkranker Mensch auf eine ihm attestierte Gefährlichkeit reduziert wird.

Herausforderungen für die Seelsorge

Seelsorge im Gefängnis wendet sich den Menschen zu, die am Rande der Gesellschaft stehen. Sie ist damit eine der Spezial- oder Kategorialseelsorgen, die in ihrem Auftrag, Menschen in existenziellen Krisen beizustehen, mit der Wohnungslosenseelsorge, der Notfallseelsorge oder der Arbeit auf Palliativstationen, in Notschlafstellen für Drogensüchtige, in Sterbehospizen und psychiatrischen Kliniken verglichen werden kann. Arbeit in diesen Feldern ist immer eine Herausforderung. Sie wird noch dadurch verstärkt, dass die Situation der Insassen als selbstverschuldet und deshalb weniger empathisch wahrgenommen wird als etwa die Situ-

Ältere und kranke Menschen im Justizvollzug. Ergebnisse eines Pilotprojekts. Mitarbeitende: Dr. Holger Stroezel, Dr. Christoph Urwyler, Anne Schori. Fribourg 2019.

ation eines Wohnungslosen oder gar eines psychisch Kranken. Die Herausforderung der Gefängnisseelsorge liegt zudem in ihrer Interaktion mit verschiedenen Institutionen, denen gegenüber sie sich loyal zeigen soll. Die entsendende Kirche hat Erwartungen, wie die Arbeit vor Ort aussehen sollte, und sie stellt dafür bestimmte Stellenpensen zur Verfügung. Die Institution des Freiheitsentzugs erwartet Loyalität gegenüber ihrem Konzept, ihren Entscheidungen und ihrer sicherheitsgeprägten Haltung.

Die Gesellschaft kann nur schwer verstehen, wieso man sich Tätern so intensiv zuwendet, wie sich öfter an Wortmeldungen zeigt, wenn wir unsere Arbeit irgendeiner Öffentlichkeit vorstellen. Die Seelsorge muss auch dem Seelsorgesuchenden gegenüber loyal sein, denn er hat Anspruch darauf, in seiner Not (oder in seiner Freude über einen positiven Vollzugsentscheid) wahrgenommen zu werden. Und zuletzt ist der Seelsorgende immer auch auf sein eigenes Gewissen zurückgeworfen, wenn es zu Konfliktsituationen kommt, die verschiedene Akteure betreffen.

Die Herausforderungen der Seelsorge haben aber auch mit der Klientel selbst zu tun. Im Gefängnis treffen Menschen aufeinander, einige sind alt oder krank. Andere sind psychisch auffällig und kämpfen mit Persönlichkeitsstörungen oder schwerwiegenden psychischen Erkrankungen. Auch Demenzerkrankungen können im Gefängnis vorkommen. Das ist dann für die Institution eine unfassbare Herausforderung. Perspektivlosigkeit, die sich aus dem Konflikt zwischen Sicherheit und Freiheit ergibt, ist sicher die größte Herausforderung: Es geht darum, dass Seelsorge oft nur aushaltend und mittragend dabei sein kann, wobei sie es nicht unterlässt, das Dennoch der Hoffnung zu vertreten.

Da Konflikte zwischen Sicherheit und Freiheit im Gefängnis in aller Regel zugunsten der Sicherheit aufgelöst werden und die Hermeneutik des Verdachts leitend ist, hat sich etwas Entscheidendes verändert. Konnten in der Zeit vor 1994[17] und der Revision des Strafgesetzbuches

---

17 Aufgrund eines Tötungsdelikts eines Verwahrten im unbegleiteten Urlaub an einer jungen Frau in Zürich wurde intensiv an einer Neuorientierung des Strafvollzugs gearbeitet. Der ehemalige Amtschef Thomas Manhart schrieb: »Natürlich darf nicht ausser Acht gelassen werden, dass man vor 1994 im Justizvollzug allzu einseitig auf den Wiedereingliederungsaspekt und zu wenig auf Rückfallgefahr und Opferschutz fokussiert hat. Das hat sich seit dem Zollikerberg-Mord grundlegend geändert. Von einem radikalen Bruch würde ich dabei aber nicht reden. Und auch nicht davon, dass seither im Strafvollzug kein Stein mehr auf dem anderen geblieben sei. Es ist aber mit dem Risikodenken ein neues sehr wichtiges Geschäftsfeld hinzugekommen.« Thomas Manhart: Justizvollzug und Seelsorge im Spannungsfeld unterschiedlicher Aufgaben und Interessen. In: Seelsorge & Strafvollzug. Heft 4, Zürich 2020, S. 11.

2007 Gefangene, die in einer Verwahrung waren, davon ausgehen, dass sie in die Gesellschaft reintegriert würden, ist dies heute nur noch in absolut seltenen Ausnahmefällen zu beobachten. Somit erhöht sich die Zahl der Menschen, die im Gefängnis altern. Die absolute Zahl ist mit 83 über 60jährigen nicht dramatisch.[18] Aus der Perspektive der Gefängnisseelsorge handelt es sich bei jedem einzelnen um ein tragisches Schicksal, das mit Angst und dem Verlust vieler menschlicher Privilegien verbunden ist. So wird aus einer gering erscheinenden Zahl ein Stein des Anstoßes.

Übrigens werden Menschen nicht nur alt im Gefängnis, sondern es werden auch Menschen in hohem Alter zu Ersttätern. Über die Gründe für diese Entwicklung zu reflektieren, das ist hier nicht der richtige Ort.[19] Aus unserer Erfahrung lässt sich jedoch ableiten, dass es etwas mit der Einsamkeit im Alter, mit Alkoholabusus und mit den Möglichkeiten zu tun haben könnte, die das Internet bietet, auch dann kriminelle Taten zu begehen, wenn die Mobilität das eigentlich nicht mehr zulässt (Betrug; Sexualstraftaten usw.).

Ein Gespräch mit einem Ersttäter im hohen Alter machte uns folgendes bewusst: Der Mann hatte in der Altersabteilung des Gefängnisses tatsächlich ein besseres Leben als draußen. Dort saß er in seiner kleinen Wohnung, war einsam, trank zu viel Alkohol, hatte finanzielle Probleme und ernährte sich schlecht. Er schwärmte geradezu davon, was für ein schönes helles Zimmer er im Gefängnis habe, dass er drei Mal am Tag eine feine Mahlzeit bekäme und er müsste nur aus dem Zimmer heraustreten, dann fände er jemanden zum Reden oder gar zum Spielen. Auch die medizinische Betreuung sei gut geregelt. Die Vereinsamung, die auch unserem gesellschaftlichen Umgang mit Alter[20] geschuldet sein dürfte, war ein Faktor neben anderen, der zur Altersdelinquenz beigetragen haben dürfte.

In der Schweiz ist 2019 die Diskussion um den assistierten Suizid akut geworden, die in ähnlicher Weise auch auf die Gefängnisse in Deutsch-

---

18 Vgl. Fussnote 14. Die Zahl der älteren Gefangenen hat im letzten Jahrzehnt deutlich zugenommen.

19 Zur weiterführenden Diskussion: Franziska Kunz, Hermann-Josef Gertz (Hg.): Straffälligkeit älterer Menschen. Interdisziplinäre Beiträge aus Forschung und Praxis. Heidelberg 2015.

20 Vgl. dazu folgende Studie: Eva Maria Belser et al.: Menschenrechte im Alter. Ein Überblick über die menschenrechtliche Situation älterer Personen in der Schweiz. Bern 2017.

land zukommen wird.[21] Ein sich in Verwahrung befindlicher Inhaftierter hatte sich bei der Sterbehilfeorganisation Exit gemeldet mit dem Wunsch, durch Suizidbeihilfe aus dem Leben zu scheiden. Die Frage wurde im Ostschweizer Strafvollzugskonkordat vorläufig so beantwortet, dass ein Merkblatt geschaffen wurde, wie diese Anfragen zu handhaben wären.[22] Die Gefängnisseelsorge hat sich hier klar positioniert und darauf verwiesen, dass Bilanzsuizide und Entscheidungen, die aus der Situation prolongierter existenzieller Krisen entspringen, nicht durch Sterbehilfe gelöst werden sollten. Sie werfen vielmehr Fragen nach möglichen weiteren Perspektiven im Vollzug auf. Der Kern der Diskussion liegt aber im Konflikt, ob man die Autonomie des Sterbewilligen oder die Fürsorgepflicht des Staates höher gewichten möchte.[23]

Ein Fallbeispiel

Im Folgenden stellen wir ein typisiertes Beispiel vor, das Elemente, die wir bisher genannt haben, verdeutlicht: Alter, Religion, Krise und Gefängnis.[24]

Herr A. ist 73-jährig, und er ist seit etwa vierzig Jahren inhaftiert. Seine Delikte, die er vor mehreren Jahrzehnten begangen hat, wiegen schwer. Sie haben zu einer Verwahrung geführt. Herr A. ist also im Gefängnis alt geworden. Er arbeitet jeden Tag gewissenhaft, und wenn er um etwas gebeten wird, fällt es ihm schwer, Nein zu sagen. Kontakt nimmt er fast immer mit einem witzig gemeinten Spruch auf. Herr A. absolviert seit

21 Vgl. dazu die Entscheidung des Bundesverfassungsgerichts vom 26. 2. 2020, welche das Recht auf selbstbestimmtes Sterben umfasst und beschließt, » dass die im Einzelfall geleistete, nicht geschäftsmäßige Suizidhilfe straffrei bleibe.« 2 BvR 2347/15, 282.

22 Vgl. https://www.osk-web.ch/assets/files/pdf/rechtserlasse/MB-Suizidhilfe-OSK. pdf. Besuch 8. 7. 2021.

23 Vgl. Frank Stüfen (in Zusammenarbeit mit dem Vorstand des Schweizer Vereins für Gefängnisseelsorge): Positionspapier zum Thema Assistierter Suizid im Freiheitsentzug. Zürich 2021.

24 Einzelne Beispiele aus der Praxis der Autoren wären durch die Bekanntheit langjähriger Insassen im Behandlungsvollzug kaum zu anonymisieren gewesen. Deshalb haben wir beschlossen, den Typus »Älterer Mensch im langjährigen Sicherheitsvollzug (Verwahrung)« zu kreieren und an diesem unsere Erfahrungen sichtbar zu machen. Die seelsorgliche Schweigepflicht muss gewahrt werden. Da wir zudem nicht sicher sein können, aus welchen Gründen ein Insasse uns die Erlaubnis zur Veröffentlichung seines Falls geben würde (Teil des Störungsbildes? Wunsch nach Aufmerksamkeit? Gefühl, dazu verpflichtet zu sein etc.), verzichten wir auf ein einzelnes Fallbeispiel.

Jahren eine forensisch-psychiatrische Therapie, die ihm persönlich hilft, sich selbst und seine Delikte besser zu verstehen, und er verbindet mit der Therapie die Hoffnung, das Gefängnis eines Tages verlassen zu dürfen. Er darf sich arbeitsbedingt in einem gewissen Bereich relativ frei bewegen. So kann er vermehrt Kontakte mit anderen Insassen pflegen und hat zu Mitarbeitenden einen freundlichen Kontakt. Er ist anerkannt und bemüht sich darum, dass es so bleibt. Auch mit den Seelsorgepersonen (inkl. dem muslimischen Seelsorger) pflegt er Kontakt.

Über viele Jahre geht das Leben für ihn seinen gewohnten Gang. Er versucht, Vorgaben des Vollzugs zu erfüllen. Herr A. versteht, was seine Jugend und sein Aufwachsen unter prekären Bedingungen mit den von ihm verübten Delikten zu tun hat. Er darf in begleitete Urlaube und erhofft sich einiges von diesem positiven Zeichen: dass er bei unbeanstandeten Urlauben eines Tages in Freiheit zurückkehren darf. Dies erfüllt sich trotz positiver Rückmeldungen nicht. Herr A. ist religiös. Er besucht regelmässig den anstaltsinternen Gottesdienst und pflegt eine authentisch wirkende Religiosität. Herr A. zeigt intensive Opferempathie. In der Seelsorge kommt es regelmässig zur Reflexion der früheren Straftaten. Er benutzt sein persönliches Gebet, um Gott für das Wohlergehen der Geschädigten zu bitten. Diese Form von Wiedergutmachung ist spezifisch religiös und eine Möglichkeit, etwas für die Opfer zu tun. Neben finanzieller Wiedergutmachung, die in einen allgemeinen Pool geht, ist dies auch eine gute Möglichkeit, mit der eigenen Schuld umgehen zu lernen. In heutigen Strafvollzugskonzepten gibt es aus Gründen möglicher Reviktimisierung und Retraumatisierung unseres Wissens keine direkten Täter-Tatopfer-Dialoge. Auch Entschuldigungsbriefe sind heikel, da sie bei den Geschädigten Narben aufreißen können. Fürbitte über viele Jahrzehnte hinweg ist also eine Möglichkeit der Wiedergutmachung. Eigentlich wäre das ein Verlauf, bei dem man annehmen dürfte, dass die Rückfallgefahr als gering eingeschätzt würde und weitere Lockerungsschritte anzuschieben wären.

Obwohl Herr A. ein respektierter Insasse ist, kommen Gerüchte auf, sein Delikt sei aus dem pädophilen Bereich. Daraufhin zieht er sich stark zurück. Auch der Gottesdienstbesuch wird ausgesetzt, da er die Reaktion der anderen Insassen fürchtet. Er will keine Auseinandersetzung riskieren, die für ihn vollzugstechnisch negative Folgen hätte – und obwohl er verletzt und wütend ist, will er Frieden halten. Sein Credo ist, dass er solche Dinge nicht selbst in die Hand nehmen, sondern nur Gott um Beistand bitten kann.

Herr A. gerät in eine existenzielle Krise, als ein Gutachten über ihn erstellt wird, das eigentlich mit dem Hintergrund angedacht war, Möglichkeiten weiterer Vollzugslockerungen abzuklären. Er ist langsamer geworden und benötigt Ruhe und gelegentliche Pausen. Den Begutachtungsprozeß nimmt er als sehr anstrengend wahr und kann der Dynamik kaum folgen. Es ist schwierig für ihn, sich mitzuteilen, da die Macht des Gutachters groß ist und als beängstigend wahrgenommen wird. Entsprechend schlecht fällt das Gutachten aus. Von Vollzugslockerungen keine Spur. Für Herrn A. bricht eine Welt zusammen, als er das vernimmt. Obwohl er tief enttäuscht und wütend ist, schafft er es, seinen Glauben in dieser Situation leitend sein zu lassen. Er verurteilt den Gutachter nicht, hofft aber auf Gottes Gnade, dass ihm kein Unrecht geschehe. Herr A. verliert mehrere Jahre lang seine Urlaubsberechtigung. Das ist für ihn sehr schmerzhaft.

Deutung des Fallbeispiels

Die Religion hilft Herrn A., die aktuelle Krise innerhalb der Dauerkrise auszuhalten. Er kann immer wieder seinem Glauben an Gott die Führung überlassen. Er weiß, dass die Gespräche mit der Seelsorge ihm helfen können, und auch die Anstalt unterstützt ihn dabei, die Seelsorge in der Krise so häufig aufzusuchen, wie er es benötigt.

Auch wenn es Gewalt nicht in dem Ausmaß gibt, wie es in amerikanischen Filmen dargestellt wird, gibt es doch immer wieder verbale Herausforderungen. Herr A. hat auch hier seinen Glauben über seinen Ärger gestellt und sich in keine bösartigen Fehden verwickeln lassen.

Herr A. benötigt – wie gesagt – mehr Ruhe mit zunehmendem Alter. Er wohnt seit einem Jahrzehnt in derselben Zelle. Um ihn herum werden Menschen in Freiheit entlassen, er bleibt immer zurück. Immer wieder muss er sich an neue Zellen- und Stockwerksnachbarn gewöhnen. Die Lautstärke der anderen nimmt seinem Empfinden nach zu. Der Stresslevel wird höher. Er möchte nicht in die Altersabteilung wechseln, weil er dann Menschen weniger sehen würde, denen er bei der Arbeit gern begegnet, und weil er auch nicht mehr so einfach in den Gottesdienst kommen kann, da die Abteilung eine eigene Einheit im dezentralen Vollzugskonzept bildet. Seine Frömmigkeit hilft ihm auch beim Problem des Trubels, da er sich zurückziehen kann und so etwas wie Kontemplation übt.

Im Rückblick auf seine schwere Zeit nach dem Gutachten schließt er für sich einen Suizid aus, da er sein Leben in Gottes Hand sieht und es als Sünde empfinden würde, selbst Hand an sich zu legen. Religion hat hier also selbstbeschützende Funktion.

Altersspezifische Probleme im Gefängnis sind neben der abnehmenden Mobilität auch akute und chronische Erkrankungen. Das musste auch Herr A. erleben. Seine Haltung ist, dass sein Leben in Gottes Hand liege und dass er es mit einem gnädigen Gott zu tun habe.

Religion hilft Herrn A., seinen Alltag zu bewältigen. Die Krise hält er mit ihr aus und bleibt mit Gebet, Fürbitte und Opferfürbitte in Beziehung zu Gott. Dies hat stabilisierende Wirkung. Gottesdienste und Seelsorgebesuche helfen ihm dabei. Sein Glaube ist wirksam, wenn etwas besonders Bedrohliches, Beschämendes oder Verletzendes geschieht. Seine Religiosität unterstützt ihn dabei, die Impulskontrolle zu wahren und das eigene Verhalten zu steuern. Ein wichtiges Thema ist zunehmend die Frage nach dem Lebensende. Wie wird das Sterben einmal aussehen? Kann es ein Sterben in Freiheit auch für ihn geben? Wird Herr A. die letzten Tage mit den Menschen verbringen können, die ihm trotz jahrzehntelanger Haft treu geblieben sind? Ob diese Menschen dann überhaupt noch leben?

Religion im Alter im Gefängnis kann eine Kraft entwickeln, um die dauerhafte existenzielle Krise mit ihren akuten Ausschlägen erträglich zu machen. Sie hat selbstbeschützende, impulskontrollierende, empathiefördernde und friedenssichernde Funktion in einem prekären sozialen Umfeld.

Literatur

Schweizerisches Kompetenzzentrum für Strafvollzug: Ältere und kranke Menschen im Justizvollzug. Ergebnisse eines Pilotprojekts. Mitarbeitende: Dr. Holger Stroezel, Dr. Christoph Urwyler, Anne Schori. Fribourg Nov. 2019.

Franziska Kunz, Hermann-Josef Gertz (Hg.): Straffälligkeit älterer Menschen. Interdisziplinäre Beiträge aus Forschung und Praxis. Heidelberg 2015.

Eva Maria Belser et al.: Menschenrechte im Alter. Ein Überblick über die menschenrechtliche Situation älterer Personen in der Schweiz. Bern 2017.

Frank Stüfen (in Zusammenarbeit mit dem Vorstand des Schweizer Vereins für Gefängnisseelsorge): Positionspapier zum Thema Assistierter Suizid im Freiheitsentzug. Zürich 2021.

Religion und Demenz

RALPH KUNZ

Erinnerungen des Stofflichen im Land des Vergessens

Von der spirituellen Substanz dementiell erkrankter Menschen

1 Einleitung

1.1 Demenz als Behinderung

Zweifellos stellen demenzielle Erkrankungen eine herausragende ge-
sundheits- und gesellschaftspolitische Herausforderung dar.[1] Wenn aber
von *spirituellen Bedürfnissen* die Rede ist und Demenz *nur als Krankheit* und *Problem* gesehen wird, geraten wesentliche Aspekte der Thematik aus dem Blick. Spiritualität ist *erstens* keine Angelegenheit in einer
Richtung. Man kann sie nicht austeilen, sondern nur austauschen. *Zweitens* sind die meisten dementen Menschen in ihrer Eigenwahrnehmung
nicht krank. Damit ist auf eine Grundproblematik gewiesen, die auch
in der Diskussion über Behinderung begegnet. Menschen mit Demenz
– so meine Leitthese – sind wie Menschen mit einer Behinderung zu
betrachten.

Es geht also nicht nur darum, was man unheilbar Kranken Gutes
tun kann, wenn man ihre spirituellen *Bedürfnisse* wahrnimmt, sondern
immer auch darum, welche besonderen *Gaben* dementielle Behinderte
zum Austausch mit ihren Angehörigen und anderen betreuenden Personen mitbringen. Diese Perspektive soll das Leiden an der Demenz
nicht beschönigen oder verdrängen, vielmehr soll sie helfen, sowohl
Menschen mit dementiellen Erkrankungen als auch Pflegende und
Angehörige in ein anderes Licht zu rücken. Um diese Umperspektivie-
rung vorzunehmen, ist die Verschränkung mit dem Behindertendiskurs
hilfreich.

Behinderung hat unterschiedliche Dimensionen, die nicht aufeinander reduziert werden können.[2] Da ist zum einen das soziale Handicap,

---

1 Vgl. Mike Martin/Hans-Rudolf Schelling: Demenz in Schlüsselbegriffen. Grundlagen und Praxis für Praktiker, Betroffene und deren Angehörige, Göttingen et
   al. 2005, S. 13.
2 Im Folgenden beziehe ich mich auf die Untersuchung von Ulf Liedke: Beziehungsreiches Leben. Studien zu einer inklusiven theologischen Anthropologie
   für Menschen mit und ohne Behinderung, Leipzig 2008.

und da sind zum anderen die Defizite, die in der Folge einer physischen oder geistigen Beeinträchtigung auftreten. Genetische Ursachen, ein Unfall oder eine Krankheit können den Radius selbständiger Aktivität eines Menschen beschränken. Dennoch wäre es falsch, Behinderung nur unter dem Vorzeichen eines *Leidens* abzuhandeln. Einschränkungen sind für sich gesehen keine Krankheiten. Und Menschen, die mit Grenzen leben, sind nicht definiert als *die Behinderten*. In neueren Konzepten von *Disabilty* wird deshalb betont, dass Menschen von ihrer Umwelt behindert werden. Sie werden für krank erklärt von denen, die funktionieren. Wenn nur wer liebesfähig und arbeitstüchtig ist als normal bezeichnet wird, sind alle anderen abnormal. Stigmatisierung heißt der bekannte Abwehr- und Ausgrenzungsmechanismus, der auch im Fall der dementiellen Behinderung spielt.[3]

1.2 Leitlinien

Drei Leitlinien für die folgenden Überlegungen will ich vorweg nennen:

- Wenn es um die spirituellen Bedürfnisse von Menschen mit Demenz geht, sollte die *religiöse Konnotation der Stigmatisierung* zu denken geben.
- Wenn wir betroffene Menschen nicht auf ihre Krankheit reduzieren, rückt ihr Verhältnis zu ihrer *Umwelt* ins Blickfeld. Es geht um die Folgen der dementiellen Erkrankungen für das ganze System, in dem sie leben.
- Wenn es beim Thema Spiritualität um einen Umgang mit Demenz geht, der das pflegerische und therapeutische Verhältnis mit allen Betroffenen erweitert, ist eine Dimension der *Begegnung* und keine Behandlung im Blick.

Das ist noch sehr vage formuliert. Zur Debatte steht insbesondere, wie man Spiritualität verstehen soll. Ich beschränke mich an dieser Stelle darauf, zwischen Spiritualität und Religiosität zu unterscheiden.[4] Die

3   Stigmatisierung ist gemäss Erving Goffman eine Technik der Bewältigung beschädigter Identität. Vgl. Stigma. Notes on the Management of Spoiled Identity. Englewood Cliffs 1963. Vgl. dazu auch Andrea Fröchtling: »Und dann habe ich auch noch den Kopf verloren …« Menschen mit Demenz, in: Theologie, Seelsorge und Gottesdienst wahrnehmen, Leipzig 2008, S. 58 ff.

4   Hinweis auf meinen Beitrag »Spirituelle und religiöse Begleitung im Alter« in diesem Band.

Unterscheidung ist sinnvoll, eine Trennung wäre falsch. In meinen Überlegungen soll es um die *Relation* der beiden Größen gehen. Es geht mir also nicht um eine Bestreitung der Tatsache, dass sich Spiritualität als »Alternativbegriff für Religion«[5] etabliert hat und sich viele Indizien dafür finden, dass der weltanschauliche Individualismus gegenüber den institutionellen Glaubensvorgaben dominiert. Spirituelles soll vielmehr in seiner Verknüpfung mit dem kulturellen Erbe des Christentums thematisch werden.

Für eine solche Wahrnehmung spricht, dass die religiöse Spiritualität als Regelfall betrachtet werden kann.[6] Besondere Festzeiten wie die Weihnachtstage, Sonn- und Feiertage, aber auch die sprachlichen Residuen der kleinen Alltagsrituale wie das Grüßen, Danken, Fluchen und Segnen weisen auf die religiösen Haftpunkte der Spiritualität hin, wie sie im Heimalltag und in der privaten Betreuung gelebt wird. Transzendenzbezüge, wo sie explizit werden, bleiben mit der symbolischen Ordnung einer bestimmten Religion verbunden.

Allerdings sind diese Verbindungen auch als Unterbrechungen zu thematisieren. Denn christliche Religion, wie wir sie in unserer Kultur normalerweise praktizieren, stellt hohe Anforderung an die Beteiligten. Viele Menschen sind beispielsweise nicht »gottesdiensttauglich«. Menschen mit Demenz gehören eindeutig dazu. Die dementielle Störung des religiösen Austauschs spricht m. E. erst recht dafür, den Widerspruch des Evangeliums gegenüber Ausgrenzungsstrategien nicht zu vergessen bzw. an die inklusive Vision des Jesus von Nazareth zu erinnern. Glaubensspiritualität pflegt eine Erinnerung, die den Menschen heilsam mit seiner Stigmatisierungsgeschichte verstrickt!

1.3 Gliederung

Diese Erinnerung nenne ich den *Stoff des Glaubens*. Die Beschäftigung mit diesem Stoff, der Austausch darüber – und, wie noch zu zeigen ist, auch die Begegnung im symbolischen Energiefeld der Erinnerung – lässt fragen, *wie* wir zu diesem Stoff im Land des Vergessens kommen. Dies

---

5   Hubert Knoblauch: Einleitung: Soziologie der Spiritualität, in: Zeitschrift für Religionswissenschaft 13 (2005), S. 123-132, 123.
6   Vgl. dazu Uwe Sperling: Religiosität und Spiritualität im Alter, in: Andreas Kruse/Mike Martin (Hg.): Enzyklopädie der Gerontologie. Alternsprozesse in multidisziplinärer Sicht, Bern et al. 2004, S. 627-642, bes. 631-633.

halte ich für eine theologische wie methodische Herausforderung, die ich mit folgenden Schritten angehen möchte:

– Ich versuche *zuerst*, die Substanz der religiösen Spiritualität zu bestimmen (2.), wobei ich das Stoffliche vom Stoff unterscheide: es gibt keinen Sinn ohne Sinne.
– In einem nächsten Schritt gebe ich dieser Verbindung einen theologischen Namen: es sind die *Sakramente* (3.)
– Schließlich will ich die *gottesdienstliche Begegnung* als eine mögliche Materialisierung spiritueller Bedürfnisse vorstellen (4.).

2 Substanz der Erinnerung

2.1 Substanz der Religion

Religiöses kann man nicht essen oder schmecken oder tasten. Es ist geistige Substanz. Das hat Konsequenzen: Um geistigen Stoff aufnehmen zu können, muss man sich darüber unterhalten und etwas von Interpretation verstehen. Um sich selbst und seine Welt religiös zu deuten, muss man sprechen können. Religion ist ein Sprachspiel, insofern die Sprache als sozial vermittelte Kompetenz die Bedingung religiöser Kommunikation darstellt.[7] Anders ausgedrückt: Religiosität ist etwas, das man sich *wie* Sprache aneignet, und das deshalb kommunikativ vermittelt wird. Religionsgemeinschaft setzt die Fähigkeit der Teilnehmer voraus, soziale Kontakte zu knüpfen.

Diese Kompetenzen eignen sich Menschen durch Sozialisation an. Kein Mensch kann Religion für sich allein praktizieren. Sie ist eine kollektive Lebenspraxis, die in Praktiken geübt wird und die Beherrschung von Techniken voraussetzt. Die wichtigste Praktik des religiösen Austauschs ist das Ritual. Es wird gemeinsam vollzogen. In der rituellen Begegnung verbinden sich kognitive und affektive Dimensionen. In der christlichen Tradition hat das Ritual eine *sinnstiftende* Funktion und darum eine starke Wirkung.

---

7 Was in keiner Weise darauf hinausläuft, dass Religion als Sprachspiel selbstsuffizient ist – das wäre eine defizitäre Wahrnehmung der sprachlichen Dimension, die in der Debatte von Wittgensteins Sprachspielphilosophie »Fideismus« genannt wurde. Vgl. dazu Hans-Peter Grossmann: Theologischer Realismus: ein sprachphilosophischer Beitrag zu einer Sprachlehre des Glaubens (Hermeneutische Untersuchungen zur Theologie, Bd. 34), Tübingen 1996, S. 198-224.

2.2 Religion als exklusives Sprachspiel

Religion so zu bestimmen, das macht Sinn, bis wir es mit Menschen zu tun haben, die über die nötigen Kenntnisse, Fähigkeiten und Fertigkeiten des Sprechens nicht mehr (oder noch nicht) verfügen. Wohin reicht dann Religion? Wie geht die religiöse Gemeinschaft mit diesen Subjekten um? Wie werden sie integriert? Und in welche Schichten dringt der religiöse Stoff, wenn die Kanäle der konventionellen Kommunikation verschlossen sind?

Eines ist sicher: Wenn Religion nur als *exklusives* Sprachsystem praktiziert wird, werden Menschen mit dementiellen Erkrankungen ausgeschlossen. Gegen Orientierungslosigkeit, Gefühllosigkeit, Verlust der Mitte und Amnesie kommt eine sprachlich fixierte Religion nicht an. Sie verstummt. Also ist es auch nicht weiter erstaunlich, dass der demente Mensch im Gottesdienst *persona non grata* bleibt. Menschen mit dementiellen Erkrankungen stören die erbaulichen Gefühle, die Konzentration und die Pflege des Gedächtnisses der auf Austausch bedachten Gläubigen. Selbstverständlich ist an keiner Kirche ein Schild »Demente unerwünscht« angebracht. So ist es durchaus möglich, dass von der Kanzel Inklusion gepredigt wird und die Fürbitte die Kranken und Schwachen einschliesst. Der leibhaftige Ausschluss geschieht von allein. Die Rituale der ›Normalen‹ sind so anspruchsvoll, dass Angehörige mit ihren dementen Partnern gar nicht auf die Idee kommen, daran teilzunehmen. Man sollte lesen können, sich anständig benehmen, ruhig verhalten und eine Stunde lang sitzen bleiben. Menschen, die einen Bewegungsdrang haben und die kulturellen Techniken nicht mehr beherrschen, wünschen sich etwas anderes.

2.3 Small world und Himmelreich

Vom Ausschluss sind nicht nur Menschen mit Demenz betroffen. Säuglinge und amdere Behinderte sind ebenfalls *personae non gratae* im Gottesdienst. Sie sind nicht willkommen, weil sie stören. Säuglinge schreien, geifern und brauchen Windeln. Sie sind nicht in der Lage, etwas zu verstehen. Aber sie sind weder krank noch behindert. Wir attestieren ihnen ein grosses Entwicklungspotential. Die ganze Welt liegt vor ihnen. Das ist der Unterschied: Irgendwann gehören sie dazu.

Dementielle Erkrankungen bedeuten für die Betroffenen und ihre Angehörigen, dass sich ihre Welt verengt. Martin Suters Roman über Konrad, der an Gedächtnisschwund leidet, heißt bezeichnenderweise *Small world*.[8] Tatsächlich erleben viele Betroffene eine schrumpfende Welt.

8 Martin Suter: Small world, Zürich 1999: »Konrad war stets zur Stelle, wenn Tho-

Umweltkontakte werden schwächer, das soziale Umfeld wird löchrig, der Kreis der Freunde kleiner – und irgendwann ist ganz Schluss: Man wird gemieden und geht vergessen.

Für diese Entwicklung gibt es plausible Erklärungen. Auch sie ist in gewisser Hinsicht ›normal‹. Aber soll das Normale auch die Norm sein? Ist es richtig, die *small world* der Betroffenen durch Ausschluss noch kleiner zu machen? Oder: Gibt es nicht doch Gründe, Gegenstrategien zu entwickeln, Inklusion zu wagen, Welten zu weiten?

2.4 Substantieller Widerstand

Einen Grund will ich nennen: Es ist die Erinnerung an Jesus von Nazareth. Er soll gesagt haben:»Selig sind die Bettler im Geist, denn sie werden das Himmelreich erben.« Und ihm wird auch ein Spruch zugeschrieben, der sich ohne weiteres auf dement behinderte Menschen beziehen lässt:»Ich preise dich, Vater und Herr des Himmels und der Erde, dass du solches den Weisen und Klugen verborgen hast, und hast es den Unmündigen offenbart.«[9]

Im Zentrum der jüdisch-christlichen Religion wird ausgerechnet denjenigen Menschen, denen die Welt schrumpft, das Himmelreich versprochen. Denen, die klein gemacht werden, gehört das, worüber hinaus nichts Größeres denkbar ist. Diese *Größe* wird gerade nicht jenseitig gedacht. Das Evangelium spricht vom Hier und Heute und ist mitten im Diesseits konkret. Das Himmelreich wird darum als Macht fassbar, als positive Energie oder heilsame Dynamik. Darum wird es mit einem Raum oder einem Reich verglichen, den Menschen, die im Austausch mit dem Geist sind, erleben. Darum ist für den Nazarener der Himmel, der kommt, gegenwärtig. So lehrt er seine Jünger beten:»Vater im Himmel, Dein Reich komme, Dein Wille geschehe. Geheiligt werde Dein Name.«

Im Kern dieser Erinnerung geht es also um eine spürbare und sichtbare Heiligung der Welt, in der wir leben. Sie soll verwandelt werden. Sie soll von einer Dynamik erfasst werden, die allen Menschen Raum zum Leben lässt. Konkret zeigt sie sich darin, dass die Verlorenen gerettet oder

mas nach ihm verlangte. Mittlerweile sind die beiden sechzig und Konrad hat immer mehr Probleme mit seinem Kurzzeitgedächtnis. Nachdem er das Ferienhaus der Familie Koch aus Unachtsamkeit abbrennen ließ, reist er zu Thomas, da ihn immer mehr Kindheitserinnerungen plagen. Die betagte Mutter von Thomas, Haupt der Familie und unumschränkte Alleinherrscherin, möchte um keinen Preis, daß die Vergangenheit nochmals heraufbeschworen wird – aus gutem Grund.«

9 Übersetzung nach der Zürcher Bibel, Mat 11,25.

die Vergessenen erinnert werden.[10] Die geheiligte Menschenwelt wird als Gemeinschaft, die Inklusion übt, erkannt. Das gibt der biblischen Spiritualität ein ganz bestimmtes und einzigartiges Gepräge. Sie besteht nicht in der Erleuchtung des religiös begabten Menschen. Ihre Substanz ist insofern Inklusion, als das Heilige sich in der Anerkennung des Anderen als Geschwister zeigt. Anders gesagt: das tiefste spirituelle Bedürfnis jedes Menschen ist seine Anerkennung als Mitglied der *familia dei*.

2.5 Gottesdienst als Lebensform

Die Bestimmung des geistlichen Stoffs des Evangeliums macht es unmöglich, Gottesdienst auf ein Ritual zu begrenzen. Nicht der rituelle Rahmen, sondern die Heiligung der menschlichen Gemeinschaft ist der Wesenskern des christlichen Gottesdienstes. Im Blick ist also ein Ethos, das statt einer kultischen Religiosität für ein Leben mit *Pathos* eintritt.[11] Eine Schlüsselstelle für dieses Ethos ist der Anfang des 12. Kapitels des Römerbriefs:

> Ich bitte euch nun, liebe Brüder und Schwestern, bei der Barmherzigkeit Gottes: Bringt euren Leib dar als lebendiges, heiliges, Gott wohlgefälliges Opfer – dies sei euer vernünftiger Gottesdienst! Fügt euch nicht ins Schema dieser Welt, sondern verwandelt euch durch die Erneuerung eures Sinnes, dass ihr zu prüfen vermögt, was der Wille Gottes ist: das Gute und Wohlgefällige und Vollkommene.[12]

Euer Gottesdienst sei vernünftig. Paulus verwendet bewusst den Terminus ›*logikon*‹, der in der Stoa moralisch besetzt ist. Der Gottesdienst soll einen *Sinn* haben. Aber dieser Sinn wird dadurch erzeugt, dass Menschen etwas – auf den ersten Blick – ganz und gar Unsinniges tun: Ihren Leib hingeben als lebendiges Opfer. Da müssen jedem logisch denkenden (antiken) Menschen die Haare zu Berge stehen. Opfergaben sind per definitionem tot. Darum geht es ja in der alten Opferreligion: Man musste etwas Lebendiges töten, damit Gott besänftigt wird. Es geht darum, dass Gott *sein* spirituelles Bedürfnis befriedigen kann. Die von Jesus inspirierte christliche Spiritualität bringt Religion dagegen in eine Gestalt, in der es zum *Austausch* von Gott und Mensch kommt.

---

10 Die Erinnerungsreligion passt eigentlich nicht zur Gedächtniserosion. Vgl. dazu Fröchtling, a. a. O., S. 167-171.
11 Ich folge Überlegungen von Bernd Wannenwetsch: Gottesdienst als Lebensform. Ethik für Christenbürger, Stuttgart 1997.
12 Aus der Zürcher Bibel 2006.

Anders gesagt: Das Evangelium zielt auf radikale Mitmenschlichkeit. Die Quelle dieser Radikalität ist die Verschmelzung von Gott und Mensch in Jesus Christus. Das Produkt dieses Austausch ist eine Spiritualität, die auf die Gegenwart Gottes bei den Menschen durch den Heiligen Geist setzt. Deshalb ist der leibhaftige Einsatz mit einem zweiten Aufruf verbunden: Lasst euch verwandeln, wörtlich: Lasst an euch die Metamorphose geschehen, die Gott in und mit Euch vorhat. Lasst euch nicht in die Schemen pressen, die in der Welt herrschen – zum Beispiel in das höchst erfolgreiche und effiziente Schema der Ausgrenzung so genannter ›unproduktiver‹ Menschen. Christlicher Gottesdienst ist mehr als bloße religiöse Praktik. Er ist eine Lebenspraxis, die gegen den Ausschluss der Schwachen protestiert.

2.6 Fazit

Daraus ziehe ich folgenden Schluss: Wenn von »spirituellen Bedürfnissen« die Rede ist, reden Christen über praktizierte Mitmenschlichkeit und nicht über Dogmen. Natürlich müssen wir uns nicht zwingend an Jesus erinnern, um mitmenschliche Haltung zu begründen. Ich behaupte nur, dass wir auf diesen Stoff stoßen, wenn wir aus unserem Kontext nach den Wurzeln des humanen Umgangs fragen, und plädiere dafür, bei der Klärung spiritueller Bedürfnisse das kulturelle Gedächtnis zu befragen. Dies, damit *erstens* nicht vergessen geht, woher wir unsere Ideen von Mitmenschlichkeit haben, und *zweitens* in Erinnerung bleibt, dass sich in der Glaubensspiritualität ein religionskritischer Zug erkennen lässt. Religion könnte ja alles vom Kannibalismus bis zu Mozarts Requiem bedeuten. Für die Spiritualität, von der Jesus geredet und die er im Austausch gelebt hat, ist die Erinnerung an den Stoff der Menschlichkeit wesentlich. Das gehört auch zu ihrer Substanz, dass sie sich gegen eine Verkleinerung des Himmels auf die *small world* einer Religiosität wehrt, die nur noch Duftkerzen und Kristallkugeln anzubieten hat.

3 Sakramentale Dimension der Spiritualität

3.1 Brücken und Abgründe

Diese kritische Bemerkung steht in einem gewissen Kontrast zu den folgenden Überlegungen: Religion *soll* duften und etwas fürs Auge bieten. Gerade für Menschen, deren sprachliche und geistige Fähigkeiten eingeschränkt sind, öffnet die sinnliche Dimension Möglichkeiten des

Austausches. Es wäre aber falsch, daraus auf eine Reduktion des eben erläuterten Stoffs auf das Stoffliche zu schließen.

Die Frage ist: Wie kommt man zum religiösen Stoff, wenn die Brücke der Sprache abgebrochen ist? Und die Antwort lautet: Über andere Brücken. Es sind ja nicht alle Zugänge zerstört. Dazu gäbe es von der Demenzforschung her ganz vieles zu sagen und zu relativieren. *Erstens* sind Phasen und graduelle Unterschiede zu beachten, die im äußerst komplexen Krankheitsbild eine Rolle spielen: Menschen verlieren nicht von heute auf morgen den Verstand. Vielmehr erlebt *die Umwelt*, dass es unter Umständen über eine längere Zeit immer schwieriger wird, sich mit dementen Menschen zu verständigen. Für die Betreuung und Begleitung ist darum besonders das soziale Frühstadium eine kritische Wegstrecke der Krankheitsbewältigung. Anfangs werden Störungen noch neutralisiert und alltagstheoretisch erklärt; zunehmend werden sie skeptisch registriert; bald beginnt man Symptome zu erklären. Schließlich durchlaufen die Patienten ärztliche Untersuchungen.

Traugott Roser schreibt dazu: Diese Phasen seien wichtig, »weil es in diesem Zeitraum zu einer Neuordnung des Lebens (›Umbauen‹) kommt und dabei auch zu einem Sortieren der Sozialkontakte. Auch Sozialkontakte in den Kirchengemeinden werden daraufhin überprüft, ob sie sich als unterstützend oder frustrierend erweisen. Manche Sozialkontakte werden abgebrochen; in gemeindlichen Gottesdiensten tauchen früher stets anwesende Betroffene nicht mehr auf, wenn sie die Gottesdienstfeier als frustrierend erleben.«[13]

Ich möchte deshalb die oben gestellte Frage etwas anders – kritischer – stellen: Wie kommt man zum Kern der Spiritualität, die im Narrativ von Jesus aufblitzt, wenn wir die Kranken von den Gesunden isolieren? Wenn wir die *sozialen* Brücken abbrechen? Was bleibt von der Erinnerung, wenn – einmal ganz konkret – beim Kirchenkaffee der Tisch, an dem ein dementer Mensch mit seiner Partnerin sitzt, leer bleibt? Wenn sich niemand zu ihnen traut, weil auch Christen eine ›Heidenangst‹ vor dem Vergessen haben?

Der Ausschluss bedeutet Verweigerung des Austauschs. Warum ist das so? Ich vermute, es ist ähnlich wie bei Trauernden: Wir – ich schreibe bewusst ›wir‹ – vermeiden den Kontakt mit Menschen, die unser Selbstbild gefährden oder schlicht und einfach Angst machen. Tatsache ist, dass Demenz für viele Menschen das schlimmste Szenario des Alterns

---

13 Traugott Roser: ›Ich habe mich selbst verloren!‹ Demenzerkrankungen als Problem der evangelischen Seelsorge, in: Ralph Kunz (Hg.): Religiöse Begleitung im Alter. Religion als Thema der Gerontologie, Zürich 2007, S. 307-230, 313.

überhaupt ist. Der *homo demens* ist für den *homo sapiens* und den *homo faber* ein Schreckgespenst. Das bedeutet:

- Der Autonomieverlust und das Abhängigsein von Andern wird als massiver Verlust der Lebensqualität angesehen.
- Der Gedanke, andern zur Last zu fallen, ist mit Schuldgefühlen verbunden.
- Der Gedächtnisverlust ist ein Vorgeschmack auf den Tod, den man lieber verdrängt.

Wir können das Thema umkehren: Die spirituellen Bedürfnisse der Alzheimerpatienten sind nicht das größte Problem der Kirche oder anderer Institutionen. Die größere Herausforderung ist eine Praxis, die auf die spirituellen Bedürfnisse der Menschen Rücksicht nimmt, die Angst vor der Demenz haben.

3.2 Sakramentale Dimension

Wenn man nach Wegen sucht, wie Menschen mit Demenz religiös begegnet werden kann, hilft man nicht nur ihnen. Man hilft auch den Angehörigen und dem Kreis der Menschen, um die Betroffenen herum. Ich habe auf das Stoffliche verwiesen, das hier Verbindung schaffen kann. In der christlichen Tradition nennt man die symbolische Brücken zwischen materieller und geistlicher Welt *Sakramente*. Wasser, Licht, Brot und Wein überbrücken die Kluft zwischen Innen und Aussen und legen die eine greifbare – und verbunden mit Erzählungen – auch eine begreifbare Grundlage für die Gemeinschaft, in der niemand Angst vor dem Abgrund des Vergessens haben muss.

Jede Erinnerung hat eine stoffliche, sinnlich wahrnehmbare Dimension. Wir sprechen über besondere Erinnerungen, wenn wir die sakramentale Dimension ansprechen.[14] Ich weite den Begriff und meine damit die Gegenwart Gottes im Stofflichen. Anders als in dieser Konkretion käme Religion nicht zustande. Etwas, was man nicht greifen kann, hat man nicht begriffen. Auch ergreift es nicht. So sind es bei Weihnachten beispielsweise bestimmte Bilder – ein Baum mit Kerzen – oder Geschmäcker – Zimt und Ingwer – oder Melodien – O du Fröhliche – oder Gerüche – Harz und Wachs –, die ergreifen. Weihnachten hat Haftpunkte im Sinnlichen, in Berührungen, Schwingungen und

---

14 Ich benutze den Begriff »sakramental« wie Ernesto Cardenal schöpfungstheologisch im Sinne der geheiligten Materie. Vgl. Ernesto Cardenal: Cántico cósmico, 1989: deutsche Ausgabe: Gesänge des Universums, Wuppertal 1995.

Bewegungen. Etwas haftet an den Erinnerungen. Und dieses Stoffliche weckt in Szenen oder Atmosphären die Erinnerung an den Stoff der Erzählung. Spiritualität zehrt von Erinnerung, und Erinnerung wird durch das Stoffliche genährt.

Menschen mit Demenz haben Erinnerungen, die sie – je nach Grad der Demenz – nicht mehr verständlich mitteilen können. Spirituelle Bedürfnisse verschwinden dadurch nicht. Sie verlagern sich in andere Zonen der Wahrnehmung und andere Regionen des Ausdrucks. Der Stoff, der das Sinnliche mit dem Sinn verbindet, wird verborgen, vielleicht auch verzerrt oder verbogen wahrgenommen.

3.3 Leib als Substanz der Seele

Mit anderen Worten: Wir glauben, es gibt eine Kontaktstelle zum Inneren eines Menschen, die offen und empfänglich ist für das Heilige. Aber wer sagt uns, was im Innern eines Menschen vorgeht? Wir wissen es nicht genau. Darum erwarte ich auf diese Frage auch keine medizinische oder psychologische Antwort. Wir glauben, der Mensch hat eine *Seele*. Das ist der entscheidende Punkt einer religiösen Sicht auf den Menschen. Die Bestreitung der Seele ist eine Wurzel des Inhumanen.

Michel Foucault hat in seiner Geschichte des Wahns beschrieben, wie Demenzerkrankungen systematisch entseelt wurden. Kranke wurden objektiviert »unter den Augen einer Vernunft, die keine Verwandtschaft mehr mit ihm [dem Kranken] hat und sich nicht mehr durch große Ähnlichkeit kompromittiert fühlen muß«.[15] Wer nach der Seele Ausschau hält, schaut nicht mit den Augen der kalten Vernunft. Ebendiese andere, ganzheitlichere und umfassende Sicht will die Rede von Spiritualität sichern. Auch hier plädiere ich dafür, das kulturelle Gedächtnis zu befragen und Seele als kulturelles Konstrukt zu begreifen. Im biblischen Menschenbild ist Seele mit einer starken Betonung der grundlegenden *Bedürftigkeit* verknüpft. Im Unterschied zur griechischen Anthropologie, die den Menschen in *Stufen* denkt und auf der höchsten Stufe einen Brückenkopf für das Göttliche baut, sieht der Hebräer den Menschen weit nüchterner in *Schichten*. Im Innersten ist der Mensch bedürftig. Er lebt von Beziehungen. Denn aus Erde sind wir gemacht, zu Erde werden wir. Und deshalb gibt es keinen kategorialen Unterschied zwischen geistlichen und materiellen Bedürfnissen. Wie ein durstiger Hirsch nach

---

15 Michel Foucault: Wahnsinn und Gesellschaft. Eine Geschichte des Wahns im Zeitalter der Vernunft, Frankfurt a. M., ¹²1996, S. 142, zit. aus: Roser, a. a. O., S. 313.

Wasser lechzt, so sehnt sich die Seele nach einer Gotteserfahrung. Das hebräische Wort für Seele heißt auch Kehle oder Schlund oder Gurgel. Es geht um Luft zum Leben – auf Lateinisch um *spiritus*.

Spiritualität soll man deshalb nicht auf Duftkerzen und Kristallkugeln reduzieren, weil sie alleine die Seele nicht nähren können. Es sind Symbole und keine Platzhalter für Beziehungen. Wir sollten auch die andere Gefahr sehen. In der Geschichte der Frömmigkeit hat sie den Namen *Spiritualismus* bekommen.[16] Gemeint ist damit die *Leibvergessenheit* und Kopflastigkeit der Religion. Solange Menschen empfänglich sind, bleiben sie unsere *leibhaftigen* Seelenverwandten. Die Wahrung der Leiblichkeit ist entscheidend bei der Wahrnehmung der Seele.[17] Davon zeugt und das zeigt die religiöse Praxis, die selbst den Verstorbenen noch die Würde der Empfänglichkeit zugesteht.

Statt weiter über die elementaren Dimensionen des Spirituellen zu räsonieren, zitiere ich ein Gebet aus dem Psalter. Es redet von den primären Bedürfnissen, als wären es sekundäre, und es vergleicht die höchste Gottesbegegnung mit dem Bild einer basalen Erfahrung.

HERR, mein Herz will nicht hoch hinaus,
und meine Augen blicken nicht hochmütig,
ich gehe nicht mit großen Dingen um,
mit Dingen, die mir zu wunderbar sind.
Fürwahr, ich habe meine Seele
besänftigt und beruhigt;
wie ein entwöhntes Kind bei seiner Mutter,
wie das entwöhnte Kind ist meine Seele ruhig in mir.[18]

---

16 Ausführlicher in Ralph Kunz: Gottesdienst evangelisch reformiert, Zürich 2001, S. 92-95.

17 Vgl. dazu Christina aus der Au: Leiblichkeit: Die rezeptive Dimension des Selbst. Von der Alzheimer-Krankheit zur conditio humana, in: Praktische Theologie des Alterns, Thomas Klie, Martina Kumlehn, Ralph Kunz (Hg.): Berlin 2009, S. 133-153, 152: »Der Körper, bzw. das Gehirn degeneriert. Der Geist schwindet. Aber der Leib bleibt, und in der Gemeinschaft mit anderen leiblich Anwesenden und mit dem Alzheimer-Patienten interagierenden Menschen bleibt auch das leibliche Selbst des Patienten als ihm zugesprochenes.«

18 Übersetzung nach der Zürcher Bibel, Psalm 131.

3.4 Dichte Erfahrung im symbolischen Vollzug

Das »Nahe-bei-Gott-Sein« wird in diesem Bild mit der mütterlichen Bindung verglichen. Horizontale und vertikale Beziehung finden sich im Vertrauen. Aber können Menschen mit Demenz vertrauen? Sind sie in der Lage, Erfahrungen zu machen, die der Psalm als Beruhigung und Besänftigung beschreibt? Dazu gäbe es wiederum sehr viel zu berichten.[19] Ich möchte – dem Leitgedanken folgend – das System im Blick behalten und betone: Es geht beim Aufbau von Räumen, in denen Vertrauenserfahrungen gemacht werden können, darum, ein gutes Verhältnis zu Demenzkranken, ihren Angehörigen und ihrer Umwelt aufzubauen.

Es ist der *Glaube* und nicht der Verstand, der sagt, dass die retardierende Bewegung der geistigen Entwicklung nicht nur schrecklich ist, nicht nur ein Sterben, sondern auch ein Rückzug in Räume, zu denen unser Bewusstsein keinen Zugang hat. Nun will ich dies mit einem psychologischen Argument absichern vor dem Missverständnis, ich plädiere gleichsam für einen blinden Glauben. Die sichtbare Solidarität konterkariert die innere, per definitionem unsichtbare Gewissheit, dass der in sich selbst zurückgezogene Mensch nicht allein ist, sondern zufrieden wie ein Kind im Schoss der Mutter sein darf. Und dazu braucht der Glaube soziale und stoffliche Atmosphären. Spirituelle Bedürfnisse werden in Beziehungen wahrgenommen. Aus der Perspektive des Angehörigen gesprochen: Es ist gut für die spirituelle Verbindung zum kranken Partner, wenn man spürt, dass er nicht verloren ist. Am dichtesten spürbar wird das Beziehungsnetz im symbolischen Vollzug einer Feier. Denn die feiernde Gemeinschaft erinnert sich an den Ursprung, an die Verheißung der geistgewirkten Mitmenschlichkeit, und sie vollzieht sich in sinnlich leibhaftiger Begegnung, zum Beispiel beim Essen, beim Malen oder Tanzen.[20] Wichtig ist im Blick auf den dementiell eingeschränkten Menschen, dass er etwas erfassen, berühren oder bewegen kann.

---

19 Klar bejaht die Frage Rolf-Heinz Gessler: Symbole und Rituale. Zeichensprache der seelsorglichen Begegnung, in: Susanne Kobler-von Komorowski/Heinz Schmidt: Seelsorge im Alter. Herausforderung für den Pflegealltag, Heidelberg 2005, S. 104-122, besonders 115.

20 Das Sinnliche ermöglicht das Erleben. Vgl. dazu Charles W. Brooks: Erleben durch die Sinne, München 1991.

3.4 Übergangsobjekte

Dafür spricht auch ein entwicklungspsychologisches Argument: Viele Kleinkinder haben ein »Nuschi« oder ein Lieblingsspielzeug. Sie schlafen damit ein, schleppen es mit in den Sandkasten, füttern und waschen es. So entsteht ein inniges Verhältnis. Der englische Arzt und Kinderpsychiater Donald Winnicott bezeichnete solches Spielzeug als Übergangsobjekt. Sie erlauben die Loslösung von der Mutterbrust. Sie vermitteln zwischen Welt und Ich und geben den nötigen Boden, um erste Schritte in die Selbständigkeit zu tun. Übergangsobjekte bilden gleichsam den Boden für Sprache.[21] Es sind Symbole, die für etwas stehen und an denen man Halt findet.[22] Religiöse Symbole – wenn man so will – übernehmen die Funktion der Übergangsobjekte. Ana Maria Rizzuto hat in diesem Zusammenhang von der Entstehung Gottes gesprochen. Symbole geben der Seele eines Menschen den nötigen Freiraum und das Vertrauen, sich in der Welt zu bewegen ohne die Angst, von allen guten Geistern verlassen zu sein – oder positiv mit den Worten Dietrich Bonhoeffers ausgedrückt: im Vertrauen, »von guten Mächten wunderbar geborgen« zu sein.

Es wäre völlig verfehlt, religionspsychologische Argumente auf die eine oder andere Seite hin zu theologisieren und daraus einen Beweis gegen oder für den Glauben abzuleiten. Es gibt kein gesichertes Wissen darüber, ob die symbolischen Krücken tatsächlich für eine Wahrheit stehen. Die Erfahrung, die sie einspielen, sind keine Tatsachen. Aber es spricht vieles dafür, dass trotz Amnesie und Sprachlosigkeit ein Kontakt zur Mitte eines Menschen hergestellt werden kann und bei Demenz gleichsam eine rückläufige Entwicklung vorhanden ist, die nicht im Nichts, sondern in einem vorsprachlichen Glauben mündet.[23]

Christliche Spiritualität wehrt sich gegen ein Modell der Religiosität, das nur einer Elite die Erfahrung dieser Geborgenheit gestattet und eine oberste Stufe des Menschen für göttlich oder zumindest anschlussfähig für das Göttliche hält. Das biblische Menschenbild kehrt dieses Stufen-

---

21 Auf Winicott verweist Brigitte Enzner-Probst: Rituelle Seelsorge. Zur Bedeutung der rituellen Dimension für die seelsorgliche Begleitung, in: PTh 98 (2009), S. 187-209, 207.

22 Ohne hier auf die komplexe Symboltheoriediskussion eingehen zu können: Symbole sind Zeichen, die interpretiert werden müssen – und keine numinos geladenen Zauberhandlungen. Vgl. Dieter Funkem: Symbole, Ausdruck der Seele – Sprache der Religion, in: Theologisch-Praktische Quartalschrift 147 (1999), S. 346-353.

23 So Depping, Seelsorgliche Kommunikation bei Rationalitätsverlust, a. a. O., S. 368 mit Hinweis auf James Fowlers Stufentheorie.

modell um. Unsere Wahrnehmung *wächst* vom Tasten, Riechen, Sehen und Schmecken zum Sprechen und Deuten, über das Testen und Versuchen zum Zeigen und Bauen. Wir bleiben Menschen vom kleinen Wurm im Bauch der Mutter, der nur empfängt, bis zum homo faber, der Türme in den Himmel baut. Wir bleiben Menschen, ob wir nun behindert sind oder nicht.[24]

4 Spirituelle Bedürfnisse wahrnehmen

4.1 Die Gefahren einer selbstbezogenen Spiritualität

Ich habe eine bestimmte Interpretation von Spiritualität in den Vordergrund gestellt. Das, was man im Kontext der Palliativmedizin unter *spiritual care* versteht, blieb im Hintergrund. Gemeint ist damit – auch im Anschluss an die Definition der WHO[25] – eine aufs äußerste Minimum konzentrierte holistische Sicht des Menschen. Nun hat sich im gesellschaftlichen Diskurs eine weitere, umfassendere Bedeutung durchgesetzt. Spiritualität wird im Zusammenhang der Selbststeigerung, Selbstoptimierung und Selbstführung eines Subjekts thematisch. Man kann von einer Selbstsakralisierung sprechen. Geheiligt wird die Entfaltung der individuellen Existenz.

Wie auch immer man das beurteilen mag: Spiritualität setzt – so verstanden – ein höchst aktives und kompetentes Selbst voraus, das fähig ist, an sich zu arbeiten (oder diese Arbeit bewusst ruhen zu lassen). Es wäre interessant, auf die mannigfachen Gründe einzugehen, weshalb die Selbstpflege ein typisches Kennzeichen der Spätmoderne ist.

---

24 Dazu Ulrich Bach: Der behinderte Mensch als Thema der Theologie, in: J. Moltmann: Diakonie im Horizont des Reiches Gottes. Schritte zum Diakonentum aller Gläubigen, Neukirchen 1989, S. 92-105, 104: »Menschen mit und ohne Behinderung: beide jeweils so von Gott geschaffen; beide in der gefallenen Schöpfung lebend; beide (als ‚geschädigte Schöpfung‹) auf die Heilstat Christi angewiesen; beide durch Christus mit Gott versöhnt; beide Glieder am Leibe Christi, beide defizitär und auf andere angewiesen; beide mit göttliche Gaben begabt, beide auf Erlösung wartend. – Wo ist eigentlich theologisch der Unterschied?«

25 Die Constitution of the World Health Organisation erklärt: »Health is a state of complete physical, mental and social well-being and not merely the absence of disease or infirmity.« Vgl. http://www.searo.who.int/LinkFiles/About_SEARO_const.pdf.

4.2 Was heißt geistliches Bedürfnis?

Sowohl die holistische als auch die theologische Bestimmung des Spirituellen halten kritisch Distanz zur Selbstspiritualität und betonen, dass Spiritualität auch dann eine Rolle spielt, wenn der Empfänger sich nicht mehr entwickeln und bewusst reagieren kann. In der Perspektive des Glaubens gesagt: Wir sollen nicht Gott spielen, aber Raum lassen für Signale, die Gott sendet. Damit meine ich nicht spiritistische Séancen, sondern eine Haltung der Offenheit für das Geheimnis, das sich uns mitteilt. Ich denke auch an Worte des Trostes, an Erinnerungen, an Verbindung zwischen Gesunden und Kranken, Pflegenden und Angehörigen, die »wir« sagen, ohne zu wissen, was ankommt.

Jeder Mensch hat ein Recht darauf, dass man seine mögliche Hilflosigkeit nicht ausnützt und ihm irgendetwas überstülpt, das er bei Bewusstsein nicht glauben konnte oder wollte. Ich sage am eigenen Beispiel: Wenn ich einmal ins Land des Vergessens reisen sollte, dann will ich keine Reisebegleiter, die Räucherstäbchen anzünden, die ich jetzt nicht riechen kann, oder CDs mit psychedelischer Musik abspielen, die ich jetzt nicht ausstehen kann. Wenn ich mein spirituelles Bedürfnis positiv ausdrücke: Ich hoffe auf Mitmenschen, die mich nicht aufgeben, die mich segnen und in mir ein Geschöpf Gottes und Ebenbild Christi, einen Seelenverwandten erkennen.

4.3 Liturgie für Begriffsstutzige

Das ist der Stoff, aus dem sich christliche Spiritualität nährt. Ich will zum Schluss einen Hinweis geben, wo und wie er erlebbar und greifbar werden kann. Wir stoßen dabei auch auf die mehrfach angesprochenen Verlegenheiten einer religiösen Gottesdienstkultur, die das spirituelle Handwerk verlernt hat.[26] Wir reden salbungsvoll. Aber wenn es darum geht zu salben, werden wir verlegen. Dies fokussiert auf den Gottesdienst, weil die stoffliche Dimension der Spiritualität in der gottesdienstlichen Gemeinschaft greifbar werden kann. Das muss nicht in der Gemeinde sein. Es kann auch in der Pflegeheim-Andacht sein. Aber die öffentliche Gemeinde ist ein besonders geeigneter Ort. Wie auch immer: Es müssen, wenn diese Feiern etwas zur Vertrauensbildung, Besänftigung und Beruhigung der Seelen beitragen sollen, ein paar Dinge

---

26 Vgl. dazu auch Fröchtling, a. a. O., S. 436-474, die sich Anregung bei Harvey Cox' *Fest der Narren* holt.

anders gemacht werden als sonst. Ich will es *Liturgie für Begriffsstutzige* nennen.[27]

Denn Begriffe – abstrakte Definitionen und Erklärungen – helfen nicht. Nicht, dass man nichts erzählen und deuten soll. Im Idealfall versammelt sich eine Gemeinde mit unterschiedlichen Bedürfnissen. Aber es braucht noch mehr. Der Stoff braucht das Stoffliche, der Sinn das Sinnliche, das Heilige das Sakramentale. Solche Gottesdienste vorzubereiten und durchzuführen ist anspruchsvoll. Man muss sehr viel von den körperlichen und seelischen Bedürfnissen der Demenzkranken und ihrer Angehörigen verstehen, damit der Gottesdienst am Schluss gelingt. Andererseits muss man das Rad nicht ganz neu erfinden: Kinder, Greise und geistig Behinderte stellen ähnliche Anforderungen an den Regelgottesdienst.

Ich bin mir der möglichen Missverständnisse bewusst, die ich mit einer solchen Auflistung provoziere, und schränke auf den gemeinsamen Nenner ein: Gottesdienste sind da, um die Chancen und Grenzen der Inklusion zu erproben. Man könnte die Spiritualität, die Jesus stiftet, mit dem Grundsatz der themenzentrierten Interaktion betiteln: *Störungen haben Vorrang*. Vielleicht haben die Religiösen vergessen, dass Jesus ein Störenfried war. Man könnte auch auf die Brücken hinweisen, die man durch elementare Formen des Feierns schlagen kann und die uns die Angst nehmen. Ganz sicher helfen die Übergangsobjekte. Sie können Verbindung zum Stofflichen der Erinnerung herstellen. Es helfen Gerüche, Farben, Bewegungen und Begegnungen, Essen und feierliche Klänge.

4.4 Gottesdienst mit demenzkranken Menschen als Sache der Gemeinde

Ich möchte schließen mit einem Beispiel, das mich überzeugt, weil es Brücken zwischen der Welt der Gesunden und der *small world* der Krank-Erklärten schlägt. Bemerkenswert finde ich das Bekenntnis der Initiantin eines deutschen Projekts. Marlis Schultke, Pfarrerin an der Trinitatisgemeinde Berlin-Charlottenburg, sagt: »Der erste Gottesdienst für Demenzkranke und andere Menschen fand am 17. Oktober 2004 in der Charlottenburger Trinitatiskirche statt. Es war einer der schönsten

---

27 Wissenschaftlicher ausgedrückt: Es geht um eine rituelle Kommunikation, die auf prozedurale Gedächtnisleistungen aufbaut. Was nicht mehr argumentativ sinnerhellend vermittelt werden kann, lässt sich sehr wohl handelnd emotional-sinnhaft erlebbar machen. Vgl. dazu Depping, a. a. O., S. 379.

und befreiend-freiesten und herzerwärmendsten, die ich erlebt habe.«[28] Es lohnt sich, den Bericht unter dem Titel *Gottesdienst mit demenzkranken Menschen als Sache der Gemeinde* zu lesen und die Bilder anzuschauen. Was am meisten beeindruckt, sind die Gesichter. Sie sagen ohne Worte: Ihr habt uns nicht vergessen. Sie erzählen davon, dass Inklusion eine heilige Sache ist.

Der Gottesdienst findet zwei Mal im Jahr statt – einmal im Frühling und einmal im Herbst. Er entspricht eindeutig einem Bedürfnis – auch einem Bedürfnis der Gemeinde. Ihre Spiritualität zeigt sich und wird konkret. Sie zeigt sich im Willen, Rücksicht zu nehmen, den Segen handgreiflich werden zu lassen und anderen Menschen wirklich zu begegnen. Die Integration der Schwächsten wird zur Begabung einer Gemeinde, die nicht unter sich bleibt und mit der Öffnung der Kirche einen »vernünftigen Gottesdienst« feiert. Bei Paulus heißt es: »Gebt Euren Leib als lebendiges Opfer, lasst Euch verwandeln durch die Erneuerung des Sinns.« Das gilt auch für das Kollektiv, das sich Leib Christi nennt und Evangelium verkörpern will. Gemeinden, die ihre Gemeinschaft verschenken, können einen wichtigen Beitrag zur Bewältigung leisten. Damit ist *last but not least* ein ganz zentrales spirituelles Bedürfnis der *Angehörigen* – zu denen in Zukunft wohl bald die Mehrheit der Bevölkerung gehören wird – aufgenommen. Auch sie werden spüren: Wir sind nicht allein, ihr habt uns nicht vergessen.

---

28 http://www.glaube-und-demenz.de/downloads/gottesdienstfuerdementeundanderemenschen.

CHRISTIAN MÜLLER-HERGL

Vorbemerkung

Beide vorliegenden Texte haben je einen anderen Hintergrund. Der erste Text ist eher ein (un)systematischer, wissenschaftshistorischer Rückblick und eine Zusammenfassung anglo-amerikanischer Studien über die Funktion und Rolle, die Spiritualität und Religiosität im Coping von Demenz spielt. Untersuchungen dieser Art bilden historisch einen wichtigen Hintergrund in der Entwicklung des person-zentrierten Ansatzes nach Tom Kitwood.

Der zweite Text ist als Essay von völlig anderer Natur. Spiritualität und Religiosität bedeuten auch immer eine intellektuelle Auseinandersetzung mit dem Ziel, konkrete Erfahrungen in das Gerüst der Erzählungen, Rituale und Symbole der eigenen religiösen Praxis einzuordnen. Im christlichen Kontext, der stark vom Mythos der Erinnerung und der Reaktualisierung eines ursprünglichen Heilshandelns geprägt ist, ist das Vergessen kein unproblematisches Thema. Ist Demenz aus dem christlichen Glauben heraus denkbar und integrierbar?

Spirituelle Bedürfnisse
von Menschen mit Demenz

Religion als geistiges Erbe

Ein jeder Mensch trägt einen ethnischen, kulturellen und geschichtlichen Hintergrund mit sich. Damit ist er auch Träger eines geistigen Erbes, aus dem heraus er sich, andere Menschen, die Umgebung, seinen Kontext versteht. Der Verlust kognitiver Funktionen bedeutet nicht notwendigerweise, dass alle Ebenen dieses Selbstverständnisses in gleicher Weise betroffen sind und damit die geistige Geschichte dieses Menschen inklusive seines geistigen Lebens keine Rolle mehr spielen. Viele Evidenzen weisen darauf hin, dass Menschen mit Demenz in allen Krankheitsstadien spirituell fähige Wesen bleiben (Stuckey/Post 2002). Respekt vor der Person bedeutet auch Respekt vor ihrem Selbstverständnis, das unter Umständen in einer religiösen Sozialisation und religiösen Kindheitserfahrungen verankert ist. Auf welchem Hintergrund also versteht ein Mensch mit

Demenz sich selbst und seine Krankheit? Welche Möglichkeiten, mit der Krankheit umzugehen, sind damit verbunden?

Leider finden in klinischen und pflegerischen Versorgungssettings spirituelle und religiöse Bedürfnisse wenig Beachtung: Je weniger Pflegende und Ärzte sich der eigenen Spiritualität vergewissert haben, desto weniger werden diese Bedürfnisse im anderen erkannt (Speck 2006). Nach Lawrence können Kliniker mit Menschen mit Demenz außerhalb verfügbarer psychometrischer Testverfahren wenig anfangen, und diese sehen Religiosität/Spiritualität nicht vor (Lawrence 2003). Dies ist Teil der Ausblendung psychosozialer Bedürfnisse insgesamt, die ein Spiegel zunehmender Industrialisierung und Fertigungssteuerung (Funktionalisierung) in der Pflege darstellt (Müller-Hergl 2012, 2012a).

Speck (2001, 2006) empfiehlt, drei einfache Fragen in die Bedürfniserhebung aufzunehmen:

1. Wie haben Sie bislang Erfahrungen des Lebens einen Sinn geben können?
2. Was hilft Ihnen dabei, mit schwierigen Lebenssituationen zurechtzukommen?
3. Würden Sie gerne mit jemandem darüber sprechen, wie die Krankheit Sie und Ihre Familie betrifft? (vgl. Post/Whitehouse 1999, Vance 2004 Appendix A).

Spiritualität

Während unter Religion ein geschlossenes System von tradierten Überzeugungen und rituellen Praktiken verstanden werden kann, ist der Begriff Spiritualität schwerer zu fassen. In der für dieses Thema gesichteten Literatur wird unter Spiritualität zumeist eine Überzeugung und Praxis gefasst, welche die eigene Existenz auf eine transzendente Kraft – nicht unbedingt eine persönliche Gottheit – bezieht, mit der man sich existenziell verbunden fühlt, aus der man die Kraft und Hoffnung zum Leben schöpft. Dieser Bezug stiftet Lebenssinn und erlaubt, Hoffnung über die gegenwärtige Situation und Problematik hinaus zu finden.

Spirituelle Fragen sind von der Sinnfrage und damit auch von der Frage der psychischen Gesundheit/Krankheit nicht scharf zu trennen: Auch wer nicht religiös ist, kann spirituell leiden, also sich gebrochen, unverbunden, abgeschnitten erleben von sich selbst oder einer transzendenten Kraft. Grenzsituationen des Lebens wie die einer durch Demenz bedrohten Identität der Person erzeugen eine Wachheit und Aufmerksamkeit auf den gegenwärtigen Moment des eigenen Daseins und den Sinn desselben (Stuckey 2002, Post 1999). Derart im Kern der eigenen Person bedroht, scheint sich die Notwendigkeit zu ergeben, von anderen Menschen, aber auch transzendenten Kräften bejaht, bestätigt, unterstützt zu werden. In diesem Kontext wird das religiöse Gedächtnis relevant – nicht nur auf deklarativer, sondern auch auf prozedualer und emotionaler Ebene. Viele religiöse Überzeugungen und Praktiken unterstützen das Bewusstsein, mit der Welt, den Menschen, mit einer transzendenten Kraft in besonderer Weise verbunden und damit geborgen zu sein: Nach Miesen (1992) reaktiviert Demenz kindliches Bindungsverhalten, um Geborgenheit und Vertrauen sicherzustellen. Religiöse oder im weiteren Sinne spirituelle Erfahrungen scheinen Bindungsverhalten auf einer anderen existenziellen Ebene darzustellen, um sich geliebt zu wissen und Grund zur Hoffnung haben zu dürfen (Speck 2006, Stuckey 2002). Lawrence (2003, 2005) reflektiert die umgekehrte Ontogenese der Demenz (Retrogenesis) als »Reise zurück« zu den ursprünglichen, auch positiven Urerfahrungen der Person, die psychologisch auf der Ebene der erwachsenen Existenz als Religion gelebt werden. Angesichts der Demenz sei es zu erwarten, dass die Person diese Lebensherausforderung, die Urerfahrungen wachruft, anhand religiöser/spiritueller Konstrukte zu bewältigen versuche. Spiritualität und Religion insgesamt können damit verstanden werden im Kontext wachsender Bindungsbedürfnisse: Die durch Dissoziation und Diskonnektivität (Held 2013, Yokoi 2012) fragmentierten Horizonte von Ich, Welt und Wert (Regulative der Vernunft) werden gleichsam »transzendent« wiedergutgemacht. Aufgrund der Veränderungen in den entwickelten Dimensionen der Selbstgewissheit (Verlust der Metarepräsentation: Clare 2010, 2011), dem Verlust von Intelligenz, deklarativem und semantischem Gedächtnis ist insgesamt eher damit zu rechnen, dass die Wirkung des Spirituellen in Routinen, Praktiken und stimulierenden Dimensionen zu suchen ist.

Religion, Demenz und Gesundheit

Es mehren sich die Hinweise, dass Religion und im weiteren Sinne Spiritualität einen protektiven Effekt auf viele Aspekte der Gesundheit haben, insbesondere bei der Bewältigung von Distress, dem Umgang mit Erkrankungen, der Vermeidung von Depression (Bosworth 2003) und Suizid, des Substanzmissbrauchs und des Bluthochdrucks (Whitlatch 1992; Post/Whitehouse 1999; Koenig 2001, 2006; Speck 2006; Überblick Kaufman 2007). Der Effekt von Religiosität/Spiritualität ist dabei unabhängig vom Ausmaß sozialer Unterstützung und Verbundenheit durch religiöse Gemeinschaften, sondern eher der Religiosität selbst geschuldet (Bosworth 2003, Katsuno 2003; Dilworth-Anderson 2004 beobachtet Ähnliches für pflegende Angehörige). Dieser protektive Effekt ist auch in anderen Kulturen und Ethnien nachweisbar (Mjelde-Mossey 2006). Mit zunehmendem Alter scheint sich eine Veränderung der Bedeutsamkeit von Themen, die mit dem Selbst, den sozialen Beziehungen und »dem Kosmischen« verbunden sind, anzubahnen und sich in der vermehrten Hinwendung zum Religiösen zu konkretisieren (Lawrence 2003). Insgesamt scheint mit dem Altern die Neigung zuzunehmen, eine eher versöhnliche Perspektive auf das eigene Leben einzunehmen und positive Reminiszenz zu betreiben (Dempsey 2012). Dies kann im religiösen Kontext bewusst aufgegriffen werden: Spirituelle Reminiszenz stellt ein Programm dar, bei Menschen mit Demenz und Depression eine Freudenbiographie zu entwickeln und die belastenden Aspekte einzubetten in einen übergreifenden Sinnhorizont (Mackinlay 2010). Dabei ist nicht so sehr das Alter oder das Altern selbst entscheidend, sondern die Bewältigung von Herausforderungen, die typischerweise mit dem Altern einhergehen: abnehmende Gesundheit, Sterblichkeit, Verluste (Dalby 2006). Dies ist besonders dann der Fall, wenn der Sinn für eine kohärente und kontinuierliche Identität fundamental bedroht ist (Erikson 1997). Insgesamt konnte in einem Review gezeigt werden, dass 72 % aller Studien eine eher günstige Beziehung zwischen dem hohen Grad der religiösen Aktivität und einem geringen Ausmaß psychischer Erkrankungen belegen (Bonelli 2013). Religiöse Aktivitäten vermindern nachweislich Agitiertheit und Unruhe und tragen damit zur Lebensqualität von Menschen mit Demenz bei (Stolley 1999, Kirkland 1999). Gemäß der Theorie der sich vermindernden Stressschwelle [Progressively Lowered Stress Threshold] können gezielte religiöse Angebote im Rahmen eines unter-stimulierenden Milieus Ängste abbauen und Sicherheit und Vertrauen vermitteln helfen. Ähnliche Untersuchungen bezüglich des Einsatzes von Gebeten (Abramowitz 1993), religiöser Musik und Gesängen (Jennings & Vance 2002) sowie dem Vorlesen von Bibelversen (Khouzam 1994) belegen den beruhigenden Effekt religiöser und liturgischer Interventionen für Menschen mit Demenz. Hier stehen die prozeduralen und emotionalen Dimensionen des Gedächtnisses im Vordergrund, die länger zur Verfügung stehen als die deklarativen Dimensionen. Eine Langzeitstudie wies nach, dass eine Verlangsamung der kognitiven Beeinträchtigung bei Alzheimerpatienten mit höherer Spiritualität und privater (nicht öffentlicher) religiöser Praxis assoziiert ist (Kaufman 2007, vgl. Post 1999). Dies gilt nicht für die Lebensqualität.

Bei diesen Hinweisen ist zu berücksichtigen:

- dass die eher kognitiv anspruchsvolleren Aspekte von Religionen oder elaborierten Überzeugungssystemen Menschen mit Demenz eher verwirren und irritieren werden;
- dass eine für Menschen mit Demenz zutreffende Auswahl von spirituellen und religiösen Elementen eine genaue Kenntnis dieser Überzeugungssysteme seitens des/der Anbieter voraussetzt;
- dass der Einsatz solcher Angebote ein Assessment der religiösen/spirituellen Lebensgeschichte des Kranken voraussetzt, um möglichen Schaden abzuwehren;
- dass der Einsatz solcher Angebote evaluiert werden muss, da trotz aller Umsicht heftige emotionale Reaktionen mit ausgeprägter Unruhe ausgelöst werden können (Vance 2004).

Gleichfalls gibt es vermehrt Hinweise, dass sich Religiosität /Spiritualität positiv auf pflegende Angehörige von Menschen mit Demenz auswirkt (Wood/Parham 1990, Roff 2003, Acton 2003, Quinn 2012). Bei religiösen/spirituellen pflegenden Angehörigen wird die Frage der Belastung durch Pflege oft mit der Frage, welchen Sinn und welche Bedeutung das Leben habe, verknüpft: Viele erleben Pflege als Segen, Wachstumschance, von Gott zugewiesene Lebensaufgabe mit der Gelegenheit, eine andere, versöhnte Beziehung zu der Person mit Demenz zu entwickeln (Stuckey 2003).

Selbstaussagen

Gesichertes Wissen über religiöses/spirituelles Empfinden/Erleben von Menschen mit Demenz unter Berücksichtigung unterschiedlicher Demenzerkrankungen und Schweregrade liegt nur sehr vereinzelt vor, und wenn, dann über die frühe Demenz. In einer Zusammenstellung von Fundstellen unterschiedlicher Herkunft findet Snyder (2003) mehrere Aussagen, die belegen, dass die Demenz und die Diagnose derselben eine vertiefte Auseinandersetzung mit sich, der Welt und Gott auslösen kann. Unabhängig von der Religion wird von existenziellen Auseinandersetzungen berichtet: Was ist mein reales Selbst? Wer bin ich denn – und bin ich dann derselbe, der ich jetzt bin? (Speck 2006, Post 1999). Im Rahmen des Glaubens wird ausgehandelt, warum Gott einem dies antut. Davis (1989) berichtet über sein eigenes spirituelles Ringen mit Gott, in dem er am Ende Demenz und Glaube an einen guten Gott zusammenbringen kann. Die Hoffnung auf einen gesunden Geist im ewigen Leben

»gibt meinem Leben Sinn, schenkt mir Geduld und erweckt ein Sehnen und Verlangen in meinem Herzen« (ebda., S. 137 [dt. CMH]).

Nicht alle Menschen erleben ihren Glauben als Hilfe, sondern geraten in Glaubenskrisen, die Ärger, Wut, Depression und Verweigerung zur Folge haben. Mehrheitlich sind es eher tröstliche Gedanken, dass es inmitten des Vergessens und Kontrollverlustes einen Gott gibt, der nicht vergisst, sondern in dessen Erinnerung man sich geborgen wissen kann: Er erinnert sich stellvertretend an die Person, die sich selbst vergisst. Einige behaupten, ihr Glaube sei durch die Demenz eher stärker geworden, andere bekunden, sie könnten jetzt die Gegenwart Gottes/göttlicher Mächte deutlicher spüren. Eine vermehrte spirituelle/religiöse Auseinandersetzung mit sich und der Krankheit ist vereinzelt auch bei Menschen zu beobachten, die vor der Erkrankung kein oder nur geringes Interesse am Religiösen hatten. Wiederum andere verbinden die spirituelle Bedeutung der Erkrankung mit der Botschaft, es sei Gottes Wille, dass sie verlangsamen, das Leben mehr genießen, sich der Gegenwart mehr zuwenden und das Sich-Sorgen abstreifen. Die Fähigkeit, die Belastungen der Demenz zu übersteigen, umzudeuten und in der Erkrankung Sinn, Herausforderung, Fügung zu sehen, ist zumeist verbunden mit religiösen oder spirituellen Überzeugungen (Stuckey 2002). Gelegentlich verändert die Demenz auch die bisherige religiöse Praxis: Katholiken können sich nicht mehr erinnern, welche Sünden sie zu beichten haben, sie vergessen bestimmte, für sie wichtige Glaubensauffassungen und empfinden sich als »weniger katholisch« und »mehr spirituell«. Der Besuch von Gottesdiensten vermindert sich, weil die Personen sich schämen und glauben, den dortigen Verhaltensmaßstäben und sozialen Anforderungen nicht mehr gewachsen zu sein.

Snyder (2003) sortierte religiöses Coping (Bewältigungsstrategien) von Demenz in vier Kategorien:

- Der Glaube gibt Kraft, Führung, etwas, an dem man sich festhalten kann.
- Die Hoffnung auf ein Leben nach dem Tod eröffnet eine Möglichkeit, sich sicher und geborgen zu fühlen und dem täglichen Stress zu entfliehen.
- Der Glaube hilft, die Krankheit hinzunehmen, anzunehmen.
- Der Glaube lindert die Ängste.

In einer der wenigen empirischen Studien (Katsumo 2003) wird eine Korrelation von Spiritualität/Religiosität und höherer Lebenszufriedenheit/ Lebensqualität festgestellt: Je höher die Werte für Spiritualität, desto höher die Werte für Lebenszufriedenheit. Überwiegend berichten die befragten Personen mit Demenz, der Glaube helfe ihnen, die unsichere Zukunft, den Kontrollverlust und den Verlust an Geborgenheit/Sicherheit in die Hände Gottes geben zu können. Wichtige Themen in dieser Studie waren: der starke Glaube, Gottes Hilfe (Führung, Stärkung, Sicherheitsgefühl, Trost), Sinn des Lebens (Vertrauen in Gott, Dankbarkeit, Zufriedenheit), die private religiöse Praxis mit besonderer Betonung des Betens, dessen Relevanz für Menschen mit Demenz und deren Angehörige auch in anderen Studien Erwähnung findet (Dilworth-Anderson 2004).

Rituale und Routinen

Bei Menschen mit einer schweren und sehr schweren Demenz finden sich in der Literatur sehr wenige Selbstauskünfte. Eher wird berichtet, dass und wie der Rückgriff auf Routinen, Rituale, Lieder, Musiken etc. ein Gefühl »sicherer Bindung«, eine »transzendente Validation« ähnlich wie das Geborgensein in den Armen der Mutter erzeugen kann (Lawrence 2003). Das Aufgreifen religiöser/spiritueller Routinen, Lieder und Symbole erlaubt eine andere Form von Kommunikation, welche die Person auf einer emotionalen Ebene erreicht und im günstigen Fall positive Gefühle reaktiviert. Diese Art der Kommunikation mag die Furcht und Verzweiflung eines Menschen mit Aphasie noch erreichen, wenn andere psychosoziale und psychotherapeutische Möglichkeiten versagen (Vance 2004). Für Menschen mit Aphasie wird empfohlen, zu Zeiten der frühen Demenz eine »Zeitkapsel« zusammenzustellen mit wichtigen Informationen zum kulturellen Hintergrund, zur Lebenserfahrung, zu Auffassungen bezüglich Leben und Tod, zum bisherigen Bewältigen von Widerfahrnissen, zu Werthaltung und religiöser Orientierung. Diese Informationen können später dazu dienen, Ansatzpunkte für Kommunikation, Interaktion und die Befriedigung spiritueller Bedürfnisse zu finden (Lawrence 2005).

Es wird empfohlen, an »überlernte«, von Routinen und Gewohnheiten geprägte Tätigkeiten anzuknüpfen, die an das Altgedächtnis anknüpfen und die mit diesen Tätigkeiten verbundenen Gefühle und Kompetenzen wach werden lassen. Dabei kommt neben alten Kirchenliedern, Ritualen und Gebeten auch Aspekten multisensorischer Erfahrung eine bedeutende Rolle zu: geweihtes Wasser, Bilder, Kruzifix, Kerzen, Rosenkranz, Düfte, Bilder etc. (Wentroble 1999, Stuckey 2002). Dabei scheint es wichtig zu sein, die liturgischen Handlungen mit einem stillen Ernst und ohne anspruchsvollere verbale Kommentierung durchzuführen.

Immer wieder finden die gelebten Grundhaltungen von Liebe und Hoffnung und damit von personaler Begegnung in der Beschreibung der spirituellen Haltung der Begleiter (Pflegende, Begleitende) Erwähnung (z. B. Lenshyn 2005, Speck 2006, Post 1999). Deren Präsenz und Aufmerksamkeit ermöglichen dem Kranken, sich dem Spirituellen zu öffnen. Insgesamt ist die *Hoffnungshaltung* für die Begleitung psychisch kranker Menschen von entscheidender Bedeutung (Bergin 2005). Diese Hoffnungshaltung kann auch mit der antidepressiven Haltung der »stellvertretenden Hoffnung« verbunden werden: Der Begleitende stellt sich quasi als Hilfs-Ich zur Verfügung, repräsentiert eine Sicherheit und Geborgenheit, die die Person mit Demenz sich selber nicht mehr schaffen kann.

Maßnahmen spirituell/religiöser Natur wären an folgenden Kriterien zu evaluieren:

– Diese Maßnahmen unterstützen die Person und vermitteln ihr Geborgenheit.
– Sie geben der Person Gelegenheit zum spirituellen und emotionalen Selbstausdruck.
– Sie stellen vertraute und Sicherheit vermittelnde Aktivitäten dar, die an »überlernten«, routinisierten Tätigkeiten anknüpfen.
– Sie sind ein wichtiger Teil der Lebenserfahrung.
– Sie eröffnen eine einzigartige Möglichkeit zur Kommunikation, die andere, nicht erfolgreiche Zugänge kompensieren.
– Sie sind dem Alter der Personen angemessene Tätigkeiten (Bowlby, zitiert nach Wentroble 1999).

Abschließende Bemerkungen

Spirituelle/religiöse Hintergründe sind sorgfältig einzuschätzen und sollten vermehrt als Ressourcen in Pflege und Betreuung ihren Platz finden. Die Frage nach der Spiritualität von Menschen mit Demenz biegt sich immer zurück auf die Frage nach der Spiritualität der Pflegenden. Integration von Spiritualität/Religiosität in die Pflege bedarf nicht nur des »Pflichtgottesdienstes«, sondern der Einbindung in den Alltag: das Kreuzzeichen während der Grundpflege; der Ernst, mit dem man der Segnung durch eine Person mit Demenz begegnet; das Kapellchen im Pflegebereich, das man gemeinsam in der Not der Verwirrtheit aufsucht und zur Ruhe kommt (»das Dorf«); das gemeinsame Gebet zur Nachtruhe.

Pflegenahe Religiosität/Spiritualität für Menschen mit Demenz wird leiblich, konkret, symbolisch, sehr persönlich ausfallen müssen, um wirksam zu sein. Die persönliche Auseinandersetzung der Pflegenden mit ihren eigenen spirituellen, existenziellen Fragen ist wohl Voraussetzung dafür, dass Menschen mit Demenz auf die damit verbundenen Kompetenzen zurückgreifen können.

Literatur

Abramowitz, L (1993), Prayer as therapy among the frail Jewish elerly, in: Journal of Gerontological Social Work, 19(3/4), 69-75.

Acton, GJ, Miller, EW (2003), Spirituality in Caregivers of Family Members With Dementia, in: Journal of Holistic Nursing, 21(2), 117-130.

Auer, S, Reisberg, B (2006), Retrogenesis and communication with persons in the severe stages of dementia, in: Les Cahiers de la Fondation Meredic Alzheimer: Supporting and Caring for People with Dementia throughout End of Life, Dorenlot P, Fremontier, M (Hg.), 2, 126-135.

Bergin, L, Walsh, S (2005), The role of hope in psychotherapy with older adults, in: Aging & Mental Health, 9(1), 7-15.

Bonelli, R. M., Koenig, H. G. (2013), Mental disorders, religion and spirituality 1990 to 2010: a systematic evidence-based review, in: Journal of religion and health, 52(2), 657-673.

Bosworth, HB, Park, K-S et al. (2003), The impact of religious practice and religious coping on geriatric depression, in: International Journal of Geriatric Psychiatry, 18, 905-914.

Clare, L (2010), Awareness in people with severe dementia: Review and integration, in: Aging & Mental Health 14(1) 20-32.

Clare, L, Markova, IS, Roth I, Morris, RG (2011), Awareness in Alzheimer's disease and associated dementias: Theoretical framework and clinical implications, in: Aging & Mental Health 15(8) 936-944.

Dalby, P (2006), Is there a process of spiritual change or development associated with ageing? A critical review of research, in: Aging & Mental Health, 10(1) 4-12.

Davis, R (1989), My journey into Alzheimer's disease, Tyndale House Publishers.

Dempsey, C., Murphy, K. (2012), Reminiscence in dementia: a concept analysis, in: Dementia 1-17 (published before print).

Erikson, JM (1997), The life cycle completed: Extended version with new chapters on the ninth stage of development, London/New York.

Held, C. (2013), Was ist ›gute‹ Demenzpflege? Demenz als dissoziatives Erleben – Ein Praxishandbuch für Pflegende. Bern.

Jennings, B, Vance, D (2002), The short-term effects of music therapy on different types of agitation in adults with Alzheimer's, in: Activities, Adaptation, & Aging, 26 (4), 27-33.

Katsuno, T (2003), Personal spirituality of persons with early-stage dementia, in: Dementia, 2(3), 315-335.

Kaufman, Y, Anaki, D et al. (2007), Cognitive decline in Alzheimer's disease: Impact of spirituality, religiosity, and QOL, in: Neurology, 1509-1524.

Kirkland, K, McIlveen, H (1999), Full circle: spiritual therapy for people with dementia, in: American Journal of Alzheimer's Disease, 14(4), 245-248.

Koenig, HG, McCullough, ME, Larson, DB (2001), Handbook of Religion and Health, Oxford.

Koenig, HG (2006), Editorial: Religion, spirituality and aging, in: Aging & Mental Health, 10(1), 1-3.

Khouzam, HR, Smith, CE et al. (1994), Bible therapy: a treatment of agitation in elderly patients with Alzheimer's disease, in: Clinical Gerontologist, 15(2), 71-74.

Lawrence, RM (2003), Aspects of spirituality in dementia care: When clinicians tune into silence, in: Dementia, 2(3), 393-402.

Lawrence, RM, Head, JH (2005), A time capsule for patients with dementia?, in: Journal of the Royal Society of Medicine, 98, 116-118.

Lenshyn, J (2005), Reaching the Living echo: Maintaining and Promoting the Spiritual in Persons Living with Alzheimer's Disease, in: Alzheimer's Care Quaterly, 6(1), 20-28.

Mackinlay, E., Trevitt, C. (2010), Living in aged care: using spiritual reminiscence to enhance meaning in life for those with dementia, in: International Journal of Mental Health Nursing, 19(6) 394-401.

Mjelde-Mossey, LA, Chi, I et al. (2006), Relationship between adherence to tradition and depression in Chinese elders in China, in: Aging & Mental Health, 10(1), 19-26.

Müller-Hergl, C (2012), Die Rolle der examinierten Fachkraft von morgen – endet der ganzheitliche Anspruch bei Funktionalität?, in: Dessorientiert 1/12, 41-59.

Müller-Hergl, C (2012a), Burnout-Prävention in der Demenzpflege, in: Pro Alter, Nov/Dez, 20-24.

Post, SG, Whitehouse, PJ (1999), Spirituality, Religion, and Alzheimer's Disease, in: Journal of Health Care Chaplaincy, 8(1/2), 45-57.

Quinn, C., Clare, L., Woods, R. (2012), What predicts whether caregivers of people with dementia find meaning in their role?, in: International Journal of Geriatric Psychiatry, 27, 1195-1202.

Roff, LL, Parker, MW (2003), Spirituality and Alzheimer's Disease, in: Alzheimer's Care Quaterly, 4(4) 267-270.

Snyder, L (2003), Satisfactions and challenges in spiritual faith and practice for persons with dementia, in: Dementia, 2(3), 299-313.

Speck, P, King, M (1995), The Royal Free Interview for Religious and Spiritual Beliefs: developments and standardization, in: Psychological Medicine, 25, 1125-1134.

Speck, P, King, M, et al. (2001), The Royal Free Interview for Religious and Spiritual Beliefs: development and validation of a self-report version, in: Psychological Medicine, 31, 1015-1023.

Speck, P (2006), Dementia and spiritual care, in: Miesen, B.M.; Jones, G.M.: Care-giving in dementia. London, 241-256.

Stolley, JM, Koenig, HG, Buckwalter, KC (1999), Pastoral Care for the person with dementia, in: Journal of Health Care Chaplaincy, 8(1/2) 7-23.

Stuckey, JC, Post, SG, et al. (2002), Alzheimer's Disease, Religion, and the Ethics of Respect for Spirituality: a community dialogue, in: Alzheimer's Care Quaterly, 3(3) 199-207.

Stuckey, JC (2003), Faith, aging, and dementia: Experiences of Christian, Jewish, and non-religious spousal caregivers and older adults, in: Dementia, 2(3), 337-352.

Vance, DE (2004), Spiritual Activities for Adults with Alzheimer's Disease: The Cognitive Components of Dementia and Religion, in: Journal of Religion, Spirituality & Aging, 17(1/2), 109-130.

Wentroble, DP (1999), Pastoral Care of Problematic Alzheimer's Disease and Dementia Affected Residents in a Long-Term Care Setting, in: Journal of Health Care Chaplaincy, 8 (1/2), 59-76.

Whitlatch, AM, Meddaugh, DI et al. (1992), Religiosity among Alzheimer's disease caregivers, in: The American Journal of Alzheimer's Disease and Related Disorders, 7, 11-20.

Wood, JB, Parham, IA, (1990), Coping with perceived burden: ethnic and cultural issues in Alzheimer's family caregiving, in: Journal of Applied Gerontology, 9, 325-339.

Yokoi, T., Okamura, H. (2012), Why do dementia patients become unable to lead a daily life with decreasing cognitive function? in: Dementia (16. März 2012, published before print) 1-18.

Demenz als Herausforderung der Theologie

Die Theodizeefrage ist unlösbar, und es kommt einem Schlag ins Gesicht der Betroffenen gleich, ihr Leid irgendwie zu rechtfertigen. Nur der Einzelne kann dem Leid etwas abgewinnen; Leid per se ist sinnlos wie das Böse auch. Das gilt für den gekreuzigten Jesus genauso wie für alles andere Leid. Aber damit war die Geschichte ja nicht zu Ende, je nachdem, wer diese Geschichte wie erzählt.

Wenn auch nicht immer und bei jedem gleich, so ist doch Demenz in der Regel für die meisten Menschen, Betroffene wie Angehörige, ein leidvolles Schicksal. Auf Demenz per se gibt es genauso wenig eine Antwort wie auf alles andere Leid. Es liegt an jedem Einzelnen, ob und wie er in seinem Lebenskontext der Demenz einen Sinn abgewinnen kann. Vielleicht den, sich dem guten Willen anderer zu überlassen, vielleicht aber auch, sich bis zum Schluss nach Kräften zu wehren.

Jeder, auch jeder Forscher und jeder Experte, entwickelt zur Demenz ein eigenes Narrativ, denn auch dann, wenn Demenz nur für sich genommen keinen Sinn hat, so können wir doch für uns selbst auf den Versuch einer Integration nicht verzichten. Demenz ist in ihrer Erscheinungsform und Wirkung zu fundamental, um dazu nicht eine Geschichte zu erzählen; man wird durch sie in »Geschichten verstrickt« (Schapp). Es gibt die Geschichten der Mediziner, der Betroffenen, ihrer Angehörigen, der Pflegenden. Also warum dann nicht auch eine Geschichte aus dem christlichen Glauben heraus? Hier allerdings gibt es einige Hürden.

Glauben und Geschichten

Christlicher Glaube gleicht einem bunten Knäuel mit vielen Fäden. Ich greife einen Faden heraus: Glaube an jemanden oder etwas ist logisch nicht ganz ohne einen Glauben, »dass etwas der Fall ist«, zu haben. Deshalb gibt es so etwas wie ein Glaubensbekenntnis, das sich auf eine Geschichte bezieht. Glauben ist nicht primär (aber auch) Gefühl, Ahnung oder Haltung, sondern eine freiwillige Einwilligung, ein Bekennen und Bejahen von Propositionen und also von Aussagen, und dies öffentlich und vernehmbar. Dass solches eingebettet ist in eine Lebensweise, ohne welche das Bekennen ein unverständlicher isolierter Akt wäre, versteht sich von selbst, genauso, dass Glauben nicht nur im Bekennen besteht. Aber innerhalb dieser Lebensweise/Lebenswelt ist das öffentliche Bekennen und Erinnern (incl. Eucharistie) ein Kernbestandteil. Durchaus nüchtern und gültig auch ohne große Gefühle. Auch ein gefühlsarmer Mensch kann glauben. Dazu muss Einsicht herrschen, müssen Geschichten erzählt und verstanden werden. Christlicher Glaube bezieht sich auf eine Geschichte Gottes mit den Menschen, und die Aufgabe der Menschen ist es, sich zu erinnern. Wie immer man die Gottesebenbildlichkeit verstehen will, ganz ohne kognitive Funktionen (›Geist‹) kommt man auf beiden Seiten nicht aus. Zumindest müssen sich beide aneinander erinnern.

Erinnern und Vergessen

Wie dann kann ein Mensch, der alles vergisst – oder doch das meiste –, in eine lebendige Beziehung zu Gott treten? Gehört ein Mensch, der (alles) vergisst, zur Gemeinschaft der Gläubigen? Oder vom Innern des Glaubens her gefragt: Welchen Sinn soll es haben, dass ein Mensch in eine mentale Verfassung gerät, in der er keine Beziehung zu Gott mehr aufnehmen kann? D. Keck beschreibt Demenz als ›theological disease‹.

Eine erste Antwort auf die Frage nach der Erinnerung hat John Swinton gegeben: die substitutive Erinnerung. Christen sind Leib Christi und bleiben in einer Gemeinschaft der Gläubigen auch dann, wenn sie sich selbst nicht mehr erinnern können. Zum einen erinnert sich die Gemeinde stellvertretend für das Mitglied mit Demenz. Zum anderen aber wird die Erinnerung getragen von dem Erinnern Gottes an den Menschen. Gott bewahrt die Identität des Menschen auch dann, wenn der Mensch sie selbst nicht mehr zur Verfügung hat. Wenn Glauben also bekennendes Erinnern impliziert, dann ist es gleichsam Gott selbst, in dem und aus dem heraus sich die Beziehung zur Person entfaltet: Die Erinnerung und der Glauben des Menschen geschehen in Gott selbst.

Der Nachteil dieser Denkfigur scheint zu sein, dass das ganze Geschehen in Gott selbst verlagert ist, also einen selbstbezogenen Charakter annimmt. Die konkrete Person mit Demenz bleibt von Gott getrennt, der das nun gleichsam mit sich selbst ausmacht. Der Patient bleibt erst einmal allein, und Gott kommt nicht mehr vor, er befindet sich außerhalb des Leids und wird nicht gegenwärtig im Leid erfahrbar. Am Ende soll im Eschaton wieder alles gut werden (Modell: ›eschatologische Ausgangstür‹), aber den Kampf mit der Erkrankung muss die Person schon selbst ausfechten.

Beziehungen

Um diese Konsequenz zu vermeiden, darf der Bund Gottes mit den Menschen nicht allein über das Konzept ›Erinnern‹ verstanden werden. Gott muss in den extrem belastenden Umständen selbst als präsent gedacht werden können.

Ein Modell, dies weiterzuführen, kann an die soziale Natur des Menschen anknüpfen: Identität entsteht und wird genährt durch Beziehungen, also durch fortlaufende Austauschprozesse. Der Einzelne wird gedacht als die Summe seiner sozialen Adressen (Systemtheorie) oder als Summe der Introjekte, Objektbeziehungen, der selbst- und interpersonalen Beziehungen. Die Beziehung zwischen der Identität des Einzelnen und seines sozialen Kontextes, damit auch das Maß wechselseitiger Abhängigkeit, weist unterschiedliche Dichten, Ausprägungen, Inanspruchnahmen auf.

In zunehmendem Masse kann sich die Person mit Demenz nicht mehr selbst erzählen, sondern wird von anderen erzählt. Sinnvoll ist es anzunehmen, dass der Einzelne seine Identität niemals exklusiv »hat« oder »besitzt« (dies gilt eher als transzendentaler Schein der Einheit des Subjekts, der gleichwohl notwendig ist), sondern dass andere in unterschiedlichem Ausmaß an dieser teilhaben, sie unterstützen oder unterminieren. Dies erlaubt die Vorstellung, dass andere im Rahmen einer Sorgehaltung zunehmend die Identität einer Person mit Demenz bewahren können. Einige dieser Identitätsanteile sind derart verankert, dass ein Teil nicht unbedingt das beeinflusst, was am Ende der Person geschieht – also in, mit und durch die Beziehungen zu Menschen, welche die Identität der Person mit Demenz stellvertretend aufrechterhalten: in Geschichten, die man von ihr erzählt, in Praktiken, die man mit ihr pflegt. Dies weitet sich aus in Achtsamkeit, Sorge, Pflege und Zuwendung, in der und durch die eine Person mit Demenz Teil der Gemeinde und damit Teil des Gottesvolkes bleibt. Pflege, Sorge, Anteilnahme, Inklusion könnten als eine Art praktisch gelebte Erinnerung, als Gottesdienst verstanden werden. So wie Israel die Geschichte Gottes mit seinem Volk bewahrt und wie in der Eucharistie Erinnerung realisiert, ja geradezu konsumiert wird, so wird der Einzelne durch und mit der Sorge in der Gemeinschaft der Gläubigen gehalten. Eben dadurch bleibt er mit seinem Schicksal auch nicht allein bzw. kann und wird Gott in der Sorge als präsent und tröstlich erfahren. Denkt man das Ganze zudem perichoretisch, dann bleibt dieser Gottesbezug selbst dann erhalten, wenn die konkreten Sorgebemühungen und Erinnerungsleistungen unbefriedigend ausfallen: Es hängt nicht nur vom jeweiligen Kollektiv ab, was von der Person ›übrig‹ bleibt, sondern von der Erinnerung Gottes an diesen Menschen.

Freilich wird in diesem Modell der Bezug Gottes zum Menschen nach dem Modell der sozial vermittelten menschlichen Identität gedacht. Menschliche Sozialbeziehungen und personale Identität dienen als Denkmodell für den Bezug Gottes zum Menschen (Analogielehre Thomas von Aquin: Wir kennen nur das eine Analogon, nicht das Analogon in divinis). Er spielt gleichsam die Rolle des ›dritten Mannes‹, wenn die Gemeinde versagt, eine Art metaphysischer Sicherungsanker für alle Fälle. Die Gegenwart Gottes im Leid der Person taucht zwar auf, die Spur fällt allerdings recht vermittelt aus. Dies führt zum christologischen Ansatz.

Christologie

Dies besagt, dass man Gott nicht ohne Jesus Christus und letztlich nicht ohne seine Beziehung zum Menschen denken und vorstellen kann. Es gibt keine ›natürliche Theologie‹ jenseits dieser Konkretion. In Christus schafft Gott in sich einen Raum, der menschlich und dem Menschen zugewandt ist. Gott wäre dann zu denken als *bedingungslose Zuwendung* (Bonhoeffer: pro me) zu allen menschlichen geistigen und körperlichen Verfassungen. Und was diese Zuwendung bedeutet, lässt sich nicht ohne das denken, was sich an Zuwendung und Beziehung innerhalb der Gemeinschaft der Gläubigen vollzieht. Zwischen beiden vollzieht sich eine interne Relation, so dass das eine nicht ohne das andere vorstellbar ist.

Wenn Gott an den Menschen in dieser Weise partizipiert und diese demnach einen Raum in Gott haben, dann gilt dies auch für alles Leiden – besonders da, wo jede menschliche Intervention vergeblich scheint (Kreuzessituation). Konkret heißt dies, auch Demenz aus dieser Zuwendung Gottes heraus zu denken. Der Christus am Kreuz ist dann auch der Christus mit Demenz. Kreuz und Auferstehung könnte dann heißen: ein Zugleich von Auflösung und Erlösung, von Verstörtheit und Heil, von völliger Verlorenheit und Gefunden- und Geliebtwerden. Beides gehört zusammen: das Aussichtslose und damit Entsetzliche der Demenz sowie das Gelingen eines Lebens mit Demenz. Es gibt nichts, was durch Liebe nicht erreichbar wäre.

Wenn man dies wie ein Bild stehen lässt und nicht wie eine Gleichung aufzulösen versucht, dann gleicht es einer dialektisch zu verstehenden Mustererzählung, in die man die eigene Geschichte hineinverweben kann. Es bleibt eine paradoxe Erzählung, die beides für möglich hält: sich völlig zu verlieren und zu vergessen und doch auch gefunden zu werden, wie auch immer. Das Paradox kann nur aufgelöst werden durch eine Praxis der Zuwendung und der Erinnerung, nicht durch Logik.

Logisch fragt man sich eher: Was hat der leidende Mensch davon, wenn sich das menschliche Leid ins Göttliche hineintranszendiert? Worin besteht der humane Mehrwert dieser Erzählung? Freilich sind diese Fragen Ausdruck eines Missverständnisses: Der Sinn dieses Bildes liegt im Paradoxen, in der Widersprüchlichkeit. Es logisch aufzulösen (Auferstehung macht alles wieder gut) macht es unbrauchbar. Wichtig an dem Bild ist, dass es zugleich schrecklich und wunderbar sein kann und beides nahe beieinanderliegt. Darin liegt ein Trost.

Vollendung des Menschen

Von Meininger (einem Methodisten) stammt der Begriff ›imaginative Antizipation‹. Er versteht darunter, es sei hilfreich, (leidende) Menschen nicht aus der Perspektive des gebrochenen, gescheiterten Menschen zu betrachten, sondern als einen von Gott vollendeten. Das heißt: Die Person nicht auf die Restkompetenzen und deren Erhalt zu reduzieren, sondern als das zu sehen, was sie war und hätte sein können als (un-)vollendetes Potential. Aus dieser Perspektive heraus ließe sich fragen, was jetzt vielleicht noch zu entdecken und zu erfahren ist, wo sich Möglichkeiten ergeben, die man noch aufgreifen kann. Man betrachtet die Person gleichsam aus einer Ewigkeits- bzw. Vollendungsperspektive. Für die Arbeit in Pflege und Betreuung könnte eine solche Perspektive hilfreich sein, um sich präsent, fokussiert, verfügbar zu machen für diese Person in diesem Augenblick, da sie mehr ist als das, was sie war und noch wird sein können. Man kann das »Geheimnis« nennen oder »den von Gott vollendeten Menschen«. Es kommt in der Begegnung dann nicht auf das Programm, die Maßnahme, den Plan an, sondern auf das Potential, das sich hier und jetzt zeigt und ein Wagnis erfordert, um die engen Begrenzungen von Funktion und Rolle zu übersteigen. Dies kann sich zeigen im Mut zum Humor, zur Berührung, zum gemeinsamen Singen oder Beten, zum schweigenden Beieinandersein. Und dass man diese Haltung aufrechterhalten kann, ohne sich vom Erfolg abhängig zu machen. Man steht vor einem Geheimnis Gottes und nicht vor zu erhaltenden Restkompetenzen.

Viele Menschen mit Demenz sind existenziell sehr allein, weil kaum einer dem inneren Elend und der oft abgründigen Verzweiflung nahe sein möchte. Dies auszuhalten und doch auch zu gestalten und nach Möglichkeit in der Begegnung zu füllen, wäre mein Konzept von Seelsorge: dass die Person spürt, sich selbst nicht alleine aushalten zu müssen. Für Personen mit Demenz könnte dies die Erfahrung mit sich bringen, dass man sich am Ende doch gut kümmert und auch dieses letzte Stück Leben bedeutsam und wichtig ist. Leben mit Demenz ist nicht nur eine Geschichte von Verfall und Auflösung, sondern hier und da, wo Begegnung gelingt, auch voll von Möglichkeiten.

Aber um es nochmals zu wiederholen: Dieses kann nur jeder für sich selber entscheiden, geschehen lassen, tun, herausfinden. Sinn ist immer nur konkret für den Einzelnen gegeben. Demenz per se ist aber ein sinnloses und heilloses Geschehen.

Literatur

Kevern, P. (2010), What sort of God is to be found in dementia? Theology, May/June 2010, Vol CXIII No 873 ISSN 0040-571 X.

Godall, M. (2011), Imaginative anticipation: Towards a theology of care for those with dementia. University of Chester, Available at: http://hdl.handle.net/10034/253633.

Swinton, J. (2012), Dementia: Living in the Memories of God, London.

Titel in deutscher Sprache: Lena-Katharina Roy: Demenz in Theologie und Seelsorge. Berlin 2013 (Band 13 der Reihe Praktische Theologie im Wissenschaftsdiskurs).

Glaube und Wissenschaften

Brigitte Stemmer

Religion und Religiosität aus neurowissenschaftlicher Sicht

Eine neurowissenschaftliche Studie beginnt normalerweise mit einer Beschreibung oder Definition des Untersuchungsgegenstandes. Denn was gemessen werden soll, muss in irgendeiner Form »greifbar« gemacht werden. Durchforstet man allerdings die theologische, philosophische, psychologische oder neurowissenschaftliche Literatur hinsichtlich der Frage, was unter Religion zu verstehen ist, so kommt man bald zu der Erkenntnis, dass es keine einheitliche Auffassung gibt. Dies ist nicht verwunderlich angesichts der großen Vielfalt an Religionen, religiösen Praktiken, unterschiedlichen Kulturen sowie der langen Kulturgeschichte der Religion. Religion oder Religiosität als Untersuchungsgegenstand wird in den Neurowissenschaften daher häufig in Abhängigkeit vom Ziel der Untersuchung oder der Abhandlung definiert und wissenschaftlich »greifbar« gemacht, d. h. operationalisiert. Dabei wird meist auf bestimmte Aspekte der Religiosität fokussiert. So werden beispielsweise Zusammenhänge zwischen Hirnstrukturen oder Hirnfunktionen und den kognitiven und emotionalen Repräsentationen, die dem Glauben an übernormalen Kräften zugrunde liegen, untersucht (Grafman et al., 2020). Ein weiteres Beispiel sind Untersuchungen, die zwischen religiösem und spirituellem Glauben unterscheiden (van Elk & Aleman, 2017). Dabei zielt *religiöser* Glaube vor allem auf institutionalisierte Aspekte ab, wie beispielsweise Gebete, Rituale und Praktiken, religiöse Wahrnehmungen wie die Stimme Gottes oder Erfahrungen mit ritualisierten religiösen Handlungen wie die Taufe. *Spiritueller* Glaube wird als individuelle, personalisierte Überzeugung in Bezug auf das Transzendente oder Heilige charakterisiert, wie beispielsweise Gefühle der Ehrfurcht und des Einsseins, der Verlust des Raum- und Zeitgefühls oder das Verwischen der Grenzen zwischen sich selbst und anderen. Ähnlich werden auch mystische Erfahrungen charakterisiert, und zwar als reduziertes Bewusstsein des Selbst, Verlust des Raum- und Zeitgefühls und als Gefühl einer starken Verbindung mit der umgebenden Welt (van Elk & Snoek, 2020).

Die neurowissenschaftlichen Studien zu Religion, Religiosität oder Spiritualität sind, wie bereits angedeutet, sehr heterogen, da hinsichtlich des Untersuchungsgegenstandes keine Einheitlichkeit besteht. Im Nach-

folgenden benutze ich den Begriff Religion und Religiosität, um Bezug
auf gemeinsame Überzeugungen, Praktiken und Erfahrungen hinsichtlich übernatürlicher Akteure zu nehmen oder um Bezug auf eine Reihe
von psychologischen und verhaltensbezogenen Merkmalen, die mit der
Annahme religiöser Überzeugungen und dem Engagement in religiösem
Verhalten zusammenhängen, zu nehmen (Kapagioannis, 2009b). Der
Einfachheit halber unterscheide ich nicht zwischen Religiosität und Spiritualität, es sei denn, es ist für die Studie relevant. Sollten Studien von
dieser Definition abweichen, wird darauf hingewiesen.

Welches Interesse haben die Neurowissenschaften daran, religiöses
Denken, Erleben oder Verhalten zu untersuchen? Es soll eine möglichst
objektive, wertfreie Erklärung dafür gefunden werden, wie das Gehirn
ein bestimmtes Phänomen oder einen bestimmten Zustand hervorbringt,
oder wie bestimmte Phänomene oder Zustände das Gehirn beeinflussen
können. Allerdings geraten die Neurowissenschaften nur allzu oft in den
Sog theologisch-politisch-philosophischer Diskussionen, um als allmäch-
tige Wissenschaft des Gehirns zu klären, ob Religion ein einzigartiges
Konzept oder Phänomen ist mit einem speziellen Platz im Gehirn. Dabei
wird zuweilen wenig darüber reflektiert, inwieweit die methodischen
Ansätze der Neurowissenschaften überhaupt geeignet sind, Fragen nach
dem Übernatürlichen zu beantworten. Wie soll Religion, das Übernatürliche, die Religiosität oder die Spiritualität »greifbar« gemacht werden,
um sie naturwissenschaftlich zu untersuchen? Reicht es aus, die Religiosität eines Menschen an Selbstauskunft, Persönlichkeitsfragebögen oder
über Teilnahme bei religiösen Aktivitäten festzumachen? Welchen Infor-
mationsgewinn haben wir, wenn ein positiver Zusammenhang zwischen
Religiosität und Hirnanatomie oder Hirnmechanismen postuliert wird?
Ist Religiosität möglicherweise sogar bereits in unseren Genen verankert?
Diesen und ähnlichen Fragen gehen wir im Nachfolgenden nach, indem
wir exemplarisch auf einzelne Studien detailliert eingehen und andererseits auf Untersuchungen zurückgreifen, die versuchen, mit Meta-
analysen oder Überblicksarbeiten zu einer zusammenfassenden Aussage
zu kommen.

Ist Religiosität genetisch bedingt?
Ist religiöser Glaube fest ist unseren Genen verankert?

Die Suche nach einer genetischen Grundlage für Religiosität erfolgt häufig vor dem Hintergrund, ob religiöse Kognition sich grundlegend von
nicht-religiöser Kognition unterscheidet. Hier geht es also um die alte

Frage nach *nature or nurture*, das heißt, inwieweit prägen Veranlagung oder Umwelteinflüsse den Menschen. Dementsprechend suchen einige Wissenschaftler nach dem, was Religiosität einzigartig macht.

Im Jahr 2004 erregte der Verhaltensgenetiker und Biochemiker Dean Hamer mit der Veröffentlichung seines Buches *The God Gene – How Faith is Hardwired Into Our Genes* (Das Gottes-Gen – Wie Glaube fest in unseren Genen verdrahtet ist) die Gemüter. In einer ursprünglich für eine andere Frage konzipierten Studie zur Verhaltensgenetik von Zigarettenrauchern suchte Hamer auch nach einer Korrelation zwischen Genen und Spiritualität. Spiritualität wurde mit dem von Cloninger (1994) entwickelten TCI-Persönlichkeitstest[1] gemessen. Hamer fand eine Korrelation zwischen Selbsttranszendenz und der auf dem Chromosom 10 gelegenen (C)-Variante des VMAT2-Gens. Dieses Gen ist indirekt über ein spezielles Protein an der Kontrolle der Freisetzung bestimmter Hirnbotenstoffe (Neurotransmitter) beteiligt. Hamer nannte die von ihm isolierte Genvariante das »Spiritualitäts-Allel«. Solche Terminologie und der provokante Buchtitel verleiteten dann einige Medien dazu, die Forschungsergebnisse als den Beweis zu feiern, dass nun das Gen Gottes gefunden wurde und der Glaube fest in unserem Erbgut verankert ist. Liest man allerdings die Ausführungen Hamers, so wird deutlich, dass der Buchtitel vor allem dem Marketing diente. Hamer ging davon aus, dass wir eine genetische Prädisposition für spirituellen Glauben haben, welcher durch persönliche Erfahrungen und die kulturelle Umwelt geformt wird. Danach beeinflussen Gene die vom Gehirn erzeugten Bewusstseinsformen, welche wiederum die Grundlage für spirituelle Erfahrungen bilden. Von wissenschaftlicher Seite wurde vor allem der methodische Ansatz Hamers, die Reduktion eines komplexen Zustandes auf ein einziges Gen, sowie die nicht Replizierbarkeit seiner Ergebnisse kritisiert. Damit wurde zwar das Gottes-Gen ad acta gelegt, nicht aber die Suche nach einer genetischen Grundlage für Religiosität.

---

1 TCI = Temperament und Charakter Inventar. Dieser Test misst als Selbstauskunftstest die Persönlichkeitsbereiche Neugierdeverhalten, Schadensvermeidung, Belohnungsabhängigkeit und Beharrungsvermögen, welche zusammen den Bereich »Temperament« beschreiben, und die Bereiche Selbstlenkungsfähigkeit, Kooperativität und Selbsttranszendenz, welche den Bereich »Charakter« widerspiegeln.

Zwillingsstudien und die Frage nach
Veranlagung oder Umwelteinflüssen

Mit einem methodisch anspruchsvolleren Ansatz hat man sich den Vorteil von Zwillingsstudien zu Nutze gemacht. Dabei ist die Logik folgende: Das Erbgut eineiiger Zwillinge ist nahezu identisch, während dies bei zweieiigen Zwillingen nur zu zirka 50 % der Fall ist. Klassische Zwillingsstudien vergleichen nun die Ausprägung eines Merkmals oder einer Krankheit zwischen eineiigen und zweieiigen Zwillingen und ziehen daraus Rückschlüsse, inwieweit ein Merkmal oder eine Krankheit angeboren oder später erworben wurde (für einen Überblick siehe Boomsma et al., 2002; Polderman et al., 2015). Wie religiös ein Mensch ist, wird in diesen Studien meist anhand von auf Religiosität ausgerichteten Verhaltensfragebögen bestimmt oder anhand von Merkmalen wie Zugehörigkeit zu einer Religionsgemeinschaft, religiöse Erziehung und Grad der Teilnahme an religiösen Aktivitäten. Es gibt nur wenige verhaltensgenetische Zwillingsstudien, aber die meisten davon berichten über einen Zusammenhang zwischen genetischer Prädisposition und den zuvor genannten religiösen Merkmalen in Abhängigkeit von Alter und Geschlecht (für einen Überblick siehe Koenig et al., 2005; Vance, 2015). So wird beispielsweise berichtet, dass Kinder weniger religiöse Merkmale als Erwachsene und Frauen mehr als Männer aufweisen. Kein Zusammenhang wird hingegen zwischen der genetischen Prädisposition und der Häufigkeit des Kirchgangs oder der Konfessionszugehörigkeit beobachtet.

Während die Zwillingsstudien von den einen als hinweisend auf eine genetische Prädisposition von Religiosität interpretiert werden, bemängeln Kritiker die Aussagekraft dieser Studien vor dem Hintergrund, dass die für Zwillingsstudien normalerweise große Stichprobenzahl nicht erreicht und dass individuelle persönliche Eigenschaften vernachlässigt wurden (Vance, 2015). Auch wird infrage gestellt, inwieweit die am häufigsten untersuchten Merkmale (Zugehörigkeit zu einer Religionsgemeinschaft, religiöse Erziehung, Teilnahme an religiösen Aktivitäten) den tatsächlichen Grad religiöser Überzeugung eines Individuums reflektieren. Eine weitere Einschränkung ist, dass die Ergebnisse auf statistischen Korrelationen beruhen. Das heißt, es wurden zwar Zusammenhänge gefunden, was aber nicht heißt, dass zwischen den Zusammenhängen eine Kausalitätsbeziehung besteht. Allerdings gilt der zuletzt genannte Kritikpunkt für die meisten neurowissenschaftlichen Religionsstudien.

Die bisherigen genetischen Studien lassen viele Fragen offen. Es ist aber nicht auszuschließen, dass Eigenschaften, die Religiosität fördern, entwicklungsgeschichtlich relevant waren und im Erbgut weitergegeben wurden. Das muss aber nicht unbedingt heißen, dass sich solche im Erbgut kodierten Eigenschaften notwendigerweise als Religiosität ausprägen.

Religiosität, Hirnstrukturen und Hirnmechanismen

Während sich die Suche nach einer genetischen Prädisposition für Religiosität auf relativ wenige Studien beschränkt, ist die Anzahl der neurowissenschaftlichen Studien, die Zusammenhänge zwischen Aspekten von Religiosität und bestimmten Hirnarealen suchen, groß.[2] Dabei wird entweder untersucht, ob Aspekte der Religiosität Auswirkungen auf die Hirnanatomie haben, das heißt, ob sich Hirnstrukturen ändern. Oder es wird der Frage nachgegangen, ob, und wenn ja, welche Hirnregionen durch Religiosität aktiviert werden.

Religiöser Glaube und Hirnaktivierung

Hirnaktivierungsstudien untersuchen, welche Hirnareale im Ruhezustand oder als Reaktion auf einen Reiz (beispielsweise die Bearbeitung einer Aufgabe) aktiv sind. Wir schauen also dem Hirn bei der Arbeit zu. Ziel solcher Untersuchungen ist vor allem, Erkenntnisse darüber zu gewinnen, wie unser Gehirn abstrakte Konzepte oder bestimmte Verhaltensweisen verarbeitet. Umgekehrt wird auch der Frage nachgegangen, ob definierte Konzepte oder Verhaltensweisen durch bereits bekannte Hirnmechanismen erklärbar sind. Dabei werden allerdings oft auch etablierte Erkenntnisse aus den Neurowissenschaften auf Fragestellungen angewandt, deren Sinnhaftigkeit sich nicht immer erschließt.

Beispielsweise untersuchten Inzlicht und Kollegen (2009, 2010) den Zusammenhang zwischen religiöser Überzeugung und Fehlerverarbeitung. Dabei bedienten sich die Autoren einer in zahlreichen Studien ohne religiösen Kontext gezeigten neurophysiologischen Erkenntnis: Macht eine Person bei einer bestimmten Aufgabenbearbeitung Fehler, so wird dies durch ein elektrophysiologisches Signal, die sogenannte *error-related-negativity*, *ERN*, reflektiert. Dieses Fehlersignal entsteht im vorderen Cingulum, einer Hirnstruktur, welche an kognitiven Kontrollprozessen und emotionaler Verarbeitung beteiligt ist. Die Studienergebnisse erga-

2 Wegen der großen Anzahl der Studien werden im Nachfolgenden exemplarisch einige Studien detaillierter beschrieben und ansonsten auf Überblicksarbeiten verwiesen.

ben einen Zusammenhang zwischen religiösem Glauben (beruhend auf der Selbstauskunft der Teilnehmer) und dem Fehlersignal: Je stärker der religiöse Glaube ausgeprägt war, desto reduzierter war das Fehlersignal. Die Autoren interpretieren ihre Ergebnisse dahingehend, dass religiöse Überzeugung die Aktivität im vorderen Cingulum reduziert und so die emotionale Reaktion – wie Angst oder Unsicherheit – auf gemachte Fehler hemmt, was sich letztendlich stressreduzierend auswirken kann. »Das Nachdenken über die eigene Religion, bewusst oder unbewusst oder weder noch, wirkt wie ein Bollwerk gegen defensive Abwehrreaktionen auf Fehler; es dämpft die kortikale Alarmglocke«, so die Autoren (Inzlicht et al., 2010:1188, Übersetzung BS).

Allerdings wirft die Studie mehr Fragen als Antworten auf, nicht zuletzt wie die Reduktion des Fehlersignals zu interpretieren ist. Aber selbst wenn man der Interpretation der Autoren folgt, stellt sich die Frage, inwieweit die Ergebnisse spezifisch auf den religiösen Glauben zurückzuführen sind. Zahlreiche, nicht-religiöse Studien haben gezeigt, dass die Ausprägung des Fehlersignals u. a. stark mit Motivation und Persönlichkeitsmerkmalen wie beispielsweise Zwanghaftigkeit zusammenhängt. So räumen die Autoren auch ein, dass die beobachteten Effekte nicht unbedingt spezifisch für religiösen Glauben sind und starke Überzeugen jeglicher Art eine ähnliche Reaktion bewirken können. Diese Erkenntnis hätte man anhand der reichen Literatur zum Fehlersignal bereits vor Durchführung der Studie haben können.

Die Debatte über die neuronalen Korrelate, die religiösem Glauben und mystischen Erfahrungen zugrunde liegen, wurde weiterhin durch die Beobachtung befeuert, dass religiöse Studienteilnehmer während des Betens Hirnareale rekrutierten, von denen bekannt ist, dass sie an sozialer Kognition beteiligt sind (Schjødt et al., 2009). Beispielsweise verglich eine viel zitierte Studie bei religiösen und nicht-religiösen Teilnehmern den Zusammenhang zwischen Aussagen über Gott und den dabei aktivierten Hirnarealen (Kapogiannis et al., 2009a). Die funktionelle Kernspinuntersuchung ergab, dass Hirnareale aktiviert wurden, die in nicht-religiösen Studien mit abstrakter Semantik, Bildsprache und sozialer Kognition, das heißt Aspekten der *Theory of Mind*,[3] assoziiert werden. Die Autoren interpretierten die Ergebnisse dahingehend, dass

---

3 Soziale Kognition wird häufig mit der sogenannten Theory of Mind (auch Hypermentalizing oder Mentalizing genannt) assoziiert. Darunter wird ein kognitiver Mechanismus verstanden, dem die Fähigkeit zugrunde liegt, sich in die Köpfe anderer Menschen hineinversetzen zu können, um deren Absichten, Überzeugungen und Wünsche zu erkennen.

spezifische Komponenten des religiösen Glaubens durch bekannte Hirnnetzwerke und nicht durch ein speziell auf Religiosität ausgerichtetes Netzwerk vermittelt werden. Dennoch wurde aus dieser und ähnlichen Studien die Hypothese abgeleitet, dass die Fähigkeit, eine *Theory of Mind* zu entwickeln, ein wichtiger kognitiver Mechanismus ist, der Menschen prädisponiert, religiös zu werden (für eine kritische Zusammenfassung vgl. Maij et al., 2017).

Auch die in anderen Studien berichteten Ergebnisse der Hirnaktivierung als Reaktion auf bestimmte Aspekte der Religiosität sind am ehesten derart zu interpretieren, dass die Aktivierungen nicht spezifisch für Religiosität sind, sondern neuronale Systeme aktivieren, wie sie auch in nicht-religiösen Studien bei ähnlicher Aufgabenstellung zu sehen sind (vgl. Schjødt & van Elk, 2019). Der in manchen zweifelhaften Publikationen oder Medien zelebrierte *God-spot*, also die *eine* Hirnregion, in der Gott ansässig ist, erhält auch durch diese Studien keine Unterstützung. In diesem Zusammenhang sei auch noch einmal darauf hingewiesen, dass Studien, die auf *Korrelationen* beruhen, also Zusammenhänge zwischen Merkmalen suchen, keinen Kausalitätsanspruch stellen können und die Ergebnisse solcher Studien mit der entsprechenden Umsicht interpretiert werden sollten.

Zahlreiche (nicht-religiöse) Untersuchungen haben gezeigt, dass Motivation, Glaube oder Überzeugung positive oder negative Effekte[4] auf Zustände (wie Gesundheit), Handlungen oder Verhaltensmuster haben können. Dass ein auf vorgetäuschte Tatsachen beruhender Glaube ähnliche Effekte wie ein auf echte Tatsachen beruhender Glaube haben kann, belegen Studien mit dem Placeboeffekt. Beispielsweise wird eine Pille gegen Schmerzen verabreicht, ohne dass die Pille eine schmerzreduzierende Substanz enthält. Der Person wird suggeriert, dass die Pille die Schmerzen reduziert. Allein der Glaube, dass die Pille wirkt, kann zu einer Schmerzreduktion führen. Vor diesem Hintergrund untersuchten Schienle und Kollegen (2021) den Effekt von Placebo auf religiösen Glauben und Praktiken. Die Autoren verabreichten gesunden, religiösen Frauen in zwei Sitzungen, die eine Woche auseinanderlagen, jeweils ein Glas normales Leitungswasser. Allerdings wurde den Frauen in einer Sitzung explizit suggeriert, dass das Wasser aus der heiligen Lourdes-Quelle stamme (Placebobedingung). In der anderen Sitzung wurde darauf hingewiesen, dass es sich um Leitungswasser handele (Kontrollbedingung).

---

4 Auch Religiosität kann negative Effekte haben, was aber in der neurowissenschaftlichen Literatur bisher nicht systematisch untersucht wurde. Daher wird auf diesen Aspekt im Nachfolgenden nicht weiter eingegangen.

Nach dem Trinken der Flüssigkeit wurde das Gehirn der Teilnehmerinnen mit der funktionellen Kernspinmethode »in Ruhe« (*resting state*) untersucht, das heißt, es wurden während des Scannens keine Reize gesetzt. Weiterhin füllten die Teilnehmer einen Befindlichkeitsfragebogen aus. Die Ergebnisse zeigten, dass die Teilnehmer das Lourdes-Wasser effektiver als das Leitungswasser hinsichtlich der Wahrnehmung von Körperempfindungen und Körpergefühlen (Kribbelgefühle, Wärmegefühl, körperliche Entspanntheit) bewerteten. Die Kernspinuntersuchung ergab, dass angebliches Lourdes-Wasser (im Vergleich zu Leitungswasser) die Verbindungen zwischen solchen Hirnnetzwerken vermehrt aktivierte, die an kognitiven Kontrollprozessen beteiligt sind. Dagegen war die Aktivierung von Verbindungen zwischen Hirnnetzwerken, die einen Einfluss auf Emotions-, Motivations- und Entscheidungsprozessen haben, abgeschwächt. Die Autoren interpretierten die Ergebnisse dahingehend, dass die Gabe von Placebo das körperliche Wohlbefinden verbessern und kognitive Kontroll- und Emotionsnetzwerke im Gehirn ändern kann. Die Studie ist ein interessantes Beispiel dafür, dass religiöser Glaube – genauso wie nicht-religiöser Glaube – wie ein Placebo wirken kann. Und sie zeigt in Übereinstimmung mit anderen nicht-religiösen Studien, dass eine feste Überzeugung – sei sie religiös oder nicht-religiös motiviert – zu messbaren Aktivierungsänderungen im Gehirn führen kann.

Religiöse Praktiken und Hirnaktivierung

Die bisher diskutierten Studien haben Religiosität vor allem »indirekt« untersucht, indem bestimmte Aspekte oder Eigenschaften von Religiosität gemessen wurden, und das häufig basierend auf relativ unsicheren Messinstrumenten, wie Selbstauskunft der Teilnehmer. Im Nachfolgenden werden Studien vorgestellt, die versuchen, authentische religiöse Erfahrung »direkt« zu messen, beispielsweise während religiöser Handlungen oder Verhaltensweisen wie Meditation oder Beten.

Andrew Newberg geht davon aus, dass Glaube ein Produkt des Gehirns ist (Newberg et al., 2001b). Für ihn sind religiöse Bewusstseinsinhalte nichts anderes als neuronale Zustände. Um dies nachzuweisen, führte er eine Serie von Experimenten durch, denen folgende Idee zugrunde lag: Denkt man nur lang genug an Gott oder über Gott nach, so müsse dies in bestimmten Hirnbereichen zur neuronalen Aktivierung oder Deaktivierung führen, was wiederum eine Änderung oder Neubildung neuronaler Schaltkreise bewirke. Diese Vorgänge würden dann auf funktioneller Ebene zu Wahrnehmungsänderungen und letztendlich sogar zu Veränderung von Glaubenssätzen führen. Im Fokus der frühen Untersuchungen von Newberg und Kollegen stand die religiöse Meditation als direkte Reflexion transzendenter Zustände. Methodisch wurde der Blutfluss im Gehirn mit der SPECT-Methode gemessen, während tibetisch buddhistische Mönche meditierten (Newberg et al., 2001a, Newberg & Iversen 2003). Die Autoren berichteten von vermindertem Blutfluss in den oberen Scheitellappen und erhöhtem Blutfluss beidseits im Stirnlappen, Cingulum und Thalamus. Sie folgerten, dass Meditation mit Aktivierung im vorderen Stirnhirn (präfrontaler Cortex) und möglicherweise im Cingulum beginnt, und assoziierten die beobachteten Veränderungen mit dem Willen oder der Absicht, den Geist von Gedanken zu befreien.

Zu einem teilweise ähnlichen Ergebnis kommt eine Untersuchung mit der ebenfalls den Blutfluss messenden PET-Methode, die praktizierende protestantische Christen mit einer nicht-gläubigen Gruppe während eines selbst induzierten religiösen Zustands vergleicht (Azari, 2007). Nur die gläubige Gruppe konnte einen religiösen Zustand induzieren und zeigte dabei Aktivierungen im oberen Teil des Vorderhirns (dorsalen präfrontalen Cortex) sowie des hinteren Scheitellappens. Die Autorin folgert aus ihren und anderen Studien, dass komplexe kognitive Mechanismen, hier hervorgerufen durch das Zusammenspiel von Vorderhirn und Scheitelhirn, eine zentrale Bedeutung für selbst induzierte religiöse Erfahrung haben.

Andere Studien untersuchten Gläubige und Ungläubige während des Betens und berichteten über Hirnaktivitäten in tief liegenden Hirnbereichen (das Striatum), welche mit dem Belohnungssystem – und damit dem dopaminergen System – in Verbindung gebracht wurden (Schjødt et al., 2008). Weiterhin wurden Hirnareale aktiviert, die in anderen (nicht-religiösen) Studien mit sozialer Kognition assoziiert sind (Schjødt et al., 2009). Dies wurde dahingehend interpretiert, dass ein Gebet zu Gott mit normaler persönlicher Interaktion vergleichbar ist.

Wie bereits erwähnt, versuchen die oben exemplarisch vorgestellten Studien, authentische religiöse Erfahrung direkt zu messen. Allerdings ist es schwierig, für solche Studien eine (statistisch) ausreichende Anzahl von Teilnehmern zu finden. Weiterhin ist schwer nachweisbar, inwieweit unter künstlichen Laborbedingungen tatsächlich die gewünschte authentische Erfahrung erzeugt wird. (Für eine Übersicht und kritische Diskussion unterschiedlicher methodischer Ansätze bei Religionsstudien vgl. Schoedt & van Elk, 2019.) Zusammenfassend weisen direkte Hirnaktivierungsstudien darauf hin, dass religiöse Zustände und Erfahrungen eine Reihe von unterschiedlichen Hirnnetzwerken aktivieren, wobei die

Studien keine Übereinstimmung hinsichtlich der aktivierten Netzwerke zeigen. Dies überrascht nicht, da – wie in nicht-religiösen Hirnaktivierungsstudien gezeigt – Hirnaktivierungen u. a. auch stark von persönlichen Merkmalen und Erfahrungen des Individuums und dem Kontext abhängen. Weiterhin kann von den Hirnaktivierungsstudien nicht abschließend gefolgert werden, dass die beobachteten Aktivierungen spezifisch für religiöse Zustände oder Erfahrungen sind.

Religiöser Glaube und Hirnanatomie

Während Hirnaktivierungsstudien den Hirnmetabolismus oder elektrische Nervenzellentladungen innerhalb eines bestimmten Zeitintervalls und unter bestimmten experimentellen Bedingungen aufzeichnen, messen Hirnanatomiestudien strukturelle, also anatomische Unterschiede im Gehirn, beispielsweise in Form einer Volumenzunahme oder Volumenabnahme. Weiterhin ist es möglich zu messen, ob, und wenn ja, in welchem Umfang unterschiedliche Hirnregionen miteinander kommunizieren, indem bestehende Faserverbindungen zwischen Hirnregionen dargestellt werden.

Insofern erhebt sich die Frage, ob es strukturelle Unterschiede in den Gehirnen von Menschen in Abhängigkeit von der Stärke der Ausprägung ihrer Religiosität gibt. Dieser Frage versuchten Kapogiannis und Kollegen (2009b) nachzugehen, indem sie die Gehirne von 40 Individuen mit Kernspinbildern unter anatomischen Gesichtspunkten untersuchten. Spezifische Aspekte der Religiosität wurden mit Hilfe eines Fragebogens erhoben und mit den gemessenen Volumina verschiedener Bereiche der grauen Hirnsubstanz korreliert.[5] Die statistischen Auswertungen ergaben einen Zusammenhang zwischen bestimmten religiösen Aspekten und einer Zunahme bzw. Abnahme von Hirnvolumen in spezifischen Hirnregionen. Beispielsweise bestand eine Korrelation zwischen dem »Erleben einer intimen Beziehung zu Gott« und einer Volumenzunahme des rechten mittleren Schläfenlappens. Das »Erleben von Angst vor Gottes Zorn« hingegen war mit einer Volumenabnahme im linken oberen, hinteren Scheitellappen (Precuneus) und vorderen, unterem Frontallappen assoziiert. Keine Hirnvolumenänderung wurde für den Aspekt der religiösen

---

5 Die graue Hirnsubstanz, auch Hirnrinde oder Cortex genannt, besteht aus den Hirnnervenzellen. Die weiße Hirnsubstanz besteht aus den Faserverbindungen, die von den Hirnzellen ausgehen und diese miteinander verbinden. Über die Faserverbindungen kommunizieren Hirnzellen miteinander.

Erziehung gefunden. Die Autoren folgerten aus ihren Ergebnissen, dass Schlüsselaspekte der Religiosität mit kortikalen Volumenunterschieden einhergehen. Religiosität im Erwachsenenalter könne angeborene oder frühkindliche Anfälligkeiten oder Empfindlichkeiten (Suszeptibilität) widerspiegeln, die während der Erziehung nicht veränderbar sind. Alternativ könne aber auch jeder Effekt früher religiöser Erziehung durch Erfahrungen im späteren Leben verdrängt werden. Ungeklärt bleibt (weil nicht untersucht), ob es andere nicht-religiöse Faktoren gibt, die zu ähnlichen Ergebnissen führen können. Zahlreiche nicht-religiöse neurowissenschaftliche Untersuchungen haben gezeigt, dass es viele Faktoren gibt, die zu Änderungen des Hirnvolumens führen können. In vielen neurowissenschaftlichen Religionsstudien findet dies allerdings nicht Berücksichtigung, und die Ergebnisse und Interpretationen bleiben mehrdeutig. Aber es gibt auch Ausnahmen.

Beispielsweise besteht in den Neurowissenschaften Einigkeit darüber, dass chronisch negativer Stress mit einer Abnahme des Volumens im Hippocampus, einer in der Tiefe des Schläfenlappens liegenden Struktur, einhergehen kann. Owen und Kollegen (2011) untersuchten mit der Kernspinmethode die Beziehung zwischen religiösen Faktoren und Veränderungen des Hippocampusvolumens. Sie berichteten über einen Zusammenhang zwischen einer Volumenabnahme im Hippocampus und lebensverändernden religiösen Erfahrungen oder Zuständen. Der Hippocampus spielt eine wichtige Rolle bei Lern- und Gedächtnisfunktionen und ist, wie bereits erwähnt, sehr anfällig für chronischen Stress, was generell mit einer Volumenreduktion dieser Struktur einhergeht. Die lebensverändernden religiösen Erfahrungen der Studienteilnehmer waren größtenteils negativer Art. Vor diesem Hintergrund folgerten die Autoren, dass die Ergebnisse möglicherweise im Zusammenhang mit den Auswirkungen von kumulativem Stress auf den Hippocampus zu interpretieren sind. Mit anderen Worten, die Autoren folgerten nicht, dass Religiosität zu einem kleineren Hippocampusvolumen führt, sondern dass die aufgrund der Religiosität negativen Erfahrungen zu chronischem Stress und damit zu der Volumenänderung geführt haben. Leider wird dies in Berichten über die Studie nicht immer so differenziert dargestellt, sondern es wird lediglich das Ergebnis, nämlich eine Volumenabnahme in Abhängigkeit von Religiosität, beschrieben.

Trotz der methodischen Problematik und Ambiguität von vielen (hier nicht weiter diskutierten) hirnanatomischen Studien wird in Publikationen das Fazit gezogen, dass (a) Veränderungen in der Anatomie des vorderen Frontalhirns (präfrontaler Kortex) und des hinteren Scheitellappens (posteriorer Partietallappen) mit einer Zunahme der Religiosität/

religiösen Erfahrung in Verbindung stehen und (b) Veränderungen in der Anatomie des Schläfenlappen (Temporallappen) bei mystischen Erfahrungen und Selbsttranszendenz eine Rolle spielen. Mit dem Ziel, diese Aussagen empirisch zu überprüfen, führten van Elk & Snoek (2019) eine kontrollierte Kernspinstudie mit 211 Teilnehmern durch. Die Autoren kommen zu dem ernüchternden Ergebnis, dass keine der Behauptungen Unterstützung findet.

Religiosität und Hirnstimulation

Wie oben dargestellt, kann man den anatomischen Zustand oder den Aktivierungszustand des Gehirns abbilden.[6] Eine weitere Möglichkeit ist es, das Gehirn von innen oder außen zu stimulieren.

Im Jahr 1983 machte der kanadische Neuroanatom Michael Persinger mit seinem gelben »Gotteshelm« Schlagzeilen. Ausgehend von Berichten von Schläfenlappenepileptikern, die über Gotteserfahrungen während ihrer Anfälle berichtet hatten, entwickelte er einen Helm, mit dem er durch schwache Magnetwellen die Schläfenlappen, und damit das mit Emotionsprozessen assoziierte limbische System, aktivieren und so Gotteserfahrungen auslösen wollte. Wie Newberg so ging auch Persinger davon aus, dass eine Gotteserfahrung lediglich ein Produkt des Gehirns ist, welches nicht nur durch innere Stimulation (wie bei einigen Epileptikern), sondern auch durch äußere Stimulation ausgelöst werden kann. So berichtete er, dass bei der Mehrheit seiner Probanden durch eine schwache Magnetstimulation des limbischen Systems übernatürliche und spirituelle Empfindungen ausgelöst werden konnten. Allerdings erwiesen sich seine Testpersonen als stark voreingenommen. Weiterhin war die applizierte Magnetstimulation viel zu schwach, um die tief im Gehirn liegenden Zielstrukturen erreichen zu können. Versuche, seine Experimente zu replizieren, blieben erfolglos. Erst später wurde die transkranielle Magnetstimulation (TMS) entwickelt, die stärkere und gezielte Stimulation erlaubte.

Diese Technik machten sich Holbrook und Kollegen (2015) zu Nutze und stimulierten mit TMS ein Areal im hinteren Teil des vorderen Stirnlappens (posteriorer präfrontaler Kortex) derart, dass es zu hemmenden

---

6 Anatomische Bilder erhält man durch die Kernspintomographie, auch magnetische Resonanztomographie, MRT, genannt. Hirnaktivierungsstudien beruhen beispielsweise auf der funktionellen Kernspintomographie, fMRT, der Positronenemissionstomographie, PET, oder elektrophysiologischen Verfahren.

Effekten kam. Vor und nach der Stimulation wurde der Glaube mit zwei Selbstauskunftsskalen gemessen, die auf »negativen« Glauben an den Teufel, Dämonen und die Hölle und »positiven« Glauben an Gott, Engel und den Himmel abzielten. Die Autoren berichteten, dass die Stimulation bei den Teilnehmern eine Abschwächung des Glaubens an Gott bewirkte. Ebenfalls im vorderen Stirnlappen, allerdings an anderer Stelle, stimulierten Farias und Kollegen (2017) mit der transkraniellen direkten Stromstimulationstechnik (tDCS). Die Autoren gingen der Frage nach, inwieweit der Glaube an das Übernatürliche von intuitivem oder analytischem Denken abhängt. Die Autoren konnten keinen Zusammenhang zwischen intuitivem oder analytischem Denken und übernatürlichem Glauben herstellen.

TMS und tDCS sind Methoden der äußeren Stimulation des Gehirns. Eine innere Stimulation kann durch die Gabe biochemischer Substanzen erzielt werden. Beispielsweise wurde der Frage nachgegangen, ob das Hormon Oxytocin einen Einfluss auf bestimmte religiöse Aspekte hat. Oxytocin wird im Hypothalamus gebildet und wirkt u. a. modulierend auf die Stimmung und spielt bei sozialen Bindungsprozessen eine Rolle. Van Cappellen und Kollegen (2016) gingen der Frage nach, ob Oxytocin auch einen Einfluss auf die Bindung zu einer übernatürlichen Kraft hat. 60 % der Männer gehörten einer Religion/Weltanschauung an (Christen, Muslime, Buddhisten, Juden), die restlichen 40 % waren Atheisten, Agnostiker oder »andere«. Die Männer wurden nach dem Zufallsprinzip der Oxytocin-Gruppe oder der Placebogruppe zugeordnet. Spiritualität wurde mit zwei Selbstauskunftsskalen gemessen. Die Autoren berichteten, dass die Gabe von Oxytocin die Spiritualität bis zu einer Woche nach Gabe des Hormons erhöhte. Methodische Mängel und die Tatsache, dass die Ergebnisse nicht repliziert werden konnten, stellen allerdings die Aussagekraft der Studie in Frage (Cortes et al., 2018).

Fundierter ist unser Wissen über den Effekt psychogener Substanzen, wie beispielsweise das in »magischen Pilzen« enthaltene Psilocybin oder LSD, auf bewusstseinsverändernde Erfahrungen. Gut kontrollierte Studien haben gezeigt, dass diese Substanzen mystische Erfahrungen hervorrufen können, wie beispielsweise eine innere Identifikation mit dem Göttlichen in sich selbst oder einer äußeren Gottheit oder die Wahrnehmung von Heiligkeit; ein direktes intuitives Wissen, das als unaussprechlich charakterisiert wird; ein Gefühl der Transzendenz von Zeit und Raum; positive Stimmung, wie Harmonie, Freude und Glück (Winkelman, 2017). Teilweise ähnliche bewusstseinsverändernde Erfahrungen werden bei Meditation oder krankheitsbedingten Hirnveränderungen wie Epilepsie oder Schizophrenie beschrieben. Es wird daher angenommen, dass diesen Phänomenen ein gemeinsamer Mechanismus zugrunde liegt. Einige Wissenschaftler gehen davon aus, dass die durch das vordere Stirnhirn (präfrontaler Cortex) vermittelten normalen Kontrollprozesse unterbrochen werden und sich somit tiefer liegende Hirnsysteme (Thalamus, Hirnstamm) ungehemmt entladen können. Gleichzeitig werden weitere Hirnsysteme (wie das *default mode network*, DMN) beeinträchtigt. Diese werden u. a. mit Aspekten der selbstreferentiellen Verarbeitung (Informationen auf sich selbst beziehen) assoziiert. Hinzu kommt eine verminderte Kommunikation mit Hirnbereichen, die an der Aufrechterhaltung des Selbstgefühls beteiligt sind (Barrett & Griffiths, 2018; Winkelman, 2017).

Zusammenfassend können wir festhalten, dass Hirnstudien, die mit externer Stimulation versucht haben, religiöse Erfahrung hervorzurufen, ähnlich wie viele Hirnaktivierungsstudien, heterogen hinsichtlich ihrer Ziele, Methodik und wenig überzeugend in ihren Ergebnissen sind. Neben methodischen Mängeln mag dies u. a. auch daran liegen, dass die externe Hirnstimulation zu unspezifisch stimuliert und bisher möglicherweise nicht in der Lage ist, die komplexen biochemischen Kaskaden, wie sie beispielsweise durch psychogene Substanzen ausgelöst werden können, zu triggern.

Religiosität und das kranke Gehirn

Die bisher diskutierten Studien haben bei gesunden Menschen untersucht, ob, und wenn ja, welchen Einfluss Religiosität auf neuronale Netzwerke oder spezifische Hirnregionen hat. Ein anderer, sozusagen »umgedrehter« Ansatz ist es zu untersuchen, ob krankhafte oder verletzungsbedingte Änderungen der Hirnstruktur oder Hirnfunktion einen Einfluss auf Religiosität oder Spiritualität haben.

Beispielsweise verglichen Urgesi und Kollegen (2010) Aspekte der Selbst-Transzendenz vor und nach einem chirurgischen Eingriff am Gehirn. Selbst-Transzendenz wurde hier als ein Persönlichkeitsmerkmal, das mit der Erfahrung spiritueller Ideen zusammenhängt, verstanden und mit einem Persönlichkeitsfragebogen erhoben. Die Autoren berichteten, dass die neurochirurgische Entfernung von Hirntumoren im hinteren Scheitellappen bestimmte Aspekte der Transzendenz erhöhte, ebenso eine Zunahme der Akzeptanz spiritueller Phänomene.

An dieser Stelle sei hervorgehoben, dass es sich bei dieser Studie nicht um eine Korrelationsstudie handelt, sondern um einen direkten Vergleich eines Merkmals vor und nach einer Manipulation. Daher kann hier eher auf einen kausalen Zusammenhang geschlossen werden. Allerdings müssen die Ergebnisse auch vor dem Hintergrund betrachtet werden, dass Schäden in hinteren Scheitellappenbereichen mit zahlreichen nicht-spirituellen funktionellen Störungen assoziiert werden. Weiterhin ist bekannt, dass es nach operativen Eingriffen am Gehirn häufig zu einem sogenannten Durchgangssyndrom kommt, welches sich in unterschiedlichem Maße durch motorische, kognitive und emotionale Störungen äußert und auch mit individuell unterschiedlichen und ungewöhnlichen Verhaltensweisen oder Persönlichkeitsänderungen einhergehen kann. Solche Änderungen können kurzfristig, aber auch längerfristig bestehen und haben einen individuellen, aber nicht unbedingt einen für die Person spezifischen Charakter.

Eine Serie von Studien widmete sich Parkinson-Patienten, deren Erkrankung durch einen Mangel des Hirnbotenstoffs Dopamin verursacht wird. Dopamin ist an der motorischen Willkürbewegung beteiligt, ebenso spielt es bei kognitiven Prozessen wie der Motivation und dem Belohnungssystem eine Rolle. Die Behandlung mit Dopamin-Agonisten steht in einem bekannten Zusammenhang mit impulsiven Zwangsstörungen wie unkontrolliertem Glücksspiel, exzessivem Einkaufen, Fressattacken und Hypersexualität. Allerdings wurden im Zusammenhang mit der Medikation bisher keine exzessiven religiösen Tendenzen beschrieben. Bewusstseinsveränderungen, die möglicherweise auch religiöse Aspekte beinhalten, könnten theoretisch auch durch die mit der Parkinson-Erkrankung einhergehenden kognitiven Veränderungen auftreten.

Mehrere Fall-kontrollierte Studien berichteten über eine Verminderung sowohl religiöser Praktiken als auch der Glaubensvorstellungen bei Parkinson-Patienten. Qualitativ ausgerichtete Studien berichteten hingegen, dass der religiöse Glaube bei diesen Patienten auch während der Erkrankung einen wichtigen Stellenwert einnimmt. Eine Metaanalyse der Studien kommt zu dem Schluss, dass die Ergebnisse aufgrund methodischer Mängel sowie Schwächen bei den theoretischen Annahmen nicht interpretierbar sind und es keinen Hinweis darauf gibt, dass die Parkinson-Erkrankung zu einer reduzierten Spiritualität oder einem reduzierten Glauben führt (vgl. Redfern & Coles, 2015). Eine weitere kontrollierte, prospektive Studie zu dem Thema unterstützte die Aussage, dass die Parkinson-Krankheit nicht mit einem Rückgang des religiösen Glaubens oder der Spiritualität verbunden ist (vgl. Redfern et al., 2020).

In einer viel zitierten Studie wurde untersucht, ob es einen Zusammenhang zwischen Depressionsrisiko, individueller Religiosität/Spiritualität und strukturellen Gehirnänderungen gibt. Miller und Kollegen

(2014) berichteten, dass eine höhere individuelle Religiosität und Spiritualität mit einer größeren Dicke in bestimmten Regionen der Großhirnrinde einherging, und zwar sowohl in der Hochrisikogruppe als auch in der Niedrigrisikogruppe. Dabei korrelierte der Schweregrad der depressiven Symptome zum Zeitpunkt der Kernspinuntersuchung invers mit der kortikalen Dicke im Scheitellappen, d. h., die Teilnehmer mit einer dickeren Kortikalis im Scheitellappen zeigten weniger depressive Symptome (Niedrigrisikogruppe). Die Autoren interpretieren die Ergebnisse dahingehend, dass Religiosität oder Spiritualität den Menschen, die ein höheres Risiko haben, an einer Depression zu erkranken, eine gewisse neuroanatomische Resilienz verleiht. Da es sich um eine Korrelationsstudie handelt, weisen die Autoren explizit darauf hin, dass keine Aussage darüber getroffen werden kann, ob es Religiosität/Spiritualität ist, welches die kortikale Volumenänderung hervorgerufen hat, oder ob Personen, die einen dickeren Kortex hatten, unverhältnismäßig stark zu spirituellen oder religiösen Praktiken neigen. Zur Interpretation der Autoren ist hinzuzufügen, dass zahlreiche neurowissenschaftliche Studien über Volumenänderungen im Cortex berichten, die nicht mit Religiosität oder Spiritualität in Verbindung stehen, sondern durch andere kognitive und nicht-kognitive Faktoren hervorgerufen werden.

Auch von an Epilepsie leidenden Patienten wird berichtet, dass sie in 0.4 % bis 3.9 % der Fälle vor allem während oder kurz nach einem epileptischen Anfall über religiöse Erfahrungen berichten (Devinsky & Lai, 2008). Komplexe gestörte Hirnmechanismen in bestimmten Hirnregionen, die beispielsweise auch an Halluzinationen oder Psychosen beteiligt sind, sowie spezifische Persönlichkeitsmerkmale und auch soziale und psychische Einflussfaktoren werden als ursächlich diskutiert.

Etwa 25 % bis 39 % der Patienten mit einer Schizophrenie und 15 % bis 22 % der Patienten mit bipolarer Störung leiden an Psychosen, die sich in religiösen Wahnvorstellungen äußern (Koenig, 2009). Eine Psychose geht mit einer Reihe von Verhaltensänderungen einher wie Realitätsverlust und Verlust der Einsicht. Menschen mit einer Psychose erleben Halluzinationen (bei Schizophrenie vor allem auditiver Art) und Wahnvorstellungen. Psychosen werden mit Störungen des Hirnbotenstoffs Dopamin in Verbindung gebracht. Das dopaminerge System hat weitreichende Verbindungen zu zentralen Hirnnetzwerken (wie das assoziative Striatum, der präfrontale Kortex und der Thalamus). Eine Hypothese geht davon aus, dass Störungen in solchen zentralen Hirnnetzwerken entscheidend für die Ausprägung psychotischer Symptome sind. Andere, ebenfalls gestörte (limbische und kortikale) Hilfsnetzwerke, können zusätzlich zu psychotischen Symptomen beitragen (Kesby et al., 2018).

Wir halten an dieser Stelle fest, dass Psychosen sowohl religiöser als auch nicht-religiöser Art sein können und die Erklärungshypothese keinen Unterschied hinsichtlich des Inhalts der Psychosen macht.

Motiviert von Berichten, die über den positiven Einfluss von Religiosität auf die Gesundheit berichten, untersuchten Agli und Kollegen (2015) in einer systematischen Übersichtsarbeit die Rolle von Religiosität bei Patienten mit einer Demenz. Religiöser Glaube und Praktiken gemeinsam mit der Aufrechterhaltung sozialer Interaktion führten *tendenziell* zu einer Reduktion oder Stabilisierung der kognitiven Störungen. Weiterhin schien das Einbeziehen von Spiritualität oder religiösem Glauben in das tägliche Leben den Menschen zu erlauben, ihre Lebensqualität zu erhöhen, indem sie Bewältigungsstrategien entwickelten, Hoffnung behielten und Sinn in ihrem Leben fanden. Diese Beobachtungen allein auf die Religiosität zurückzuführen war jedoch schwierig. So weisen die Autoren darauf hin, dass schwere methodische Mängel die Aussagekraft der Studien schwächen. Beispielsweise war die Diagnose Demenz häufig unklar, die Art und Weise, wie Religiosität gemessen wurde, war uneinheitlich oder beruhte auf Fremdaussagen, und einige Patienten standen unter Demenzmedikation. Auch gebe es Aussagen von nicht-religiösen Menschen, die belegen, dass diese ebenso bedeutungsvolle inspirierende oder praktische Paradigmen für einen effektiven Umgang mit ihrer Demenz finden. Und weiter: »Es ist wichtig zu beachten, dass diese Konzepte (Spiritualität und Religiosität) allein keine Verbesserung der Gesundheit ermöglichen; sie stellen *eine* Form des Handelns dar« (Agli et al., 2015:9; Einfügung in Klammern, Hervorhebung sowie Übersetzung von BS).[7]

Mit einer Übersichtsarbeit fassen Rim und Kollegen (2019) die Studien, die die neurobiologischen Korrelate von Religiosität und Spiritualität untersuchen, zusammen. Zu den 25 in die Analyse eingehenden Untersuchungen bemerken die Autoren, dass diese ein breites Spektrum von Hypothesen, Methoden, Ergebnissen und Schlussfolgerungen umfassen. Selbstkritisch schreiben die Autoren: »Eine wesentliche Einschränkung dieser Übersichtsarbeit besteht darin, dass in einer Reihe von Studien Methoden verwendet wurden, die erhebliche Bedenken hinsichtlich der Gültigkeit der berichteten Ergebnisse aufkommen lassen« (Rim et al., 2019: 314, Übersetzung von BS). Auch mache die Verwendung der großen Vielfalt an Messinstrumenten für Religion und Spiritualität Vergleiche zwischen den Studien schwierig. Eine weitere Schwäche sei die teilweise sehr niedrige Probandenzahl in einigen Studien. Und die Autoren folgern: »Diese methodischen Einschränkungen lassen Zweifel an der

---

7 Vgl. die Beiträge zu Religiosität und Demenz in diesem Band.

Gültigkeit und Reproduzierbarkeit der Ergebnisse und auch an den daraus gezogenen Schlussfolgerungen aufkommen« (Rim et al., 2019: 314, Übersetzung von BS). Die Kritik der Autoren ist berechtigt. Umso überraschender ist daher die nicht nachvollziehbare abschließende Beurteilung: »Trotz dieser Einschränkungen deuten die Studien darauf hin, dass die Erfahrung von Religion und Spiritualität (R/S) spezifische neurobiologische Korrelate hat und dass sich die neurobiologischen Korrelate für R/S-Phänomene von den neurobiologischen Korrelaten für vergleichbare Nicht-R/S-Phänomene zu unterscheiden scheinen« (Rim et al., 2019: 314; Übersetzung von BS). Es sind solche zweifelhaften Schlussfolgerungen, die dann auch in der Zusammenfassung – die meist allen Lesern zugänglich ist, der ausführliche Artikel aber nicht unbedingt – ohne weiteren Kontext formuliert werden und Gefahr laufen, unreflektiert aufgegriffen und verbreitet zu werden.

Zusammenfassend stellen wir fest, dass neurowissenschaftliche Untersuchungen bisher keine überzeugenden Hinweise auf eine feste Beziehung zwischen Hirnerkrankungen oder Hirnverletzungen und Religiosität geliefert haben. Hirnerkrankungen oder Hirnverletzungen können, auch unter dem Einfluss von biochemischen Substanzen, zu Ausfällen oder suboptimalen Funktionen von Hirnnetzwerken führen. Dies kann sich wiederum in für uns mehr oder weniger befremdlichen Verhaltensweisen oder Bewusstseinsänderungen äußern. Dass es in diesem Zusammenhang neben nicht-religiösen Erfahrungen auch zu religiösen oder transzendenten Erfahrungen kommen kann, wird nicht bestritten. Es gibt Hypothesen, welche Hirnnetzwerke möglicherweise an solchen Erfahrungen beteiligt sind, wobei diese Hypothesen allerdings nicht spezifisch für Religiosität sind. Die genauen zugrundeliegenden neurophysiologischen Mechanismen sind nicht bekannt. Vielleicht ist es ja wie im Traum. Durch die Erkrankung kommt es zu fehlerhaften oder chaotischen neuronalen Signalen, und es wird versucht, diesen Signalen wieder eine Ordnung aufzuerlegen, in der sich dann die persönliche Welt des Individuums widerspiegelt.

Das Übernatürliche – ein Dilemma für die Neurowissenschaften?

Menschen geben an, an eine höhere Macht zu glauben oder Erfahrungen mit dem Transzendenten gemacht zu haben. Wie die Neurowissenschaften solche Berichte oder Erfahrungen untersuchten, das hat die obige Diskussion veranschaulicht. Wie bereits in der Einleitung diskutiert und nachfolgend auch exemplarisch an Studien dargestellt, sind Fakten und der empirische Beweis die Grundlage der Neurowissenschaften (und Naturwissenschaften). Das beinhaltet, dass neuro- oder naturwissenschaftliche Forschung von dem ausgeht, was gesehen, gemessen und empirisch bestätigt werden kann. Vor diesem Hintergrund wurde die Untersuchung von Phänomenen wie Geist, Seele und das Transzendente lange Zeit als für die Neurowissenschaften nicht untersuchbar oder untersuchenswert angesehen, ähnlich wie das lange auch für das Phänomen der Emotionen galt. Mit den technischen Möglichkeiten des Messens und Sichtbarmachens von Hirnstrukturen und Hirnaktivitäten wurden dann auch diese Phänomene zum Untersuchungsgegenstand. Und dies ausgehend von der Prämisse, dass letztendlich jegliches Bewusstsein durch unser Gehirn hervorgebracht und in irgendeiner Art in Hirnstrukturen und als Hirnaktivität reflektiert wird.

Die vorangehende Diskussion hat gezeigt, dass die Studien sehr heterogen hinsichtlich ihrer Fragestellungen und Methodik sind; ebenso heterogen sind die Ergebnisse und Interpretationen. Letztlich können die neurowissenschaftlichen Untersuchungen keine Beweise für die Existenz des Übernatürlichen oder Transzendenten liefern – wofür sie allerdings häufig missbraucht werden. Sie können aber Erkenntnisse darüber liefern, ob oder inwieweit ein religiöser (oder auch anderer) Glaube Einfluss auf Hirnstrukturen und Hirnmechanismen hat – und ob dieser Einfluss spezifisch für den religiösen Glauben ist. Wenn sich Hirnstrukturen und Hirnmechanismen ändern, kann dies auch Auswirkungen auf die Gesundheit oder das Verhalten haben. Zahlreiche solche Auswirkungen wurden beobachtet und über sie berichtet. Das heißt aber nicht, dass auch der Umkehrschluss gilt, nämlich dass von den beobachteten Auswirkungen auf Hirnmechanismen geschlossen werden kann.

So weisen beispielsweise zahlreiche Studien darauf hin, dass regelmäßige Teilnahme am Gottesdienst stark mit einer geringeren Sterblichkeit, längeren Lebenszeit, weniger Depressionen und einer geringeren Selbstmordwahrscheinlichkeit assoziiert ist (für eine Zusammenfassung vgl. Koenig 2012; VanderWeele 2017). Allerdings sind diese Beziehungen komplex. Hierfür ein Beispiel. Eine systematische Übersichtsarbeit von Braam & Koenig (2019) ergab, dass knapp die Hälfte der Studien berichtete, dass es einen Zusammenhang zwischen Religiosität und Depressionen gibt, und zwar derart, dass für religiöse Menschen weniger Depressionen vorhergesagt wurden als für diejenigen, die mit Religiosität haderten. Das heißt aber auch, dass mehr als die Hälfte der Studien keinen solchen Zusammenhang fand. Und inwieweit diese Vorhersagen dann auch tatsächlich eintreffen, ist unbekannt. Weiterhin wurde berichtet, dass Religiosität bei Personen mit psychischen Symptomen tendenziell eher schützend und Religiosität bei körperlicher Erkrankung tendenziell weniger schützend wirkte. Die Betonung sollte hier auf »tendenziell« liegen, was heißt, dass dieser Zusammenhang statistisch nicht signifikant war.

Wie wird der Effekt von Religiosität auf die körperliche und mentale Gesundheit erklärt? Keineswegs mit übernatürlichen Mechanismen, schreibt Koenig (2012). In der Literatur wird vor allem die soziale Gemeinschaft und Teilnahme am gesellschaftlichen Leben – und zwar religiöse als auch nicht-religiöse Teilnahme – mit positiven Gesundheitseffekten und einer niedrigeren Sterblichkeit assoziiert. Teilnahme am gesellschaftlichen Leben fördert die Gesundheit durch die Entwicklung sozialer Beziehungen, das Vorhandensein von sozialer Kontrolle durch Vergleichsgruppen, die Steigerung des Wohlbefindens und Selbstwertgefühls und der Wahrnehmung, dass das Leben kontrolliert und beherrscht wird. Zahlreiche religiöse Studien untersuchen den Zusammenhang zwischen der Teilnahme an religiösen Aktivitäten und den Auswirkungen auf die Gesundheit. Teilnahme an religiösen Aktivitäten wird dabei vor allem an der häufigen und regelmäßigen Teilnahme am Gottesdienst festgemacht und dient gleichzeitig als Maß für den Grad der Religiosität. Religiosität wird aber auch häufig durch Persönlichkeitsfragebögen oder Selbstauskunft (»Sind Sie religiös?« oder »Wie religiös sind Sie auf einer Skala von eins bis sechs?«) festgemacht. Man kann sich natürlich fragen, inwiefern solche Verfahren zuverlässig die Religiosität eines Menschen abbilden, ob es denn unbedingt eine *religiöse* Aktivität oder Gemeinschaft oder ein *religiöser* Glaube sein muss, welche sich positiv auf Körper und Geist auswirken.

Dieser Frage gingen Shor & Roelfs (2013) in einer Metaanalyse nach. Basierend auf den Berichten von Studien, dass die Teilnahme an religiösen Veranstaltungen zu einer niedrigeren Sterblichkeitsrate führt, untersuchten die Autoren, ob es tatsächlich einen Unterschied zwischen religiöser und nicht-religiöser Teilhabe am sozialen Leben auf die Sterblichkeitsrate gibt. Zu den nicht-religiösen Formen sozialer Teilhabe gehören beispielsweise die Teilnahme an Freizeit- oder Gruppenaktivitäten, in Vereinen und in Selbsthilfegruppen. Die Ergebnisse der Analysen ergaben keinen Unterschied zwischen religiöser und nicht-religiöser sozialer Teilhabe. Soziale Teilhabe war generell mit niedrigeren Sterberaten assoziiert. Menschen, die weniger am sozialen Leben teilnehmen, haben ein um 26 Prozent höheres Sterberisiko im Vergleich zu Menschen mit höherer sozialer Teilhabe. Teilhaben am sozialen Leben, der Gemeinschaft, ist also hilfreich, unabhängig davon, ob es sich nun um eine religiöse oder andere Art der sozialen Aktivität handelt. Unterstützung findet dieses Ergebnis auch durch eine weitere Metaanalyse, in der der »Sinn des Lebens« und seine Beziehung zur Gesamtmortalität und zu kardiovaskulären Ereignissen im Fokus stand (Cohen et al., 2016). Sinn des Lebens wurde als ein sich selbst organisierendes Lebensziel definiert, das zu Zielen anregt, das Verhalten steuert und ein Gefühl von Sinn vermittelt. Berichtet wurde über einen Zusammenhang zwischen Menschen, die mehr Sinn im Leben fanden, und einer geringeren Gesamtmortalität. Die Autoren schlussfolgerten, dass ein hoher Sinn im Leben mit einem reduzierten Risiko für Gesamtmortalität und kardiovaskuläre Ereignisse verbunden ist.

Die in dieser Abhandlung dargestellten Studien und Diskussionen zeigen, dass die neurowissenschaftliche Forschung nichts über die Existenz von übernatürlichen oder transzendenten Kräften aussagt. Vielmehr stehen die genetischen, psychologischen und sozialen Einflüsse im Fokus, durch die Religiosität die mentale und physische Gesundheit beeinflusst. Um zu solchen Erkenntnissen zu gelangen, sind die Neurowissenschaften abhängig von Techniken und Methoden, die im Hier und Jetzt entwickelt sind und von denen wir annehmen, dass sie den Untersuchungsgegenstand adäquat abbilden.

Als Neurowissenschaftlerin übernehme ich allgemein akzeptierte Prämissen, beispielsweise hinsichtlich bestimmter Methoden oder physikalischer Gesetze – oder ganz allgemein, wie die Welt funktioniert. Aber auch das ist letztendlich nur ein Glaube, wenn auch ein Glaube, der universell anerkannt und nach dem gehandelt wird. Aber allgemein gültige Gesetze können sich als falsch herausstellen, wie die Geschichte gezeigt hat, und es bedarf außergewöhnlicher Ereignisse oder Menschen, um solche universellen Gesetze zu verwerfen. Vielleicht kann nicht jede religiöse (oder auch nicht-religiöse) Erfahrung tatsächlich gesehen, gemessen und empirisch bestätigt werden.

Phillips und Kollegen (2020) diskutieren dieses Thema als Dilemma des wissenschaftlichen Naturalismus versus die Erfahrung des Transzendenten, wie sie es nennen, und kommen zu dem Schluss:

> »Wissenschaftliche Studien sind per Definition darauf beschränkt, Phänomene naturalistisch zu untersuchen, d. h. mit empirischen Beweisen und empirisch basierten Verallgemeinerungen und Gesetzen. Solche Studien sind nicht in der Lage, die Frage der Transzendenz zu entscheiden, und diese Frage bleibt somit offen« (Phillips et al., 2020:522; übersetzt von BS).

Diese Aussage mag für hier und jetzt gelten, ob dies auch für die Zukunft gilt, wird sich zeigen.

Literatur

Océane Agli, Nathalie Bailly, & Claude Ferrand (2015). Spirituality and religion in older adults with dementia: a systematic review. International Psychogeriatrics (2015), 27(5), 715-725.

Nina P. Azari (2006). Neuroimaging studies of religious experience: A critical review. In: Patrick McNamara (Hrsg.), Where God and science meet: Volume 2. The neurology of religious experience (S. 33-54). Westport, CT.

Nina P. Azari & Marc Slors (2007). From Brain Imaging Religious Experience to Explaining Religion: A Critique. Archive for the Psychology of Religion, 29, 67-85.

Frederick S. Barrett, & Roland R. Griffiths (2018). Classic Hallucinogens and Mystical Experiences: Phenomenology and Neural Correlates. Current Topics in Behavioral Neurosciences, 36, 393-430. doi:10.1007/7854_2017_474

Dorret Boomsma, Andreas Busjahn, & Leena Peltonen (2002). Classical twin studies and beyond. Nature Reviews Genetics, 3, 872-882.

Arjan W. Braam, & Harold G. Koenig (2019). Religion, spirituality and depression in prospective studies: A systematic review. Journal of Affective Disorders 257(1), 428-438.

Robert Cloninger (1994). The temperament and character inventory (TCI): A guide to its development and use. St. Louis, MO.

Randy Cohen, Chirag Bavishi, & Alan Rozanski (2016). Purpose in Life and Its Relationship to All-Cause Mortality and Cardiovascular Events: A Meta-Analysis. Psychosomatic Medicine, 78, 122-133.

Diana S. Cortes, Michael Skragge, Lillian Döllinger, Petri Laukka, Håkan Fischer, Mats E. Nilsson, Daniel Hovey, Lars Westberg, Marcus Larsson, & Pehr Granqvist (2018). Mixed support for a causal link between single dose intranasal oxytocin and spiritual experiences: opposing effects depending on individual proclivities for absorption. Social Cognitive and Affective Neuroscience, 13(9), 921-932. doi: 10.1093/scan/nsy068

Orrin Devinsky, & George Lai (2008). Spirituality and Religion in Epilepsy. Epilepsy & Behavior, 12, 636-643.

Miguel Farias, Valerie van Mulukom, Guy Kahane, Ute Kreplin, Anna Joyce, Pedro Soares, Lluis Oviedo, Mathilde Hernu, Karolina Rokita, Julian Savulescu, & Riikka Möttönen (2017). Supernatural Belief Is Not Modulated by Intuitive Thinking Style or Cognitive Inhibition. Scientific Reports, 7, 15100. https://doi.org/10.1038/s41598-017-14090-9

Jordan Grafman, Irene Cristofori, Wanting Zhong, & Joseph Bulbulia (2020). The Neural Basis of Religious Cognition. Current Directions in Psychological Science, 29(2), 126-133.

Dean Hamer (2004). The God Gene – How Faith is Hardwired Into Our Gene. New York.

Colin Holbrook, Keise Izuma, Choi Deblieck, Daniel M.T. Fessler, & Marco Iacoboni. (2016). Neuromodulation of group prejudice and religious belief. Social cognitive and affective neuroscience, 11(3), 387-394.

Michael Inzlicht, Ian McGregor, Jacob B. Hirsh, & Kyle Nash (2009). Neural markers of religious conviction. Psychological Science, 20, 385-392.

Michael Inzlicht, & Alexa M. Tullett (2010). Reflecting on god: religious primes can reduceneurophysiological response to errors. Psychological Science, 21, 1184-1190.

Dimitrios Kapogiannis, Aron K. Barbey, Michael Su, Giovanna Zamboni, Frank Krueger, & Jordan Grafman (2009a). Cognitive and neural foundations of religious belief. PNAS, 106 (12), 4876-4881.

Dimitrios Kapogiannis, Aron K. Barbey, Michael Su, Frank Krueger, & Jordan Grafman (2009b). Neuroanatomical Variability of Religiosity. PLoS One, 4(9): e7180. https://doi.org/10.1371/journal.pone.0007180

J. P. Kesby, D. W. Eyles, J. J. McGrath, & J. G. Scott (2018). Dopamine, psychosis and schizophrenia: the widening gap between basic and clinical neuroscience. Translational Psychiatry, 8:30. doi: 10.1038/s41398-017-0071-9

Harold G. Koenig (2009). Research on Religion, Spirituality, and Mental Health: A Review. The Canadian Journal of Psychiatry, 54(5), 283-291.

Harold G. Koenig (2012). Religion, Spirituality, and Health: The Research and Clinical Implications. International Scholarly Research Network ISRN Psychiatry, 2012 ID 278730. doi:10.5402/2012/278730

Laura B. Koenig, Matt McGue, Robert F. Krueger, & Thomas J. Bouchard (2005). Genetic and Environmental Influences on Religiousness: Findings for Retrospective and Current Religiousness Ratings. Journal of Personality 73(2), 471-488.

David. L. R. Maij, Frenk van Harreveld, Will Gervais, Yann Schrag, Christine Mohr, & Michiel van Elk (2017). Mentalizing skills do not differentiate believers from non-believers, but credibility enhancing displays do. PLoS One 12(8): e0182764. https://doi.org/10.1371/journal.pone.0182764

Lisa Miller, Ravi Bansal, Priya Wickramaratne, Xuejun Hao, Craig E. Tenke, Myrna M. Weissman, & Bradley S. Peterson, (2014). Neuroanatomical Correlates of Religiosity and Spirituality. A Study in Adults at High and Low Familial Risk for Depression. JAMA Psychiatry 71(2):128-135. doi:10.1001/jamapsychiatry.2013.3067

Owen, A. D., Hayward, R. D., Koenig, H. G., Steffens, D. C., & Payne, M. E. (2011). Religious factors and hippocampal atrophy in late life. PLoS One, 6(3), e17006. doi:10.1371/journal.pone.0017006

Andrew Newberg, Abass Alavi, Michael Baime, Michael Pourdehnad, Jill Santanna, & Eugene d'Aquili (2001a) The measurement of regional cerebral flow during the complex cognitive task of meditation: A preliminary SPECT study. Psychiatry Research: Neuroimaging Section, 106, 113-122.

Andrew Newberg, Eugene D'Aquili, & Vince Rouse (2001b): Why God Won't Go Away: Brain Science and the Biology of Belief. New York.

A. B. Newberg, & J. Iversen (2003). The neural basis of the complex mental task of meditation: Neurotransmitter and neurochemical considerations. Medical Hypotheses, 61, 282-291.

Michael Persinger (1983): Religious and Mystical Experiences as Artefacts of Temporal Lobe Function. A General Hypothesis. Perceptual and Motor Skills, 57, 1255-1262.

James Phillips, Fayez El-Gabalawi, Brian A. Fallon, Salman Majeed, Joseph P. Merlino, Jenifer A. Nields, David Saunders, & Michael A. Norko (2020). Religion and Psychiatry in the Age of Neuroscience. The Journal of Nervous and Mental Disorder, 208(7), 517-523.

Tinca J. C. Polderman, Beben Benyamin, Christiaan A. de Leeuw, Patrick F. Sullivan, Arjen van Bochoven, Peter M. Visscher, & Danielle Posthuma (2015). Nature Genetics, 47, 702-709. https://doi.org/10.1038/ng.3285

Clare Redfern, & Alasdair Coles (2015). Parkinson's Disease, Religion, and Spirituality. Movement Disorders Clinical Practice 2(4), 341-346. https://doi.org/10.1002/mdc3.12206

Clare Redfern, Sarah L Mason, Roger A Barker, & Alasdair Coles (2020). Parkinson's disease and spirituality. NeuroRehabilitation, 46 (1), 31-39. https://doi.org/10.3233/nre-192947

James I. Rim, Jesse Caleb Ojeda, Connie Svob, Jürgen Kayser, Elisa Drews, Youyung Kim, Craig E. Tenke, James Skipper, & Myrna M. Weissman (2019). Current Understanding of Religion, Spirituality, and their Neurobiological Correlates. Harvard Review of Psychiatry 27(5), 303-316. doi: 10.1097/HRP.0000000000000232.

Anne Schienle, Andreas Gremsl, & Albert Wabnegger A. (2021) Placebo Effects in the Context of Religious Beliefs and Practices: A Resting-State Functional Connectivity Study. Frontiers in Behavioral Neuroscience 15:653359. doi: 10.3389/fnbeh.2021.653359

Uffe Schjødt, Hans Stødkilde-Jørgensen, Armin W. Geertza, & Andreas Roepstorff (2008). Rewarding prayers. Neuroscience letters 443(3), 165-168.

Uffe Schjødt, Hans Stødkilde-Jørgensen, Armin W. Geertza, & Andreas Roepstorff (2009). Highly religious participants recruit areas of social cognition in personal prayer. Social Cognitive and Affective Neuroscience, 4(2), 199-207.

Uffe Schjødt, & Michiel van Elk (2019). The Neuroscience of Religion. In Justin Barrett (Hrsg.), Oxford Handbook of the Cognitive Science of Religion, S. 358-378. Oxford.

Eran Shor, & David J. Roelfs (2013). The Longevity Effects of Religious and Non-religious Participation: A Meta-Analysis and Meta-Regression. Journal for the Scientific Study of Religion, 52(1), 120-145.

Michiel van Elk, & Lukas Snoek (2020). The relationship between individual differences in gray matter volume and religiosity and mystical experiences: A preregistered voxel-based morphometry study. European Journal of Neuroscience, 51, 850-865.

Cosimo Urgesi, Salvatore M. Aglioti, Miran Skrap, & Franco Fabbro (2010), The Spiritual Brain: Selective Cortical Lesions Modulate Human Self-Transcendence. Neuron 65(3), 309-319. https://doi.org/10.1016/j.neuron.2010.01.026

Patty van Cappellen, Baldwin M. Way, Suzannah F. Isgett, & Barbara L. Fredrickson (2016). Effects of oxytocin administration on spirituality and emotional responses to meditation. Social Cognitive and Affective Neuroscience, 11(10), 1579-1587. https://doi.org/10.1093/scan/nsw078

Gilbert Todd Vance (2014). Genetics of Religiosity. In David A. Leeming (Hrsg.),

Encyclopedia of Psychology and Religion. Berlin. https://doi.org/ 10.1007/978-1-4614-6086-2-260

VanderWeele, Tyler J. (2017). Religion and health: a synthesis. In: John R. Peteet & Michael J. Balboni (Hrsg.), Spirituality and Religion within the Culture of Medicine: From Evidence to Practice. New York.

Michael J. Winkelman (2017). The Mechanisms of Psychedelic Visionary Experiences: Hypotheses from Evolutionary Psychology. Frontiers in Neuroscience, 11, Artikel 539. doi:10.3389/fnins.2017.00539

Ernst Peter Fischer

»Hin zu Gott!«
Religiosität bei Wissenschaftlern

> *»Ich kann es kaum begreifen, wie jemand, wer es auch sei, wünschen könnte, die christliche Lehre möge wahr sein. Denn wenn es so ist, dann zeigt der einfache Text [gemeint ist das Evangelium], dass die Ungläubigen – und ich müsste zu ihnen meinen Vater, meinen Bruder und nahezu alle meine besten Freunde rechnen –, ewige Strafen verbüßen müssten. Das ist eine abscheuliche Lehre.«*
>
> Charles Darwin[1]

Zu den berühmtesten Naturforschern in der abendländischen Geschichte gehört zweifelsfrei der Brite Charles Darwin, für den seine Zeitgenossen im 19. Jahrhundert den Begriff »scientist« überhaupt erst eingeführt haben. Darwin war in diesem Sinne der erste anerkannte Naturwissenschaftler, und mit seinen weitreichenden Einsichten in die evolutionäre Geschichte des Lebens hat er als Vertreter der wissenschaftlichen Vernunft sogleich das Missfallen der Repräsentanten des christlichen Glaubens zu spüren bekommen, die meinten, er wolle Gott ins Handwerk pfuschen und ihm seinen Schöpferstatus nehmen.

»Licht wird auch fallen auf den Menschen«

Wenn der Name »Darwin« fällt, denkt man vor allem an sein 1859 erschienenes Buch »On the Origin of Species by Means of Natural Selection«, in dem der Ursprung und die Vielfalt von existierenden Arten nicht göttlichen Kreationen und himmlischen Interventionen überlassen, sondern durch einen irdischen Mechanismus verständlich gemacht wurden, den frühe deutsche Übersetzungen etwas unglücklich mit »Zuchtwahl« übersetzt haben, während er heute so heißt wie im Englischen, nämlich »natürliche Selektion«. Darwins großes Werk führt die Denkmöglichkeit ein, dass die Geschöpfe der Welt »durch Gesetze erzeugt werden, die

---

1 Zitiert bei Ernst Peter Fischer: Gott und der Urknall – Religion und Wissenschaft im Wechselspiel der Geschichte. Freiburg i. Br. 2017.

noch rings um uns wirken«, wie er schreibt, und er schließt sein epochales Buch mit den religiös klingenden Worten ab:

»Es liegt etwas wahrlich Erhabenes in der Auffassung, dass der Schöpfer den Keim alles Lebens, das uns umgibt, nur wenigen oder gar nur einer einzigen Form eingehaucht hat und dass, während sich unsere Erde nach den Gesetzen der Schwerkraft im Kreise bewegt, aus einem so schlichten Anfang eine unendliche Zahl der schönsten und wunderbarsten Formen entstand und noch weiter entsteht.«[2]

Das letzte Wort heißt im Original »evolved«, und mit ihm taucht ganz am Ende der Begriff auf, der bald als »Evolution« die Diskussion beherrschen sollte, in der es vor allem um die Herkunft des Menschen ging. Verdankt der *Homo sapiens* sein Dasein einem evolutionären und naturgesetzlichen Selektionsmechanismus, oder zeichnet er sich durch einen göttlichen Ursprung mit übernatürlichen Kräften aus? In dem »Ursprung der Arten« von 1859 geht Darwin nur mit einem Satz auf den Menschen ein, als er gegen Ende des Werkes seine Überzeugung darlegt, »dass jedes geistige Vermögen und jede Fähigkeit nur allmählich und stufenweise erlangt werden kann«. Und so meint Darwin, »Licht wird auch fallen auf den Menschen und seine Geschichte«, für deren evolutionäre Erzählung er sich bis 1871 Zeit lässt. In diesem Jahr erscheint sein Buch über die »Abstammung des Menschen«, das er mit dem wunderbaren Satz abschließt:

»Wir müssen indessen, wie es scheint, anerkennen, dass der Mensch mit allen seinen edlen Eigenschaften, mit der Sympathie, welcher er für die Niedrigsten empfindet, mit dem Wohlwollen, welches er nicht bloß auf andere Menschen, sondern auch auf die niedrigsten Wesen ausgedehnt hat, mit seinem gottähnlichen Intellekt, welcher in die Bewegungen und die Konstitution des Sonnensystems eingedrungen ist, mit all diesen hohen Kräften doch noch in seinem Körper den unauslöschlichen Stempel eines niederen Ursprungs trägt.«

Es war vielleicht von Darwins Zeitgenossen zu viel verlangt, sich ohne allgemeinen Zugang zu einem wohlorganisierten staatlichen Bildungssystem im Rahmen der verbreiteten religiösen Erziehung an den Gedanken zu gewöhnen, dass sie nicht göttlichen, sondern »niederen Ursprungs« sind und demnach von den Affen abstammen. Es gab Menschen, die sich witzig zu dem Thema äußerten – »Was, wir sollen von Affen abstammen? Hoffen wir, dass es nicht stimmt, und wenn es stimmt, hoffen wir, dass niemand davon erfährt« –, es gab aber auch Menschen, die an dieser Stelle lautstark Unverständnis und Protest äußerten. Und aufgefallen sind

2 Charles Darwin: Die Entstehung der Arten. Stuttgart 1963.

dabei Vertreter der Kirche, allen voran der Bischof Samuel Wilberforce, der auf einer in Oxford abgehaltenen Versammlung der britischen Naturforscher deren Vertreter herausforderte und ihnen die polemische Frage an den Kopf warf, ob sie mütterlicherseits oder väterlicherseits von den Affen abstammten. Geantwortet hat dem Bischof der Naturforscher Thomas Henry Huxley, der sich insgesamt einen Namen als Verteidiger der evolutionären Idee gemacht hat und von Historikern gerne als »Darwins Bulldogge« bezeichnet wird. Huxley antwortete dem Bischof wie folgt: Wenn er, Huxley, bei der Wahl seiner Vorfahren sich zwischen einem Affen und einem Mann entscheiden könne, der sein Talent zur Rede nur benutze, um einen bescheidenen Sucher nach der Wahrheit bösartig zu verunglimpfen, dann würde er den Affen vorziehen.[3]

Diese Konfrontation ist ziemlich unglücklich verlaufen. Auf der einen Seite lässt sich erkennen, dass der Bischof schlecht präpariert war, was die Erzählung der Evolution anging, die Darwin in seinem umfangreichen Hauptwerk ausgebreitet hatte. Auf der anderen Seite trat Huxley als bekennender Atheist auf, was den Eindruck erklärt, dass viele in der Debatte eine Auseinandersetzung zwischen Religion und Wissenschaft sehen. Auf der erwähnten Veranstaltung in Oxford zeigte sich dies in der Schlussbemerkung eines Redners, der die Frage formulierte, »Ist der Mensch ein Affe oder ein Engel?«, und dann proklamierte, »Wir sind auf der Seite der Engel!«, was immer damit gemeint sein soll.

In moderner Sprache würde man ähnlich unsinnig fragen, »Ist der Mensch ein Zellhaufen oder ein Geistwesen?«, und vielleicht sollte man antworten: »Er ist ein Zellhaufen mit Geist.« Dass zum Menschen eine materielle Grundlage gehört, haben schon die Autoren der Bibel verstanden, denn schließlich »bildete Gott der Herr den Menschen aus Erde vom Ackerboden«, wie es in Genesis 2, Vers 7 heißt, wobei dem dabei entstehenden Klumpen noch der Odem des Lebens eingehaucht oder ein göttlicher Funke übermittelt werden muss, wie es etwa Michelangelo in seiner berühmten Darstellung der Menschwerdung in der Sixtinischen Kapelle vor Augen führt.

Darwins Zeitgenossen merkten nach und nach, wie hilflos die in alten Positionen verharrende Naturtheologie neben der sich rasant entwickelnden Naturforschung aussah, und nach 1870 hörten die Polemiken gegen die Idee eines evolutionären Werdens des Lebens und der dazugehörenden Abstammung des Menschen aus dem Reich der Tiere allmählich auf. Als Darwin 1882 starb, beschloss die Nation, ihn ebenfalls – wie den tiefgläubigen Physiker Isaac Newton – in der Westminster-Abtei beizu-

---

3   Details dazu bei Ernst Peter Fischer: Gott und der Urknall, oben zitiert.

setzen. Zwei Jahre nach seinem Tod gab das christliche Establishment sogar seinen offiziellen Segen zum Gedanken der Evolution. Frederick Tempel, der später Erzbischof von Canterbury wurde, hielt eine Reihe von Vorlesungen über das Verhältnis von Religion und Wissenschaft, in denen er Darwins Lehre so zusammenfasste: »Wir können nicht sagen, Gott machte die Dinge. Wir können aber sagen, Gott machte die Dinge so, dass sie sich selber machen können.« Das kommt dem zitierten Satz ziemlich nah, mit dem Darwin sein berühmtes Werk über den *Ursprung der Arten* abschließt und in dem von Gott die Rede ist.

So erfreulich die Hinwendung der Kirchenvertreter zum Gedanken der Evolution auch ist, so fraglich bleibt, was Darwin von den Argumenten gehalten hat, die um einen Gott kreisten und auf einen gütigen Schöpfer Bezug nahmen. Als er sich vor 1850 an die Niederschrift seiner evolutionären An- und Einsichten machte, begann er mit einer bemerkenswerten Notiz: »Mir ist, als gestehe ich einen Mord«, wobei anzunehmen ist, dass er dabei an die tiefreligiösen Gefühle seiner Frau dachte, auf die er lange Rücksicht genommen hatte, die er nun aufgeben wollte und musste. Während er an seinem Manuskript über den Ursprung der Arten arbeitete, fühlte er sich meist elend und krank, was vielleicht auch damit zu tun hat, dass er beim besten Willen keine Spuren eines gütigen Gottes in der beobachteten Natur voller Überlebenskämpfe finden konnte. Darwin kam sich mehr »wie ein Kaplan des Teufels« vor, der das »plumpe, verschwenderische, stümperhaft niedrige und entsetzlich grausame Wirken der Natur« ins Werk und in Gang gesetzt hatte. Ihm kam der Verdacht, dass all diejenigen, die in der Natur eine Schöpfung Gottes sahen, die Natur gar nicht kannten und ihre Wahrnehmung auf ein friedvoll romantisches Bild von den Wäldern, Weiden und Auen beschränkten, in denen in Wirklichkeit unbarmherzig um das Überleben gekämpft wurde, was man nicht wahrhaben wollte und was sich in Predigten bequem übergehen ließ.[4]

Wer die Natur ohne religiös gefärbte Brille anschaute und sich in ihren grausamen Gesetzen mit Fressen und Gefressenwerden auskannte, konnte dabei keinen friedfertigen Glauben finden und auf keinen Fall einen liebevollen Gott verehren, wie es Darwin schien. Er hatte darüber hinaus auch andere, persönliche Probleme mit der Güte des Herrn. Sie entsprangen dem kurzen und qualvoll verbrachten Leben seiner Lieblingstochter Annie, die schon in sehr jungen Jahren anfing, über Übelkeit und Schmerzen zu klagen, und dann 1851 im Alter von

---

4 Mehr dazu bei Ernst Peter Fischer: Aristoteles: Einstein und Co. München 1995 (Kapitel über Darwin).

nur zehn Jahren verstarb, ohne dass sie jemand von ihrem Leiden erlösen konnte. Von ihrem sinnlosen Tod zeigte sich Darwin derart erschüttert, dass er unfähig war, an Annies Begräbnis teilzunehmen. Als er aus seiner Depression erwachte, sagte er sich endgültig vom Christentum und dem dazugehörigen Glauben los. Diese Religion hatte ihm überhaupt nichts zu bieten, weder natürliche Gewissheiten noch menschlichen Trost.

In seiner Autobiographie[5] merkt Darwin dazu an: »Nichts ist bemerkenswerter als das Zunehmen der Skepsis oder des Rationalismus in meiner zweiten Lebenshälfte«, und er stellt diesen Wandel genauer vor: »Erst viel später in meinem Leben dachte ich gründlicher über die Existenz eines persönlichen Gottes nach, trotzdem will ich schon hier die vagen Forderungen schildern, zu denen ich mich gedrängt fühle. Das alte Argument vom Bauplan in der Natur [in der Fachwelt als ›argument from design‹ bekannt], das mir früher so schlüssig vorgekommen war, hat inzwischen, seit das Gesetz der natürlichen Selektion entdeckt ist, seine Kraft verloren. Wir können nicht mehr argumentieren, dass zum Beispiel ein wundervoller Gegenstand wie eine zweischalige Muschel ebenso von einem intelligenten Wesen gemacht sein muss wie eine Türangel von Menschen. In der Variabilität organischer Wesen und in dem Vorgang der natürlichen Selektion scheint uns nicht mehr Planung zu stecken als in der Richtung, aus der der Wind bläst.«

Darwin untersuchte lebenslang rastlos die Fähigkeiten und Besonderheiten des Lebens, um immer wieder zu sehen, wie sein evolutionärer Gedanke hilft, auch Kuriositäten zu verstehen – etwa den Einfall der Natur, bei Rankenfüßern ein beherrschendes Weibchen hervorzubringen, das sich kleine Ehemänner hält, die zu bloßen Spermiensäcken reduziert sind und von den Frauen herumgetragen werden. Darwin erläutert und gesteht ein, dass er solch eine Beobachtung »ohne meine Artentheorie« nie gemacht hätte, die den Gedanken erlaubt, dass eine hermaphroditische Spezies in unmerklich kleinen Schritten in eine zweigeschlechtliche übergeht. Er schreibt einem Freund dazu, »Du kannst meine Artentheorie *al diabolo* wünschen. Aber Du kannst sagen, was Du willst, meine Speziestheorie ist mein Evangelium.« Und mit ihr versteht man Darwins Religiosität.

---

5 Charles Darwin: The Autobiography of Charles Darwin. London 1958; deutsche Ausgabe Mein Leben. Frankfurt a. M. 2008.

Die neuen Philosophen im 20. Jahrhundert

Als der Theologe Adolf von Harnack zu Beginn des 20. Jahrhunderts gefragt wurde, was eigentlich mit der deutschen Philosophie sei, die doch so viele große Denker im 19. Jahrhundert hervorgebracht habe, meinte er, große deutsche Philosophen gebe es nach wie vor. Sie arbeiteten jetzt nur in einer anderen Fakultät, und er verwies ausdrücklich auf die beiden Physiker Max Planck und Albert Einstein, die am Anfang des Umsturzes des Weltbildes ihrer Wissenschaft stehen und nach dessen Bewältigung angefangen haben, sich Gedanken um ihren Glauben in einer wissenschaftsdominierten Welt zu machen.[6]

Planck hat vielfach »Persönliche Erinnerungen aus alten Zeiten« zu Papier gebracht, in denen er unter anderem erzählt, wie beeindruckt er als Schüler von der Darstellung war, die sein Physiklehrer von dem Prinzip der Energieerhaltung gab, dem zufolge die Energie der Welt konstant bleibt und damit unzerstörbar ist. Es kann nichts in der Welt – auch keinen Gott – ohne Energie geben, die von Anfang an vorhanden gewesen sein muss. Aber woher ist sie gekommen? Das physikalische Wissen über die Energie löste in dem Knaben Planck die Vorstellung einer »Heilsbotschaft« aus. Er hat das Attribut »heilig« später wiederholt für die zitierte Einsicht benutzt, die als Satz von der Erhaltung der Energie besagt, dass diese Wirkgröße zwar ihre Form wechseln kann – sie kann als Wärme, als Bewegung, als Potential, in elektrischen und magnetischen Feldern und auf viele andere Weisen vorliegen –, dass sie selbst aber dabei unverändert bleibt. Energie kann weder erzeugt noch vernichtet und nur verwandelt werden. Energie stellt also etwas Unzerstörbares und damit etwas Geheimnisvolles dar, eine Einsicht, die Plancks Lebensweg bestimmte und ihn überhaupt erst dazu brachte, mit dem Studium der Physik zu beginnen. In dessen Verlauf entwickelte er den großen Wunsch, selbst ein Gesetz wie das von der Erhaltung der Energie zu finden oder zu formulieren. Er suchte nach einer Ordnung, die absolute Geltung haben und ins Reich der Wahrheit gehören sollte, und er traute der Physik (und sich selbst) zu, so etwas aufzuspüren und anzubieten.

Unter dieser grandiosen Vorgabe machte sich Planck an das eher belanglos wirkende Problem, wie die Farben eines schwarzen Körpers zustande kommen, der Licht aussendet, wenn er erhitzt wird. Die Physiker waren im 19. Jahrhundert an dieser Aufgabe gescheitert, von deren Lösung Planck erhoffte, sie könne ihn zur Erfüllung seines Wunsches

---

6 Vgl. Ernst Peter Fischer: Der Physiker – Max Planck und das Zerfallen der Welt. München 2007.

führen. Hätte ihm jemand prophezeit, dass seine erfolgreichen Bemühungen durch die Einführung von Quantensprüngen in das Naturgeschehen, mit deren Hilfe Atome Licht aussenden können, nicht zur Befestigung, sondern zum Einsturz des stolzen Gebäudes führen würde, das die Physiker im 19. Jahrhundert errichtet hatten, er hätte es nicht geglaubt und den Gedanken weit von sich gewiesen.

Eine fromme Ordnung

Planck hat sich mehrfach und ausführlich über »Wissenschaft und Glaube« oder über »Religion und Naturwissenschaft« geäußert und unermüdlich in öffentlichen Vorträgen vorgestellt, wie »Die Physik im Kampf um die Weltanschauung« abschneidet.[7] In ihrem Vortrag »Max Planck als Mensch« hat Lise Meitner von der Ehrfurcht erzählt, die ihr Mentor und Förderer »vor den wunderbaren Gesetzmäßigkeiten des Naturgeschehens« empfand, die ihm wie eine »fromme Ordnung« der Dinge erschienen.[8] Planck nannte es wiederholt »wunderbar«, »dass in allen Vorgängen der Natur eine universelle, uns bis zu einem gewissen Grad erkennbare Gesetzlichkeit herrscht«, und er fügte hinzu. »Nichts hindert uns daran, die Weltordnung der Naturwissenschaft und den Gott der Religion miteinander zu identifizieren«, wie er in seinem Vortrag »Religion und Naturwissenschaft« gesagt hat, den Planck im Mai 1937 – also im Alter von fast 80 Jahren und in schwerer Zeit – im Baltikum gehalten hat, wobei hinzuzufügen ist, dass Planck beide, den Gott und die wissenschaftliche Weltordnung, »als überall wirksame und doch geheimnisvolle Mächte« bezeichnet.

Planck nimmt es mit dem Glauben ernst, und er sorgt sich um diejenigen, zu deren Grundhaltung der Glaube an Naturwunder gehört, der schließlich Schritt für Schritt »vor der stetig und sicher voranschreitenden Wissenschaft zurückweichen« muss. Ihn treibt die Frage um, »ob ein naturwissenschaftlich Gebildeter zugleich echt religiös sein kann«, was jemanden wie Planck dazu bringt, zum einen die Merkmale echter Religiosität und zum anderen die Art der Gesetze zu erkunden, die von den Wissenschaften aufgestellt werden und das Gefühl vermitteln, sie verkündeten unantastbare Wahrheiten.

7 Max Planck: Vorträge und Erinnerungen. Darmstadt 1965.
8 In: Hans Roos und Armin Hermann (Hrsg.): Max Planck – Vorträge Reden Erinnerungen. Heidelberg 2001.

Nachdem er »Religion als Bindung des Menschen an Gott« erörtert und die Naturgesetze als menschliche Schöpfungen diskutiert hat, und nachdem er darauf eingegangen ist, dass es ebenso Fragen gibt, für die allein die Naturwissenschaften zuständig sind – etwa die nach dem Wert der Naturkonstanten –, wie es Themen gibt, die allein der Religion überlassen sein sollten – etwa die Frage nach dem Sinn des Lebens –, kommt Planck zu dem Schluss, dass die beiden großen Bestrebungen und Fähigkeiten des Menschen nicht im Widerspruch miteinander liegen, sondern einen Einklang bilden und die dazugehörige Harmonie hörbar machen. Das Eine wird durch das Andere, und beide sind das Ganze, das dann das Wahre ausmacht. Planck sieht, dass Naturwissenschaft und Religion einen großen und »nie erlahmenden Kampf« gemeinsam führen, nämlich den »gegen Skeptizismus und gegen Dogmatismus, gegen Unglaube und Aberglaube«, und er schließt seinen Vortrag mit einem Bekenntnis ab, in dem er sagt, das »richtungsweisende Losungswort lautet von jeher und in alle Zukunft: Hin zu Gott!«

Planck weiß natürlich, dass es Unterschiede zwischen den Menschen gibt. Die einen sind eher religiös und die anderen eher wissenschaftlich eingestellt und veranlagt. Doch auch da gelingt es ihm, das Gemeinsame zu finden. Für ihn gilt, dass »beide, die Religion und die Naturwissenschaft, zu ihrer Betätigung des Glaubens an Gott bedürfen«, und daraus folgert, dass »Gott für die einen am Anfang, für die anderen am Ende alles Denkens« steht, wobei sich der Gott am Ende des wissenschaftlichen Denkens durch das Erlebnis der Einsicht zeigt, wie er es selbst erfahren durfte und was ihm das Gefühl großer Dankbarkeit vermittelt hat. Planck wusste in seiner Zeit und in seinem Denken, bei wem er sich zu bedanken hatte.

Ein persönliches Schicksal

In ihrem schon erwähnten Aufsatz »Max Planck als Mensch« weist Lise Meitner auch auf die schweren Schicksalsschläge hin, die Plancks Leben überschattet haben, der den Tod von vieren seiner Kinder zu ertragen hatte. Sein ältester Sohn ist im Ersten Weltkrieg gefallen, seine Zwillingstöchter sind beide bei der Geburt ihres ersten Kindes gestorben, und sein Sohn Erwin ist trotz Plancks flehentlicher Bitte um Schonung, Opfer von rücksichtslosen Schergen des Hitlerregimes geworden. Planck hat aber wegen dieser privaten Tragödien seine religiöse Grundhaltung nicht aufgegeben und sich vielmehr die Ansicht zu eigen gemacht, dass kein Mensch Anspruch auf Glück hat. Vielmehr »müsse man eine jede freundliche Fügung des Schicksals, eine jede froh erlebte Stunde als ein verpflichtendes Geschenk entgegennehmen«, wie er meinte. Für Lise Meitner zeigte sich Planck religiös im selben Sinne, in dem Goethe religiös war. Ihrer Ansicht nach drücken die Verse, die Goethe seinem Gedicht-zyklus »Gott und Welt« vorangestellt hat, das aus, was auch Planck emp-funden hat:

»Weite Welt und breites Leben,
Langer Jahre redlich Streben,
Stets geforscht und stets gegründet,
Nie geschlossen, oft geründet,
Ältestes bewahrt mit Treue,
Freundlich aufgefasstes Neue,
Heitern Sinn und reine Zwecke,
Nun, man kommt wohl eine Strecke.«

Gott würfelt nicht

Als Planck seine Idee von Quantensprüngen zum ersten Mal öffentlich vorstellte, studierte der 21jährige Einstein noch Physik in Zürich. Da er nach dem dazugehörigen Abschluss keine Anstellung an der dortigen Universität finden konnte, ging Einstein nach Bern, um hier am Patent-amt zu arbeiten. Seine Dienstpflichten ließen ihm offenbar genug Zeit, um 1905 ein Wunderjahr zelebrieren zu können. Damals erschienen fünf Arbeiten von Einstein in den Annalen der Physik, die alle mehr oder we-niger revolutionär wirkten. Das Attribut »revolutionär« hat Einstein dabei selbst verwendet, und zwar für die Analyse, die er 1905 über das Licht vor-legte. Mit dieser Arbeit von Einstein bekam Plancks Quantum der Wir-kung erstmals seine besondere physikalische Bedeutung, und sie erlaubte es den Forschern in den folgenden Jahrzehnten, die klassische Physik des 19. Jahrhunderts aus den Angeln zu heben und völlig umzukrempeln.

Einsteins Beiträge zur Wissenschaft spannen ein ungeheuer weites Feld auf, das von den kleinsten Teilchen der Wirklichkeit – denen des Lichts – bis zu der größten denkbaren Einheit – dem Kosmos und seiner Geome-trie – führt. Und wenn jemand sowohl zu erkunden in der Lage ist, was die Welt im Innersten zusammenhält, als auch Auskunft darüber geben kann, wie sie an ihren äußeren Rändern aussieht, dann stellt sich ganz von selbst die Frage, welchen Platz er einem Gott einräumt, und zwar sowohl im Weltall als auch in seinem Denken und möglicherweise auch in seinem Leben.

Zum Glück für die Historiker und die Nachwelt hat sich Einstein ziemlich oft über den lieben Gott geäußert, und zwar so oft, dass Friedrich Dürrenmatt einmal den Verdacht geäußert hat, dass Einstein ein verkappter Theologe gewesen sei. Was unabhängig von dieser Idee der Fall und wichtig ist: Wenn von Einsteins Physik die Rede ist, türmt sich eine Schwierigkeit nach der nächsten auf, und selbst mehr als einhundert Jahre nachdem er eine erweiterte – allgemeine – Form der ursprünglich speziellen Relativitätstheorie publiziert hat, findet man außer den hochgradigen Spezialisten kaum jemanden, der sie allgemeinverständlich erklären kann. Wenn aber von Einsteins Gott die Rede ist, versteht auch der Mann oder die Frau auf der Straße jedes Wort, wie durch die folgende Auswahl nachvollzogen werden kann. Einstein hat sich über den lieben Gott unter anderem so geäußert:[9]

»Gott würfelt nicht.« »Raffiniert ist der Herrgott, aber boshaft ist er nicht.« »Ich möchte nichts anderes als meine Ruhe haben und wissen, wie Gott die Welt erschaffen hat. Seine Gedanken sind es, die mich beschäftigen.« »Was mich eigentlich interessiert, ist, ob Gott die Welt hätte anders machen können; das heißt, ob die Forderung der logischen Einfachheit überhaupt eine Freiheit lässt.« »Wissenschaft ohne Religion ist lahm, Religion ohne Wissenschaft ist blind.«

Was das Persönliche angeht, so hat Einstein nie an einem Gottesdienst teilgenommen, seinen Söhnen den Religionsunterricht verweigert und bis zu seinem Tode an seiner Konfessionslosigkeit festgehalten. Er hat immer und regelmäßig betont, dass seine wissenschaftlichen Theorien mit jeder Weltanschauung vereinbar seien, und am liebsten hätte er nur über Physik gegrübelt und geredet. Aber die Verhältnisse und seine nach 1919 weltumspannend – also global – werdende Berühmtheit, sie haben es nicht zugelassen. Im Frühjahr 1929, als der 50jährige Einstein die USA besuchen wollte, hat ein amerikanischer Kardinal seine Gemeinde vor einem Studium der Relativitätstheorie gewarnt, da sie Gott und ihren Schöpfer bezweifle und gottlose Gedanken verbreite. Dies brachte den Oberrabbiner von New York dazu, Einstein folgendes Telegramm zu schicken: »Glauben Sie an Gott? Stopp. Bezahlte Antwort 50 Worte.«

Einsteins Reaktion ist berühmt geworden und bedenkenswert. Er kabelte folgenden Text zurück nach Amerika: »Ich glaube an den Gott Spinozas, der sich in der gesetzlichen Harmonie des Seienden offenbart, nicht an einen Gott, der sich mit den Handlungen der Menschen abgibt.«

Mit Spinoza ist ein niederländischer Philosoph jüdischen Glaubens aus dem 17. Jahrhundert gemeint, der eine berühmte »Ethik in geome-

---

9 Ausführlich in Ernst Peter Fischer: Einstein für die Westentasche. München 2005.

trischer Ordnung« und neben zahlreichen anderen Texten eine »Kurze Abhandlung von Gott, dem Menschen und dessen Glück« vorgelegt hat. Für Spinoza ist Gott die freie, allein durch sich selbst und nichts Anderes bestimmte Ursache, und die Menschen können von den unendlich vielen Wesensmerkmalen (Attributen) Gottes die beiden erkennen, die der Philosoph merkwürdigerweise als Denken und Ausdehnung bezeichnet. Durch die Fähigkeit des Denkens besitzen Menschen eine Idee von Gott. Sie wissen also, dass er existiert, wie Spinoza meint, wobei sich Gott gerade nicht durch eine Form von Transzendenz, sondern durch seine Immanenz in allen Dingen mit ihrer Ausdehnung als das zu erkennen gibt, was er ist. Spinoza schließt jede Zufälligkeit im Wirken Gottes aus, was heißt, dass der Herr nicht würfelt, wie Einstein es ausgedrückt hat, damit Menschen in der Lage sind, über die Harmonie der Naturgesetzlichkeit zu staunen, »in der sich eine so überlegene Vernunft offenbart«, wie Einstein meint, die so souverän agiert, »dass alles Sinnvolle menschlichen Denkens und Anordnens dagegen ein nichtiger Abglanz ist.«

Übrigens – die Ausdehnung der Dinge erklärt die moderne Physik mit Hilfe der seltsamen Eigenschaft von elementaren Bausteinen, die als Spin bekannt und wenig anschaulich ist. Die Attribute Spinozas bleiben in jeder Hinsicht ein Geheimnis, und man sollte und kann sie spüren und mit diesem Gefühl seine Form der Religiosität erleben.

Ein Glaubensbekenntnis und die kosmische Religiosität

Im Jahre 1932 hat man Einstein überredet, seine Stimme auf einer Schallplatte festzuhalten. Er hat dabei so etwas wie ein »Glaubensbekenntnis« abgegeben. Die Aufnahme endet mit den folgenden Worten:

»Ich bin zwar im täglichen Leben ein typischer Einspänner, aber das Bewusstsein, der unsichtbaren Gemeinschaft derjenigen anzugehören, die nach Wahrheit, Schönheit und Gerechtigkeit streben, hat das Gefühl der Vereinsamung nie aufkommen lassen. Das Schönste und Tiefste, was der Mensch erleben kann, ist das Gefühl des Geheimnisvollen. Es liegt der Religion sowie allem tieferen Streben in Kunst und Wissenschaft zugrunde. Wer dies nicht erlebt hat, erscheint mir, wenn nicht wie ein Toter, so doch wie ein Blinder. Zu empfinden, dass hinter dem Erlebbaren ein für unseren Geist Unerreichbares verborgen sei, dessen Schönheit und Erhabenheit uns nur mittelbar und in schwachem Widerschein erreicht, das ist Religiosität. In diesem Sinne bin ich religiös. Es ist mir genug, diese Geheimnisse staunend zu ahnen und zu versuchen, von der erhabenen Struktur des Seienden in Demut ein mattes Abbild geistig zu erfassen.«

Was Einstein 1932 den Rillen einer Schallplatte anvertraute, hatte er bereits von 1930 an zu formulieren versucht, und als 1934 die erste Auflage von »Mein Weltbild« in Amsterdam erschien, konnte man unter der Überschrift »Wie ich die Welt sehe«, eine leicht variierte Fassung lesen, in der sich Einstein als tief religiöser Mensch bekennt und den Gott eingrenzt, der seiner Vorstellungskraft zugänglich ist. Hier steht: »Das Wissen um die Existenz des für uns Undurchdringlichen, der Manifestationen tiefster Vernunft und leuchtender Schönheit, die unserer Vernunft nur in ihren primitivsten Formen zugänglich sind, dies Wissen und Fühlen macht wahre Religiosität aus; in diesem Sinne und nur in diesem gehöre ich zu den tief religiösen Menschen.«[10]

Bereits am 11. November 1930 konnten die Leser des »Berliner Tagblatts« erfahren, wie Einstein »Religion und Wissenschaft« verbunden sah, wie sein entsprechender Beitrag überschrieben war. In ihm versucht Einstein, sich Klarheit über die Frage zu verschaffen, welche Gefühle und Bedürfnisse Menschen zum religiösen Denken und Glauben gebracht haben. Er antwortet: »Beim Primitiven ist es in erster Linie die Furcht, die religiöse Vorstellungen hervorruft. Die Furcht vor Hunger, wilden Tieren, Krankheit, Tod«. Und etwas später: »Eine zweite Quelle religiösen Gestaltens sind die sozialen Gefühle. Vater und Mutter, Führer großer menschlicher Gemeinschaften sind sterblich und fehlbar. Die Sehnsucht nach Führung, Liebe und Stütze gibt den Anstoß zu Bildung des sozialen bzw. des moralischen Gottesbegriffs.«

Für Einstein spielen diese anthropomorphen Gottesideen keine besondere Rolle. Dies passiert erst auf der »dritten Stufe religiösen Erlebens«, die er »als kosmische Religiosität« bezeichnet, wobei er betont, dass dazu kein menschenartiger Gottesbegriff gehört. Für Einstein steht zum einen fest, »die religiösen Genies aller Zeiten waren durch diese kosmische Religiosität ausgezeichnet«, und er behauptet zum Zweiten, »dass die kosmische Religiosität die stärkste und edelste Triebfeder wissenschaftlicher Forschung ist.« Er zitiert sogar die Ansicht, »dass die ernsthaften Forscher in unserer im allgemeinen materialistisch eingestellten Zeit die einzigen tief religiösen Menschen« sind, und schildert genau, was er damit meint:

»Nur wer die ungeheure Anstrengung und vor allem die Hingabe ermessen kann, ohne welche bahnbrechende wissenschaftliche Gedankenschöpfungen nicht zustande kommen, vermag die Stärke des Gefühls ermessen, aus dem allein solche dem unmittelbar praktischen Leben abgewandte Arbeit erwachsen kann.« Dabei ist offenkundig, dass er seine eigene Arbeit an der Allgemeinen Relativitätstheorie meint, auf die oben

---

10 Albert Einstein: Mein Weltbild, Berlin 1962 (und andere Ausgaben).

hingewiesen worden ist und mit der die Welt als Ganzes dem physikalischen Denken zugänglich wird. Einstein erinnert in diesem Zusammenhang aber auch an zwei seiner großen Vorgänger, wenn er schreibt:

»Welch ein tiefer Glaube an die Vernunft des Weltenbaues und welche Sehnsucht nach dem Begreifen, wenn auch nur eines geringen Abglanzes der in dieser Welt geoffenbarten Vernunft musste in Kepler und in Newton lebendig sein, dass die den Mechanismus der Himmelsmechanik in der einsamen Arbeit vieler Jahre entwirren konnten!«

Religiosität bei Einstein meint »das verzückte Staunen über die Harmonie der Naturgesetzlichkeit, in der sich eine … überlegene Vernunft offenbart«, und wer dies liest, fragt sich, wie Soziologen jemals das Wort von der »Entzauberung der Welt« ernst nehmen und als tiefe Einsicht verkünden konnten. Das geht nur, weil sie selbst keinerlei Einsicht in die Natur der Dinge haben. Sie wissen nicht, wie wenig sie wissen, und sie wissen nicht, was ihnen auf diese Weise entgeht.

Der Einstein-Bohr-Dialog

Als Einstein im Jahre 1949 seinen 70sten Geburtstag feiern konnte, haben sich Kollegen und Freunde vorgenommen, aus diesem Anlass einen umfangreichen Band mit dem Titel »Albert Einstein: Philosopher-Scientist« herauszugeben. Mit zu den Autoren gehörte der dänische Physiker Niels Bohr, der 1913 ein erstes Atommodell vorlegen konnte, in dem die Quanten eine entscheidende Rolle spielen und letztlich für die Stabilität der Materie sorgen. Für diese Arbeit ist Bohr etwa zeitgleich mit Einstein mit dem Nobelpreis für Physik geehrt worden.[11]

Als sich in den folgenden Jahren zeigte, dass mit den Quantensprüngen Unstetigkeiten und Unbestimmtheiten in die Physik einzogen und von einer deterministischen Kausalität des Naturgeschehens keine Rede mehr sein konnte, reagierte Einstein bitter enttäuscht, während Bohr immer mehr jubilierte. Das Unbestimmte störte Einstein, der sich selbst zwar gerne als Freigeist vorstellen ließ, der in den Naturabläufen aber alles kausal – naturgesetzlich – festgelegt sehen wollte. Die beiden Großen der Physik fanden in den 1920er und 1930er Jahren viele Gelegenheiten, über die erkenntnistheoretischen Fragen zu diskutieren, die sich ihnen durch die Fortschritte der Atomphysik stellten.

---

11 Vgl. Ernst Peter Fischer: Niels Bohr – Physiker und Philosoph des Atomzeitalters. München 2012.

In den folgenden Abschnitten soll deshalb darauf eingegangen werden, weil es nur vordergründig um die Interpretation der merkwürdig abstrakten Quantenmechanik und die Frage nach der physikalischen Wirklichkeit ging, während im Hintergrund eine tiefere Thematik aufscheint. Hier lauerte die vermutlich ewige und unauflösbare Frage, wie sich ein Gott in dem Weltbild verorten und einfügen lässt, das Menschen entwerfen können, nachdem erst die Relativitätstheorie ihnen den aktiven Kosmos und seine Geometrie nähergebracht und dann die Quantenmechanik ihnen die verrückten Zustände der Atome gezeigt hatte, mit denen sich alle Elemente und ihre Verbindungen verstehen ließen – eben alles, was ein Gott gemacht hat.

1905 hatte Einstein noch geholfen, die erste Form einer Theorie mit Quanten, die alte Quantentheorie, in den Sattel zu setzen, die sich mit Größen formulieren ließ, die tatsächlich vorhanden und messbar waren, Ladungen etwa, Frequenzen und Wellenlängen. Doch bald musste und konnte der Schritt zu einer vollkommen neuen Quantenmechanik gegangen werden, die Werner Heisenberg und Erwin Schrödinger in der Mitte der 1920er Jahre vorlegten. Diese Theorie beschrieb nicht mehr, was es in dem uns umgebenden Raum wirklich gab. Sie erlaubte es dafür, mit imaginären Größen ein Stück der Wirklichkeit zu berechnen, zum Beispiel die *Wahrscheinlichkeit,* ein Elektron an einer bestimmten Position in einem Atom zu finden, und es gibt bis heute kein Experiment, das ihren Ergebnissen widerspricht.

Einstein schien die neue Theorie nicht »der wahre Jakob« zu sein, wie eine seiner Formulierungen lautete. Er vermutete, dass die Quantenmechanik voller Widersprüche steckte, und er versuchte, sie in Gedankenexperimenten sichtbar zu machen, so zum Beispiel auf der Solvay-Konferenz, die im Herbst 1927 in Brüssel stattfand. Geantwortet hat ihm dabei Niels Bohr, der seine *Diskussion mit Einstein über erkenntnistheoretische Probleme der Atomphysik* in dem oben erwähnten Buch 1949 zusammengestellt hat.

Es ist hier nicht der Ort, Einsteins Gedankenexperimente und ihre Widerlegung durch Bohr im Detail vorzustellen. Was Bohr in seinen Antworten liefert, muss man als radikale Revision der Einstellung gegenüber der physikalischen Realität verstehen. Die von der klassischen Physik und dem antiken Atomismus beschriebene Welt konnte stets in ihre Einzelteile zerlegt werden, die sich anschließend isoliert betrachten ließen. Die Quantenwelt zeigt sich den Menschen völlig anders. Sie kann nicht in ihre Einzelteile zerlegt und auf sie reduziert werden. Dabei lässt die Physik sogar erkennen, dass es Wirkungen im Wirklichen (in der Realität) gibt, die ihre Zuständigkeit übersteigen und somit metaphysisch sind. Im Innersten der Welt lässt sich eine phantastische Ganzheit erkennen, und die Wirklichkeit ist völlig anders, als selbst Einstein sich vorstellen konnte oder wollte.

Die Wissenschaft und das abendländische Denken

An dieser Stelle könnte man beginnen, über das Verhältnis von naturwissenschaftlicher und religiöser Weisheit nachzudenken, die der Physiker Wolfgang Pauli als »zwei Grenzvorstellungen [vorstellt], die beide in der Geschichte des menschlichen Denkens außerordentlich fruchtbar geworden sind, denen aber doch keine echte Wirklichkeit entspricht. Das eine Extrem ist die Vorstellung einer objektiven Welt, die unabhängig von irgendwelchen beobachtenden Subjekten in Raum und Zeit gesetzmäßig abläuft; sie war das Leitbild der neuzeitlichen Naturwissenschaft. Das andere Extrem ist die Vorstellung eines Subjekts, das mystisch die Einheit der Welt erlebt und dem kein Objekt, keine objektive Welt mehr gegenübersteht; sie war das Leitbild der asiatischen Mystik. Irgendwo in der Mitte zwischen diesen beiden Grenzvorstellungen [eine Welt ohne Ich und ein Ich ohne Welt] bewegt sich unser Denken; wir müssen die Spannung, die aus den Gegensätzen resultiert, aushalten.«

In dem Jahr, in dem Einstein starb, hielt Wolfgang Pauli einen Vortrag über »Die Wissenschaft und das abendländische Denken«.[12] Aus seiner historischen Analyse zieht er am Ende einen Schluss, der als Bekenntnis verstanden werden kann:

»Ich glaube, dass es das Schicksal des Abendlandes ist, die beiden Grundhaltungen, die kritisch rationale, verstehen wollende auf der einen und die mystisch irrationale, das erlösende Einheitserlebnis suchende auf der anderen Seite immer wieder in Verbindung miteinander zu bringen. In der Seele des Menschen werden immer beide Haltungen wohnen, und die eine wird stets die andere als Keim ihres Gegenteils schon in sich tragen. Dadurch entsteht eine Art dialektischer Prozess, von dem wir nicht wissen, wohin er führt. Ich glaube, als Abendländer müssen wir uns diesem Prozess anvertrauen und das Gegensatzpaar als komplementär anerkennen. [...] Indem wir die Spannung der Gegensätze bestehen lassen, müssen wir auch anerkennen, dass wir auf jedem Erkenntnis- oder Erlösungsweg von Faktoren abhängen, die außerhalb unserer Kontrolle sind und die die religiöse Sprache stets als Gnade bezeichnet hat.«

---

12 Wolfgang Pauli: Physik und Erkenntnistheorie. Braunschweig 1984.

Der würfelnde Gott noch einmal

Zurück zu der Debatte zwischen Einstein und Bohr, die 1949 zu einem Ende kam. Die beiden lieferten danach keine direkten Beiträge mehr zu der Frage, wie sich die Wirklichkeit verstehen lässt, selbst wenn sich Wahrscheinlichkeiten beliebig genau berechnen lassen. Nachgedacht hat aber zumindest Bohr bis zu seinem Tode über die Fragen. Die letzte Skizze, die Bohr am Vorabend seines Todes auf die Tafel seines Studierzimmers zeichnete, zeigt eine Versuchsanordnung, die er erstmals 1927 mit Einstein diskutiert hat und die das Verhalten von Objekten verstehen will, die nur komplementär zu fassen sind.

Was macht diese Diskussion außerhalb der Physik bedeutend, und warum lässt sie sich nicht entscheiden? Hier wird vermutet, dass das eigentliche Thema der Debatte nicht so sehr die durch eine physikalische Theorie erfasste Wirklichkeit, sondern etwas Größeres war. Hier wird die Ansicht vertreten, dass das eigentliche Thema »Gott« genannt werden kann. Bei Einstein war oft genug von Gott die Rede, wenn es um die Deutung der Physik ging. Sein wohl berühmtester Satz zu diesem Thema lautet, »Gott würfelt nicht«, den er oftmals in Briefen gebrauchte, von denen einer an Bohr gerichtet war. Konkret gemeint ist das Schreiben vom 4. April 1949, in dem Einstein ein letztes Mal Bohr auf die Frage nach der physikalischen Wirklichkeit und ihrer Deutung ansprach. Er bedankte sich für dessen Glückwünsche zum 70. Geburtstag und schrieb: »Jedenfalls ist dies eine der Gelegenheiten, die nicht von der bangen Frage abhängt, ob Gott wirklich würfelt und ob wir an einer der physikalischen Beschreibung zugänglichen Realität festhalten oder nicht«.[13]

Bohr antwortete auf ähnlich scherzhafte Weise eine Woche später. Er schrieb am 11. April 1949, er könne nicht umhin, »über die bangen Fragen zu sagen, dass es sich meines Erachtens nicht darum handelt, ob wir an einer der physikalischen Beschreibung zugänglichen Realität festhalten oder nicht, sondern darum, den [von Einstein] gewiesenen Weg weiter zu verfolgen und die logischen Voraussetzungen für die Beschreibung der Realitäten zu erkennen. In meiner frechen Weise möchte ich sogar sagen, dass niemand – und nicht einmal der liebe Gott selber – wissen kann, was ein Wort wie würfeln in diesem Zusammenhang heißen soll«. Und niemand, nicht einmal Einstein könne Gott Vorschriften machen, wie er die Welt zu lenken und zu führen habe.

---

13 Mehr dazu in Ernst Peter Fischer: Niels Bohr und Gott und der Urknall, siehe oben.

Nicht an Gott glauben

Wenn man die Debatte zwischen Bohr und Einstein in einem theologischen Kontext sieht, dann lautet das Thema, ob eine atheistische wissenschaftliche Annäherung an die Welt überhaupt eine rationale Möglichkeit ist. Natürlich hat man keine Schwierigkeiten, Wissenschaftler zu finden, die nicht an Gott glauben oder die wirklich glauben, nicht an Gott zu glauben. Aber haben sie diesen Gedanken wirklich zu Ende gedacht, und sind sie bereit, die philosophischen Konsequenzen zu tragen? Bohr jedenfalls versuchte, gleichzeitig Wissenschaftler und wahrhaftiger Atheist zu sein.

Einstein nahm daneben einen einfacheren Standpunkt ein. Er repräsentierte die traditionelle monotheistische Einstellung der westlichen Wissenschaft, was leicht übersehen wird, weil Einstein in seiner Zeit vom breiten Publikum als typischer gottloser Wissenschaftler angesehen wurde, was aber nicht zutrifft. Er glaubte an den Gott Spinozas, und von solch einem Standpunkt aus besteht die Aufgabe der Wissenschaft darin, die Intention und das Design des Schöpfers zu ergründen. Ein Physiker betrachtet die Wirklichkeit in diesem Lichte wie ein Archäologe die Steine von Stonehenge. Er ist sicher, dass hinter ihrer Aufstellung ein Plan liegt, den es zu finden gilt. Der Vorteil für den Archäologen liegt darin, dass er annehmen kann, dass die Bewohner von Stonehenge ebenso rational dachten wie er selbst. Aber da Gott den Menschen zu seinem Ebenbild gemacht hat, sollte eine gewisse rationale Affinität bestehen und einem Physiker ermöglichen, Naturgesetze zu entdecken.

Bohr dachte da völlig anders. Für ihn war jeder Gott – auch der von Spinoza – noch nicht einmal eine Möglichkeit, die man verwerfen konnte. Die Welt ist keine Schöpfung eines Gottes, sie ist für Bohr einfach da – wie das Quantum der Wirkung und das Leben. Die Menschen sind ein untrennbarer Teil von dieser Welt, die kein Zufall, sondern ein Geschenk und den Menschen gegeben ist. Sie sind zugleich Akteure und Zuschauer im großen Drama des Lebens, einem Drama, das keinen Autor hat und dem keine Handlung unterliegt.

Bohr konnte mit der Quantenmechanik zufrieden sein. Das Fehlen einer kausalen Determiniertheit störte ihn nicht, und ihre Beschreibung der Wirklichkeit genügte ihm. Bohr stand damit der fernöstlichen Philosophie und ihren Weisheiten viel näher als den nahöstlichen Religionen. An den traditionellen Religionen missfiel ihm besonders, dass man von vornherein darauf verzichtete, den verwendeten Worten einen eindeutigen Sinn zu geben. So sah er nicht ein, »was es bedeuten soll, wenn vom ›Sinn des Lebens‹ gesprochen wird. Das Wort ›Sinn‹ soll doch immer eine Verbindung herstellen zwischen dem, um dessen Sinn es sich handelt, und etwas anderem, etwa einer Absicht, einer Vorstellung, einem Plan«, wie er sich gerne ausgedrückt hat, um fortzufahren:

»Aber das Leben – damit ist doch das Ganze gemeint, auch die Welt, die wir erleben, und da gibt es doch nichts anderes, mit dem wir es verbinden könnten«. Bohr sah deshalb nur eine Möglichkeit, diesen Begriff sinnvoll zu verwenden: »Der Sinn des Lebens besteht darin, dass es keinen Sinn hat zu sagen, dass das Leben keinen Sinn hat. So bodenlos ist eben dieses ganze Streben nach Erkenntnis«.

Nur die Sprache bewahrt uns vor dem Absturz in einen bodenlosen Schacht. In ihr sind wir nicht nur gefangen. In ihr sind wir auch frei, Gleichnisse zu verwenden. Die Quantenmechanik betrachtete Bohr als Beispiel für den Fall, »dass man einen Sachverhalt in völliger Klarheit verstanden haben kann und gleichzeitig doch weiß, dass man nur in Bildern und Gleichnissen von ihm reden kann«.

Gerade diese Eigenschaft der neuen Physik erinnerte ihn an die Weisheit der Chinesen, die die Wahrheit nur in Erzählungen und Anekdoten aussprachen. Bohr erzählte in diesem Zusammenhang gern die Legende von den drei Philosophen, denen ein Schluck Essig (»Lebenswasser« auf Chinesisch) mit der Frage gereicht wurde, wie er ihnen schmeckt. Der erste sagte: »Es ist sauer.« Der zweite sagte: »Es ist bitter.« Der dritte sagte: »Es ist frisch.« Dies war die Antwort von Laotse. Ihm gehörte Bohrs Sympathie.

Ein moderner Nachtrag

Zu den bekanntesten Physikern der jüngsten Zeit gehört der kürzlich verstorbene Brite Stephen Hawking, der im Laufe seines Lebens versucht hat, den Einstein der Gegenwart zu spielen, und deshalb keine Gelegenheit ausgelassen hat, seine Gedanken über den lieben Gott zu verkünden. Hawking hat den größten Teil seines Lebens an der Nervenkrankheit namens amyotrophe Lateralsklerose (ALS) gelitten. Er wird erst bewegungs- und sprechunfähig, und seit der Mitte der 1980er Jahre hat er auch seinen Geruchs- und Geschmackssinn verloren. Hawking ist an einen Rollstuhl gefesselt und kann nur durch einen Stimmensynthesizer kommunizieren. Seine wissenschaftlichen Qualitäten bleiben aber unbeeinflusst, und er stellt Theorien eines expandierenden Kosmos auf, in dem Schwarze Löcher strahlen. 1983 entwickelt er die Idee eines Universums, das weder Ränder noch Grenzen und auch keinen Anfang kennt. Hawking unterbreitet den Vorschlag einer »endlichen Raumzeit ohne

Grenze« und hält ein Universum für möglich, das »in sich abgeschlossen und keinerlei äußeren Einflüssen unterworfen« ist. Dazu schreibt er: »Die Vorstellung, dass Raum und Zeit möglicherweise eine geschlossene Fläche ohne Begrenzung bilden, hat ... weitreichende Konsequenzen für die Rolle Gottes in den Geschicken des Universums. Als es wissenschaftlichen Theorien immer besser gelang, den Ablauf der Ereignisse zu beschreiben, sind die meisten Menschen zu der Überzeugung gelangt, Gott gestatte es dem Universum, sich nach einer Reihe von Gesetzen zu entwickeln, und verzichte auf alle Eingriffe, die im Widerspruch zu diesen Gesetzen stünden. Doch diese Gesetze verraten uns nicht, wie das Universum in seinen Anfängen ausgesehen hat – es wäre immer noch Gottes Aufgabe gewesen, das Uhrwerk aufzuziehen und zu entscheiden, wie alles beginnen sollte. Wenn das Universum einen Anfang hatte, können wir von der Annahme ausgehen, dass es durch einen Schöpfer geschaffen worden sei. Doch wenn das Universum wirklich völlig in sich selbst geschlossen ist, wenn es keine Grenze und keinen Rand hat, dann hätte es auch weder einen Anfang noch ein Ende: Es würde einfach sein. Wo wäre dann noch Raum für einen Schöpfer?«[14]

Hawking versucht unübersehbar, Einstein zu spielen. Er greift sowohl seine komplexen Theorien als auch seine schlichten Bemerkungen auf, und er tut dies im Beruf erfolgreich und im Alltag witzig. Das berühmte Diktum, »Gott würfelt nicht!«, wandelt Hawking etwa dahingehend um, dass er sagt, Gott würfelt nicht nur, er wirft die Würfel sogar dorthin, wo man sie nicht sehen kann. Dann wäre er allerdings boshaft, ein Gedanke, den Einstein abgelehnt hätte.

Zum Gotteswahn

Der Beitrag hat mit einem englischen Evolutionsbiologen begonnen und kann zum Ende hin einen anderen erwähnen. Gemeint ist Richard Dawkins, der durch die Idee egoistischer Gene berühmt geworden ist und in Büchern wie »Der Gotteswahn« die Ansicht vertritt, dass der »Glaube zu den größten Übeln der Welt gehört, vergleichbar dem Pockenvirus, aber schwerer auszurotten.«[15] Dawkins lobt seine Wissenschaft, die er frei sieht »vom Hauptlaster der Religion«, dem Glauben, den er als eine Überzeugung versteht, die nicht auf Belegen basiert. Man hat ihm zu erklären versucht, dass die Ansicht, die Arbeit eines Wissenschaftlers beinhalte keine

14 Stephen Hawking: Eine kurze Geschichte der Zeit. Reinbek 2011.
15 Richard Dawkins: Der Gotteswahn. Berlin 2016.

solchen Annahmen, selbst eine Art von Glauben ist, der keinen Zweifel zulässt. Nur wenige Menschen argumentieren so unbeirrt wie Dawkins, und sie sind im 20. Jahrhundert vor allen in den Reihen der Biologen zu finden. Sie haben lange Zeit gedacht, dass sie das Leben entzaubern und restlos durch molekulare Mechanismen erklären können. Aber sie werden dieselben Erfahrungen wie die Physiker machen und merken, dass das Geheimnis der Welt nur zunimmt und sich zurückzieht, wenn man sich ihm nähert. Das Staunen wächst, und das Wunder bleibt.

Eine Frage des Alters

Es fällt auf, dass es vor allem Wissenschaftler sind, die mit der Erforschung des Lebens zu tun haben, die sich von Gott abwenden und meinen, Religiöses nicht zu benötigen. Als Beispiele, die hier nicht ausgeführt werden können, lässt sich auf den Briten Francis Crick und den Franzosen Jacques Monod verweisen, die vor allem in den 1960er Jahren auftrumpfen konnten. Während der als Mitentdecker der Doppelhelix aus DNA berühmt gewordene Crick sein Leben lang meinte, die Leute brauchten doch nicht mehr in die Kirche zu gehen, weil die Wissenschaft mit den Geheimnissen der Welt besser umgehen könne – der Molekularbiologe empfahl auch, Kirchen in Schwimmbäder umzuwandeln –, erklärte der französische Biochemiker, man könne aus der modernen Genetik lernen, dass die Menschen ihre Existenz dem Zufall verdanken und als Zigeuner am Rand des Universums leben, über die niemand eine schützende Hand hält.[16]

Bevor sich Biologen von Gott abwenden, haben Physiker wie Planck und Einstein versucht, den Weg »Hin zu Gott!« zu finden und kosmisch religiös zu empfinden. Vielleicht trifft der Beobachter hier auf eine Frage des Alters, womit auch gemeint ist, dass die Physik als viel ältere Wissenschaft besser als die moderne Molekularbiologie lernen konnte, dass die Geheimnisse der Welt durch das Fortschreiten des Wissens nur tiefer werden und keine Wahrheit in Klarheit zu haben ist. Man könnte das eine Altersweisheit der Forschung nennen, die man persönlich auch bei den genannten Physikern wie Bohr, Planck und Einstein findet. Sie spüren am Ende ihres Lebens zunehmend das wachsende Verlangen, ihre Einsichten in Einklang mit dem Ganzen zu erfassen, um das zu finden, was Planck ein »harmonisches Weltbild« nennt. Sowohl Einstein als auch Planck spüren die Notwendigkeit, »die beiden überall wirksamen und

16 Vgl. Ernst Peter Fischer: Gott und der Urknall, a. a. O., 8. Kapitel.

doch geheimnisvollen Mächte, die Weltordnung der Naturwissenschaften und den Gott der Religion, miteinander zu identifizieren.« Ein Wissenschaftler steht sein Leben lang vor der Aufgabe, »einerseits das Wesen der naturwissenschaftlichen Erkenntnis, andererseits des religiösen Glaubens immer tiefer zu erfassen«, wie es in den *Vorträgen und Erinnerungen* von Max Planck heißt, als der 80jährige Physiker sich zu »Religion und Naturwissenschaft« bekennt. Wahrscheinlich erreicht man erst in diesem Alter den dazu erforderlichen Mut. Dann sieht man, dass Gott vielleicht nicht am Ende des Denkens, sondern an seinem Anfang steht. Die Welt bleibt so offen, wie es sich Menschen wünschen. Gerade dann, wenn es scheint, dass das Leben zu Ende geht.

Literatur

Ernst Peter Fischer, Aristoteles, Einstein und Co., München 1995.

Ernst Peter Fischer, Einstein für die Westentasche, München 2005.

Ernst Peter Fischer, Der Physiker – Max Planck und das Zerfallen der Welt, München 2007.

Ernst Peter Fischer, Niels Bohr – Physiker und Philosoph des Atomzeitalters, München 2012.

Ernst Peter Fischer, Wenn das Wissen nicht mehr reicht – Berühmte Wissenschaftler und ihre Suche nach Gott, München 2017.

Ernst Peter Fischer, Gott und der Urknall – Religion und Wissenschaft im Wechselspiel der Geschichte, Freiburg 2017.

Ernst Peter Fischer, Das wichtigste Wissen – Vom Urknall bis heute, München 2020.

BERND SEEBERGER

Literaturauswahl

Auer, Alfons (1996): Geglücktes Altern. Eine theologisch-ethische Ermutigung. 4. Auflage. Freiburg i. Br., Basel, Wien.

Augè, Marc (2014): Zeit ohne Alter. Eine Ethnologie des Ich und des Älterwerdens. Wien.

Bachmaier, Helmut (2015): Lektionen des Alters. Kulturhistorische Betrachtungen. Göttingen.

Bachmaier, Helmut (2021): Zurücktreten aus der Erscheinung. Gedichte über das Alter. Göttingen.

Bäurle, Peter (Hg.) (2005): Spiritualität und Kreativität in der Psychotherapie mit älteren Menschen. Bern.

Beier, Miriam (Hg.) (2016): Religion und Bildung-Ressourcen im Alter? Zwischen dem Anspruch auf Selbstbestimmung und der Einsicht in die Unverfügbarkeit des Lebens. Leipzig (Studien zur Religiösen Bildung [StRB], Band 11).

Braun, Hans-Jürg (2009): Gedanken zum Altern. Lebensweisheiten von der Antike bis zur Gegenwart. Oberhofen am Thunersee.

Brunnauer, Cornelia, Hörl, Gabriele, Schmutzhart, Ingrid (Hg.) (2015): Geschlecht und Altern. Interdisziplinäre Betrachtungen. Wiesbaden.

Bubolz-Lutz, Elisabeth (Hg.) (2010): Geragogik. Bildung und Lernen im Prozess des Alterns: das Lehrbuch. Stuttgart.

Charbonnier, Lars (2014): Religion im Alter. Eine empirische Studie zur Erforschung religiöser Kommunikation. Berlin, Boston (Praktische Theologie im Wissenschaftsdiskurs, Band 14).

Dorst, Brigitte (Hg.) (2011): Übergänge, Krisen, Visionen. Unter Mitarbeit von Peer Abilgaard. Ostfildern (Veröffentlichungen der Internationalen Gesellschaft für Tiefenpsychologie e. V. Stuttgart).

Evers, Ralf (1999): Alter – Bildung – Religion. Eine subjekt- und bildungstheoretische Untersuchung. Stuttgart, Berlin, Köln.

Faltermaier, Toni (2014): Entwicklungspsychologie des Erwachsenenalters. 3., vollständig überarbeitete Auflage. Stuttgart (Grundriss der Psychologie, Band 14).

Feinendegen, Norbert (Hg.) (2014): Menschliche Würde und Spiritualität in der Begleitung am Lebensende. Impulse aus Theorie und Praxis. Würzburg.

Fürst, Walter (Hg.) (2003): »Selbst die Senioren sind nicht mehr die alten ...«. Praktisch-theologische Beiträge zu einer Kultur des Alterns. Münster (Theologie und Praxis, Bd. 17).

Gross, Peter; Fagetti, Karin (2009): Glücksfall Alter. Alte Menschen sind gefährlich, weil sie keine Angst vor der Zukunft haben. Freiburg i. Br.

Grün, Anselm (2020): Die hohe Kunst des Älterwerdens. Taschenseminar zum Nachdenken und Weiterwachsen. Münsterschwarzach.

Hertzsch, Klaus-Peter (2008): Chancen des Alters. Sieben Thesen. Stuttgart.

Hillman, James (2005): Vom Sinn des langen Lebens. Wir werden, was wir sind. Ungekürzte Ausg., 2. Auflage. München.

Jiang, Manke (2020): Religion und Individualität bei Schleiermacher. Berlin (Schleiermacher-Archiv, Band 30).

Karrer, Leo; Fernández, Maria-Christina (2017): Glaube, der reift. Spiritualität im Alter. Freiburg i. Br.

Klie, Thomas, Kumlehn, Martina, Kunz, Ralph (Hg.) (2009): Praktische Theologie des Alterns. Berlin/Boston (Praktische Theologie im Wissenschaftsdiskurs, 4).

Lamprecht, Annette M. (2006): Christlicher Glaube im Alter. Eine Untersuchung zu Bedeutung und Funktion. Zugl.: Berlin, Techn. Univ., Diss., 2003. Berlin, Münster (Forum Theologie und Psychologie, Bd. 10).

Lars Charbonnier (2008): Religiöse Begleitung im Alter. Religion als Thema der Gerontologie. In: International Journal of Practical Theology 12 (2).

Lars Charbonnier (2012): Religion – Alter – Demenz: Zum Forschungsstand einer wachsenden Herausforderung für Theologie und Kirche. In: International Journal of Practical Theology 16 (2).

Lindenberger, Ulman, Smith, Jacqui et al. (Hg.) (2010): Die Berliner Altersstudie. 3., erw. Auflage Berlin (Forschungsberichte Berlin-Brandenburgische Akademie der Wissenschaften, Bd. 3).

Luhmann, Niklas (1977): Funktion der Religion. Frankfurt a. M.

Marquard, Odo (Hg.) (2013): Endlichkeitsphilosophisches. Über das Altern. Stuttgart (Reclams Universal-Bibliothek, Nr. 20278).

Merklin, Harald (Hg.) (2017): Marcus Tullius Cicero: Cato maior de senectute. Lateinisch/deutsch = Cato der Ältere über das Alter. Bibliographisch ergänzte Ausgabe 2011, [Nachdruck] 2017. Stuttgart (Reclams Universal-Bibliothek, Nr. 803).

Pill, Irene (Hg.) (2013): »Ich glaube an das Alter, lieber Freund«. Vom Älterwerden und Alter (nicht nur) im Judentum; Laupheimer Gespräche 2012. Haus der Geschichte Baden-Württemberg. Heidelberg.

Ressel, Andrea (2018): »Das hohe Alter ist nichts anderes, als ein langsamer Tod«. Konzeptionen von Alter und Religion in der Literatur des 18. Jahrhunderts. Göttingen.

Rosa, Hartmut (2018): Unverfügbarkeit. Salzburg (Unruhe bewahren, 16).

Rosenmayr, Leopold (Hg.) (2003): Hoffnung Alter. Forschung, Theorie, Praxis. Wien.

Schmid, Wilhelm (2018): Gelassenheit. Was wir gewinnen, wenn wir älter werden. 23. Auflage. Berlin.

Schneider-Flume, Gunda (2010): Alter – Schicksal oder Gnade? Theologische Überlegungen zum demographischen Wandel und zum Alter(n). 2. Auflage. Göttingen.

Schöne, Anja, Groschwitz, Helmut (Hg.) (2014): Religiosität und Spiritualität. Fragen, Kompetenzen, Ergebnisse. Münster.

Schreiber, Theresia (2010): Die Stufentheorien von Fowler und Oser/Gmünder. Vorstellung, Kritik und Nutzen für die Religionslehrenden in der Schule. München.

Thane, Pat (2005): Das Alter. Eine Kulturgeschichte. Darmstadt.

Verleysdonk-Simons, Sigrid; Kopperschmidt, Josef (Hg.) (2015): Der zielfreie Weg. Spiritualität des Älterwerdens. Mönchengladbach (Schriften des Kompetenzzentrums Ressourcenorientierte Alter(n)sforschung-REAL, 3).

Wahl, Hans-Werner (Hg.) (2012): Angewandte Gerontologie. Interventionen für ein gutes Altern in 100 Schlüsselbegriffen. 2. Auflage. Stuttgart.

Die Autorinnen und Autoren

PROF. DR. HELMUT BACHMAIER, Literaturwissenschaftler, lehrt in der Fachgruppe Literatur-, Kunst- und Medienwissenschaften der Universität Konstanz. Mit Altersfragen befasste er sich als Wissenschaftlicher Direktor der Tertianum-Gruppe/Schweiz.

MICHEL BOLLAG, lic. phil., Torastudien in Jerusalem. Studium der Pädagogik, Psychologie und Philosophie an der Universität Zürich. Fachreferent Judentum.

PROF. DR. ERNST PETER FISCHER, Biologe und Physiker, lehrt an der Universität Heidelberg Geschichte der Naturwissenschaften. Mehrfach ausgezeichneter Sachbuchautor.

PROF. DR. PETER GROSS ist emeritierter Professor für Soziologie der Universität St. Gallen (HSG).

PROF. DR. RALPH KUNZ ist ordentlicher Professor für Praktische Theologie mit den Schwerpunkten Homiletik, Liturgik und Poimenik an der Universität Zürich.

DR. H.C. RIFA'AT LENZIN, Islamwissenschaftlerin und Publizistin mit Schwerpunkten Interkulturalität und muslimische Identität in Europa sowie theologische Fragestellungen im interreligiösen Kontext. 2010 Ehrendoktorwürde der Theologischen Fakultät/Universität Bern.

DIPL.-THEOL., BPHIL. CHRISTIAN MÜLLER-HERGL ist wissenschaftlicher Mitarbeiter am Dialogzentrum Demenz, Institut für Pflegewissenschaft, Private Universität Witten-Herdecke.

DR. MARTIN PALLAUF, Promotion in Gerontologie. Wiss. Mitarbeiter am Institut für Pflegewissenschaft und -praxis, Paracelsus Medizinische Privatuniversität, Salzburg.

PROF. DR. THOMAS RENTSCH lehrte als ordentlicher Professor für Praktische Philosophie/Ethik an der TU Dresden bis 2020. Mitherausgeber des »Historischen Wörterbuchs der Philosophie«.

CHRISTOPH ROTTLER, röm.-kath. Pastoralassistent in Zürich, Gefängnisseelsorger in verschiedenen Zürcher Gefängnissen. Mitbegründer und Redakteur der Zeitschrift »Seelsorge & Strafvollzug. Zur Praxis heutiger Gefängnisseelsorge«.

DR. THEOL. HEINZ RÜEGGER, MAE, ist frei schaffender Theologe, Ethiker und Gerontologe. Freier Mitarbeiter am Institut Neumünster (Zollikerberg, CH) und assoziiertes Mitglied am Zentrum für Gerontologie der Universität Zürich.

DR. GERD SCHUSTER, Dipl.-Psychologe und Theologe. Promotion im Fach Pflegewissenschaften/Schwerpunkt Gerontologie. Tätigkeit im Management bei einem großen Träger der Senioren- und Behindertenhilfe.

PROF. DR. BERND SEEBERGER, Dipl.-Gerontologe, Arbeitsbereich Gerontologie, lehrte an der Universität UMIT Tirol, Hall in Tirol.

PROF. DR. BRIGITTE STEMMER ist Ärztin und Neurowissenschaftlerin. Sie lehrt am Centre de Recherche de l'Institut universitaire de gériatrie de Montréal (CRIUGM), Université de Montréal/Ca.

DR. FRANK STÜFEN, ref. Pfarrer in Zürich, Gefängnisseelsorger in der JVA Pöschwies. Studienleiter des CAS »Seelsorge im Straf- und Massnahmenvollzug« an der Universität Bern. Herausgeber der akad. Fachzeitschrift »Seelsorge & Strafvollzug. Zur Praxis heutiger Gefängnisseelsorge.«

DR. ESFANDIAR TABARI, Dipl.-Physiker u. Philosoph MA, Promotion in Philosophie. Arbeitet und lebt in Tübingen.

DR. DOROTHEE VÖGELI, Promotion über Ludwig Feuerbach. Redakteurin bei der »Neuen Zürcher Zeitung«.